ZHENGMIANZHANCHAN

YUANGUOMINDANGJIANGLINGKANGRIZHANZHENGQINL

# 正面战场

# 中原抗战

## 原国民党将领抗日战争亲历记

陈家珍　薛　岳等著

中国文史出版社

# 目　录

# 前 言

抗日战争是中国人民一百年来第一次彻底打败帝国主义侵略的民族解放战争，是反法西斯第二次世界大战的重要组成部分，在中国和世界的历史进程中都占有重要地位。为取得抗日战争的胜利，全国军民浴血战斗，英勇牺牲，为国家、为民族立下了不朽的功勋。为了全面反映抗日战争的概貌，为史学工作者提供研究资料，特将全国政协和各地政协征集的原国民党将领回忆抗日战争的文章，经过审慎的选择和核实，汇编成《正面战场·原国民党将领抗日战争亲历记》丛书。本书是丛书中之一部。

中原抗战，是中国人民伟大抗日战争的一个重要组成部分。

中原地区以河南省为中心，绾毂冀、鲁、皖、鄂、陕、晋诸省；平汉、陇海铁路在此交会，天险黄河横贯西东；东部平原历来为四战之地，西部重峦叠嶂、嵯峨险峻，战略地位十分重要，自古为兵家所必争。抗日战争期间，中原地区始终是重要战场，是屏障川陕大后方的前沿阵地。

早在七七事变之前，中国政府就将中原地区列为国防重点，在豫北、豫西、豫东等地构筑了一千二百多个钢筋水泥的永久性工事。抗战八年间，曾在此驻防和参战的中国军队达数十万之众。同时，中原也是日本东亚战略的重要侵略目标之一，日军在此先后对中国军队发动过十多次大规模的进攻。

一九三七年十月中旬，日军沿平汉铁路两侧南犯，直抵漳河北岸。中国军队与敌展开激战，揭开了中原抗战的序幕。十一月四日和十一日，日军先后攻占安阳、大名，此后中日双方形成对峙状态。一九三八年二

1

月七日，日军发动平定作战（即豫北作战），中国军队经节节抵抗后撤至晋东南地区，至月底豫北全境沦陷。

一九三八年五月中旬，日军为消灭徐州附近中国军队而发起的徐川作战正在激烈进行中。担负切断陇海铁路、阻挡中国军队西撤的第一军一部于五月十二日由濮县强渡黄河，十七日进入兰封以东地区。该敌为攻占开封、郑州，拒不执行华北方面军关于进攻商丘的命令，坚持进攻兰封，开始了以兰封周围地区为主要战场的豫东作战（亦称兰封会战）。中国军队以优势兵力围攻该敌，激战至二十九日，豫东重镇商丘被日军第二军一部攻占，战局逆转。月底，中国军队奉命西撤，日军乘势于六月六日攻占开封，九日攻占中牟，前锋于十日和十二日分别切断郑州和新郑附近的平汉铁路。六月九日，中国军队在郑州花园口掘开黄河大堤，汹涌的黄河水向东南奔腾直下，夺淮入海，形成了长达四百多公里的黄泛区，阻挡了西进的日军。

一九四一年一月二十五日，日军为消灭豫南地区的中国军队主力，发起了豫南会战。中国军队以避敌锋芒、尾追侧击的战法与日军激战十七天，日军退回信阳东西之线。

一九四一年十月二日，日本华北方面军为策应第十一军的长沙作战（即第二次长沙会战），并将其前进据点推进到黄河南岸，发起了郑州战役，四日攻占郑州。中国军队在敌强我弱、后援不至的情况下顽强拼杀，于十一月三日收复了除中牟县城和黄河南岸霸王城日军桥头堡以外的全部失地。

豫中会战（亦称中原会战）是抗战期间中原战场上规模最大、双方投入兵力最多的一次作战。从一九四二年下半年起，由于接连遭到美军的沉重打击，日军丧失了在整个太平洋上的海空优势，海上交通线被切断，其本土安全也岌岌可危。为打通贯穿中国南北、连接南洋的大陆交通线，摧毁桂林、柳州等空军基地以挽回败局，一九四四年初，日本大本营制订了"一号作战"计划，其中第一步就是以打通平汉铁路南段为目的的"京汉作战"。四月十八日和十九日，日军分别由中牟和黄河南岸桥头堡阵地发起进攻，二十日占领郑州，然后分多路向南、西和西南方向大举进犯。在日军左冲右突的穿插攻击面前，数十万中国军队除少部分在汜水虎牢关、许昌、襄城颍桥、洛阳等地进行了顽强抵抗外，大多数则一触即溃，有些甚至不战而逃，致使豫中、豫西地区数十座县城在一个多月内连陷敌手。

一九四五年三月二十二日，日军发动了旨在摧毁老河口飞机场，确保其在华北、华中交通运输和军事设施安全的老河口作战（即豫西鄂北会战）。至四月八日，日军先后攻占了老河口机场、南阳和老河口城等地。此后，双方经过反复争夺，于五月底在襄河两岸及内乡西峡口以西形成对峙，直至日本投降。

发生在中华民族发祥之地的中原抗战，再一次充分体现了中华儿女在民族危亡的关键时刻，同仇敌忾、共御外侮的爱国主义精神和不惜杀身成仁、马革裹尸的崇高英雄气概。他们以自己的热血和生命谱写出了一曲曲惊天地、泣鬼神的壮歌，他们的英名和业绩必将永垂青史，千古流芳，为世世代代炎黄子孙所敬仰。

在编审过程中，我们以实事求是为准则，核实史实为重点，查阅了有关的民国档案、历史地图和文献资料，访问了一些当事人和知情者，对辑录的全部资料反复进行了核对，订正了原作中的一些失实之处。对于一些难以核实的问题，我们采取了多说并存或加注说明的办法。由于时间紧迫，水平有限，舛误疏漏在所难免，敬希读者赐教。

编　者

# 第 一 章

## 从漳河对峙到豫北作战

# 安阳大名失陷及对峙

何应钦[※]

敌于攻陷石家庄后，即将第六师团之一部、河边旅团之一联队，及第二十师团之全部，转攻晋东之娘子关。沿平汉线南下者为第十四师团主力、第六师团一部，及第十六师团之一部。我平汉线军队除孙连仲、冯钦哉、曾万钟各部，已划归山西方面作战外，现有兵力仅步兵三师半与骑兵一师。敌乘我立足未稳，分两路进击，主力以铁道南下，一部由宁晋、柏乡趋内丘。我军于十月十一日晚[①]，到达赵县、元氏之线；十二日晚，又被迫转移至赞皇、高邑、柏乡、巨鹿之线；十四日退守内丘。因河北平地无险可守，又加兵力单薄，十五日邢台又陷，邯郸、磁县亦于十七、十八两日先后不守。幸我汤恩伯军团十八日赶到安阳及漳河南岸之线[②]，严阵以待，我吴克仁军亦于是时到达汤阴。敌分三路渡漳河进犯，斯时在平汉线正面者为敌之第六师团；由武安[③]、观台[④]犯我左翼者，为第十四师团之主力；沿肥乡、成安、临漳企图攻我右翼者，为第十六师团之一部。十月十九日后，敌不断向我漳河铁桥炮击，另以一部着便衣混入难民群中，由观台、东西保漳[⑤]渡河，期掩护其主力之偷渡。

---

※　作者当时系国民政府行政院军政部部长。

①　此系一九三七年十月十一日。

②　据《第一战区第二十军团于漳河抗日之役战斗详报》及《陆军第五十二军于漳河南岸东、西保障一带战斗要报》，十月十八日前，汤恩伯第二十军团第十三军的两个师已分别在安阳和磁县。十八日到达漳河南岸的是该军团第五十二军（军长关麟征）。

③　武安及后文之临漳、涉县当时属河南省，今属河北省。

④　观台当时属河南省安阳县，今属河北省磁县。

⑤　据调查，此"东西保漳"为"东西保障"之误。该两村位于漳河南岸，古代时名为东保掌和西保掌，清末民初易名为东保障和西保障；原属河南省安阳县，今属河北省磁县。

东、西保漳一带高地，于二十日上午已为敌占。我关麟征军，遂于二十一日拂晓开始攻击当面之敌①，当被我二十五师将该高地夺回，将敌压迫于河岸，歼灭甚众。但敌又得河北②之增援，遂再图反攻，自晓至暮，反复肉搏，激战至晚十二时，敌我伤亡均重。旋以安阳以东辛店集附近，敌渡过约一联队，斯时我军极为疲乏，乃停止攻击，占领阵地，与敌成对峙状态。敌军主力因前进受阻，伤亡甚大，自二十三日后已撤退至邯郸、武安附近，拟由武安、涉县进窥晋南，威胁我平汉线左侧背，同时声援山西之作战。我汤军团遂于二十四日推进至沿岸一带与敌对峙。斯时山西又告吃紧，娘子关被敌攻陷，山西战局危殆。我汤军团之第十三军，于十一月二日兼程往援。敌乘晋东胜利，平汉线上又向我安阳附近攻击。我守军商震部以实力薄弱，左右友军距离甚远，不得应援，十一月五日安阳又告失陷③，商军退守宝莲寺东西之线。

宋哲元集团军，在临清、堂邑、大名、内黄、南乐、清丰、濮阳④之间，以协同平汉线正面友军，击破平汉线南下之敌，使晋东我军作战容易之目的，以主力沿平汉线东侧地区前进，其骑兵部队于十一月五日占领南和、任县，并将邢台以北之官庄车站占领，其步兵部队则向邢台攻击，六日晨已迫至邢台附近。不意敌一面由邢台西北增援，一面由邢台以南沙河方面赶到步骑炮联合之敌向我夹击，且以敌机多架助战，敌我相持两昼夜，于八日下午任县竟被敌夺去。十日邢台之敌向我反攻，十一日因大名失守，敌攻广平甚急，我骑兵部队感受侧背威胁，于十二日乃向卫河右岸移动。步兵部队十一月六日进攻成安之敌，当晚占领县城。七日敌由磁县方面增加，激战竟日，八日并由临漳方面续到步骑炮联合之敌进窥广平，九日复由广平西北向大名运动，十日更以全力进迫大名，与我三十八师发生巷战，十一日县城遂失守，步兵部队乃退守卫河南岸。敌占大名后，以一部进窥卫河，主力扼守大名。是时华北敌军先以主力进窥山西，十一月九日占据太原后，复转用其第六师团一部于东战场方面，故对平汉线仅以第十四师团及十六师团之一部暂取守势，在平汉线之漳河及卫河北岸构筑工事，与我军对峙。

---

① 据《陆军第五十二军于漳河南岸东、西保障一带战斗要报》，关军于二十日上午即以两个团攻击该敌，但未奏效。二十一日拂晓又以主力再次攻击。

② 此"河北"系指漳河北岸。

③ 据《第一战区平汉沿线重要战报摘录》及商震支戍、歌辰两电，安阳车站及安阳城均于四日失陷。又据台湾中国国民党中央委员会党史委员会编印之《中华民国重要史料初编——对日抗战时期》："十一月四日，敌先期反攻，陷安阳。"

④ 南乐、清丰、濮阳当时属河北省，今属河南省。

# 漳河之战

覃异之　姚国俊[※]

　　一九三七年十月中旬，日军沿平汉铁路南犯，豫北告急。十三日，第二十军团（军团长汤恩伯）第五十二军（军长关麟征）奉命开往林县古城、涉县一带集结待命。十七日，部队在行进途中两次接到改变行进路线的命令，于十八日晚到达安阳以西的观台、水冶，与安阳以东的商震第二十集团军（辖第三十二军一个军）共同守卫漳河防线。部队到达指定位置后，关麟征当即进行部署：以第二十五师主力占领西保障以西漳河南岸的高地，一个团占领河北岸高地；第二师骑兵连在漳河南岸之东、西保障至东、西清流之间担任警戒，主力控制于水冶。

　　十九日，日军猛烈炮击漳河南岸，特别是平汉铁路漳河铁桥附近，其便衣混入我友军南撤部队和难民中陆续到达南岸，骑兵也不断进行强渡。至二十日上午，东、西保障附近的高地陷入敌手。关麟征令第二十五师派一个步兵团协助第二师骑兵连攻击该敌。由于日军占据有利地形，后续部队源源不断南渡，我军虽反复攻击，但未能收复高地。

　　二十一日拂晓，关麟征亲赴前线督战，指挥两个师的主力同时对漳河南岸之敌发起攻击。我军虽一度攻占东、西保障附近的高地，将日军驱逐至漳河南岸的河滩上，但该敌在后续渡河部队的策应下反将我军包围。敌我双方遂展开反复激烈的争夺战和白刃战，战况至为惨烈。激战至深夜，双方在伦掌以北至漳河南岸之间形成对峙。一天的战斗中，第二十五师第一五〇团团长曾谦阵亡，全军共伤亡校官十八员、尉官近百

---

　　※　作者覃异之当时系第五十二军第二十五师第七十五旅第一四九团团长，姚国俊当时系第五十二军参谋长。

员、士兵三千余名。当夜，汤恩伯令第五十二军停止攻击。二十二日，第一战区司令长官程潜下令调整部署，第五十二军奉命守卫水冶及其以南地区。此后，日军因伤亡严重，后方空虚，退回漳河北岸。

十月底，晋东重镇娘子关告急，第二十军团奉命驰援。第五十二军的任务是由林县绕至涉县附近，以涉县为根据地，进出彭城、武安等处，向邯郸、磁县附近之敌不断进行昼夜袭击。我军在当地农民掩护下，行动机密主动。敌人死守邯郸、磁县城内，完全陷于被动。城外飞机场有敌机十余架和汽油库等，周围设铁丝网工事，由日军一个步兵中队守卫。关麟征由第二十五师选出一位机智勇敢的营长梁智伟，先带少数便衣官兵到机场附近农村侦察，组织农民配合行动，将附近农村所有的狗都管制起来，以便夜间秘密行动；然后将全营官兵分为突击队、放火队，乘夜暗潜伏。十一月中旬的一个夜晚，该营乘敌不备，突击队突破了敌人飞机场周围的障碍设置，包围攻击敌守兵营房；放火队乘机冲入机场内，放火焚烧敌飞机、油库等。敌守兵被我突击队包围攻击，无法救火，一时间火光冲天，爆炸声音雷鸣，邯郸城内的敌人仅以枪炮盲目射击，不敢出城。我梁智伟营烧毁敌人飞机后，安全撤退。第一战区司令长官程潜立即传令嘉奖，提升梁智伟为第二十五师的团长，并给全营官兵发了奖金。

十二月初，第二十军团归还第一战区建制。关麟征奉令率第五十二军先开郑州附近休息一周，又开漯河附近整理补充。第五十二军在休整三个月当中，总结了古北口抗战以来的经验教训，加强了部队的战斗训练以及爱国主义教育，树立抗战必胜的坚强信念和决心。各级指挥官也加强作战指挥的学习。关麟征本人在督促部队教育训练期间也抽时间阅读陆军大学课本战史、战斗纲要、战术作业以及古代兵法等。经过短短三个月的教育训练、整顿补充，大大提高了部队的政治素质和战斗力。

# 安阳守卫战前后

陈家珍※

一九三七年十月十八日，第二十集团军（总司令商震，辖第三十二军）总部南渡漳河，到达安阳城，随即奉命占领安阳以东既设之国防工事，准备迎击日军进攻。十九日，北岸日军对守卫安阳城及其以西地区的汤恩伯第二十军团猛烈炮击和空袭，步兵开始强渡漳河。汤部关麟征第五十二军与敌激战三昼夜，歼灭大部分渡河日军。此后敌我双方对峙于漳河两岸。

十月二十二日，程潜令第二十集团军向淇县、汲县（今卫辉市）及新乡一带转移。次日至二十四日，除骑兵部队留在安阳、汤阴外，主力相继到达指定地点，以部分兵力守卫淇县前进阵地和汲县主阵地，其余作为机动游击部队。

三十一日，上级命令汤恩伯部驰援晋东娘子关，所遗安阳城及东西一线之防务由商震部接替。程潜为了增强商震部的战斗力，特令独立骑兵第十四旅张占魁部和铁甲车第一中队长何平率一列铁甲车开赴安阳，归商震指挥。商震奉命后，即将总部推进至汤阴以南后李朱村，并部署如下：吕济第一四二师以第六旅崔曧部立即开赴安阳，以一个营防守车站，主力固守安阳；宋肯堂第一四一师在安阳西南丘陵地带构筑阵地，与安阳车站及安阳城我军相呼应；骑兵第十四旅在水冶镇附近积极向北搜索敌情，掩护本集团军左翼的安全；铁甲车第一中队位于安阳车站归崔旅长指挥，不时来回于安阳、汤阴间维护交通安全；黄光华第一三九师在宝莲寺东西之线构筑预备阵地；其余部队在汤阴附近整训、补充。

---

※ 作者当时系第二十集团军总司令部参一科参谋。

十一月二日早饭后，商震派人把我叫到他的办公室说："我派你到安阳去一趟，先到车站后到城内，代我看看构筑的工事和配备。不当的地方你向他们提出建议，加以改进。你是学工兵的，又和他们都熟；我已通知崔旅长在车站等你，让刘剑萍给你预备一辆轧道车（铁路上巡查或检修用的车子，以人力摇动），骑兵团派四个士兵给你押车。晚上回来，向我详细汇报。"我回屋立即向骑兵团打电话，副团长钱燕斋接电话，也想到安阳看看，他带了四个枪兵，我们在汤阴车站坐上轧道车出发了。当我们走到十里铺就"轰"的一声触了地雷，把轧道车抛起炸毁。我被抛出七八米以外，钱副团长腰被折断（后来治疗多年，才勉强能走），四名士兵一死两伤。驻安阳的部队及铁甲车闻声先后赶来，查明是敌人骑兵于昨夜晚窜入十里铺内隐藏，在铁路上埋设了地雷。将钱副团长及伤兵两名送回汤阴军医院，掩埋了死去的士兵，我与另一士兵乘铁甲车到安阳车站。崔旅长正在车站等我，连忙握着我的手说："好危险，你死里逃生啊！"随后我和崔旅长在守备车站的苏永刚营长陪同下看了车站，到城内旅部吃过午饭，又在补充第三团王本善团长陪同下视察了城内外的工事及兵力部署。我提出了许多建议，他们都欣然接受。事办完后，我到后李朱总部时，已是晚八点了。我当即到商总司令的办公室汇报。商说："你们路上的情形，刘本厚主任已向我报告了，你不要紧吧？"我说："我不要紧。"我汇报了视察安阳的情况及向崔旅长等的建议，商不住地点头。

此时平汉线安阳河北岸敌军有大量增加，似有夺取安阳县城南下，配合各方面敌军作战之可能。当晚总部接到骑兵第十四旅张占魁旅长报告：今晨敌骑兵约三四百名由水冶镇北方向我旅攻击，敌后有后续步兵部队，小屯以北约六华里有敌一两千人向南运动，已令杨岳斌团在水冶镇与敌战斗，小屯方面敌人，我正严密监视中。

十一月三日早饭后，参谋处长蒋纪珂告诉我说："你马上带五千分之一安阳附近地图随总司令、邴高参坐火车到安阳，他们在办公室等你。"我急忙把地图装入皮包到办公室，商和邴正在等我。我们三人乘汽车到汤阴车站，见一个火车头挂两节客车正升火待发，我们上车后即向安阳开去。车距安阳车站尚有三华里时停止，听到安阳车站的炮声。刘副官急忙来报告说："敌人已发现我们的火车开来安阳，正猛烈射击，火车是否再向前开，请总司令指示。"商说："车停在此地，不再前开。"又对邴和我说："走，下车，我们走到车站去。"当我们走进车站区后，敌成群的炮弹不断向我们飞来，摧毁了许多树木和房屋。商震左右的人一闻炮弹飞来，或卧倒或俯身。商则左手持一手杖，谈笑自若，毫不在意，还笑着对郧高参说："东桥，敌人用礼炮欢迎我们呢！"我们快到车站票房时，何平队长前来迎接，他向商行礼后说："请总司令到站内地下室休息一下，敌炮停射后再到铁甲车上看看。"商说："不必，我先到车上看看，回来再休息。"郧高参说："总司令先到地下室休息，我代你先到车上看看。"郧又对我说："走！你我一同去，总司令就放心了。"商只好在何队长引路下到地下室去。我们来到列车指挥室，童副队长正在指挥射击。约半小时，敌炮停止射击，郧和我转回地下室去。地下室大约有四间房子大，崔旅长正在向商震汇报敌情。见我们来了，商起立说："我们先到铁甲车上看看，然后再到城里去。"来到铁甲车上，何队长向官兵做了介绍，商总司令一再慰问士兵辛苦。巡视车内情形后，问何队长有无困难，何说："没有困难，请总司令放心！"

告别了何队长，我们即向城内走去。先到旅部吃午饭，饭间商问崔旅长守城方案，崔说："我控制了较大的预备队，哪里出现紧急情况，我就往哪里使用；哪里最危险，我就往哪里去。我告诉团、营长们也要这样做。"商点头称好。崔旅长和王本善团长都是商震在山西任旅长时期的老部下，崔任商的副官处长多年，王则是商由卫士提升起来的。饭后开始视察城防工事，强度、射向不适宜的地方，商震不厌其详，一一予以指示。视察了五个多小时，天近黄昏，崔、王送我们到南门外，商对他们说："现在战斗很紧张，你们要做好准备！不要再送了，回去吧。"我们十三四人在傍晚中登上火车，回到后李朱时，早已是万家灯火了。

这一天，第一四一师一部曾对安阳河南岸的日军发起攻击。日军立即在飞机、战车掩护下向第一四一师补充第二团阵地发起猛烈反攻。该团是在正定战斗中牺牲最大的一团，人员较少，主要干部都是新接任的。战至下午三时，团长陈行先，团附阮成美，营长魏凤云、王葵先后阵亡，阵地被敌突破。第一四一师被迫后退到十里铺以南。程潜以我部攻击力弱，下令固守安阳工事，不必再作积极行动。当晚，日军又袭击我安阳西南的东、西八里庄和三分庄一带阵地。

四日上午八时，崔囊旅长打电话向参谋长傅立平报告：丰乐镇以南的日军总计不下四五千人，附有各种大炮三十余门、战车多辆，今晨向我军阵地射击，有南渡安阳河进犯的企图。上午十时，崔又来紧急电话报告：日军升起系留气球观测，指挥炮兵开始向我车站部队射击，我以铁甲车炮还击；敌分四路强渡安阳河，向我军发起全线进攻，与我骑兵第十四旅在水冶镇、小屯方面展开激战。

同日，敌空军出动频繁，以多架飞机协同水冶镇、小屯、安阳车站以北地面敌军作战，并派出侦察机掠过总部上空向新乡、郑州方面进行战略侦察。商震召集参谋长及参谋处长、课长等开作战会议，分析了当面敌情，认为安阳战斗已开始，要接受石家庄以南战役的教训，进行坚决抗击，部署如下：令第三十二军骑兵团（附机枪连、炮连）立即以战备态势由汤阴向安阳以东白壁附近搜索前进，到达后与安阳守军切取联系，急速向各方搜索敌情，警戒我军右翼的安全；崔旅固守安阳县城，安阳车站苏永刚营必要时撤入城内；骑兵第十四旅积极主动策应安阳守军作战；铁甲车第一中队俟火车站苏营转移城内后，可稍向南移，积极协同安阳城方面的作战；第一三九师守卫宝莲寺东西之线加强工事，准备战斗；第一四二师（欠第六旅）为集团军总预备队，并在汤阴县城构筑工事。商震以电话向程潜司令长官报告了本日上午战况。

当日下午敌以猛烈炮火轰击安阳车站和安阳城，步兵千余人在十多辆战车引导下向我车站守军猛扑。我守军伤亡殆尽，仍顽强阻击，并以集束手榴弹击毁敌战车两辆。这时，我骑兵第十四旅由水冶镇、小屯向后转移，使车站的左翼空虚。崔霁旅长看到车站阵地已无法固守，只得下令向城内转移，铁甲车中队也南移至十里铺附近。

日军攻占车站后，即集中全部炮兵猛轰安阳城，并以飞机向我守军轮番轰炸扫射。炮击和轰炸甫停，千余名日军步兵在战车掩护下向安阳城发起猛攻。这时，城门及水泥工事大部被摧毁，我军的轻、重机枪也十有八九被击毁。崔霁一面指挥部队顽强抵抗，一面多次打电话向商震报告战况危急，请求增援。但此时第一四一师已与敌接触，第一三九师守卫宝莲寺东西之线准备迎敌也无法抽调，而作为总预备队的第一四二师（欠崔旅）一旦动用，其他方面若出现危急情况就会无兵可调，从而使整个平汉线战局陷入不可收拾的局面。商震审度全局，反复权衡利弊，决定不动用预备队。他请求程潜派兵增援，但程回电说已无军队可派，希望商自己解决。商震见指望上峰增兵已不可能，只得打电话命令崔霁拼死守城。崔霁是商震多年培养的军官，甚为商所看重。值此危急时刻，崔亦不负商的重托，指挥部队连续三次打退日军的冲锋，并将由城东北角缺口处突入城内的一股日军驱逐出去。战斗中，崔旅的李团长受伤，下级军官及士兵的伤亡更为严重。激战至四日深夜，安阳城被突破，崔霁率残部退至城东南马官屯。商震命崔霁整饬残部待命反攻，并令守卫宝莲寺以北阵地的第一三九师严阵以待。

不久，第一战区司令长官程潜转奉国民政府军委会命令：安阳战役守军第三十二军第一四二师第六旅旅长崔囊，在作战期间，未完成固守安阳县城任务，致使安阳要地沦陷敌手，着即撤职，永不录用。商震接到命令后非常难过，但上命难违，只得转饬第一四二师师长吕济遵令照办。崔旅幸存的官兵听说崔被撤职，无不为之鸣冤叫屈。

日军攻占安阳后，十一日又攻占了河北大名。由于日军前锋推进过快，其后方部队、设施和后勤补给线经常受到中国军队的袭击。如关麟征军十一月十一日和十三日袭击邯郸、磁县日军机场，炸毁许多飞机、大炮，并焚烧大批汽油，中国军队南撤时与大部队失散的许多小股部队此时已重新集结，再加上大量各色地方武装，搅得日军不得安宁。因此日军被迫暂停南进，与我军在安阳、宝莲寺之间形成对峙。

日军虽暂时停止地面进攻，但常对我军进行空袭。一天下午两点，日军三架重型轰炸机经后李朱上空向南飞去，约三分钟后即掉头折回，飞临第二十集团军总部上空，未侦察也未盘旋即投下重磅炸弹三四十枚，又向北飞去。炸弹多数落在商震的住宅附近，死伤军民二十多人，房屋被炸毁多处。是时商震在屋中办公，屹然未动。敌机去后，商震偕战区少将高参邴淳到村里巡视，并派人叫来医务人员给受伤群众包扎。他叫来总部警卫部队第七二三团第三营营长常东阳说："今天飞机来炸，一定有汉奸指示目标或预先得到情报，不然不会这样准确。以后要特别注意防谍、防奸!"

十一月中旬，南京军事当局来函，征询商震的意见："意欲命你率领第三十二军深入河北中部敌后，组织地方武力，在敌后进行抗战，任河北民军总指挥，如何？盼复!"商看后经过再三考虑，又接受平汉线北段抗战教训：不是自己亲自培养的军队，遇到重大情况，就不接受自己的指挥，徒有兵力数量之名，而无实力作战可凭，与其勉强应命，不如事先陈述困难，免误国事。遂与参谋长傅立平等商量，决定不去河北任河北民军总指挥，立即回复南京，以年老（时年五十一岁）体衰，唯恐有误军机为名辞谢。后来南京任命张荫梧为河北民军总指挥。

不久，第一战区司令长官部将属长芦税警旅的两个团约三千人拨归第二十集团军战斗序列。商震委集团军总部参谋处处长蒋纪珂任旅长，并得到河南省政府的一个保安团，将税警旅扩编为三个团，聊补几个月来对日作战中的严重损失。

# 冀南豫北作战

张樾亭[※]

一九三七年八九月间，宋哲元由南京来到濮阳，说日军进攻太原，中央叫他率第一集团军（第六十八军由察转冀南未到）进出冀南，攻略石家庄，策援太原[①]。宋遂令郑大章骑兵师[②]沿邯郸以北、平汉线东侧地区掩护军之左侧向石家庄方向搜索；令石友三部（平津冀保安旅编成）进入南宫，联合地方武力向石家庄方面敌人后方扰击，策应军之作战；令第七十七军何基沣师守备大名。宋哲元率第七十七军和第五十九军由大名经曲周、广宗、新河进窥石家庄。宋哲元进抵广宗时，郑大章骑兵到达高邑附近，被敌所阻，前方战斗不利。而大名城又被邯郸方面之敌袭占，守大名的师长何基沣自戕未遂。新乡方面友军也未应援，情形危急，宋哲元遂令第一集团军撤绕馆陶、濮县到濮阳附近整备。

一九三七年十一月、十二月间，蒋介石令第一集团军总司令部由濮阳移驻新乡。此时张自忠来到新乡，宋哲元令其回第五十九军军长任。不久，蒋介石令石友三部进出冀南，向敌后方游击，令第五十九军归徐州第五战区李宗仁指挥，令第六十八军归第一战区司令长官部直接指挥，

---

※ 作者当时系第一集团军参谋长。

① 据《中华民国重要史料初编——对日抗战时期》，一九三七年十月二十五日，蒋介石令第一集团军以大名为根据地，一部活动于津浦、平汉两路中间地区，牵制敌人，主力协同正面友军，击破平汉线南下之敌，进出于石家庄方面，使晋东我军作战容易。另据《第一战区平汉沿线重要战报摘录》，第六十八军（军长刘汝明）先头于十一月一日由内黄县楚旺出发北进。

② 据《第一战区平汉沿线重要战报摘录》及《中华民国时期军政职官志》，郑大章当时任骑兵第三军军长兼骑兵第九师师长。

构筑黄河南岸工事。

一九三八年春，第一战区司令长官部命令宋哲元指挥第七十七军和万福麟军向冀豫间敌人进攻，战斗失败，友军不援，新乡弃守，黄河南岸守军不准过黄河。宋哲元率第七十七军撤转道清路，到获嘉车站，日将没，第七十七军在获嘉城关附近的掩护队撤走，敌追击队先头在获嘉城东关附近出没。宋哲元坐在获嘉车站（获嘉西关外）站台上不走，秦德纯劝他上车，他亦不动。秦德纯急忙要我去劝宋哲元，宋仍不动，我遂同秦德纯拉他上车，开赴清化。敌旋即追至清化。第七十七军渡沁河转济源。我同宋哲元到沁阳县城迤西某村，敌追击队到达沁河北岸，炮击我在沁河南岸的掩护队，发生掩护战。日没，我掩护队撤走后，我同宋哲元到济源。翌日晨，宋哲元派我赴武昌见蒋介石代他请罪。宋问我见蒋时如何说法，我说："我们一再败退，无词掩饰，只有总司令（指宋）两次殿后可以对蒋谈谈。"我遂进封门口赴关阳黄河渡口。南岸守兵不准我过河，再说也不允，后来我给守兵连长二百元，才许我过河。我到武昌见蒋介石代宋哲元请罪，并将宋两次殿后的情形略叙一下。蒋介石叫我去见何应钦，何对我说："明轩可以辞去总司令职务，休养休养。"叫我对宋去说。我说："我不好说，还是请总长另找人同宋总司令说吧。"我即回汉口。后来听说在汉口的刘郁芬、门致中电宋辞职，蒋介石即调宋为第一战区副长官。宋借口有病请假赴广西阳朔休养。

# 平汉沿线之作战

何应钦[※]

豫北平汉线之敌，自二十六年[①]十一月五日攻陷安阳，十一日占领大名以后，因忙于后方之整理，兵员之补充，及东西两战场兵力之转用，遂无余力继续南下，乃与我万福麟部在安阳以南、汤阴以北之宝莲寺一带阵地相持达三月之久。我并在冀中、冀西发展游击战。二十六年十二月下旬，敌发动津浦线之战事，企图打通津浦线截断陇海路，予我平汉线以重大之威胁，但师久无功，乃在平汉线方面开始积极之行动，另图发展。二月八日，敌十四师团土肥原部，以其主力在敌机掩护之下，向我宝莲寺阵地猛犯。我万军高树勋师[②]奋勇抵抗，激战四昼夜，卒因部队伤亡过大，至二月十一日不得已转进至淇河以西高地继续抵抗。是时我宋哲元部主力在道口[③]、汲县[④]阵地，九日敌有力一部由右翼方面侵入濮阳，十三日进占长垣[⑤]窥伺封丘，十五日急转西进，以与沿平汉线南下之敌相联系，而图攻我宋军。我宋军与正面之敌相持数日，因汲县阵地被突破[⑥]，于十五日向新乡附近之既设阵地转移，又因立脚未稳，敌已跟

---

※　作者当时系国民政府军事委员会参谋总长。
①　民国二十六年即公元一九三七年，以下凡民国年号不另注。
②　高树勋新编第九师当时归第七十七军军长万福麟指挥。
③　道口当时为滑县的一个镇，今为滑县县城。
④　汲县今名卫辉市。
⑤　长垣当时属河北省，今属河南省。据《第一战区豫北会战战斗详报》，十二日晚，淇河阵地不守，长垣同日失陷，道口、滑县被自动放弃。
⑥　据《第一集团军汤阴、沁阳各战役战斗详报》，汲县于十六日失陷。

进，而新乡以南之元村①已发现敌人，我宋军乃于十八日放弃新乡向西转进②，旬日之间，在获嘉、修武、焦作③、博爱、沁阳、济源各阵地逐次抵抗，阻敌西进，以期确保太行山脉及晋东、晋南各要道，掩护我山西战场之右翼。我为策应宋军作战起见，经派兵北渡黄河，向道清线以南、平汉线以东地区进出，迭次予敌以重大打击，敌遂未能渡河南犯。至四月上旬敌在台儿庄惨败后，即转移各战场之兵力于津浦线南北两段，以图包围徐州，更以一部集结于濮阳、濮县④附近，企图东渡以迫鲁西。

① 新乡以南无元村之地名，疑为亢村之误。

② 据《第一战区豫北会战战斗详报》，十六日日军迫近新乡，宋哲元令一个营守新乡，主力开往修武以西，十七日日军西进。另据《第一集团军汤阴、沁阳各战役战斗详报》，十六日日军迫近新乡城郊，十七日包围新乡守军巷战，十八日日军坦克冲入获嘉。

③ 焦作当时属修武县，今为焦作市。

④ 濮县属山东省，一九五六年裁入范县。一九六四年，范县由山东省划归河南省。

# 爆破黄河铁桥

朱振民※

抗日期间，当战争烽火迫近郑州时，蒋介石下令破坏黄河铁桥。执行这项任务的是新编第八师（师长蒋在珍），当时我任该师参谋长，现就记忆所及，叙述于下。

一九三七年冬，新编第八师奉令开赴新乡警戒，不到半月，又改任黄河北岸詹店及南岸古荥镇的守备。

新编第八师到达詹店、古荥镇地区以后，第一战区司令长官部下达了具体任务的命令，记得命令的大意是：一、新编第八师以一个团在黄河北岸北桥头堡至詹店间构筑强固阵地（可以利用铁路上适用的材料），做好固守北桥头堡的一切设施；二、由新乡应撤退过黄河以南的部队业已输送完毕，以后除抢运物资列车外，运输部队的列车一律不许开入詹店以南（事实上那时也没有整列运兵列车）；三、新编第八师主力应位置于南桥头堡至古荥镇间，着重保护黄河铁桥及其上下三十华里的河防；四、在南桥头堡邙山的高射炮排，暂归新八师指挥，对空作战。

但不久从一些迹象上可以看出，蒋介石已决定放弃黄河以北地区，并将破坏黄河铁桥。这些迹象是：一、宋哲元各部不许退过黄河以南，指定向新乡以西太行山区转移；二、铁路部门撤掉道清路，重要设备器材、物资积极南运；三、破坏焦作煤厂设备（并未认真执行）。

当宋哲元部向新乡以西转移时，新编第八师奉命检查放行最后一列火车后，即将黄河铁桥封锁。但此时还有不少从冀、察、晋各地下来的行政人员、家属和一些后勤单位的零星人员，都被阻挡在黄河北岸。他

---

※ 作者当时系第一战区新编第八师参谋长。

16

们见铁桥封锁，只好把搬不动的各种公私物件都丢弃在北桥头堡车站上，循铁路徒步向西走去。不少人哭的哭，骂的骂，闹作一团，一直延续了一天多才过完。

新编第八师奉命封锁黄河铁桥的前一日，战区司令长官部命令师长蒋在珍前去接受任务。蒋去后回来说："蒋介石已决定炸毁黄河铁桥，指定我师先行做好准备，随即派第九十五师师长罗奇到来，统一指挥执行爆破任务。"蒋回来时还带来一个专业爆破的工兵连和一个车厢的炸药及一些爆破器材。这些器材运到后即放在南岸的一个隧道内，命炮兵营守护。接着，蒋在珍召集三个团长及直属营、连长和同来的工兵连长开会，同时还邀请郑州铁道司令部和郑州专员公署派员与会。会上传达了战区司令长官部转来的军委会命令，大意是：日军已侵占新乡，由于宋哲元所部的牵制，短期内不至南犯，但这仅是短时间的事。如郑州不守，河南就会丢失，既影响武汉的保卫，西安也受威胁。为了保卫郑州，巩固洛阳和潼关战略地区，以增强武汉和西安的安全，必须彻底破坏黄河铁桥。

会后，蒋在珍随即和工兵连长研究爆破中的具体事项。工兵连长提出以下几点要求：一、铁路指挥部派工人在铁桥轨道下安装电灯，以利夜间操作；二、黄河靠南是沙面，操作方便，但河流中部到北岸是深水区，须有木船二十只作架设浮桥之用，这项工作请新编第八师工兵连负责；三、南桥头堡距桥五百米以内居住的人员，事先应做好防护，最好是搬到五百米以外地区，免遭破片伤害；四、规定遇敌机来袭时的指挥信号与爆破时对河防警卫兵员和居民躲避破片的信号。

根据工兵连提出的意见，有关方面便积极进行准备，同时呈报战区司令长官部。第二天郑州专署即征调来木船，铁路上派电工安装电灯，工兵连即在每根铁桥柱脚上安装炸药包。当时正是朔风刺骨的严冬季节，而白天又有敌机骚扰，安装工程就多在夜间进行，更增加了工兵们的困难。

工兵开始安装炸药的第二天下午，罗奇师开到了，部队驻扎在古荥镇东北铁路沿线各村庄，罗的师部设在列车上。罗师的任务是加强黄河的防守，掩护新编第八师爆破铁桥。战区司令长官部为了指挥统一，命令罗奇指挥新编第八师，负责掩护及指挥工兵连爆破铁桥。罗到防地即来电话约蒋在珍去开会。蒋本来有点病，而实际上是他认为掩护与爆破都已布置妥当，只待炸药安装完毕即行爆破；又自以为是中将军阶的师长，不愿受少将军阶的师长指挥，遂称病不去，派我参加。

第三天上午，工兵连长报告，炸药安装完毕，当即报请战区司令长官部及第一集团军总部在郑州的负责人前来检查。到中午时分，河雾散去，上级司令部来了五六个人，由战区司令长官部参谋长晏勋甫率领前来。他们在铁桥上看了捆绑的炸药包，又到河沙坝看了导火线，询问了工兵连长的操作情况，然后拍了几张照片。晏勋甫命令罗、蒋两师长在入暮前先发空袭警报，把距桥五百米以内的人都叫开，可能就在夜间进行爆破，俟他回去报告司令长官后即下达最后命令。到晚上八九点钟，晏勋甫来电话说，军事委员会命令，平汉铁路黄河铁桥定于当天半夜两点钟炸掉。

罗、蒋二人接受命令后，传达下去，两师官兵如临大敌般各就指定岗位执行任务。转瞬间时钟响了两下，罗奇在邙山的一个制高点上，发出了红色信号弹。刹那间，那座行驶火车数十年的铁桥，在工兵连长一按电钮之下，轰隆轰隆一长串巨响之后，便横七竖八倒在河面上了。炸了铁桥的第二天，晏勋甫、陇海铁道司令何某、郑州专员和铁路局的负责人，还有几个高级参谋，一同来到南桥头堡，察看铁桥破坏情况。他们认为铁桥的柱脚虽然炸断，桥身全部倒在河里，但桥架仍是互相联结着，只不过是东倒西歪地横躺在河面上，车辆马匹固然不能通行，而轻武装的步兵还是可以攀缘而过。所以他们要求进一步彻底破坏，要把桥架和铁轨拆开，全部拖上河岸，河内不能存留丝毫痕迹，破坏任务才算彻底完成。蒋在珍提议，还是采取继续爆破，在时间上快得多，工兵连长支持蒋的意见，多数人也都赞同爆炸的办法。晏勋甫请示后来电话说，继续彻底爆炸破坏，做到一干二净，限期三天完成，炸药跟即运到。

第二次爆炸进行到第四天夜晚，破坏工作才彻底完成，这一回河内没有丝毫痕迹。晏勋甫等人又来视察，在铁桥原位置拍了照，爆炸破坏任务算是结束了。

# 焦作守卫战

张玉瑚※

抗日战争爆发时，我是个学生，深深感到抗日救国人人有责，毅然投笔从戎，由开封转赴豫北师管区参加军官队，在辉县百泉受训。毕业后分配到第一战区补充旅第二团机枪连任排长，驻防焦作，训练新兵。补充旅辖两个团及两个直属营，各团辖三个营和两个直属连，全旅官兵约五千余人。旅长邢淳系日本士官学校毕业，全团营长、连长大部系中央军校毕业生。

一九三八年二月，第一战区命我部迅速撤离黄河北，与河防部队第四十七军联系从风陵渡过河。这时，日军土肥原师团一部由辉县一线直逼焦作矿区。日炮兵从清晨至天黑，在氢气球的指示下，对焦作东南郊炮轰不止。

二月十九日，日军企图迂回包围焦作，妄图切断我军退路。我团奉命挑选敢死队员一百五十名，占领焦作东南和东、西于村，阻击日军西进包围，以掩护宋哲元的第一集团军及本补充旅安全撤出焦作。当全团集合宣布战斗任务时，我走出行列欣然接受任务，我们连有百十名士兵也纷纷站出来，连同其他连的士兵共编成敢死队。人人精神抖擞，斗志昂扬，使全团官兵的士气受到鼓舞。当场命我为敢死队长，马聚正、高连科、王某为排长，共同担任阻击敌人、掩护部队撤离的任务。

我命令全队轻装出发，每人携带六枚手榴弹、一百发子弹、一把大刀。一排配马克沁重机枪三挺，另一排全带步枪、刺刀、手榴弹，还有一排则配轻机枪三挺。其班、排长皆临时编组择优选用。清晨六时，跑

※ 作者当时系第一战区补充旅第二团机枪连排长。

步至郊外占领东、西于村外坟地构筑工事。待我们进入阵地不到二十分钟，就发现敌人氢气球升入我阵地上空，接着敌人炮弹发射，听到炮弹划破天空的尖啸声和落在阵地上的爆炸声，硝烟弥漫了整个阵地。我官兵机智沉着，向弹坑翻、滚、爬、钻，随时变换位置，减少了伤亡。一个小时后，日军判断我军已被其炮火摧毁，以步兵数百人上了明晃晃的刺刀，在其火力掩护下，沿东于村东路向西搜索前进。我迅速低声传出命令："没有命令不准开枪！"全队官兵全神贯注地等待杀敌命令。敌人逐渐向我们接近，每一个战士都紧盯着敌人，不时扭头瞅着我，等候命令。号兵的号嘴总放在嘴巴上，神情急切。我看见敌人距我阵地只四五十米时，把手一挥，一声大吼："打！"顿时，军号声、机枪声、步枪声、手榴弹声汇成一片。只见冲到了阵前的敌人倒的倒，爬的爬，向后溃退。敌人陆续增援，我派一排士兵迂回侧击，另派一排士兵持大刀随时准备冲锋。敌人由于增援人多，火力很强，逐渐又向我阵地接近。我令号兵吹起冲锋号，火力掩护大刀队冲向敌人，双方开展了白刃肉搏。经过五分钟的艰苦拼搏，敌人渐渐不支，向后退缩。但是盘旋在天空的敌机却向我阵地低空俯冲扫射。我军的马克沁重机枪只好当作高射机枪使用，向敌机猛烈射击。此时，阵地前的敌人得到喘息，其炮兵又向我阵地猛轰。我们向空地滚去，像死尸一般不动。这种迷惑敌人的动作，吸引敌人的炮弹向我纵深阵地发射。

大约在上午十一时许，日军步兵在其机群扫射后，又开始了进攻。敌人约一百余人兵分两路，一路由西于村向西进犯，一路从东于村横向西进。我们仍沉着应战，不到射程之内不使用全部火力。我一方面将火力集中使用，另一方面抽出大刀队员五十名跑步向两于村阻击敌人。这时我们又增援一排兵力，齐头并进，终将敌人打退。在清扫战场时，我们发现敌人弃尸九具。这九具死尸不是缺一手腕，就是缺一拇指，均没有血迹，大概是捎点骨灰回去用以安慰家属吧！

天黑七点半钟，我们奉团部命令沿焦作镇内北面山路跟随大部队后尾撤退，归还建制。

# 王屋山阻击战

刘钧铭※

一九三七年八月，第二十九军扩编为第一集团军，宋哲元任总司令，第三十七师和第一三二师扩编为第七十七军，第三十七师师长冯治安升任军长，我团团长胡文郁继续担任团长。十月底，全集团军集结在冀南的大名、魏县、成安、广平一带，与日军发生激战。此后即转移到河南新乡附近，作过短时期的补充和休整。我团所损失的人员，在冀南各县得到了补充。一九三八年二月，日军大举进犯新乡，宋哲元率领第七十七军及高树勋各部沿道清铁路向西逐步抵抗。

不久，宋哲元率领所部进抵济源以西的王屋山。当时，从前线撤退下来的部队很多，除宋哲元率领的所部以外，还有中央军、东北军、晋军等。部队众多，又互不隶属，没有统一的指挥，秩序很乱。王屋山距离黄河渡口茅津渡只有二三十里①，各部队都想渡过黄河，从事整顿和补充，可是把守渡口的部队奉命不许渡河。后面有日军尾追，前面又望河兴叹。在这紧急关头，宋哲元命令我团在部队的末尾殿后。团里命令我们二营在王屋山占领阵地阻击敌人，必须守住王屋山，待总部及其他部队全部转移后再奉命撤退。我营接受任务后，立即在王屋山占领阵地。当地的地形是两山夹一峪，山是南北向，略向北倾斜。第五、第六连位置在山的左侧，营部随第五、第六连；第七、第八连和团配属给我营的两门迫击炮位置在右翼山脊上。两山之间的山谷宽约三百多米，可以通行炮车。我当时在第八连担任第三排排长。由于情况紧急，来不及构筑

---

※　作者当时系第七十七军第三十七师第二一九团第二营第八连第三排排长。

①　从王屋山西段至茅津渡的直线距离约九十多公里。

工事，只是布置士兵们就地利用地形地物，以便减少伤亡。山上树木不多，虽不利于隐蔽，但居高临下，视野开阔，既便于监视敌人的行动，又利于组织交叉火网，有效地打击敌人。占领阵地后，秦营长召集干部们分析了形势，他说，连日来晋南的部队都继续后撤，日军很少遭到大规模的坚强抵抗，滋长了骄傲情绪，必然疏于戒备；现在许多部队后撤，我们在这里阻击，武器弹药到处可以求援，这一点能得到满足，只要大家沉住气，发扬我们在碱河打击敌人的劲头，就一定能够打一次漂亮仗，保卫总部及兄弟部队安全转移。秦营长讲话不多，分析得入情入理，把干部们的信心和劲头都鼓起来了，大家分头一传达，士兵们的劲头也鼓起来了。我们占领阵地以后，观察到敌人并没有详细侦察，就派出密集的骑兵向第五、第六连的阵地猛冲。当敌骑进入我有效射程以内时，第五、第六连从正面，第七、第八连从右侧，突然以炽盛的火力向敌开火，敌骑来不及展开，就被我军消灭了一批。敌人乱了阵脚，有继续向我军冲击前进的，有向两翼展开的，我军猛烈射击，敌骑大部分被我营消灭了。我们估计到敌人会反扑，于是一面收集敌人的枪支弹药，一面迅速向后方求援。附近的支援部队，见到我们积极抵抗，都乐于支援，有的还派人把弹药送到阵地附近，并协助我们运送伤员。士兵们见此情景，增强了信心，坚决要把敌人打下去。弹药准备好了，有一些士兵就卧在敌尸及死马的后面，既作掩护，又有依托，专等敌人到来。一会儿，敌人的第二批骑兵又冲上来了，这一次敌骑采取了疏散队形，直接向第五、第六连的阵地猛冲。第五、第六连奋力抵抗，双方展开激烈的枪战，敌骑被打倒一批。他们的后续部队又冲上来，由于敌人的目标大，我们的火力足，士气旺盛，战斗持续了一个多小时，敌骑又被我军打下去了。第五、第六连经过两次激战，消灭了一百多敌骑，我第五连连长阵亡，伤排长二人，死伤士兵六十多人；我第八连连长受重伤，退下了火线。

敌骑两次冲击都没有得逞，他们改变了战法。这一次敌人先用炮火猛轰我营的阵地，由于我们来不及构筑工事即投入了战斗，在敌炮火轰击时，增大了伤亡。一个多小时的炮火轰击后，敌人的步兵跟上来了。我们打退了敌人的两次进攻，官兵的士气正旺盛。当敌人的步兵向第五、第六连阵地冲击时，秦营长指挥部队利用各种枪支和手榴弹向敌人反击，第七、第八连和迫击炮排也全力支援。经过两个多小时的激烈战斗，终于把敌人打退了。

全营伤亡过半，四个连长有三人受伤，一人阵亡，排长们也伤亡过半。秦营长当即决定，把第五、第六连并到一起。当时迫击炮弹已全部打光，保留这个排没有实际意义，于是把迫击炮排也合并到第五连，由第五连仅剩下的一名排长担任连长，同时也调整和充实了排长和班长。秦营长鉴于敌人的攻击重点都指向了第五、第六连的阵地，他把第五、第六连合并以后，立即把第七连调来，与第五连并肩战斗。部署完毕，秦营长召集干部们讲话说，刚才收到团部的通报，团直属部队及第一、第三营在王屋山以西和敌人展开了激战，已经打退了敌人的数次进攻；宋总司令得知我团奋勇作战，杀伤了大批敌人，阻止住了敌人的进攻，已下令对我团通令表扬。秦营长鼓励大家说，宋总司令表扬我们，兄弟部队感谢我们，希望大家发扬艰苦奋战、不怕牺牲的精神，坚决顶住敌人的进攻。上级命令我们把阵地守到天黑，敌人会自动撤回去，届时我们脱离战场，寻找大部队。秦营长布置撤退重伤员，迅速收集弹药，重新组织了火网，迎接敌人的再一次反扑。

当日下午四时，敌人又发起进攻。先用炮火向我营占领的两个山头猛轰，半小时以后，步兵向第五、第七连的阵地冲击，骑兵从第五连的左侧包抄，秦营长指挥两个连与敌人展开了血战。我们这个营战斗了大半天，粒米未进，滴水未喝，凭着对祖国的忠诚与誓死守土的决心，一息尚存，就要顽强地战斗下去。激战至薄暮，阵地仍为我营固守。此时，王屋山的西方枪声大作，敌人认为我援军到来，随即后撤。按照敌人的活动规律，夜间很少出击，我们的任务已经胜利完成，秦营长下达命令，除以一部担任警戒外，其余集中全力掩埋死难的战友，然后撤退重伤员，天黑以后，全营撤离阵地。

经过一天的激烈战斗，共打死打伤敌人七百多人、敌骑一百多匹，我营阵亡连长三人，重伤一人，在十三名排长当中，共伤亡八名，全营士兵包括轻伤不下火线的在内，仅剩一百五十多人，战斗之惨烈可以想见。根据派出的侦探报告，我们的部队已向西撤退。我营向西行进十多里，在一个村庄吃饭以后，稍事休息，连夜向西疾进。在村内及沿途遇到不少零星部队，他们看到我们这一百五六十人的队伍，好像是有了依靠，有的自愿向我营投效，有的经我们动员编入我营。对于新加入的士兵，我们以诚相待，热烈欢迎，大家都感到温暖。两天以后，我们找到了团部，全团又汇合到一起。我们这个营人员齐备，枪支也补充了不少，又编成了四个步兵连和一个迫击炮排，我升任第八连连长。

# 汜水炮战记

蓝守清[※]

一九三七年十月中旬，我炮兵第一旅（旅长李汝炯）第五团第一营参加河北保定、正定抗日作战后，奉命撤至河南郑州待命，当时我任该营营长。十一月上旬，我团团长史宏熹率团部人员由山西到达洛阳。由于我团第二营被第二战区前敌总指挥卫立煌留在山西，人们取笑史宏熹是"空军司令"；史觉得面子上过不去，就请求第一战区司令长官程潜批准，将我营调往洛阳归还建制。

我营到洛阳后，经过两个月左右的休整补充，除第二连基础较差外，第一、第三两连又达到士足马腾的境界。一九三八年元旦前后，奉第一战区司令长官部之命，史团长令我率第一连和第三连前往汜水县（今裁入荥阳市），归第一集团军第五十三军军长万福麟指挥；第二连由连长张礼恩率领，配属洛阳驻军马励武部。

汜水地处黄河南岸，北与武陟、温县隔河相望，东邻广武（今裁入荥阳市）、荥阳，南接登封、密县，西与巩县（今巩义市）交界，陇海铁路和当时的郑（州）洛（阳）公路均由此经过，虽是一个小县，但战略地位十分重要，自古是兵家必争之地。该县除东北部地势较平坦外，大部分地区都是丘陵、山地，耕地少，面积小，老百姓多住在窑洞里，生活很苦。

部队到达汜水后，我曾先与第五十三军联系，当时万福麟军长不在，由军部一位参谋接见。当我询问黄河北岸情况与守备部队的兵力配备时，他说："黄河北岸百十里内无敌情，现在军部派有便衣坐探，如发现情况

---

※ 作者当时系炮兵第一旅第五团第一营营长。

就会回来报告。汜水只有一个渡口，叫孤柏嘴，我军派有一个连在那里警戒，并负责检查来往旅客。由于城关村落少，部队住不下，只得散驻在城左右及火车站附近的村庄。如果汜水真的发生战事，你们炮一响，我们还赶得上。你们刚到，放心地修建炮台以备万一吧。"他又说："有关民夫征集，你直接找县长，问题不大。"

当时汜水的县长叫郭伟（字有文，江西吉安人），听说他是走"太太路线"，送钱给刘峙的老婆而得的官。我和他谈及构筑工事时，他说："在黄河河堤上，我们每隔二里修了一座岗哨楼，站在上面看对岸一目了然。在孤柏嘴渡口南岸反斜面，从前驻军修有炮台，驻军他移，我们没动它，你们来了正好用得上。"他还说："汜水是古战场，一千五百多年前的南北朝时期，刘宋与拓跋魏在虎牢关大战，有一次死了十万余人，就在炮台不远的庙里还有一块碑记。"

我勘察了汜水地形后，得知黄河南岸的河堤较北岸高得多，站在河堤上能清楚地看到北岸的情况。为了适应炮兵作战，根据我既知的日军火炮种类和炮弹威力，决定营、连观测所建在河堤上，采用隐蔽坑道作业方法，由堤南沿掘进到北沿，只留展望孔。为节约民工，对孤柏嘴的旧阵地进行改造，加厚沙包，作为第一连的阵地；另在老爷岭关帝庙前为第三连构筑阵地。当时没有敌情，又有民工协助，修建的工事比较理想。与此同时，我集合营、连观测人员和器材，由营附刘元西率领，对有关区域内的地形进行测量，反复核对，还过河做标定，这为以后的炮战创造了有利条件。

我营官兵从到达汜水之日起，除采购人员外，全部投入备战工作。我营和第五十三军相隔较远，因无特殊事情要联系，所以没有架设电话。第五十三军除给过我们一次口令信号外，没再发过其他文件，甚至部队移动，也未通知我们。我营孤零零地驻在汜水，炮兵第五团从洛阳转来的第一战区长官部例行通报，往往是不具体或已失去时效。为了及时了解汜水对岸的情况，我们一方面与汜水县政府和守护渡口的地方警察取得联系，另一方面利用正谊运输公司商业系统在黄河北岸的伙计们探听消息。正谊运输公司是汜水一位绰号叫"大红袍"的贫穷老汉所创办，老汉的大儿子王思斋当时是公司的经理。听当地人说，"大红袍"当年是地无一亩，房无一间，经常住在窑里。为了一家人的活命，他含泪离家，想过河谋生，但身上只有两文制钱，过了河连喝水的钱都没有。因下雨，在草棚里避雨时认识了一位跑单帮的客人，客人见他忠诚，叫他帮工，由此逐渐做搬运起家。"大红袍"去世后，他的儿子王思斋继续做运输生意，至抗战前，陇海铁路沿线各大站，都有正谊运输公司的生意。汜水是该公司的发源地，该公司还承担通往武陟、温县的拉脚运输。抗战爆发后，地方土产运不出去，但每日还有用自行车驮运轻便物资者。王经理想知道的是河北岸生意上的事，我想知道的是河北岸的日军动态，因此我营在汜水期间获得的情报，有许多是得力于正谊运输公司的伙计们。

一九三八年二月上旬，日军土肥原师团从安阳和河北大名向南进攻，中旬攻占新乡，然后沿道清铁路西犯，月底前进入山西境内。由于该部日军主要是为了追歼败退的第一集团军宋哲元部，并攻占晋南地区，所以暂时没有派兵进占道清铁路以南的武陟、温县。此时局势已十分紧张，正谊运输公司的伙计们不断向我报告来自北岸的各种消息和传闻，我营已进入临战状态。二月底至三月初，日军后续部队到达新乡附近。三月上旬的一天，王思斋对我说："北边纷纷传说日军快到温县了。"当天中午，新任县长孙丕藩派人通知说："温县最近有敌探和汉奸活动，你们要注意。"下午，我接到炮兵第五团从洛阳转来的长官部特急电报，大意是：即派一个连开往孟津，归第九十军军长彭进之指挥。我奉命后，考虑汜水绝不会无战事，但军令难违，乃决定第一连不动；令第三连连长何士操在天黑后率队撤出阵地，立即赶往孟津报到。我派人在老爷岭阵地上点了盏灯，一是为了迷惑敌人，二是为了安定人心。

次日清晨，雪后初晴，风很大，我照例带着随从到黄河堤上巡视，得到孤柏嘴渡口警察传来的消息：日军的很多大炮正从武陟向温县方向移动。我听了这消息，意识到第五十三军走后，黄河南岸只剩下河堤上一公里一座的空哨所和守卫孤柏嘴的几名警察；虽有黄河天险，日军不能一下子就到汜水，但只凭我们这几门卜福斯山炮守汜水阵地，能顶得住吗？但一想到我是奉命在此守卫的，怕也不行，只能打一下再看。我当即快马加鞭回到观测所，此时营连的战斗人员都在阵地上待命射击，勤杂人员也打好行李准备行动。

半小时后，我看到从河对岸柳树丛中驶出三十多门汽车牵引的日军野炮，呈"一"字形纵队向沙滩开来。当时我和刘营附都认为，日军这样毫无顾忌，可能是有汉奸为他们送信，知道我军的炮不多。为了有效地打击敌人，我们只好忍耐一下，待敌炮下架（即炮从行动姿态改变为射击姿态的瞬间）时，来一个急袭射击。刘营附同意我的决定，立即通知阵地多准备炮弹。我和一连连长韩毓湘在炮队镜里密切注视着敌炮的每一步行动，待敌炮一下架，我一声令下，我方火炮立即开始急袭射击，河北岸的沙滩顿时被硝烟笼罩。我认为，敌我双方火炮数量是十比一，我军必须以歼灭日军有生力量为目的，因此射击一分钟后，我即下令改用较大幅度的摆射，形成扇面射击。我营火炮是半自动开闩装置，装填发射速度快，转动也很灵便。我们的士兵多数是老兵，技术也熟练，有与日军交战的经验。新兵虽是第一次上阵，但他们都是我营在洛阳整补时招收的中学生，具有爱国热情和较高的文化知识，因此在老兵的带动下，很快熟悉了战斗动作。新老兵协同一致，很痛快地进行了一次又一次的摆射。日军第一批三十多门野炮还没开口，就被我军三门卜福斯山炮打得晕头转向。我从日军炮兵整齐划一地进入阵地，到他们还击的先后次序上看，肯定敌人是缺员操作，估计伤亡不小。

这时，黄河北岸柳树丛后升起了日军的系留气球，加农炮、重炮也先后在野炮掩护下进入阵地，放列射击，炮弹大部分落在城南的火车站及其后方的高地上。我判断日军开始是应急而乱放，现在有气球观测，可能是有目的的发射。综合长官部情报，我估计日军对火车站射击的目的，可能是为了破坏我方的交通线，也可能是误认为高地上有我军的观测所。我军经过一阵高速度射击，炮弹已消耗不少。我考虑从洛阳补充弹药，起码也要等到夜间，为了在有利时机发扬火力，我军没有必要和日军拼消耗，因此下令停止射击，立即将火炮撤出炮床，放在掩体侧面预先挖好的安全位置。

汜水老百姓听不到我军的炮声，都为我们担心。日军看我方半天不还击，以为我炮已被击毁，他们下午又趾高气扬了。当夕阳西下，黄河边上刮起一阵寒风时，日军可能是感到河滩上不能再停留，未等他们的系留气球降落，就像下操一样全部停止了射击，慢吞吞地收炮（撤出阵地前的一种动作），这些我在炮队镜里都看得清清楚楚。这时，掩蔽部里的我军官兵已擦拭完火炮，准备好弹药，将火炮又推返炮床。在日军火炮上架（火炮停止发射，准备撤出阵地，开始运动）的瞬间，我下令火炮以炽盛的火力射击。当时的风向对我军很有利，炮弹准确地命中了目标。此时已日落西山，日军无法还击，只好急忙逃命。日军的气球来不及降落，就像线牵纸鸢一样，被拖着朝东北方向飘移。日军逃跑的那条道路是我们刚到汜水时就测量、标定过的，我们能准确地掌握方向和距离，所以我们对逃跑中的日军车辆进行阻截射击，完全出乎日军的意料。

这一天的战斗中，日军发射了数千发炮弹，车站南面的高地上弹痕累累，但车站站房和铁轨损失不大；我阵地前后及火炮掩体上也落弹不少，但没有贯穿，只有一发炮弹从火口空隙射入掩体，第一炮上士班长张廷奂受伤，担任第三、第四炮手的两名新兵阵亡。事后据正谊运输公司的伙计们透露，这天傍晚的炮击，有一辆日军汽车被击毁，当场击毙一名留胡子的军官，同车的官兵也有伤亡。战后长官部发下的情报中说，日军在山西垣曲慰灵祭时宣布在温县河边战斗中死大队长以下官兵十余人。

当晚孙县长和地方上的知名人士纷纷前来我营慰问，大家只是彼此相互勉励，却没有考虑布置居民疏散和如何防护的问题。入夜，通信排排长设法在长途线路上与洛阳炮兵第五团团部接通了电话，我向史团长汇报了当天作战经过，并要求他转请上级增派驻军。我说："按今日情况看，汜水只有炮兵孤军作战，连担任警戒的一兵一卒都没有。如果日军炮火把我们阵地控制了，只要有几艘橡皮舟，肯定可以顺利渡河，那时我营恐怕连人马带火炮都会被俘。"史说："不要怕，我已在长官部得到消息，敌人没有渡河的企图，他们炮击汜水，是在向我国军队示威。你营是一个小单位，不必过虑。补充给你们的炮弹已装上火车，据车站说是专车运送，如果你们车站修复，午夜即可到达。盼转饬官兵，好好应战。"

汜水火车站经过抢修，交通迅速恢复。半夜十二时左右，洛阳开来的弹药车到站，我营派去搬运炮弹的士兵还没赶到，站上的搬运工和附近的居民已主动参加卸车，力大的一个背一箱，体力弱的两人抬一箱，陆续送到阵地上来了。同时，城关居民听说我营有两名殉国的炮手尚未入殓，抬着两口棺材来到阵地。当时我感动得直流泪，找不到更合适的话，我说："老乡们对我们的恩情，我们将铭记在心，我们要做好准备，明天狠狠地打击敌人。"

第三天清晨，天气不很晴朗，看不清楚黄河北岸。上午九点前，我突然发现北岸有日军炮队运动，但不像昨天那样肆无忌惮地跑到河滩上，而是躲在柳树丛中选择阵地，系留气球阵地也变了。这天由于日军阵地分散，又是先后进入阵地，在这样大的面积上进行压制射击，不会奏效，因此我决定先打日军炮兵的"眼睛"——系留气球基地。我们用较小的夹角求得距离后，集中火力进行破坏射击。当天日军的气球升降数次，我们由此判断射击有效。打了个把钟头，日军以密集火力对我阵地还击。我们总结了昨天的经验教训，又将火炮撤出炮床，人员进入安全的隐蔽所休息，只留少数人监视对岸敌情和守电话。这时，日军忽以大部分火力对汜水城关进行疯狂的射击，炸塌了许多房屋。由于县政府事先未动员居民疏散，不少人伤亡。这天日军打了上千发炮弹，城关及阵地附近的树木有些秃了顶，白雪覆盖的黄土被翻了起来，阵地前后的炮弹坑像雨后梨花似的，黄河大堤斜坡上的弹坑远看像鱼鳞一样排列得有层有次。日军一些未爆炸的炮弹，像锯了半截的果树，插在我们阵地前的沙包上，也有的插到沙滩上。不知是日军的目的已达到，还是别的缘故，今天收场比昨天早得多，下午三点钟左右就逐渐减少发射，东一炮西一炮地打。我们推断这是日军逐次撤出，但还未离开阵地，因此叫炮手们做好准备，暂不发射。后来看到通往温县的道路上扬起尘土时，估计日军已开始撤退，我们就向日军的必经之路进行阻截射击，最后干脆把火炮推到河堤上，对敌进行直接瞄准射击。当时天色尚早，日军又不再还击，许多居民趴在河堤上，大胆的还爬上岗楼看热闹。

黄昏炮战停止，阵地上沉寂了。当我进城视察，向县长慰问时，看到青壮年在残砖坠梁中找寻建筑材料，打算重建家园，也听到失去亲人的妇女撕心裂肺的痛哭声。老百姓在自己遭难的时刻，也还有人到阵地上慰问我们。

第四天黎明前，城关居民就扶老携幼向有窑洞的地方躲避，我们则在阵地上严密注视北岸的情况，一直等到下午，仍无动静。天黑后，从北岸过来的居民说，日军炮队已开往济源。我问他们昨天敌人的伤亡情形，他们说："有受伤的，但死伤多少弄不清。"

两天的激烈炮战结束了，从当时敌我火炮数量上比较，日军是我军的十几倍到二十倍；从火炮的威力上比较，日军是野、重、加农炮，我军是山炮；从消耗的炮弹数量上看，日军则数十倍于我；从双方死伤人数上看，敌是我的十倍。战后，我营官兵四出勘察，把所有未爆炸的日军炮弹，收集起来投到枯井里。正谊运输公司经理王思斋说这是"积德"。我说："这是我们炮兵应尽的责任。"

战后，我获得编号为第三十三号的抗战华胄章一枚，第一连连长韩毓湘获忠勤章一枚，受伤的上士班长张廷免被提升为准尉弹药队长。一九三八年下半年，我营奉命开赴鄂东地区，参加武汉会战。

# 第 二 章
## 豫东作战

# 陇海沿线之作战

何应钦<sup>※</sup>

## 鲁西防御及归砀失陷

二十七年五月上旬，敌分向皖北、鲁西转移。我为集结强大兵团击灭该敌计，乃以孙桐萱军主力在相里集、潭集之线及微山、独山、南阳各湖两岸之李必蕃、李英等师，展开于郓城及纸坊集、巨野之线，以掩护大兵团之集中。五月九日，济宁方面之敌，开始向金乡、鱼台、郓城进犯，并一部西渡微山湖进攻沛县，以威胁我侧背。在鲁西广阔之平原内，敌利用机械化部队，向我间隙内到处窜扰，郓城、鱼台、金乡、沛县<sup>①</sup>于十一、十四、十五、十八等日相继失陷，敌直趋陇海线。五月十一日我俞济时军及黄杰军分在砀山、归德<sup>②</sup>等地已集结完毕，李汉魂军向归德输送。斯时由蒙城北犯之敌豕突北窜，陇海线形势渐趋紧张，我最高统帅乃令薛岳统率俞、黄、李三军为鲁西兵团<sup>③</sup>，以击灭当面之敌。五月十二日，北犯之敌又占永城，即以其轻快部队直趋砀山、归德，于是在韩道口、周寨等地发生剧烈之战斗。五月廿一日起，敌猛攻砀山，二十

---

※　作者当时系国民政府军事委员会参谋总长。

①　据日本防卫厅防卫研究所战史室著《中国事变陆军作战史》，日军第十六师团主力五月十四日占领金乡，第十师团十九日占领沛县。

②　商丘县在清代为归德府治，自一九一三年二月民国政府废府存县后，该县除一度被裁入商丘市外，其名称至今仍为商丘县。

③　关于薛岳兵团的名称，《第一战区鲁西豫东作战经过概要》中为鲁西兵团，其他资料中为豫东兵团或第一兵团。

四日被陷，黄军西撤。敌陷砀山后，以一部经虞城①转归德，主力沿铁道西进，二十六日开始向我归德阵地攻击。二十七、二十八两日，经敌以猛烈之炮火轰击后，二十八日归德又陷②，黄军遂向睢县、柳河集转进。

## 兰封附近诸战斗

自五月十八日以来，由菏泽南下之敌第十四师团土肥原部主力，向铁炉集南进③，企图遮断我陇海线交通。其一部十七日由新兴集向兰封以东之仪封前进，十八日其主力进至大黄集附近。我当准备于二十一日夹击该敌。五月十九、二十两日，窜仪封之敌一部已与我宋希濂军在仪封及内黄④附近发生激战。同日我空军第一、第五两大队，曾出动轰炸永城、蒙城、贯台集、三叉寨及蚌埠敌机场，毁敌桥梁、车辆无数。我马丁机二架，并飞往日本长崎散发纸弹，促其军民觉醒。二十一日，仪封之敌向西南窜扰，一部于当日窜抵兴隆集附近，罗王寨、白寨附近均发生战斗，同时贯台之敌益逐次渡河增加。我程司令长官乃以俞济时、李汉魂、宋希濂三军向兰封⑤、阳堌集之线急进，胡宗南军团由开封方面沿铁道东进，扫荡当面之敌，刘和鼎军任兰封、开封间之河防。二十二日，敌一部续窜罗王寨。二十三日我胡宗南军团向该敌攻击，刘和鼎军拒止该敌北窜。二十三日土肥原⑥窜据罗王寨、三义寨一带者已陆续增多，又有一部由陈留口开始南渡。我李汉魂、桂永清两军二十四日晨由阳堌集协同开始向该敌攻击，斩获甚众。但兰封方面本晨敌以一部于我宋军换防之际乘隙窜入⑦，二十六日我宋希濂军反攻⑧，二十七日乃告克复。斯

---

① 当时的虞城县城今为利民镇，今虞城县城为马牧集。

② 据《中国事变陆军作战史》，日军于二十九日占领商丘。

③ 据《第二十集团军兰中、东考两区河防及菏泽、开封等役战斗详报》，日军土肥原师团主力五月十七日早经菏泽向铁炉集前进。

④ 此系指民权县之内黄集。

⑤ 兰封与考城一九五四年合并为兰考县。

⑥ 此处应为土肥原部或土肥原师团。

⑦ 据《陆军第七十一军兰封会战战斗详报》及《陆军第八十八师兰封战役战斗详报》，第八十八师于二十二日夜奉桂永清之命向红庙撤退；宋希濂于二十三日下午一时得知兰封自二十二日晚即无守备，但至本日中午日军尚未进城。据《陆军第二十七军兰封之役战斗详报》及《陆军第四十六师兰封附近会战经过》，第八十八师是擅自撤退的。

⑧ 据《陆军第七十一军兰封会战战斗详报》，二十四日晨六时宋希濂得知兰封已失，即指挥部队开始反攻。

时我军仍以主力向罗王寨、三义寨一带行连续之围攻，颇有进展，二十五至二十九日之间，予敌军以巨大之创痛，终以敌负隅顽抗，凭险死守，未能完全歼灭。二十八日我战略要点之归德被陷，黄军主力退集睢县、柳河一带。二十九日晨敌骑一部窜抵宁陵附近，我程司令长官为避免敌在豫东平地决战，乃决定转移各军①，六月一、二两日陆续向平汉线以西地区撤退，七、八、九日陆续到达指定地点。兰封西侧之敌于我军西移后，即继续向开封前进。六月五日我放弃开封②，敌分攻中牟、尉氏，该两地亦于六日失守③，随即进扰新郑。七日敌轰炸黄河堤，赵口附近河堤崩溃④，水流经中牟、尉氏沿贾鲁河南泛，敌我遂沿黄泛两岸成对峙形势。

---

① 据《第一战区鲁西豫东作战经过概要》，五月三十一日，程潜奉蒋介石关于主力转移至平汉线以西的命令，并于当日转饬薛岳、汤恩伯两总司令。

② 据《第二十集团军兰中、东考两区河防及菏泽、开封等役战斗详报》，开封守军宋肯堂师于六月六日一时退出开封。

③ 据《第二十集团军兰中、东考两区河防及菏泽、开封等役战斗详报》，六月八日在尉氏县南之砖桥、南曹等地发现日军骑兵，九日拂晓中牟被敌攻破。

④ 关于黄河决口问题，请参阅本章有关各篇。

# 兰封会战

薛　岳[※]

　　敌据南京后，首谋打通津浦线，沟通南北交通，以期兵力运用之灵活，故以徐州为目标，沿铁道线南北夹击。并抽调平、津、绥、晋兵力，转用于鲁西、豫东，谋作大包围，切断徐郑交通，使徐州攻略容易。

　　是时余任第三战区前敌总司令，驻屯溪，指挥各军挺进杭、嘉、京、芜，扫荡顽寇，切断京杭、京沪、沪杭水陆交通，消耗敌力，钳制敌军西犯。因鲁西战局日紧，奉调第一战区前敌总司令[①]北上指挥，第二十七军五月十一日抵汉[②]。次日，谒最高统帅，随飞郑谒司令长官程公。十四日，至商丘，开始部署计划。

　　其时当面之敌第十四师团土肥原部，已由濮县渡河陷菏泽。十七日，先头窜抵内黄、仪封，主力向南续进不已。迄二十日，全部窜集内黄及其东北地区，遂决心以野鸡岗、楚庄寨、石楼、内黄、贺村为攻击目标，命：

　　一、第六十四军、第七十四军为东路军，沿铁道两侧向野鸡岗、楚庄寨、贺村攻击；

---

　　※　作者当时系第一战区豫东兵团总司令，后任第一战区前敌总司令。

　　①　关于薛岳当时的职务，据《第一战区鲁西豫东作战经过概要》，奉蒋介石真申令：俞、黄、李各军统归薛岳指挥，为"鲁西兵团"；在李汉魂的日记及回忆文章中，有"第一兵团总司令"和"豫东兵团总司令"两种说法。另据其他资料记载，五月三十日，第一战区司令长官程潜由开封返回郑州，蒋介石委薛岳为第一战区前敌总司令，令薛指挥豫东作战。

　　②　据《陆军第二十七军兰封之役战斗详报》，第二十七军成立于一九三八年五月十六日。

二、第七十一军、第二十七军为西路军，自西而东，向仪封、内黄、马王寨攻击；

三、新三十五师，向宋庄、纸坊集攻击；

四、第三集团军向旧考城、贺村攻击，并以一部埋伏于鲁道口、大寨集、王庄等处，相机袭敌；

五、第三十二军一部，确占大黄集、团集，并埋伏于杨桥、郭庄、马庄等处，相机袭敌。

二十一日攻击开始，进展尚利；唯敌于二十三日夜陷兰封，遂再命第七十一军、第二十七军向兰封、东岗头，第六十四军向兰封之西罗王寨、曲兴集攻击，其时第一军由张司茅、顺河集、田寨，亦向曲兴集攻击。激战至二十七日，七十一军克兰封，六十四军克罗王车站，第一军克高堂寨、陈留口，新三十五师、一〇六师、第二十师，均迫三义寨，嗣后又均获进展，敌遂被困于三义寨、曲兴集一隅，作困兽斗。围攻至二十九日，因徐州情况变化，敌得大部西援，由商丘方面，沿铁道及其以南地区向民权、宁陵，及由亳县方面，向鹿邑、柘城急进，既图救援土肥原，且将出许昌、郑州，犯我平汉线。余遵令抽六师以上兵力，置太康、杞县、睢县、民权间，迎击西犯之敌；自五月杪至六月九日，与敌激战宁陵、睢县、民权、鹿邑、柘城、太康、扶沟、杞县、陈留①、开封、中牟一带经旬。九日晚，奉最高统帅麻电，任余为武汉卫戍区第一兵团总司令。十日，解除前职，转遏沿江西犯之敌。

---

① 陈留县于一九五七年划入开封县。

# 铁衣曾照古中原

李汉魂<sup>※</sup>

## 铁马金戈旧地，同仇敌忾当年

远在我还戍守潮汕时，我就曾向国民党中央请缨赴敌；及至移防增城，我第六十四军上下益坚此志。我的请缨报告及函电已经发出多次，只以增城一带加速国防工事构筑及民众组训、战前部署、部队教育磨炼等等工作，哪怕是我驻防一日，也必须要尽心尽力去做。思想上，我是枕戈待旦，磨砺以需的；职责上，我更是不懈不惰，务求防地随时可以埋葬敌人，使敢于来犯者可以进来，休想归去！

第六十四军的第一五五师师长职务，增城驻防的后一阶段我已交给了陈公侠，我集中精力在军部而不必再分心于师部。一九三八年四月二十八日，最高统帅部电令余汉谋副司令长官兼第十二集团军总司令转饬我第六十四军全部调赴武汉，并限五月十日到达，先归第六十六军叶肇军长督促指挥。这一宗命令在我是无须踌躇的，我个人和叶伯芹（作者注：叶肇，字伯芹）交情原是不错，谁归谁指挥，对于一个战斗序列的组成和统属，也是统一军令所不容置疑的原则。第六十四军统率的第一五五师和第一八七师各层级的人员却大为惊讶，大家都认为叶伯芹在过去谈不上有什么好表现，尤其是在南京之战全军尽没，单身突围，嗣又混杂于难民行列中，一度被俘。将军被俘又不能自决，贻羞于军队，贻羞于广东健儿，此次再复军职，竟将我第六十四军置于其指挥之下，颇有不平。军中

---

※ 作者当时系第六十四军军长，后任第一战区豫东兵团第一路总指挥、第二十九军团军团长。

如此耳语，我为顾全大局，只有极力以服从为军人天职善加解释。

一九三八年五月三日，第一八七师首先开拔，由粤汉铁路北运；第一五五师亦分别在粤汉线南段指定的地区候车首途。军部所奉到的调动令是向河南信阳、明港集中待命，归军事委员会直接指挥。这一开拔前的最后命令，使军上各级员兵化解了不愉快。

我准时在五月十日抵达武汉，并即日向统帅部请示机宜。正在这时日军第十四师团土肥原率部已由濮阳大举南下，渡过黄河，进袭鲁豫交界、陇海铁路，绕鲁西南转入河南大平原的门户兰封，其意图是在于堵截我在津浦线上大军西撤之路，这是豫北方面情况的总估计①。至于鲁西南及苏北的情况是：徐州会战以后，我军完成了对敌的消耗目的，亦正需要急速向陇海线方面撤退，但李宗仁指挥的部队汤恩伯、廖磊、孙桐萱等三个军团及集团军等合计在十万兵员以上，前进容易，后撤困难。敌军已多路分由微山湖、昭阳湖、独山湖、南阳湖（此虽名为四湖，实际上是一个南北纵长大湖的四个段）以及济宁、鱼台、巨野、沛县进侵②，用意亦在配合濮阳渡河南下的敌军，陷我自徐州向西撤退的大军于绝地。所以统帅部紧急命令我在五月十二日即晚，把第六十四军所属部队向河南归德（即古睢阳城，今之商丘）输送，军委会运输部门已安排好了交通车辆。我先从平汉路直上郑州，在道经信阳、确山、驻马店、漯河、临颍、许昌等地的时候，想起一九二六年北伐军进军中原，这些都是旧日的战场；而此际铁马金戈，我为不是打内战而是争取国家尊严、民族解放的神圣抗日战争感到荣耀！昔年不喜欢战争，但为荡平军阀却不怕战争了；今日我仍然不喜欢战争，而且目睹战争使中国人受难、使人类受难因而更痛恨战争；但国家民族被逼向危亡的边缘，执干戈以为社稷，我又不害怕战争了。只因赶赴戎机，关山飞渡，预想世殊事异，当年北伐阵亡袍泽墓木已拱，恨未能停车稍留，一一亲临凭吊！

---

① 据日本防卫厅防卫研究所战史室著《中国事变陆军作战史》，日军第十四师团于五月十二日由濮县以南渡过黄河，十四日占领菏泽。十五日，该师团主力在菏泽地区，一部炸毁了民权县内黄集附近的陇海铁路。

② 据《中国事变陆军作战史》，日军第十师团于五月十五日夜开始渡微山湖，十九日一部攻占沛县，主力到达徐州以北；第十六师团于五月九日从济宁出发，十四日占领金乡后继续南下。

## 关山飞渡赴戎机

一九三八年五月十四日深夜，我抵达郑州，即向第一战区司令长官程潜将军报到，并当面请示了作战方略，因为最高统帅蒋委员长已与第一兵团总司令薛伯陵兄早在半天前飞抵郑州①，作了东向堵截敌军由苏、鲁、豫西侵和南侵，并指示我第六十四军即沿郑州开拔东进，务期在兰封、考城、民权、归德一线邀击敌军，确保我徐州突围大军安全进入豫境，使陇海路阵地可以稳住。程司令长官根据蒋委员长的战略意见，向我具体提示了一些要点，我当即星夜转车先赴归德，薛伯陵总司令于当日比我更早来到开始部署。情报显示，敌军是分南北两路袭来，其攻击目标可以判定是归德；至于徐州以西的砀山，敌军估定为李宗仁西撤大军入豫所取的最近道路，当然也是敌我必须争夺的要地。

与薛伯陵兄召集所有参谋人员缜密研究并确定各项作战计划后，前线战况，知砀山东面敌我已接触，李宗仁司令长官一面仍固守徐州，一面则指挥有计划撤退，曾命孙连仲军团由萧县冲出，俾能与砀山俞济时的第七十四军取得联络，故此，砀山方面显系俞济时与孙连仲军团联手在对敌激战。北线敌军在山东边缘城武的一支部队侵至郜城集，其方向系有袭取我归德模样，以其行军速度计，十六日晨我第六十四军警戒部队当能迎击。南线敌军在永城的另一支亦侵至大王集，其方向系西袭苏豫边境的亳县，本军彭林生师已部署一个团驻守，我和伯陵兄都认为防卫力量单薄。由于本军集中在归德者仅陈公侠师一个旅及彭林生师的五个营，在民权县附近的公路桥梁又已为敌空军炸毁，致我运兵军车饱受故障，情势骤然吃紧。我已向伯陵兄及长官部表示誓当死守归德，与城共存亡，所以把军部和师部都迁入城内，历史上张睢阳能慷慨报国，宁独我广东健儿不能媲美先贤耶？

第五战区李宗仁司令长官已奉统帅部命令加强砀山东面黄口一线，目的是减轻俞、孙在砀山之战的压力，砀山能确保，则东线十万大军的西撤可以把牺牲和损失减至最低限度。

我各方大军俱向归德靠拢，总计有二十个师以上，根据统帅部的战区调整部署，所有鲁西和豫东地带均归第一战区司令长官指挥，当时以

①　据《第一战区鲁西豫东作战经过概要》，蒋介石和薛岳是五月十二日同机抵达郑州的。

归德为中心的砀山、兰封各线的部队番号系俞济时的第七十四军、黄杰的第八军、宋希濂的第七十一军、桂永清的第二十七军[①]，连我统率的第六十四军，按统帅部的分配归隶以薛岳（伯陵）任司令的豫东兵团，是属于程潜（颂云）司令长官指挥的战斗序列。

二十几个师的兵力集中在一条线上不能不说是相当雄厚，我们的集中，意味着中原地区敌人必争而我们也必不轻易放弃；尤其是我们保卫中原也就是保卫武汉，未来的武汉会战，从整个战局盱衡似乎是必不可免的。日军自陷京沪，不采取沿长江佯攻武汉，转而企图先打通津浦线，再攻占徐州，然后由陇海线东段插入中原。河南地区平原无际[②]，敌军认为有利于其大兵团和机械化部队的运动，所以敌人一方面发狠夹击徐州，企图达成一举迫我缔“城下之盟”，以迅速结束侵华军事；另一方面又急欲控握我郑州以东陇海线东段，以后再窜豫西、迂回湖北的襄樊以至宜昌、沙市，以拊我武汉之背。亦即是说，倘使上面迫和的企图落空，则河南平原仍是敌方机械化部队驰骋的最佳选择。我们重兵把敌人在砀山至兰封一带牢牢吸住，其实际意义亦在于有从容余地布置武汉会战的外围。

十七日，豫东兵团总司令薛岳通知我将拨第二十七军桂永清部归我指挥，并打算以第六十四军、第二十七军为基础编为一个军团。诚以当时军事活动地区范围日趋广阔，为收指挥灵活、进退统一之效，以较大作战单位的整体运动应付战局的变化更为有利。二十几个师摆在一条四五里长的战线上，不采取一种较大地区、较大集体的统御来协调作战实际，也容易使戎机失误，所以统帅部早就有建立军团一级指挥机构的成例，战事紧张中，这一战斗序列的编组已经实际形成。

根据战报，豫北、鲁西前线获知敌军绝密命令，土肥原师团的主力部队陷鲁西菏泽，第三十二军商震部与敌剧战，损失奇重，所属第二十三师李必蕃自杀殉国[③]，然后敌右翼向兰封，左翼向归德。薛伯陵总司令命令第八军黄杰部、第七十四军俞济时部向归德集中，并命令我沿归德、柳河、民权、内黄集一带巡视部队集结及防务情况。民权、内黄集已有

① 据《陆军第二十七军兰封之役战斗详报》，该军成立于五月十六日，军部于二十日到兰封，所辖第四十六师和第三十六师分别于十九日至二十一日先后到达。

② 河南省的地形，以平汉铁路（今京广铁路）为界，东部为平原，西部为丘陵、山地。

③ 据参加菏泽守卫战的齐国楮、陈锐霆、张尊光回忆，李必蕃是在战斗中身受重伤，抢救无效而壮烈殉国的。

敌先头部队窜至，并破坏我铁路、骚扰民居，但似亦知我大军云集，未敢大规模肆虐即回窜。以我视察沿线和对敌情的判断，认为考城、内黄集及兰封一线将有恶战，我当即急报薛总部严加监视。十九日老考城、内黄集一带果由土肥原部混成旅以其所突破的缺口继续加强；在兰封之东面仪封附近遮断陇海铁路，第七十一军宋希濂部已与敌接触，双方纠结在一起，战况胶着。最高统帅蒋委员长亲临郑州指挥，命第七十一军宋希濂部、第二十七军桂永清部联合由兰封向东扫荡；又令第二十集团军商震部向东侧击，豫东兵团薛岳部向西夹攻，砀山、归德不能放弃，以期吸住敌人。薛总部下达了全线的作战命令，其要旨是：

一、第七十一军宋希濂部坚守考城、内黄集一线，吸住突破缺口之敌军，不得后撤。

二、第六十四军李汉魂部主力即晚趋赴桃园关，第七十四军俞济时部暂拨配合李部增强防地，并拨工、炮兵各若干归属配合运动。

三、第六十四军的第一八七师彭林生部仍留归德暂归第八军黄杰军长指挥，为豫东兵团总预备队。

四、陇海线砀山至兰封段必须确保，第六十四军进驻桃园关后，应与鲁西曹县方面三集团军孙桐萱副总司令密切联络，以期强化东线，收堵截土肥原南下及掩护徐州西撤大军顺利通过之效。

五、以李汉魂为本兵团第一路总指挥，以桃园关为中心之各部暂归节制。

薛总部命令下达后，全线各军、师俱在紧急部署中，我第六十四军军部已设在桃园关，第一五五师在张平楼，第七十四军的王耀武第五十一师在孔庄，冯圣法的第五十八师亦由柳河向孔庄靠拢。我过柳河时已暮色苍茫，当向薛总司令报告前线仍稳定，第三集团军孙桐萱副总司令兼第十二军军长已派兵站人员与我取得联络并交换了敌我情况，确定互相通报、互相配合。薛总司令又命第八十八师第二六四旅及第八十七师一部归我指挥，第二六四旅廖龄奇旅长即在野鸡岗防地以电话向我报到。我赶至桃园关已是子夜，未暇休息，已得哨报：土肥原主力由菏泽南下约万余人，大炮七八十门，坦克百余辆。判断其意图系向兰封进扰，符合薛总部命令指示我方作战之部署。看来这一线上地平山少，无险可恃，有利于日军机械化部队的运动，我虽处处设置重兵，亦未能根本扭转劣势。曾向总部请示，薛伯陵总司令命我便宜行事，意思就是要求我随机应变，并授予我因应局势的全权，所以我暨旦即赶赴李堂，已知第一五五师到达朱庄寨，俞济时军各部到达楚庄寨、石楼，而第二六四旅廖龄奇亦在突击中将侵入高集之敌击溃，保住高集，并堵截内黄集附近之敌，我即传令各部兼程赶赴内黄集接应。

五月二十二日拂晓，本军陈公侠第一五五师率先抢达内黄集、人和集及黄寨，与第二六四旅会合。敌在我压力下集结了步骑两千余、坦克七八十辆、炮二三十门、装甲车百余部，流窜于附近金盆、大河湾、双塔、七岗一带，第一五五师即分遣主力追击，协同俞济时军一齐占领七岗、贺村集、马庄寨。所有执行出击任务的各部在与敌不断接触中，敌军向陇海线铁路以北逃窜时，伤亡比我方为多。这许多日来，由于本军初投入豫东战场，实战经验的水平不高，只是目睹本军将士用命，友军亦互相竭力协调，不负薛总部交付的重任；然我也看到部队各层级的联络往往未臻确实，偶有差错，幸未造成大过已属侥幸。这种各部普遍存在的现象是不是能逐步克服呢？克服的方法又在什么地方呢？我认为这已成为我们克敌制胜的关键性问题了。

## 保卫陇海线，争夺罗王寨

豫东陇海线这一走廊地带仍是第一、第五两个战区作战重点所在。铁道沿线凡曾被敌人袭入或被破坏的，我工兵部队于收复地段随时修复，这是从徐州大军顺利西撤的前提下考虑。当然，第五战区的主要战场已经自徐州南移，国军整个实力的保持，不能不是我长期抗战的重要抉择，所以保卫这个走廊地带成为全局的着眼点。第一战区程司令长官、豫东兵团薛总司令已奉统帅部命令，务须于六月初旬以前保住豫境郑州以东的陇海线，因为徐州大军可能在这限期前西撤完毕，同时战场上将会出现另一阶段的新部署。前者我们是理解的，但后者却成为一宗历史上的疑案，那件后来纠缠了很长一段岁月的问题却一直不曾揭晓！

敌军土肥原师团陷于被夹击的态势下，乘夜跨过陇海路向西南方狼奔豕突，内黄地区附近的每一个点都处在互相拉锯中。

五月二十三日，我至内黄，旋即转向高集与俞济时军长会商部队协作，然后经双塔转阳堌。沿途土地平旷，一望无垠，但沙砾连延，酷似沙漠景象。阳堌一带零散部队极多，均自报为前线撤回，并出示番号，顿使我怅触甚深。"战士军前半死生",为将帅者当如何使征者皆无嗟怨？

是夜，阳堌各部队负责人集中会商，桂永清军长、宋希濂军长①均提到对前线撤回的战友如何收容、再重新编入战斗序列和如何统一指挥的问题。收编一事当电请总部迅饬兵站负责，统一指挥则各军、师长均一致推我担任，我谦辞不遑，表示应请薛总司令亲来主持为是。当时情况正值千钧一发之际，各方瞩望殷切，我自忖必要时亦唯有硬着头皮一干而已。电报已发，但应付局面，大家仍力促我权宜。

阳堌、罗王寨、兰封、内黄集从地图位置看刚好在一个菱形的四个顶点上，每一点从两臂延伸都在同等距离之内，所谓掎角之势，也正是指此，所以阳堌就成为一个临时的指挥中心。但人员突然集中，给养不足，亦已急电薛总部请接济。

本军陈公侠第一五五师二十三日通过指定之酒府楼、孟角集向罗王寨攻击前进，已得手。罗王寨是陇海铁路上的一个不大不小的车站，东至兰封约二十五公里，西至开封约七十五公里。当时敌军土肥原师团以快速部队驰骋在豫东平原，兰封已暴露在铁路线东面，内黄集亦被敌骑一度抢攻，但被我规复。为堵住敌车西进开封，并遮住敌军南下，罗王寨在战略上很具意义；且由阳堌北至罗王寨有小小丘陵，确保罗王寨，不但争取空间，也争到全局战事得以从容重新部署的时间。所以第一五五师能抢占罗王寨并控有车站，备受各方瞩目。但不旋踵又得罗王寨方面战报，第一五五师占罗王车站后，以左右翼友军俱未配合前进，且第七十一军宋希濂部及第一〇六师沈克部通报谓兰封已失，嘱向贵李庄及固寨迅速移动，因此第一五五师放弃罗王寨。本来以一个师级的单位，在一定情况下相机进退，未为不可，唯以一子错下，将会招致全线动摇。我严令第一五五师就酒府楼、黄寨、老庄一线停止后撤，整理后再图补过。在这一次的小失误中，桂军长、宋军长、俞军长等俱以友军之间联络欠缜密、交换情况欠确实，皆认为各部之间迫切需要统一的指挥，方能更臻协调，提高战斗效果。大家要重提这件事，我也不敢推辞了，各部马上派出了参谋、情报、后勤的人员向我的指挥所集中，共同拟制了翌日的总攻计划。内容是：要求宋、桂两军即刻行动，克复兰封，由本军克复罗王寨，俞军向东掩护宋、桂两军并施行监视敌军向民权、商丘、虞城之蠢动。计划初定，薛总部已派廖鸣欧参谋长赶到，传谕全线交由

---

① 据《陆军第七十一军兰封会战战斗详报》，宋希濂于五月二十三日下午到大曹；二十四日三时后去兰封，午后去阳堌会晤李汉魂、桂永清。

我暂时统一指挥，电令随即亦由译电员译出，举座咸表服从命令。

在豫东兵团中我此时按命令暂称第一路总指挥，我们再一次研议，以会上确定的计划内容，由我下达了指挥部命令，其要旨是：

一、所有在阳堌地区的部队（包括由前方撤来未经重新整编的营以上单位在内）迅速集结，部署为三路待命。

二、以第二十七军桂永清军长统率本部第四十六师李良荣、第一〇六师沈克，与第七十一军宋希濂军长统率本部第三十六师蒋伏生、第六十一师钟松共四个师为中路①，向兰封、仪封攻击前进。

三、以第七十四军俞济时军长率本部第八十七师沈发藻、第八十八师龙慕韩等为右翼向仪封以东攻击②，并警戒豫东走廊，监视敌由鲁、皖边境向民权、商丘、虞城窜扰，争取与第五战区部队相机联系。

四、以第六十四军李汉魂部第一五五师陈公侠、第五十八师冯圣法所属及一切可以临时编组之战斗人员，一律拨归左翼，集中攻击罗王寨。

五、临时指挥所仍在阳堌，我位置在阳堌与罗王寨之间。

一九三八年五月二十五日晨一时，各部队出就攻击预备位置，拂晓施行总攻，各点上人人奋勇，进展甚速。当时有若干中外记者由徐州西撤或由郑州专程来做陇海东线采访的，都通过有关军政方面与我临时指挥所联系，要求在现场观战。我以仪封、兰封、罗王寨一线目前部队运动情况瞬息万变，诚恐在一进一退之间交通工具供应不够理想，安全问题欠缺可靠保证，尤其战场在平原地带，无险可恃，所以战场范围内外民众俱多撤退，我各部参谋、政工、后勤人员均不能不随战况移动，倘确认不以上述情况为可虑，我们是欢迎传播媒介的先生、女士参与前线观察的。我庄严地表示：我国家民族现正遭逢历史上空前的灾难，前线

---

① 据《陆军第七十一军兰封会战战斗详报》，五月二十四日至二十七日，宋希濂指挥第八十七、第八十八师反攻兰封。据《第十七军团兰封会战战斗详报》，五月二十三日起，蒋伏生第三十六师归胡宗南指挥，攻击曲兴集方面之敌（最后一次攻击是二十九日）。

② 据《第十七军团兰封会战战斗详报》转引李汉魂五月二十五日的通报，当日，俞济时率第五十一师及两旅由东岗头向兰封西进。

的军民以无比艰苦卓绝的精神迎击日本军阀所横加的侵略凶锋；后方的每一个中华儿女亦磨砺以需，配合前线的需要争取尽到一点一滴的力量。在我们国土上已没有什么前方和后方，天南与地北，男人女人老人少小。我们不喜欢战争，但当战争硬逼着逐人而来，我们对战争也丝毫不会惧怕。中国的抗战并不单纯为了自我的民族解放，同时也是为了国际和平与正义，为全世界人类打通一条争自由、争平等、争民主、争人权的道路。我们要求所有具有正义和人道主义精神的新闻界，正确地为我们神圣的反侵略反奴役的战争加以传播和报道，使全世界的人知道我们是如何以劣势的装备和貌似强大的日本强盗作战。一城一地的得失，并不影响我们长期抗战的决心，中国历史上曾有一句名言："哀师必胜。"在战场力量对比上，可能我们一时还比不上敌人；但从整个国力竞赛上，我们拥有更多的潜能为日军所望尘莫及。希望我们这种忠诚和现实得到举世舆论的支持。我以上的庄严表示，也就等于我代表我所属部队的庄严誓言，所有新闻界的先生、女士们都一致颔首。

然后，我嘱咐参谋、政工、后勤各个系统尽可能给予消息界的人士以最大的方便。根据各自采访项目的不同，记者先生、女士们都分别向战斗部队接洽出发了。

## 土肥原是漏网之鱼

和我第六十四军一同上战场的，有中国的记者，有路透社、哈瓦斯社、合众社等外国记者，还有一位是美国的阿特丽斯女士（按：当时这位女士是什么通讯社和英文原文已不能记忆）。

就在阳塙至罗王寨之间的小丘陵，我以短距离逼近火线的高阜作为指挥中心。廖鸣欧参谋长则在阳塙专一与薛总部和我沟通联络。

第一五五师既以血肉之躯换来罗王车站之占领，却又撤出，造成了一桩小失误，所以此次接受命令后，全体战士（当时仍以广东籍者居多）咸抱以身许国之心，而且表示不负广东健儿称号，立志要再克罗王。二十五日午后，第一五五师正面发动顽强攻势，集中炮兵射击车站及罗王寨敌军，敌方枪炮所组成的火网有时亦为我炮火压下。敌炮火发射较弱，我前线步兵即抢前一步，虽伤亡枕藉，但后继如潮。罗王车站及寨内所有可以做屏障的物体均已扫荡无遗，我第一五五师又一次冲入站台，把敌人压向寨外，然而敌方到底恃其火力炽盛，又抢入站台与我军超短距离接触，我军炮兵阵地未敢向敌我扭结一起的目标发射，于是站上的我方战士又不得已退出。傍晚，残阳如血，硝烟随晚风荡漾，指挥所每个人凝视战场情况的惨烈，莫不怒发上指，后续部队川流涌上，视死如归。以我七年来培训出来的广东子弟兵，一旦血染沙场，我固涕泗如泉，而中外记者亦不禁暗弹热泪。当傍晚攻势再开始前，薛总司令亲临指挥所指挥，并命令第五十八师冯圣法部加强何寨、范店之攻击，以牵制罗王车站敌方兵力。大概罗王车站敌炮火稍弱时，亦即何寨、范店以至杨寨、杨庄、大杜庄一带冯师施压生效所引致，于是罗王寨及车站成为敌我拉锯的重点。薛总司令已知前线部队粮糈运输未如理想，有些人员已超过一日未进食，因此以电话传令后勤补给部门迅速扭转前线供应情况，士气复为大振。

五月二十六日，左翼战况仍在胶着，我所同时指挥的中路宋、桂两军及右翼俞军颇为得手。拂晓，罗王寨正面再由我第六十四军发动攻击，第一五五师仍当前列，我部队之坚韧不磨，敌军亦为气夺。午后，我命令炮兵伴随步兵前进，至接近千米然后发炮。且当时胡宗南将军的第十七军团已由陇海路西段输送至郑州、开封，由该军团调来一团配备炮兵营加入我左侧方作战，于是形势又转有利，炮击效力亦强，相持彻夜。敌军利用站上车卡做两重掩体，罗王寨内，则已空荡无物。至二十七日，我终于突破罗王寨敌军主阵地，罗王车站及村寨为我克复①。东线第七十一军亦同时克复兰封，陇海路重新打通，我火车四十二列全部安全撤回，经开封、郑州西驶。

残敌北窜中，我第一五五师在罗王寨敌军指挥所拾获若干敌军遗弃文件、辎重及军实，发现有土肥原自佩军刀一柄，可以证实此次罗王寨争夺战土肥原贤二系窜至寨内指挥，当我军迂回插入寨后，土肥原在前后受制不得不逃。阿特丽斯女士通过两昼夜观察，对中国军事活动做出了正确评价，而战场苦战、天地震怒、战士饮血的壮烈情景，女士曾在其采访通讯里倍加赞扬，对我殉国战士也表示了深沉的哀悼。

土肥原的指挥刀，钢质精纯，锋利无比。那时河南省地区还流通一种大型铜币作为辅币，这种通货比南方的小铜元大一倍，据说是一枚比照小铜元两枚流通。军部把一叠二十枚的大铜元叠立，以土肥原军刀试之，一斫而对分两半，古来所谓"削铁如泥""吹毛可断"的锋刃，此足当之。

---

① 据《第一战区鲁西豫东作战经过概要》，中国军队于二十八日丑时克罗王车站，拂晓克罗王寨。

## 滚滚黄流泛豫中

自一九三八年五月底，我豫东各部队在分地段、分点线与敌军血肉周旋以后，为避免在广大平原上决战，第一战区主力奉令向平汉线以西撤退。

从整个战略而言，陇海线由砀山至开封及郑州这一段，当时有二十几个师云集保卫，主要是使徐州西撤的大军能顺利通过豫东走廊，进入中原腹地，重新整补来迎接新的战斗，而且陇海铁路上东面的许多车辆和战备物资亦需向西撤退。国运艰难，中原板荡，我们军次每一个地方，不管是过境、驻扎、布防或真的要在那一块土地上作战，老百姓对于部队的支援协助，都使我们有一种亲切的激动。如果一个移防，老百姓的恋恋不舍，往往留给我们恒久难忘的印象。我们自己的切身体会是：老百姓是承受了战争给他（她）们最直接和最大的痛苦，除了现场的破坏与死亡的威胁以外，一旦在争夺战中我军退了、敌军来了，那么老百姓的惨状就更是不可想象。南京的大屠杀，反映了日本军国主义者是没有人性的野兽，它们所豢养的屠夫要毁灭人类的文明；到处奸淫烧掠，几乎每一个沦陷区的城市和乡村，都一起受到荼毒。所以一城一地的得失，人民群众的惊惶困扰，也是我们所目不忍睹、耳不忍闻。人谁没有良知？民族生死搏斗中谁不会激起忠贞报国的意念？在我作战陇海、拉锯罗王之际，战地上质朴的乡人以最质朴的话语问我：我们什么时间可以打败日本鬼子？你们辛苦打胜了为什么还要撤退？你们撤退了叫我们怎么办？语言很浅白、很直率，但内容就很复杂，含义也很深远了。值得思考的是：到底人类世界中为什么有人要发动侵略战争？为什么国家不能保障人民不受战争的摧残？老百姓舍不得我们走而我们为什么还要走？我们说过要与一城一地共存亡，要与老百姓共存亡，为什么到头来我们还有所谓"战略的撤退"？老百姓不会理解什么"战略"与"不战略"的，老百姓需要依赖国家的保护，需要军队的保护，但当我一碰上"战略撤退"的时候，我们固然不能像三国时代刘备携民渡江，当然老百姓亦未必能跟着国军去撤退。因此老百姓对这些常常觉得迷惑。

至于我们奉令一定要在五月底以前完成陇海线上任务，既保卫又转进，既争夺又撤退，我们许多并肩作战的部队应当说是在局者，有时尚且捉摸不到统帅部的用意，何况战地上的老百姓呢？对于这些问题，以后将作出如何解说，那就只待历史去衡评了。

一九三八年五月末至六月初，有一件牵涉面很宽广的事情，发生在历史上本来就是多难的黄河上：郑州至中牟间黄河南岸花园口崩决了堤防！这是一个惊天动地的讯号。滚滚黄水如野马脱缰，冲毁了无数的家园，淹没了老百姓世世代代辛勤耕作的田野，平原变成了"海"，人畜变成了"鱼"，这是一场和战争一样惨痛的浩劫，而且也是伴同战争降临到这个中州平原上的空前灾难！但黄水的泛滥，却也吞噬了敌人，拖延了日本军阀在中原的侵略计划。

黄河在河南境内孟津至兰封、考城间八百余里，河床往往高出地面三米至七米，全靠河堤将水约束，所以一有决堤，黄流之患严重。到底这一回黄河决堤是自然界的灾害呢？是敌人干的呢？还是我们自己干的呢？

"黄泛区"成为一个专有名词，在抗战期间以及抗战胜利后的好长一段时期，"黄泛区"的善后工作进行了十几年，似乎还没有把被破坏的生态均衡扭转过来，它的"疮疤"仍是历史的遗痛。

当年我们曾经寻找答案解释这个谜，现在我们也还求索对这一事件公允评价。

## 随民泪尽胡尘里

浩浩黄流，中原泛滥，豫东战争脱离了陇海铁路线，向南发展。

土肥原在罗王寨漏网未成擒，三军上下都引为憾事。由于遵照统帅部指示，放弃陇海东段（作者按：命令系指平汉线以东的铁路线）南撤。时商丘已失，且杞县、睢县闻警，日军继续向西进犯，我立即饬令加紧战备，第一五五师、第五十八师均向杞县集中，而兵团总部复将第一〇二师、第六十一师及骑兵第一师的第二旅归我指挥，第一八七师自商丘突围，亦在杞县归制。

一九三八年六月一日，杞县已蒙受威胁，但我正面有第一五五师、第五十八师、第一八七师等三个师严阵以待；宋希濂部的第八十七师、第八十八师则在右翼侧击敌军左背，黄杰部的两个师在敌右臂施压。这样一个袋形阵地，只要左右两翼合拢，则敌军极有被聚歼的希望。偏偏在这个时候，统帅部指示主力向平汉路以西地区移动的命令到来，宋、黄两路所属部队一概在移动之列，而且命令指定要在六月二日撤毕。我虽然在这一线上并非主将，当时防卫杞、睢，堵截敌军西犯通路，已经大家协商做好安排，此时命令下颁，受命者不免观望犹疑，战斗意志上亦打了折扣。

我原来下达的命令是六月二日早上四时开始进攻。敌方炮击了一整夜，破晓之际，初觉四野寂然，在指挥所的地下室得到各方的电讯报告，知道黄部与钟部俱已联络确实，独宋部未至。杞县东北我阵地向前移动并有战果，但全线的态势显示，敌军主力躲开我东北面重点，渐趋西面拢聚。本军第一八七师彭林生部所守的猪皮岗在双方接触中为敌攻占，我西向退路备受威胁。黄、钟两部固然未敢违令，撤退的消息毕竟对他们产生了干扰，他们亦不能不顾虑到下一步的行动，迟迟不再推进。我有指挥坚守杞县到最后一秒的责任，我也必然需要采取一次有力的进攻作为全县安全撤出的掩护。我以本军主力由右翼出击，吸住敌人左方的注意，然后在暮色已合的时候命令分批离杞县北门，转西南通许、鄢陵中间地区转进。一场本来可以狠狠膺惩敌人的机会，我们又白白放过。

据前方战报综合判断，通许已被敌占，其前锋也许会直下扶沟，威胁许昌，因此我迅令所部，尽量争取转向鄢陵或径越铁路线西撤。我为巡视所属部队西撤情况并治理部队给养、布置沿线应变措施，所以由鄢陵到许昌后，便即北赴新郑。当时归我指挥的各部，大多有秩序地由新郑以南、许昌以北地带分别向密县、禹县附近集中，薛总司令已在登封传令各军、师迅加整理后，各自沿平汉铁路就地布防，并着我负责这一地区的防务。当时这一地区还有其他部队，大凡知道我曾率所部三进三出罗王寨，都表示愿归我的指挥。因此我即以第二十四师负责新郑的守备，以第六十一师担任右地区，以第一五五师为总预备队。我各部全面摆开后，左与胡宗南部联络，右与宋希濂部联络，敌如来犯，这里也将出现一次恶战。

六月九日，奉统帅部蒋委员长命令，我被任命为第二十九军团长。为便利控制本地区全局，军团部设在登封，五岳中的中岳嵩山即在登封境内。大概河南省整个地形是西高东低，平汉铁路南北走向好像有意地把豫西和豫东分成山区和平原两个部分。以我国军事力量和装备水平，在广大的平原地区作战，我们有先天的缺陷：没有重武器，没有机械化部队，没有平原上大兵团运动的实践经验，因此我们在过去一个阶段屡屡吃亏，可能也与此有关系。豫东作战，特别是兰封、罗王寨的战役里，我们集中了二十多个师，以归德为中心沿商丘、民权、考城、兰封、罗王铁路线及平原上的宁陵、睢县、杞县等地布防，兵员的数字是庞大的。尤其当第五战区的大军要通过铁路来西撤，我们为了确保完成这一任务，曾不惜摈弃一切，全力以赴。如果说我当年指挥考城、仪封、兰封、罗王一带的战役是属于平原上克敌的一个比较出色的战例，则薛伯陵将军统筹豫东兵团辖属四十个军二十多个师在几百里长走廊地带的活动，其战略预见与部署的周至，都闪耀了一些智慧的光芒，而精神和魄力，犹其余事。

我在登封仍继续负责指挥新郑、长葛、密县、禹县一带军事。黄河的泛滥一直向豫东南淹浸，除了一部分由中牟贾鲁河流入淮河外，其余县份都是一片汪洋，泛区已至鄢陵、扶沟一带。敌军无疑是被阻截了，又被吞噬了，其侵略凶锋也被遏止了，日军的通盘军事行动显然被拖住，而且东撤不及的敌军不少被我包围就歼，整个攻防形势都有了改变。但请不要忽视，我们的老百姓，随着黄流泛滥而出现的悲剧，我们也不忍闻问。千秋功罪，功罪千秋！

不久，我奉命回师武汉，关于沿铁路线的防务我当然应该有一个交代。我由登封遄赴洛阳请谒程潜司令长官，他很诚挚地和我检讨此次豫东的战局，肯定了第六十四军在兰封、罗王一线上的贡献，并特别指出广东部队在战术的灵活、斗志的坚韧和机动性强，罗王寨的争夺，三进三出，很能体现军事上的指挥艺术。（作者自按：当时程颂公是说"艺术"两个字，我说：打到落花流水之际我已不知道什么是艺术了。他笑了，说："落花流水不就是很艺术吗？"）他认为："一个部队不能上下一体，兵将同心，焉能互相信赖，执着不移？焉能生死以之，义无反顾？明此，则带兵之道，思过半矣。"彼此拊掌而笑。我还说：友军是临时推定我权充指挥，微友军之力，本军亦难奏此肤功也。程颂公拍着我的肩膀带着浓厚的湖南土腔："你是好样的！"

登封至洛阳当然亦在戎马倥偬间，但因平汉线以东战局稍见稳定，遂乘机和几位军部、军团部同行赴洛的死生战友采访一下沿途的乡土民情。豫中民风淳朴，只以历代相沿，中原向为兵家所竞相逐鹿。北伐时期，民众在我革命部队义旗所举，赢粮景从，往事依稀，仿佛如昨；此际在抗御外侮、求民族存亡的斗争中，河南民众之大义凛然，毁家室而纾国难，沦战火而无怨言，中州豪气，足为炎黄子孙增添光彩；至于地方经济破落，具见河南省人民穷且益坚，青云志在。

越嵩岳，过伊川，到洛阳这一条路，和我一同来回的几个相从于烽烟患难中的老伙伴，途次既谈战役中得失，亦论生民疾苦与人世沧桑，慷慨悲歌，复俯吟低咏，我口占一律：

　　罗王血战方摧敌，滚滚黄流泛豫中。

国脉千钧悬一发，胡尘万里障双瞳。
哀师有道应多助，真理无偏本大公。
举世滔滔天下事，艽夷丛棘振英风。

吟罢曾试以纸条记下，并戏谓同行者，如能在十分钟内作出和章的，回登封由我请客。种石（作者注：吴种石兄自北伐以来即相从于戎幕，时系六十四军上校秘书、第二十九军团参议）先成，其和韵为：

洛阳花事都开遍，剩有荆榛夹道中。
历乱马蹄翻碧血，依稀鸿爪映青瞳。
黍禾有恨悲明主，丝竹无声吊巨公。
柳叶似眉偏爱绿，伤春何暇怨东风。

种石诗才颇捷，在北伐时期他的诗作已为好友推许，洛阳途次雅事，我至今犹能记忆者仅此而已。游戏文章，点缀了我们军中生活。

一九三八年六月十七日起，我分别下达了本军各部按次序集中南下的命令。陈、彭两师已先于十六日开动，张师亦于十七日出发。十九日我抵武汉。

# 兰封战役的回忆

宋希濂[※]

## 战场上接任军长

一九三八年五月十日前后，我在湖南浏阳荣誉师司令部（当时我任荣誉师师长，这个师是以抗战负伤治愈的官兵编成的）接到何应钦的一个紧急电报，叫我马上到武汉去见他。我仅带了一个参谋和一个卫士，第二天清早就到了武昌。上午十点左右，我到军事委员会会见何应钦（那时何是军委会参谋总长兼军政部部长），他对我说："现在调你去接任第七十一军军长的职务。这个部队的人事你是熟悉的，指挥上不会有什么困难。"我问："第七十一军军长不是王敬久吗？他在这个部队已有相当时期，为什么要叫我去呢？"何说："王敬久和祝绍周大闹意气，败坏军纪，委员长（指蒋介石）很生气，所以把他换了，叫你去。"（据了解：祝绍周那时担任洛阳地区警备司令，第七十一军开到那个地区整训，要受祝的指挥，王敬久不愿意，因王于一九三二年任第八十七师副师长时，祝任参谋长，地位次于王。）我又问："荣誉师交给谁？"何说："交副师长林英升代。"我说："那我今天就回湖南去交代，然后再到第七十一军去接任。"何说："现在豫东战况紧张，第七十一军正由洛阳向豫东运输，委员长已于昨晚乘车去郑州[①]，临行时嘱我转告你，叫你赶到郑州去见

---

※　作者当时系第七十一军军长。

①　据《李汉魂将军日记》，蒋介石于五月十二日乘飞机到郑州。

②　据《陆军第七十一军兰封会战战斗详报》，宋希濂于五月十一日奉调任第七十一军军长，五月十二日自长沙出发赴任。

他。你不要回湖南去了。"这样，我又很快赶到郑州②。

我在郑州见了蒋介石，他对我说：现在有一股敌军已由濮县附近渡过黄河，企图南下截断陇海路，包围我徐州附近的部队。你的队伍先在兰封一带集结，现在兰封的第一〇六师也暂归你指挥，将来与归德的薛总司令所指挥的部队夹击这股敌军。你到前方要告诉各级军官，我们的兵力较敌军有绝对优势，大家要努力打好这一仗。"随后他又补充说："这一仗关系很大，大家一定要奋勇战斗，如有不听指挥或畏缩不前者，就应严加惩办。"我除表示照他的指示去努力外，并问："我的部队归谁指挥？"蒋介石想了一下说："暂归我直接指挥。你到兰封后，随时来电话报告，我将在郑州暂住一个时期。"那时第七十一军本来是属于第一战区的战斗序列，第一战区长官部也设在郑州，论理我军应该归程潜指挥，但蒋介石的一贯作风，常常不尊重指挥系统，有时甚至直接指挥到师、旅、团等单位。

我从蒋介石那里出来后，又到长官部会见程潜及参谋长晏勋甫等人，更多地了解了敌军和友军的情况。

大约是五月十六日或十七日我到了兰封①，第七十一军军部已先一天到达，驻在兰封西北边的一个村庄里。所属的第八十八师（师长龙慕韩）第二六四旅已东运到归德附近，第八十八师师部及直属部队和第二六二旅本来也是要运到归德去的，因内黄车站附近发生情况，便在兰封下车了②。所属的第八十七师（师长沈发藻）已有一个团开到兰封，其余正在运输中③，兰封城区还驻有第一〇六师沈克部（这个师是以石友三残部编成的）。我到兰封后的第二天，乘马到城内去看沈克④。正谈话间，忽然来了十几架敌机，城内又无防空设备，我们想出城到乡下去已来不及。一刹那间，敌机便开始狂轰滥炸，我和沈克所在的一间房子周围落了好几个炸弹，室内玻璃全都震毁了，瓦砾和碎土不断地打落到我们的身上。

---

① 据《陆军第七十一军兰封会战战斗详报》，宋希濂于五月十六日到达兰封。

② 据《陆军第七十一军兰封会战战斗详报》，第八十八师第二六四旅于五月十七日奉第一战区司令长官部之命到民权野鸡岗警戒，十八日起在野鸡岗、内黄集一带作战，二十三日归还第七十一军建制。第八十八师师长率直属部队及第五二四团于五月十七日下午二时到兰封。

③ 据《陆军第七十一军兰封会战战斗详报》，第八十七师（欠第二五九旅）于五月十五日到兰封，第二五九旅（欠第五一八团）于十七日到兰封。

④ 据《陆军第七十一军兰封会战战斗详报》，宋希濂于五月十七日早去考城第二十集团军总司令部。

当时我和他面对面坐着，一言不发，只好听其摆布。敌机滥炸一阵后飞走了，我们不约而同地说："险哉，险哉！"据事后调查，第一〇六师被炸死炸伤的官兵达三百多人。当时城内居民已不多，也被炸毙了二十多人，房屋被炸毁者达十之七八。牲口被炸死不少，我的乘马也被炸毙了。我就在敌机的轰炸和战况紧张的情况下，在战场上接任军长。

## 围攻土肥原师团

抗日战争开始后，日军自平津沿平汉、津浦两路南下，中国军队节节败退，故敌军骄傲异常。矶谷廉介率领第十师团由济南猛攻台儿庄，以为直取徐州可以不费吹灰之力，指日间即可占领。不意进至台儿庄附近，遭到孙连仲等部的坚决抵抗，损失惨重，被迫后撤。于是，侵华日军统帅部策定了一个五路会攻徐州的计划，企图将中国军队主力一举歼灭于徐州附近。这五路是：

一路主力由津浦路南下进攻韩庄、台儿庄，另有力的一部由临沂趋邳县、郯城；

一路由苏北的盐城北上；

（这两路预计在新安镇会师后直薄徐州。）

一路由津浦南段北上，直趋萧县、永城；

一路由鲁西南下，进薄丰县、沛县；

（以上四路的目的：企图包围徐州，聚歼中国军队主力。）

另一路，即土肥原的第十四师团，由濮县渡黄河南下截断陇海路，阻止中国军队东进增援。

一九三八年五月十一日，土肥原部开始在菏泽北面的董口附近施行强渡，守军兵力薄弱，在日军飞机和大炮的轰击下，只有微弱的抵抗，便退走了，使敌军顺利地渡过了黄河。五月十四日敌军进攻菏泽，守军是商震的第三十二军的一部，约有一个多团的兵力①，经不住日军的猛攻，菏泽于当天就沦陷了。于是土肥原师团就分路向陇海路进发。

我到兰封后的第三天晚上，蒋介石在电话里命我到考城去和商震联

---

① 据《第二十集团军兰中、东考两区河防及菏泽、开封等役战斗详报》，守卫菏泽城的是第一四一师第四旅，另有新编第三十五师及第二十三师在城外配合作战。

系。翌日上午我乘一辆卡车带着必要的人员前往考城①。由兰封到考城，并无正式公路，只能沿着乡村大道走一段问一段行进。不料走到半途，被一架敌机发现了，老在我们的上空盘旋。我判断这家伙不怀好意，急命停车，人员疏散到路旁麦田里隐蔽。果然敌机很快就俯冲下来，向汽车附近扫射了一阵，但没有扔炸弹，我们并无伤亡。约在十一点，我们到了考城南面的一个村庄——商震司令部所在地。商震那时的职务是第二十集团军总司令兼河南省政府主席，所指挥的部队，除他自兼军长的第三十二军外（第三十二军辖第一三九、第一四一、第一四二三个师及一个独立旅），还另指挥两个师（番号不详）②。他的任务是担任广阔的河防线，兵力分得很散，处处薄弱，既不能在河岸阻止敌军的渡河，也不能很快集中相当兵力来打击和迟延敌军的行动。

我在商震那里得到一份重要的情报。这是他司令部直属的一个骑兵部队在考城东面巡逻警戒时，发现敌军的一辆小汽车，他们将车子击毁，打死了司机和一个日本军官，在那军官身上获得一份第十四师团的作战计划及部队编组情形的材料。这个日本军官的职务是个少佐主计（即军需官）。从这份材料里，才知道敌军的番号、兵力和指挥官姓名，以前是不知道的。

土肥原师团的任务，就是如前面所述，截断陇海路，阻止中国军队东进增援，并相机歼灭在兰封一带的中国军队。材料中对商震部队的兵力、位置等都调查得很清楚，并对商部力量表示相当轻蔑。记得材料中有这样几句话："我军南进中，对在考城附近的商震部队，不必多所顾虑，派少数兵力向他戒备就行了。"同时了解到，土肥原师团除骑兵部队外，有相当多的一部分是机械化和摩托化。据商部骑兵所侦得的情况说：敌军由菏泽一带南下时，有几百辆装甲车、卡车以及炮兵牵引车等，摆成五六华里的正面，践踏着正在成熟的麦田，浩浩荡荡地向南行进。

我们在归途中提心吊胆，既要防备敌机的袭击，更要注意东面的敌情。

---

① 据《陆军第七十一军兰封会战战斗详报》，宋希濂于五月十七日（即到兰封的第二天）晨去第二十集团军总部，下午返回兰封。

② 据《第二十集团军兰中、东考两区河防及菏泽、开封等役战斗详报》，第一三九师已于三月二十九日调往第五战区。当时归商震指挥的第三十二军建制部队仅有第一四一师、第一四二师和税警旅，第二十三师和新编第三十五师为配属部队。另据刘绍唐主编《民国大事日志》，一九三八年二月二日，国民政府特任程潜为河南省政府主席。

黄昏时回到兰封，即以电话向蒋介石报告赴考城会晤商震的经过及所获得的情报。蒋介石说："桂永清①率第四十六师，还有邱清泉带了一个战车营和搜索装甲车一连，即可到达兰封。你等他们到达后，率所部向北面的红庙（在兰封、考城间）附近集结，然后向敌军的侧背攻击。"第二天上午我召集团长以上军官开会，向他们说明了战场的一般情况，并研究我军的作战任务。这天下午，桂永清、邱清泉、李良荣等先后到了兰封。蒋介石来电话，要我于黄昏时率第八十七师向红庙方面移动。我问第八十八师（欠第二六四旅）是否一道去。蒋说："第八十八师留在兰封，暂归桂永清指挥。"② 我听了心里不乐意，知道这是桂永清捣的鬼，但蒋介石的语气是命令态度，只好忍受着而已。

## 兰封激战

五月十四日，敌军陷菏泽后，主力分成几个纵队南进；迄二十日，窜集内黄、仪封、野鸡岗、楚庄寨及其附近地区。蒋介石令前线所有部队统归前敌总司令薛岳指挥，围攻土肥原师团。

我到红庙后，接到薛岳的命令③，要旨如下：

一、敌军第十四师团现窜集内黄、仪封、楚庄寨、野鸡岗等处；

二、我军决心攻击该敌，并以野鸡岗、楚庄寨、石楼、内黄、仪封、贺村为攻击目标；

三、命第六十四军、第七十四军为东路军，沿铁道两侧向野鸡岗、楚庄寨、贺村攻击；

四、命第七十一军、第二十七军为西路军，自西而东，向仪封、内黄、马王寨攻击；

五、命新编第三十五师向宋庄、纸坊集攻击；

六、命第三集团军④向旧考城、贺村攻击，并以一部埋伏于鲁道口、

---

① 桂永清那时是第二十七军军长，第四十六师师长是李良荣，邱清泉是第二〇〇师副师长。

② 据《陆军第七十一军兰封会战战斗详报》，五月二十日午十二时，蒋介石令第八十八师（欠第二六四旅）、第四十六师、第一〇六师、第二〇〇师搜索营等部任兰封正面战斗，归桂永清指挥；宋希濂指挥第八十七师、第六十一师等部，以主力集结于红庙附近，准备当晚向东攻击楚庄寨、马王寨。

③ 据《第一战区鲁西豫东作战经过概要》，该命令为蒋介石所下，由薛岳转达。

④ 第三集团军原系韩复榘部，韩死后，归孙桐萱统率，约有五个师的兵力。

大寨集、王庄等处，相机袭敌；

七、命第三十二军以一部确保大黄集、团集，并埋伏于杨桥、郭庄、马庄等处，相机袭敌，其余部队仍继续担任河防；

八、定于二十一日开始攻击。

二十一日，我率军直属部队及第八十七师，分两个纵队向仪封前进①，先是向东走，随折而向南，在向南行进的道路上，随处可以看到敌军摩托车轮的痕迹。大约到了下午二时，突然前面响起了机枪声，得知前卫部队已接近仪封。仪封是个土寨子，据报寨内约有二三百个敌人据守，敌军大部分则已向西去了。我和沈发藻站在一个土堡上用望远镜向仪封观察一番后，遂决定以先头团开始向仪封的东北角一带攻击，并命配属于军的一个山炮营（有法造士乃德山炮十门）予以支援；同时派另一个团向仪封南面迂回，以威胁敌之侧背。

一开始，守敌十分顽强，我攻击部队逼近寨子时，被其浓密的火力射击，伤亡颇大。我即命令集中所有火力，包括山炮、迫击炮、重机枪等，全力制压对我危害最大的敌军火力点，发生了效果，我步兵两个连迅速地突入了寨子的一角。但敌军仍然凭借在寨内的各据点，继续负隅顽抗。我军兵力逐次投入战斗，扩大战果，使战斗愈演愈烈，机枪声和手榴弹的爆炸声，有如急风骤雨。当战况正在十分紧张时，寨内敌军突然放弃阵地，向西南方面窜走。我们当时推断，可能因第十四师团主力已向西进展，同时发现我有大部队向南运动，恐被包围，故而撤走。寨内敌军遗尸数具，丢弃的弹药和罐头食品等颇多。我和沈发藻率指挥所人员于下午四时进入寨内②，登上城寨向西南方面瞭望，看到我步兵分数路正向前搜索中。一刹那间，忽然敌军大炮向我前进部队射击。我用望远镜清楚地看到敌军野炮八门在一些小丛树的后面并列一排向我发射，距离仪封大约有八九华里。当命我炮兵立即进入阵地向敌炮发射，敌炮乃变换目标，对我炮兵射击，这样就形成了双方的炮战。由于我们的指挥所离炮兵阵地甚近，中弹十多颗，第八十七师指挥所的一个副官和一个传达兵被炸毙、炸伤。这时前线部队报告，敌军向我反攻，但兵力不大，此刻正在战斗中。我们判断系敌军企图阻止我军继续前进，不是想

① 据《陆军第七十一军兰封会战战斗详报》，宋希濂于五月十八日、十九日即指挥第八十八师攻击仪封之敌，二十日又指挥第四十六师继续攻击，均未克。二十二日上午九时，宋希濂率第八十七师等部由红庙经前白楼向仪封搜索前进。

② 据《陆军第七十一军兰封会战战斗详报》，宋希濂指挥第八十七师于五月二十二日下午二时攻克仪封，下午三时宋希濂进驻仪封。

要夺回仪封，当命部队就地抵抗。战到黄昏时，战况也就渐渐沉寂了，各部队就地构筑工事，严密戒备。

由东向西攻击野鸡岗、内黄一带的第六十四军及第八十八师第二六四旅，因这一带敌军兵力不多，经我军的压迫，没有顽强抵抗，就窜向西南方面去了，他们顺利地克复了内黄、野鸡岗等地。二十一日晚，我派小部队沿铁路两侧往东搜索，只走了六七华里，就与第二六四旅取得了联系。

二十二日上午，我和第六十四军军长李汉魂在仪封东南端的一个村庄举行了会议，并和薛岳通了电话①，商定：

一、第二六四旅归还第七十一军的建制；

二、第七十一军统归李汉魂指挥；

三、两军密切联系，向窜据在仪封西南地区的敌人攻击。

二十二日下午三点左右，第六十四军在左，第七十一军在右，开始向西前进，很快就和敌军接触。由于我方兵力较多，不断向左翼延伸，遂在仪封西南一带，形成了一条弧形的攻击线（因缺乏详细地图，许多地名记不起来），经过两个多小时的激烈战斗，两军都有相当进展，伤亡亦颇大。

我们这次在兰封作战，这一带的居民几乎逃避一空，地方行政人员也不知跑到哪里去了，因此使我们的补给、运输、伤病兵的遣送事项，都遇到严重的困难。二十二日晚上，我彻夜未睡，大部分时间都花在这些事项的处理上，伤透了脑筋。

二十三日我两军继续向当面之敌攻击，敌军因兵力不够，收缩防线，自动地放弃了一些村庄。这一天的战斗，两军都获得了一些进展，但因敌军火力猛烈，我军的进展还是有限的。

桂永清和邱清泉，都曾由蒋介石派赴德国学习过军事，他们两个人的性格，真可称得上一对孪生子，骄横跋扈，不可一世，除了对蒋介石、何应钦、陈诚等人阿谀逢迎，以达到其升官的目的而外，是什么人都瞧不起的。

这次，他们两人联袂来到兰封时，仍然和过去一样，神气活现。当我向他们介绍当面的敌情和友军情况时，他们还没有等我的话说完，便

---

① 据《陆军第七十一军兰封会战战斗详报》，二十二日夜，宋希濂由野庄赴白口第一五五师前哨营，与李汉魂电话联络，并与薛岳通话，请示任务。宋、李两军于二十三日拂晓开始进攻。二十四日午后，宋前往阳堌与李汉魂、桂永清会晤。

满不在乎地说："这点敌人算得了什么！看我们来打它个落花流水。"他们那种趾高气扬、目空一切的神气，实在令人作呕。我当时曾以讽刺的口吻笑着对他们说："很好，你们两位'德国将军'来了，这次一定可以打个大胜仗。"

大约是五月二十一日或二十二日，桂永清派了第四十六师的一部分步兵由兰封向东搜索前进，邱清泉也派了几辆装甲搜索车和一些战车同上。他们进到离开兰封不到十华里的地方，正好遇着敌军步骑兵一百多人。这股敌军的任务，是向兰封方面搜索情况的，没有想到我方有战车、装甲车，便掉头后退了几里占领阵地抵抗，随后又调来了战车防御炮，桂、邱两部便不敢前进了。但是桂永清、邱清泉却利用敌军稍为后退这件事，大事吹嘘。

薛岳给予桂永清军的任务，是要他率部东进攻击敌军，同时必须保持兰封这个重要据点，以利于东路部队的西进攻击，但桂部没有任何进展。到二十三日，敌军调集相当兵力，附以大炮及战车，向桂永清军发动攻击，仅仅两三个小时，桂军便全线崩溃了。溃退的队伍似潮水般向西逃窜，邱清泉的那些战车当然逃跑得更快，一口气就逃到罗王车站以西去了。桂永清知道自己的部队是控制不住了，如果丢了兰封，他的责任很大，便匆匆地写了一个纸条给第八十八师师长龙慕韩，命令他率所部固守兰封。桂本人在敌军打击下，丧魂落魄，有如丧家之狗，拼命地向后逃跑，也是一口气就跑过了罗王车站。他的基本部队第四十六师，就这样溃散了，一直到开封附近才收容了一部分，以后这个队伍就改编到胡宗南集团里去了。

龙慕韩对敌军的攻击，招架不住，他这时也无法向任何人请示，便自行决定退出兰封城，率部转到西南方向去了。就这样，敌军于二十三日下午攻陷了兰封①。

薛岳得到桂永清军失守兰封的消息，非常气愤，因为按照他的企图，

① 据《陆军第七十一军兰封会战战斗详报》，第八十八师师长龙慕韩报告：二十二日晚八时，第二十七军向南突围，师奉命向红庙撤退，遂节节抵抗，于二十三日晨到红庙。另据《陆军第二十七军兰封之役战斗详报》，二十二日晚七时，该军决定整理战线，以第八十八师守兰封，其余主力向阳堌集附近地区稍事转移。第八十八师二十二日晚并未遵照命令实施，擅向兰封东北转移撤退。又据《陆军第八十八师兰封战役战斗详报》，二十二日晚九时奉桂永清令：该师应向兰封撤退，并相机向红庙第七十一军靠拢；担任守兰封城之一营交第三十六师工兵连接替。据《中国事变陆军作战史》，日军于二十四日占领兰封。

想在兰封附近歼灭土肥原师团。现在桂永清弃守兰封，这就打破了薛岳的计划，薛便以前敌总司令的身份向军事委员会控告桂永清，说他贪生怕死，贻误戎机，请求严办。桂永清则把兰封失守的责任推诿于龙慕韩，结果龙慕韩被判处死刑，后来在武汉枪毙了。桂永清在蒋介石、何应钦等人的袒护下，仅仅以撤除第二十七军军长的职务了事。

现在再回头来谈土肥原师团的企图和行动。土肥原师团窜集于仪封西南地区后，由于第七十一军和东路军在仪封附近会师，逐次向它压迫，形成包围的局势，这对它是不利的。尤以它已没有后方联络线，必需的粮食和弹药还可指望其飞机空投接济，但在那时没有直升机的情况下，几百辆车子所需要的汽油的补给，成了极严重的问题。因此，土肥原决定先攻陷兰封，然后将其部队的主力转移于三义寨、曲兴集、罗王寨这三个据点，以期能从黄河北岸经柳园口获得物资的接济①，因为这三个村庄都靠近黄河。同时，土肥原又留置一部分兵力于兰封及罗王车站，成掎角之势，以分散我军的兵力和滞延我军的进攻。

敌军窜陷兰封后，在郑州的蒋介石、程潜等，大为惊恐，恐其长驱西进，直取开封、郑州，将使全局陷于极端混乱，乃急调在西安至潼关一带的胡宗南军团（第十七军团，辖第一、第九十两个军）赶运到开封②，同时程潜亦率必要人员到开封设立指挥所③。嗣得悉土肥原师团的行动后，乃策定围歼土肥原部的计划。记得这个计划的大概要旨如下：

一、由胡宗南指挥第一军、第九十军及邱清泉的战车营，并配属重炮兵营，向曲兴集、罗王寨之敌攻击；

二、命在豫北的朱怀冰军（还有其他的一些部队），向柳园口黄河北岸活动，截击敌军的增援，遮断其补给线；

三、命俞济时的第七十四军、第三集团军的第二十师及新编第三十五师、第一〇六师等部，进攻三义寨；

四、命第七十一军攻击兰封；

五、命第六十四军先进攻罗王车站，得手后，再协助胡军进攻罗

---

① 邻近三义寨、曲兴集的是陈留县（今裁入开封县）境内渡口。柳园口在开封城北，当时由中国军队控制。

② 据《第十七军团兰封会战战斗详报》，第十七军团原辖第一军和第八军，一九三八年三月间第八军各师奉命他调。五月十六日，军团奉命率第一军东开郑州集结待命，二十三日全部到达。二十四日又奉命至开封附近集结。

③ 据《第一战区鲁西豫东作战经过概要》，五月二十一日，第一战区司令长官程潜为指挥便利，进驻开封。

王寨；

六、命商震所部逐步向西移动，担任守备开封及开封、郑州间之防务。

我于二十四日晚奉薛岳命令负责攻击兰封，二十五日晨亲率各师、旅团长在兰封的东南端和西南端观察地形后，随即赋予两个师的攻击任务。我命令第八十七师负责东北面的攻击，第八十八师负责西南面的攻击，并指示各部队充分利用城外村落接近城垣，选定易于爬城的攻击重点。

其时蒋介石已来命令，将龙慕韩革职查办，并派我兼任第八十八师师长。我乃将军部移至兰封南面的一个村庄，与第八十八师师部同驻一处。同时调整人事，将第二六二旅旅长邓经儒调为副师长，将资历较深、作战勇敢的团长沈芝生调升为第二六二旅旅长，并以军参谋长陈素农兼任第八十八师参谋长。

我亲自指挥第八十八师进攻兰封的西南端，第八十七师则完全责成沈发藻指挥。

兰封城并不大，城墙也不高，大部分都是用土筑成的，只有各城门附近有部分砖头，唯四面开阔，不容易接近。我于二十五日黄昏后率两个团接近南门及西南角，选定了两团的攻击重点，命部队连夜挖掘壕沟，炮兵测定射击目标，命在第二线的部队绑扎爬墙梯子运送到第一线应用。

二十六日拂晓，两师同时开始攻击①，先集中炮火射击选定的攻击点，摧毁敌军工事，随即集中火力掩护步兵爬城。激战至正午，前后冲击三次，由于敌军顽强抵抗，两师攻城部队伤亡枕藉，均未能突破一点获得立足地。我乃命暂停攻击，积极调整部署，并调来炮两门接近城垣，准备直接射击。延至下午五时，重新发起攻击，官兵前仆后继，奋勇战斗。到黄昏时，终于打破了几个缺口，在城墙上获得了三个立足点，即第八十八师在西南方面爬登了两处，第八十七师在东北角爬登了一处。当立命增加部队，扩张战斗，遂在城墙上和敌军展开了激战。敌军一再反击，企图消灭我登城部队，但均被我击退。

鏖战竟日，双方都感到疲倦，所以到晚上九时后，战况渐趋沉寂了。

---

① 据《陆军第七十一军兰封会战战斗详报》，五月二十四日晨六时，宋希濂得知兰封已陷，遂断然令第五二七团攻击，未几即攻占兰封车站及附近几个村庄。二十五日和二十六日，宋指挥第八十七师和第八十八师接连猛攻兰封，激战至二十七日晨三时，第八十八师自南门爬城而入。

我方连夜调配力量，准备明日拂晓继续攻击。不料到二十七日上午三点左右，兰封城垣枪声大作，手榴弹的爆炸声尤为猛烈，据报说是敌军向我反扑，我严命各据点务必坚守，并嘱各团适当增加兵力。经过约两个小时紧张的战斗，随后便只有稀稀落落的枪声了。这时天已微明，第八十七师某团首先发觉敌军已向西北方向逃窜，派了一部分兵力去追击，打着了敌军的后尾，击毙敌军十余名，缴获步枪、轻机枪十多支及军马十多匹。他们送了我一匹军马，以后我在军中经常乘骑，把它叫作"土肥原"。

二十七日我军克复兰封后，清扫战场，发现敌军遗尸二十多具及枪支子弹食品等，判断系敌军撤退时，留下这一小部分人向我猛扑，以便其守城部队（据虏获文件，得知敌军兵力为一个大队）的主力得以安全撤出，因而这二十多人便全部战死了。

## 花园口决堤

第七十一军克复兰封的当天，第六十四军也在同一天克复罗王车站，我两军正准备各派一部分兵力协助攻击三义寨、曲兴集、罗王寨之敌，不意到二十九日，东面情况发生严重变化。薛岳原留第八军在归德附近，竭力阻滞由鲁西南下的敌军西进，但黄杰并未执行薛岳赋予的任务，当敌军先头部队刚刚接近归德，他便率部撤走了。事后，薛岳曾向军委会报告，指责黄杰不服从命令，擅自率部放弃归德，但黄杰同样在蒋介石、何应钦的祖护下，以革职了事。

敌军于二十六日陷归德后①，即分两路西犯：一路沿铁路而西，一路犯宁陵、睢县。薛岳当命第六十四军、第七十一军及另外的几个师（番号记不清楚）位置于民权、杞县、太康之线，迎击西犯之敌。第七十一军在杞县附近布防，部队紧张地构筑工事，到六月初，仅我警戒部队与敌军的搜索部队小有接触，即奉命率部经扶沟向许昌转进。

围攻土肥原师团的胡宗南等部队，经过几天的激战，克复了一些小据点，但困守罗王寨②、曲兴集、三义寨这三大据点之敌，仍然顽强抵

---

① 据《商丘附近第八军战斗详报》及第一八七师战报，商丘城及朱集车站于五月二十九日拂晓前失守。日方资料亦说日军二十九日占领商丘。

② 据《第一线区鲁西豫东作战经过概要》，中国军队于二十八日拂晓前先后克复罗王车站和罗王寨。

抗，我攻击部队伤亡颇大。第一战区长官部正拟增厚兵力，并从后方积极运输炮弹等物资，期于短期内歼灭土肥原师团，但这时沿铁道两侧西进之敌，已于六月一日窜陷睢县①，迫近兰封、杞县，而另一股敌军则由亳县方面，经鹿邑、柘城向太康进迫，其目的不仅在于救援土肥原师团，且有进犯平汉路许昌、郑州一带的企图。这样，有使在开封、兰封间的我主力部队陷于被包围的危险。在武汉的军事委员会乃命停止对土肥原师团的攻击，除由第三十二军派一部守备开封阻滞敌军的西进外，主力部队绕向平汉路以西撤退。

六月六日，守备开封的部队，在敌军的猛烈攻击下，退出开封。六月七日，敌军步骑兵千余人附战车十多辆到达中牟附近，与我警戒部队接触，郑州形势岌岌可危。

第一战区长官部在情况紧急时，向蒋介石建议，利用黄河伏汛期间，在花园口决堤，造成平汉铁路以东地区的泛滥，以阻止敌军的西进。这一建议，立即得到蒋介石的批准。长官部派驻在郑州附近的新编第八师（师长蒋在珍）和一个工兵营执行挖掘和爆破的任务，于六月九日决堤。黄河决堤后，黄水滚滚向南奔流，淹没了河南、安徽、江苏三省的广大土地，受灾人口达一千万人以上，财产的损失更难以计数。

---

① 据《李汉魂将军日记》，日军于五月三十一日三时攻占睢县。

# 攻击三义寨日军阵地

伍淮芳[※]

　　一九三八年五月二十八日，我参加了兰封三义寨抗日战斗。当时我任第三十六师第二一五团第三营营长，前任师长宋希濂已调职，继任师长蒋伏生也是黄埔一期毕业。部队在江西萍乡补充整训完毕，经军事委员会派员检阅后，全师调到河南兰封参战。我团是先头第一列火车到达兰封的，其他各团及师直属部队，因火车发生事故尚未开到。我团到后划归第二十七军指挥，军长是桂永清。桂永清先任教导总队长，后来教导总队改编为第四十六师，他又任师长，不久才提升为第二十七军军长。军指挥部设在兰封火车站，第四十六师驻扎在火车站附近，与我团是近邻部队。

　　一九三八年五月二十七日，军长桂永清召集营长以上军官在军部开紧急会议，传达上级命令，命令的内容是：限翌日拂晓前要将驻守黄河边三义寨日军土肥原部的主阵地攻克，否则营长以上军官均以抗命论罪。会上指定我团担任先头攻击任务，选定我营为先头突击部队，并指示立即准备爬城云梯，找好向导带路。

　　散会后，我召集各连长传达会议情况，布置战前应准备的事宜，然后率领各连连长往战地侦察地形，选择较易接近敌人的路线，察看敌人的薄弱地点，规定战斗中的号音和旗号后，各连长回连进行紧张的动员工作。经一再检查各项准备就绪，选定夜半十二时部队开始运动。

　　前进到接触敌人阵地外围的警戒部队时，随即展开激烈战斗。敌人顽强抵抗，我军毫无进展。在这千钧一发的时刻，我告诉各连连长说：

---

※　作者当时系第二十七军第三十六师第一〇八旅第二一五团第三营营长。

"我们不能胶着在敌人阵地边缘，这样有被消灭的危险，应冲到敌人主阵地内才有代价。"说罢，我即指挥全营向敌人主阵地勇猛冲去。在前进中，我的左上臂突然中弹贯穿，血流如注，仍坚持未下火线，官兵受到鼓舞，奋力冲杀，敌主阵地的一角已被我营占领，迫使敌人向右翼移动。就在这酣战的时候，不幸我的右大腿股部又中弹负伤，晕倒在地失去继续指挥能力，当即指定我身边的重机枪连连长谭仓海代理营长职务，负责指挥战斗。终于攻占了三义寨全部阵地①。我由两名士兵用门板抬到兰封车站，乘救护车转到武汉军政部第一重伤医院治疗。

　　我在一次战斗中两次负伤，师部的"日日命令"给我记了一次大功。

---

　　① 据《陆军第二十师战斗详报》及编者于一九九二年赴三义寨实地调查，兰封会战期间，中国军队始终未能攻克三义寨。

# 浴血兰封

李　勋[※]

　　一九三七年十二月十三日南京失守，我独木过江幸存，月底辗转到达湖南南岳，回归原部队教导总队。这时，部队已改为第四十六师（师长李良荣，辖李昌龄第一三六旅和马威龙第一三八旅），我被派在第一三八旅第二七五团（团长萧劲）第二营第五连任排附。我团驻南岳圣经学校。我师军官、军士，大半是教导总队原班人马，所收新兵成分比较纯正，大多是征召而来的工农子弟，也有部分投笔从戎的知识青年，年龄都在十七至二十五岁之间，所以在整训和战斗期间，绝无逃亡事情发生，而且团结得很好，部队兵员从无缺额，每个连队都达到一百六十人左右。马威龙旅长爱兵如子，四个多月的整训，他言传身教，生活上对士卒关怀备至，做到官兵一致，因而大家都很尊敬他。

　　一九三八年五月，徐州会战接近尾声，日军王牌部队土肥原第十四师团于十二日由山东濮县（今已划入河南范县）强渡黄河，其先头部队十五日进抵民权内黄集附近，切断了陇海铁路，企图截断我大军退路，进击开封，攻占郑州，南下攻击武汉。十三日我师奉命由衡山乘火车开赴豫东。十六日，蒋介石下令成立第二十七军，桂永清任军长，辖蒋伏生第三十六师和第四十六师。十九日，第一三六旅和我旅分别于上午和下午到达罗王车站。此地五月气候特异，刚下完冰雹，忽又落霞透红。一展平原，漫漫沙地，望不到尽头，除东南方有几棵灌木，此外见不到一根草和庄稼。由于军长桂永清尚未到达，我师暂归第七十一军军长宋希濂指挥。

----

　　※　作者当时系第二十七军第四十六师第一三八旅第二七五团第二营第五连排附、排长。

当时，宋部龙慕韩第八十八师之一旅在兰封（今兰考）以东的仪封附近与日军激战，伤亡严重。我旅到达后，即奉宋军长之命增援龙师正面。部队出发前，旅长马威龙作了简短的战斗动员，他说："弟兄们！国家养兵千日，用在一朝，保国卫民，是我们军人的天职。日军在我们国土上到处奸掠烧杀，企图灭我中华民族，我们绝不能容忍，定要把日本侵略军赶出中国去。今天是我们报国杀敌的时候，我们军人要离乡忘家，临战忘身，奋勇杀敌，绝对服从命令，生死与共。谁要临阵怯敌，决不宽容。如果我马威龙贪生怕死，你们任何人都可惩罚我。"马旅长讲完后，部队立即跑步前进，迅速恢复了大营、秦庄，展开于东岗头南北一线。这时已是夕阳西坠，暮色苍茫。各连进入阵地后立即抢修工事。但这里的盐碱沙土地十分难挖，到二十日凌晨四点，只挖成了卧式掩体。

二十日拂晓，日军阵地上空升起了系留气球。这时，排长陈猷传达连长陆松茂的命令，叫大家准备突击。冲锋号一响，我军官兵立即开始了冲锋。进至日军阵地前方一百米处时，连长高喊："冲啊！"大家端起机关枪、步枪一齐向敌阵射击，边打边冲。同时，日军的轻重火器也一齐猛烈还击，有好几个弟兄饮弹倒地，排长忙喊："卧倒，狠狠地打！"于是，敌我双方展开了激战。在一望无际的平原上，我们没有依托，没有地形地物的掩护，我军伤亡在增加，攻势受挫。突然，连长手旗一挥，口喊："冲锋！"司号员撑起半身，刚要吹冲锋号，突被击倒。排长陈猷手持带刺刀的冲锋枪，忽地站起，口里才喊出"冲"字，立即倒下。我见此情景，心中一急，脱口喊道："机枪快放！"急忙爬到陈猷身边，只见他的左臂受伤，血流不止。他侧身望了我一眼，急说："不要管我，莫失战机，你带领全排快冲！"并把冲锋枪递给我，我不敢怠慢，高喊道："陈排长负伤，全排听我指挥，冲啊！"我一跃而起，率领弟兄们冒着弹雨，迅猛冲向前。我们在距敌不到五十米时卧倒，把木把手榴弹一排排扔了出去。几乎同时，日军的地瓜手榴弹也接二连三飞了过来。在爆炸的瞬间，我高声喊"杀！"身子一跃，向前冲去。弟兄们也端着刺刀随我猛冲。日军企图顽抗，在我们接近战壕时，扔过来一排手榴弹。又有几名弟兄倒下，但活着的、轻伤的，仍继续猛冲。这时，日军也跳出战壕，迎上前来。我扳动机枪，射出一串冲锋枪弹，几名日军应声倒下。我们连迅速冲进敌群，与日军展开了激烈的白刃战。突然，一名日军端着三八枪向我猛刺过来。我本欲先发制人，但枪比敌短，说时迟，那时快，日军刀锋已近我身，我急忙向左一闪，刺刀从我右肘飘过，刀尖划破了我右下臂皮肉。我顾不了许多，忍住痛，用枪托顺势横扫过去。日军眼快，以左手接住我的枪，用力一拖，我顺势一压，双方都脚失重心，同时倒地，在地上扭打作一团，谁也不愿松手。这时，另一日军欲刺我的后背，但刚一举枪，就"呃"了一声倒下。我回头一看，是机枪手周天禄砸死了该敌。接着，老周身子一转，冲着被我压在下面的日军一脚踢去，同时用枪托将该日军砸得脑浆崩裂。我刚站起，只见周天禄如闪电一般，抢起机枪左右开弓，勇猛异常，顿时就砸死了六个日军。周天禄是河南信阳人，二十五岁，农民出身，为人忠厚，力气很大，能双手同时举起两个成人，是我连第一大力士，平时我俩感情较好。这时，他虽身负轻伤五处，但毫不在乎。十余分钟后，我连毙敌八十余名，剩下的日军仓皇逃跑。

这时两翼友军有的正在拼杀，有两个连被压了下去，使我连无法乘胜追击。幸好团预备队适时投入了战斗，解决了敌人。我连经此第一战，一百六十人只剩下七十六人。我排原有五十人，重伤五人，阵亡十七人，其余二十八人全部受轻伤，我也受轻伤三处（头侧、左臂、右下臂），但所有的轻伤员无一下火线。战斗中，学生出身的士兵费精进死得最壮烈，日军的刺刀从他的前胸捅透后背，但他的刺刀也同时扎进敌人腹部，双方的刺刀都留在对方身上。

日军的系留气球，指示炮兵向我阵地猛烈轰击，我军炮兵完全被敌炮压制，无法还击，我军伤亡很大。我估计日军很可能出动坦克向我攻击，就让大家捆绑集束手榴弹，准备炸坦克；并指定两名优秀射手，专射坦克展望孔，其余打敌步兵。刚布置好，忽然传来连长陆松茂阵亡的噩耗，叫大家服从一排长王永福指挥。这时，敌炮渐向我阵地后延伸，五班长秦海山突然喊了声"鬼子！"大家不约而同，把子弹推上膛，注视前方。只见十三辆日军坦克，掩护近千名步兵直扑我旅阵地。有两辆坦克，直向我连阵地驶来，距两百多米了，代连长高喊："打！"我排弟兄照我的布置射出了排排子弹，击倒几个步兵，但坦克不断打炮，继续冲来，弟兄们见了有些紧张。我急叫大家沉住气，问谁能炸坦克，有两位弟兄要起身，我急忙制止，同时看了邱海江一眼。邱会意，毫不迟疑地抓起一捆手榴弹冲了上去。这时敌坦克距我仅百余米，老邱像脱弦之箭，蹿出约五六十米，突然扑倒。我以为他已牺牲，正欲另派弟兄，忽见老邱一跃而起，这时坦克距他不过数米，他向前一扑，双手把手榴弹向坦克履带下一塞，一只手一扬，正要滚动，只听"轰"的一声巨响，敌坦克不动了，可老邱也为国捐躯了。这时，一排也炸毁了敌坦克。日军见坦克被毁，就有些乱套。我军士气大振，把日军打得晕头转向，趴在地上不敢动。一个日军指挥官跪在敌群里，叽里呱啦直叫，不断挥动手中的战刀，我和周天禄同时向该敌瞄准射击，将其击毙。但日军仍继续向我阵地冲来。我们纷纷打出手榴弹，一阵昏天黑地的爆炸，代连长王永福扯长嗓子喊："杀!"弟兄们端起刺刀，纷纷跃出战壕，冲向前去。日军见此情景，急忙掉头逃跑。这一仗我旅毙敌数百，击毁坦克三辆，我连还缴获膏药旗一面、机枪一挺、步枪十余支，以及地瓜手榴弹若干。但是我旅的伤亡很大。

这时天已正午，阵地上的官兵们一个个汗流浃背，困饿交加，口干舌燥，每人都轻伤多处，连手也被灼热的枪管烫起水泡。我们只得乘战斗间隙，草草吃些干粮，就开始清查伤亡，清理弹药，送走重伤员，准备迎击日军的再次进攻。此时桂永清军长已到兰封，开始指挥我师作战。

下午，日军的攻势更为凶猛，除增援了大批步兵外，还调来了更多的坦克和重炮。经过激烈拼杀，我军连续击退日军的进攻，毙敌甚众。薄暮清点人数，全连仅剩下四十一人，我排只剩十九人。我们在清理战场时，发现有两个腿部受伤的日军隐伏在死尸堆里，欲乘夜逃走。弟兄们个个恨得咬牙切齿，走上前去，要用刺刀捅了。我认为捉活的更好，就一面叫大家住手，一面走过去。不料一名日军手持刺刀，猛地向我下身刺来。虽光线较暗，但我看得十分清楚，急忙侧身一闪，躲过刀锋。周天禄看见可气极了，他把机枪一扫，日军脑袋顿时开了花。我怕他再杀另一个，急忙喊要捉活的。五班长说："这狗东西，让他活着干什么?"我解释说："活的上峰有用，抓俘虏大家都有功。"大伙儿听了很高兴，有两位弟兄叫俘虏走，可他坐在地上就是不动，最后只得七手八脚将其抬到营指挥所。

吃了晚饭，营长前来，把我连缩编为一个排，叫王永福和我带领，退到第二线，充作营预备队。不久，团长萧劲陪同马威龙旅长来到我排。旅长鼓励我们说："你们连都是好样的，俘虏捉得好，希望多捉，多立功!"又问起我连战斗情况，代连长把周天禄作战如何英勇，费精进和邱海江壮烈牺牲的情况以及大伙儿轻伤多处，誓死不下火线的事迹，简单述说一遍，营长又介绍了王永福和我的战斗指挥情况。旅长说："好样的，这才是我的好部下!"最后，他要周天禄做他的弁目，大家都很高兴。我叫周天禄把机枪交给副手，嘱咐他要好好警卫旅长。他和我握手告别，跟着旅长去了。

二十一日凌晨二时，营长复来，叫我排聚拢。他从口袋里取出两张纸，念道："嘉奖令：第二七五团第二营第五连，全体官兵，作战勇敢，痛歼敌人，坚守阵地，并献战俘一名，战利品多件，特予褒奖，以资鼓励，此令。旅长马威龙。民国二十七年五月二十一日。"李营长又念另一张："指令：第二七五团第二营第五连中尉排长王永福、上士排附李勋，作战勇敢，指挥恰当，挽战局于受挫，特记大功一次，以资激励。晋升王永福为该连上尉连长，李勋为少尉排长。除另报层峰奖叙外，特给此令。旅长马威龙。民国二十七年五月二十一日。"这两道命令宣布后，大家很受鼓舞。

五月二十一日拂晓，日军气球升上高空，又开始了猛烈炮击。数十分钟后，敌我双方展开了激烈战斗。我第一线部队毫不示弱，一个上午，打退日军两次攻击，我阵地岿然不动。可是，到了下午两点，日军动用所有大炮，猛烈轰击了一个小时，我旅阵地上至少落下数千发炮弹，我军伤亡很大。这时，附近有两名弟兄牺牲，我欲过去看看，刚撑起身，左脚才踏上壕边，忽然一发炮弹落下，我听声音不对，赶忙向下一趴，上身和右腿扑进掩体，左腿尚未来得及缩回，炮弹就炸了。随着一股巨大的气浪，我的左腿像被一根粗棍一击，全身抖了一下。我再想缩腿，哪里缩得动，膝弯像什么绑住，全腿发麻，回头一看，左腿绑腿松开，腿外侧裂开一条五六寸长、一寸来宽的大口子，周围尚有麻点般的小伤口，鲜血直涌。我不愿在这节骨眼上惊动大家，就咬紧牙关忍住剧痛，掏出救急包，赶紧包扎好。这时，炮弹稀了，前面的喊杀之声，惊天动地，连长喊了声："准备战斗。"我急忙拧开手榴弹的盖坐在壕沿，瞪着前方，准备在日军靠近时与其同归于尽。不知隔了多久，枪声渐渐稀了，只听弟兄们狂呼："敌人被消灭了！"我心中这才落下一块巨石。

一周后，我军相继收复兰封城和罗王车站，陇海铁路一度畅通。弟兄们用担架把我抬到了罗王车站。我们刚到车站，敌炮又叫了。两发敌弹落在火车头前面不远处爆炸，幸未伤人。八节列车，上下满是伤号。这时，我见有副四人抬的担架，周围有几个挎盒子枪的弁兵护着，其中一个高个子弁兵，很像周天禄。我冒叫了声，果真是他。我问担架上是谁，他用微微颤抖的声音说："旅长。"我猛然一惊，两行热泪夺眶而出，急忙问马旅长是如何牺牲的。周说："二十四日那天，你团在兰封车站与日军激战。旅长硬要到你团督战，萧团长劝他不要冒险。他却说：'上级指挥官怕冒险，不能身先士卒，怎么能激励士气？'于是带着我们，到前面百公尺处团预备队位置，站在半公尺高的土丘上，观察敌情。不巧碰上敌人的猛烈炮击，有几发炮弹在我们前后不远爆炸。我们急劝他快走，他刚要下土丘，突然一发炮弹在他身边爆炸，他和另一弁目，当场牺牲。旅长死得更惨，全身除一条大腿完整外，其余部位被炸得血肉模糊，惨不忍睹。"他说着，我们都泣不成声，万分痛心。后来，马将军的忠骨，葬在南岳忠烈祠，一九四六年，我曾到忠烈祠致祭，聊表我对他爱国精神的敬仰。

# 罗王战斗

李日基[※]

　　一九三八年五月初，日军土肥原部的骑兵约一个团，从兰封县沿陇海路北侧西侵，占领了罗王车站及其附近村寨，目的是掩护其主力部队由三义寨渡河后，再协同向开封进攻[①]。当时，胡宗南部在陕西整训，我任第一军第七十八师第四六八团团长不久，即担任西安城防。一天，忽然接到出发命令，立即乘火车到开封东兴隆车站下车，沿铁路向罗王车站及其附近的日军发动攻击[②]。我部到达目的地与敌人接近后，便乘夜晚向罗王寨和罗王车站进攻[③]。由于敌人事先修筑好了工事，占住几个主要据点，我们的夜攻没有成功。虽有一部分人攻入寨内，但又退了出来，我第六连连长阵亡。天明后，我要炮兵连的观察所推进到步兵第一线，集中火力打罗王寨。这时，由薛岳指挥的部队在铁路南侧由东向西前进。

---

　　[※] 作者当时系第一军第七十八师第二三四旅第四六八团团长。

　　[①] 据《陆军第七十一军兰封会战战斗详报》，并参考其他资料，日军在兰封以东的仪封一带遭到重创后，经陇海铁路以南的孟角集、阳堌集，于五月二十二日攻占罗王车站、罗王寨，二十三日占三义寨、曲兴集。

　　[②] 据《第十七军团兰封会战战斗详报》，该军团是五月十六日接到东开郑州集结待命的命令。作者任团长的第四六八团于二十一日晚八时到达兴隆集车站，二十二日黄昏方得知罗王车站已被敌占领。

　　[③] 据《第十七军团兰封会战战斗详报》，第四六八团二十三日仍在罗王车站以西的张寨、张司茅、顺河集一线与敌对峙，二十五日上午奉命开始攻击罗王车站及罗王寨，二十六日再次攻击，均未得手。

其左翼沈发藻师由罗王车站南向车站前进①，并和我团右翼协同进攻罗王车站。经过大约五天的战斗，我团攻下了罗王车站和罗王寨②，见寨内被我炮兵打死打伤的马匹很多，车站票房附近我士兵牺牲的也不少。

罗王车站攻克后，被阻在东边的几十辆机车，才得向西开动。紧接着我团向曲兴集进攻③。沈发藻师在我右翼向三义寨进攻。我为了和沈师左翼切取联络，架了一条电话线。一天，接到命令，要我团协同沈师于当天夜里十二时同时撤退④。官兵很不愿意，都说打了胜仗为什么撤退？可是命令来了，也只得撤退。第二天部队路过开封时，才知道撤退的原因是已在黄河花园口决堤，放黄河水来阻止日军的西侵。豫东战役就此结束。

---

① 据《第十七军团兰封会战战斗详报》，并参考其他资料，在第四六八团攻击罗王寨及车站期间，同时由南路攻击该两地的是李汉魂指挥的陈公侠第一五五师和冯圣法第五十八师。沈发藻第八十七师当时正在宋希濂指挥下攻击兰封。

② 据《第十七军团兰封会战战斗详报》，我军各部于二十八日拂晓攻占罗王寨及车站。

③ 据《第十七军团兰封会战战斗详报》，二十九日，第四六八团奉命攻击曲兴集以东的青龙铺，并继续向东田寨、杨寨之敌进攻。当天，该团仅攻占了青龙铺和吕寨，此后再无进展。攻击曲兴集的是蒋伏生第三十六师。

④ 据《陆军第七十一军兰封会战战斗详报》及《第十七军团兰封会战战斗详报》，五月二十九日，第四六八团右翼的友邻部队仍是第五十八师和第一五五师。沈发藻师当日上午十时奉命推进到兰封、陈留交界处的赵楼、贾堂、张楼一带参战，下午五时即奉命开赴杞县归还建制。

73

# 兴隆集战斗

程　采※

　　台儿庄大捷后，日本侵略军沿津浦路南下之势被遏制，我军本可乘胜扩大战果，但由于淞沪之战，主力损失甚大，后备力量薄弱，无力转移攻势，乃相持于原处。统帅部为了扭转这一僵持局面，开始组建新兵团，增援徐州地区。

　　我当时在第十七军团第一军军部（军团长胡宗南兼任第一军军长）当见习参谋。第一军自淞沪撤退后，调至陕西凤翔、潼关一带补充整训，虽号称精锐部队，但原有干部伤亡过半，兵员不齐，基本训练未完，火力装备上一个步兵营也不过多几挺重机枪而已；所属第一九一师杨德亮部尚远在兰州，实际只辖第一师李铁军部、第七十八师李文部和西北补充旅胡长青部（驻天水）。一九三八年五月间奉命增援徐州，全军由陇海铁路乘火车东进，按第七十八师、军部、第一师顺序前进。在一个晨曦，军部列车到达兴隆集车站，机车突然熄火，停止前进，人员、物资迅速下车。据报告，两小时前第七十八师先行团到达时，遭到敌人袭击，有几十个人伤亡。该列车就在我们所乘列车右侧，车厢外弹痕累累，轨道旁血迹斑斑。我们踏着烈士们的血迹过去，心里在想：朋友们！先走吧！我们随后就来，我们一定要用侵略者的血，来洗涤这些痕迹。

　　军部各处室及直属部队下车后进入兴隆集村寨。我进寨前，发现寨子北门东侧有一片新坟，其中一座坟前木牌子上写着"第七十八师某团某连排长叶绍章之墓"。我蓦然一惊，叶是我军校第十二期同队同学，毕业后一起被派到第一军，我留军部，他分到连队，临分手时他谆谆托我，

---

　　※　作者当时系第一军司令部见习参谋。

将军校寄到的毕业文凭保管好，有机会当面交给他。当时那张文凭恰在我背的图囊里，不想他已为捍卫我中华民族的生存而献出他宝贵的生命。在他前后十几座新冢里的蒙难者，同样都应当为后人所崇敬。

由于徐州方面我军的抗击，日本侵略军不得进展，乃以其土肥原的第十四师团，由黄河北岸封丘一带南渡黄河，越归德向豫东一带进犯，占据了若干大小村寨，阻我军东援，以威胁徐州方面我主力军的作战。无明显战线，战斗犬牙交错。我军为扫除前进障碍，展开各师拔除不少敌军据点，上级指挥并配属一战车连归第一军指挥，因此在攻击敌占村寨时，收效甚大。但旷日持久，我徐州方面主力，不得不向西、向南转移。

一天我受命向前敌总指挥薛岳司令部送一份报告，陈述我军作战部署。只知薛的司令部在陈留、淮阳方向，具体位置不详，由战车连派一辆三轮摩托车送我前往。临行前参谋处负责人告诉我："前去薛岳司令部的道路无公路，战况混乱，有与敌人遭遇的可能，应做好销毁文件的准备。"另有好朋友劝我别接受这项任务，说，这样的文件应由传令排长亲自送去，不应叫无经验的参谋去送。我认为这是个锻炼，也是任务，不应该讲价钱。我立即装好文件、地图，带了指南针、手电筒、火柴等，同事们送我出门，嘱我沿途小心。在门口一辆三轮摩托车驾驶兵向我报到，一看他比我还矮一个头，年龄也不过十六七岁，一脸稚气。我笑着问他："行吗？"他说："不行，连上还会派我来执勤吗？"我说："我们前进路上可能会遇到敌军袭击，我是传令参谋，责任所在是应该的，你为了送我，岂不有些委曲吗？"他说："我不也是为打日本才来的吗！"语言简单，充分表达了他的爱国之心。开车后边走边谈，乡亲们有的领我们到交叉路口指示方向，有的介绍敌情和道路状况。下午五时左右，我们到了一个兵站，上级司令部在那儿设了个临时情报交换所，负责命令收受。该所人员告诉我薛的司令部已经转移，不必去找。我们即刻在兵站上将摩托车加足了汽油，准备返回。这时兵站的人告诉我，向北去有敌情，应等到黄昏时再出发。可驾驶兵坚持要走，说："我们刚才来时没事，趁天亮好开车。"但兵站上人说："情况是电话通知的，我们正在警戒，日没敌兵南撤。"不得已等到黄昏才开车，不久天黑了，前面有个大村寨挡住去路，寨门都关着，又无路可绕。我们设法推开一扇门进去，寨内黑洞洞的看不见人，探视一会儿，才发现一个小矮屋里有微弱的灯光，敲了很久门，并向其说明我们的身份，一位老大娘才把门开了一条缝，凝视了好久，惊讶地说："你们好险啊！不过一顿饭时间以前，有十

75

几个骑马的日本兵穿寨而过，出北门走了。"她把门敞开让我俩进去歇歇。当她见到小驾驶兵时，说："还是个孩子呢！该死的日本鬼子，你给我们中国人带来这大的灾难，没成人的孩子都离开父母出来打仗了。"她颤巍巍地捧出两碗温热的茶水，我们确实渴了，都一饮而尽。她又关心地问我们是否吃过饭，并说我们要去的地方，可能会遇到敌人。我请她老人家放心，并借着她家微弱的灯光，摊开地图，问清本村寨名称，标出军部驻地，算出这个村距军部还有数十里，判断敌人出北门后可能向东北寻找我本部主力宿营去了。因此决定我们出寨后，先向西北开一小时再直向北开，可能会进到我军防区，不会与敌人遭遇，万一油料不足，留车步行，明天来取亦无妨碍，并作了不利情况下的打算。临走时老大娘千叮万嘱，叫我们注意。真情爱护，感人肺腑，充分显示了当时民众爱护军队，军队依靠民众的一致抗敌的心情。出寨后我们怕暴露目标，就关灯驾驶。我右手把指南针放在地图上置于座位里，左手亮着电筒，按指南针所指方向随时校正驾驶方向。这样车子就不一定行驶在道路上，有时是在刚割了麦的麦地上行驶。前进不久，由于小驾驶员心情紧张，人车一起跌到路旁水沟里，车子熄火，发动不起，推也推不动，累得两人浑身是汗。小驾驶兵出于爱国的责任感，不愿看着他操作的杀敌武器躺着不动，甚至盲目搬动，可是毫无效果。我拉他到麦地里休息一会，恢复了体力，再来搞，一个轮子一个轮子地抬动，终于把车子抬到了路上发动起来。我看他太累，叫他休息让我开，他问我曾经驾驶过多少个小时，我说："只几小时，但可以试试嘛，出了问题我替你承担。"他说："在我接受这部车子时，我向上级作了保证，人在车在，车坏人亡，不到不能动时，怎能轻易地把车子给别人开！"我听着觉得他是多好的孩子啊！中国人都能如此，哪愁日本军不被消灭呢？半夜里，我们安全地回到了营地，朋友为我顺利地完成任务而高兴，可是我久久不能入睡，总是想到那个小弟兄——才刚刚十七岁没有成人，以英勇、耐苦、负责的精神，为打击侵略者而拼搏在疆场上，我是军官，又比他大，相形之下我不及他。此后，我只在战场上见到他一次，我们互敬了个礼，再没见过。四十年过去了，他的形象我已不大记得清楚，但彼此共患难这段情景，脑海里永远不会磨灭。我已逾古稀，他也年过花甲，遥祝这位当年参加过英勇抗战的小英雄还健在，让我们在曾经受过日本侵略者蹂躏的国土上共享安乐、平静的晚年吧！

六月初战事日渐加剧，敌第十四师团已经全力西向，据点式攻防，已演进为线式攻防，我军原先的优势逐渐变为守势，但尚无吃力之感。

司令部里参谋每日无事时照样在村里散步漫谈，不过谈话声中偶尔也听到一些枪炮声。

一天我又奉命去郑州第一战区司令长官部（司令长官程潜）领豫东一带地图。我喜欢战场上的炽热生活，不想离开去后方。吴炌参谋（军校第八期生）力劝我走，傍晚上了火车（兵站运输车不是客车）时，敌炮集中射击，弹着点处尘土飞扬，爆炸声不绝。我感到遗憾的是不能东去直接参加火热的战斗而只好随车西行。火车行驶慢如蜗牛，夜里怕敌骑袭击，白天又怕敌机轰炸，第二天夜里才到长官部。第三天早晨我去长官部报到，参谋处王处长接待了我，叫我等着，说我们部队马上也要来了。我默想情况可能不妙。中午遇到军部的先遣人员，一见面就说："你真幸运！昨天早晨敌机数架轮番轰炸我们驻地，司令部参谋处损失最大，你的好友吴炌参谋在树林里散步牺牲了，只剩下臀部，你如不走，肯定遭受同样命运。"我听了非常难过。回忆吴炌参谋为人谨慎，寡言沉默，富于正义感，以前他并不在第一军工作。"八一三"战事爆发后，他随张治中将军在第五军和第九集团军工作，张去职后他来到第一军。吴参谋常与我谈张治中将军在前方指挥战事时，事必躬亲，所部虽系嫡系部队，将强兵勇，战斗中难免有指挥失误之处，又需亲临协商，沪战后期精神支持不住而离开战场。谈话时对张治中将军深表钦佩。谈到上海作战情况，也像闲庭信步一样泰然。我之酷爱战地生活，是冥冥之中与他生前接触很有关系。惜乎！我不能亲殓其遗体。我只知道他是四川人，不知其家乡详细地址，无法通知其家人。当时军事当局对牺牲者抚恤无人过问，常引为憾！当第一军最后一批人到达时，黄河花园口已决口，泛滥水势已漫及郑州市郊。我不禁为战地曾和我们骨肉相连的广大民众陷入深渊而浩叹！战争是残酷的，反侵略战争则是绝不可少民众的支援的。这一次战役，我们如果不是广大爱国民众为我们引路、支援、报告敌情，我们是无法进行作战的。如今他们在滔滔黄水中挣扎，岂不令人悲夫！

# 转战豫东

谢德刚[※]

　　我入军校前，曾在贵州第二十七军刘兴军长特务营第一连任中尉排长。一九三六年九月，进入湖北武昌南湖中央军校武汉分校军官训练班第二期步科。当时的校教育长是李明灏，政治部主任是刘公武，总队长是周盘，大队长是王林柱，中队长是林丰炳，分队长是胡从新，政治教官有张信业。因抗日战争爆发，我于一九三七年十一月提前毕业，由学校分派到驻河南开封五营房第六十一师野战补充团第二营第五连任中尉排长。营长赵林，团长龙其光，旅长邓宗梅，师参谋长朱霞，师长钟松。我同年十二月参加军事考试，提升为第八连上尉连长。一九三八年二月奉命调到浙江省桐庐县柴家边，改编为第六十一师第一八三旅第三六五团第三营第八连。我仍任上尉连长，营长为杨秀清，团长为廖威。同年四月六日在桐庐县附近的一座桐金山脚下的小河边沿占领阵地，构筑工事，随时待命袭击敌人。四月十八日下午七时，奉命将阵地移交给税警总团（团长温新应）接防。正在这时，桐金山上的日本侵略军发现我军的火光，立即用猛烈炮火射击过来，在这种情况下，使温新应团长无法固守。上级立即下令，由湖南老部队第十九师来接防。我师奉命开往河南省，途经江西九江，先到湖北葛店短期整训，点验补充枪弹、装备。于六月一天奉紧急命令，战备行军到汉口刘家庙火车站，乘车经过武胜关，直到河南信阳火车站。这时，每人发给灰面做的馒头十二个，水壶

---

　　※　作者当时系第六十一师第一八三旅第三六五团第三营第八连连长。

灌上水，又继续乘车到谢庄火车站，下车后徒步急行军到朱仙镇①，向前方侦探敌情，勘察地形。敌军白天用气球瞭望我军的动向。据当时我情报人员报告和当地老百姓说："敌人是土肥原师团，有骑兵、老兵，共有五个联队。第十四师团有炮兵联队，有摩托车上架机枪，坦克车上有火炮。"老百姓还说："日本鬼子当官的叫太君，到处烧房子抢东西。日本鬼子在桥镇掳来妇女数十人，关在屋子里，脱下衣服，用凉水冲洗，进行集体强奸，如不依从，就用刺刀杀死。他们没菜吃，就将老百姓的家畜宰杀，真是惨无人道。"

第六十一师师长钟松，参谋长朱霞，旅长邓宗梅，团长廖威，第一营营长吴汝希，第二营营长梁诗传，第三营营长杨秀清，第三营第七连连长董作述、第八连连长谢德刚、第九连连长王頫然。王连长系河南太康县人，和我在武汉第二分校同学。本连士兵大多数是兰封县、陈留县、尉氏县人，对敌人所占领的村寨和地形都比较熟悉。本连奉命攻击在大桥镇附近之敌，命第九班班长李均携轻机枪二挺，用梯形匍匐前进占领阵地。晚八时，被敌人照明弹发现，向我第八、第九两连用机枪猛烈射击。当照明弹熄灭后，我连乘机迅速冲杀，突进敌人阵地。我预备队第七连，向敌人猛烈开火，敌我战斗激烈，用刺杀来与敌人搏斗。敌人觉得夜战不利，我军杀敌英勇，敌人立即向西孟家集二里村逃窜，然后用猛烈炮火向我后方轰击。我团当晚转移了阵地，到西二里村孟家集待命。六月二十七日，营长杨秀清命第七连连长董作述为营预备队；第八连的第一排排长宋继柯在二里村东南角土墙上占领阵地，构筑工事，对准羊角集之敌，构成交叉火网；第二排排长李金铸在二里村东南角构成交叉火网，在土墙外庙山屋前一百米处，伪装埋伏，如敌人前来进攻，在四十米之内用轻机枪构成交叉火网，消灭敌人；第三排排长桂来多，随我在土墙上随时机动出击，连通信兵杨树之、胡大安、毛时全，随我通信联络。第一营营长吴汝希向水寨之敌包围。第二营营长梁诗传向羊角集之敌形成包围圈。第一八三旅旅长邓宗梅，带领两个团在第三六五团后

---

① 据《陆军第七十一军兰封会战战斗详报》，第六十一师第一八三旅于五月十八日到达兰封，十九日在第七十一军军长宋希濂指挥下在兰封以东作战，二十日后归第二十七军军长桂永清指挥。据《陆军第二十七军兰封之役战斗详报》，该军于五月二十一日在兰封西南之孟角集一带与日军作战，二十二日晚向杞县、阳堌集附近转进。据《第一战区鲁西豫东作战经过概要》，五月二十六日后，第六十一师参加围攻三义寨的战斗。二十九日，第六十四军军长李汉魂率第一五五师、第五十八师及第六十一师向杞县转进。本文中时间及许多地名均欠准确，请读者注意。

面，向敌人形成包围。六月二十九日晨，敌人气球升空，瞭望我军动向。我营第九连连长王顼然向羊角集敌人用梯次型、夹型攻击，有九挺捷克式轻机枪，猛烈地火力攻击敌军。土肥原师团的一个旅团向我孟家集西二里村进行攻击。接着，敌人派出空军侦察机一架，指挥轰炸机投弹，敌机在二里村发现我军，投下一枚烟幕弹作为目标，猛烈向我团部轰炸。我方蒙受重大伤亡。敌军向我阵地进攻，先用大炮射击我庙山阵地。庙山守备排排长是参加上海抗日的老班长李金铸，这一个排配备在庙山前面开阔地带一百米处。我军指战员全部伪装埋伏在阵地上，待敌人接近四十米时，开始射击，将敌人消灭在阵地前，打死骑兵九个、军马九匹，缴获歪把子轻机枪一挺、三八式步枪三支、六五步枪子弹二十发。

　　第二排排长李金铸与第三营第九连连长王顼然并肩战斗，这时本连第一排排长宋继柯，在二里村右边的土墙上被敌人包围。敌人用机枪封锁我阵地，猛烈射击，我通讯兵胡大安说要向营部要马克沁重机枪前来支援。我说："你不要向营部要求支援了，营部早已不在寨子里头了。"这时，敌人炮弹如梭向我方打来，通讯兵胡大安牺牲。眼看自己的通讯员死去，我心痛不已。营长杨秀清要第七连连长董作述为营的预备队。战斗之中，董作述对全连官兵正在讲话，敌人有无线电接收机，不一会儿，炮弹猛烈打来，将第七连官兵全部消灭。发来的炮弹后来在弹壳上发现有"昭和十九年造"的字样。董连长是师部上尉副官调来当连长的。本连第一排排长宋继柯报告说：敌人从后面来势汹汹，机关枪子弹将我阵地散兵全部封锁，不能抬头。怎么办呢？我立即设法号召全排人员，用羊齿镐从墙脚下挖洞，再从洞下转移，转移到羊角集以西与第九连连长王顼然取得联络，占领阵地，将追击来的敌人消灭一部分。敌人采取联合兵种协同作战，飞机、坦克、摩托车、步兵、骑兵一起向我方扑来，向陈留县、尉氏县方向前进，羊角集西二里村之敌也无影无踪了。本连就此机会集合整理、清理人数，在这场战斗中共牺牲二十一人，重伤四人。我营第九连除去伤亡，还有五十三人。第七连被敌炮全部打死。第三营营长杨秀清、第一营营长吴汝希、第二营营长梁诗传、团长廖威、第一八三旅旅长邓宗梅、师参谋长朱霞、师长钟松，带部队转移新阵线。我无法联络，第八、第九两个连在敌人后方，只好打游击。第八连第九班班长李均说："我是兰封火车站李家村人，我来带路，到我家宿营后，派出瞭望哨三人，监视敌人。"六月三十日上午敌人气球又升上天空，瞭望我军动向。忽然听到敌人射来枪声，发现敌人骑兵，向我射击，配备小钢炮，还有摩托车架上机枪。村后有一条战壕，一米深、两米宽，我命战士们全部跳入战壕，架起机枪，就和敌人打了起来。这时，我军个个浑身是劲，我的通讯员杨树之忽然看见我的裤裆被敌人打破了，他急了，忙说："连长，你受伤了吧？"我说："敌人的枪法不准，没有打到我的骨肉，没有关系。"接着，我在二里村的土墙上观看敌情，不小心，敌人的一粒六五子弹打进了我的右脚腕，为了战斗，我连药也没上。第八、第九两个连生死相顾，并肩战斗在这个战壕里。这时不仅是我们两个连的战士，还有第七十八师、第三十六师、第九十军的一部分。第六十一师留在敌人后方，被敌人打散的战斗队伍，都想归队。突然，敌人的骑兵又向我们猛烈进攻。这时，各个部队的官兵纷纷要求要我来指挥。在这紧急关头，我来不及再多虑了。我说：先用枪打马，敌人从马上跌下，再用轻重机枪猛烈射击。经过一场激烈的战斗，敌人退了，打死马几十匹。我们向兴隆火车站移动，前面有督战团截击我们的队伍不准通行，要我们部队缴枪。我们第六十一师，有人就得有枪，无枪不能归队，大家下决心，冲打过去。七月三日在开封五营房附近柏树坟山休息时，老百姓对我部队非常好，给我们送来面条三担。我们给钱，老百姓硬不要，还说："你们为国打仗，流血牺牲，这一点点面条算是我们慰问你们的。"休息了一会儿，我们继续侦探敌情，寻找自己的部队，到了朱仙镇，找到了师部。师参谋长朱霞对我说："旅长邓宗梅、师长钟松在三义寨被敌军包围，团长廖威与第七十八师师长李文用无线电联系，协同攻打三义寨，才突破包围。"

# 记豫东战役及黄河决堤

## 晏勋甫※

一九三八年六月，第一战区司令长官部在郑州花园口掘开黄河大堤，是抗日战争史上最惨痛的一件事情。当时我任长官部的参谋长，曾参与其事，现将当时情况追述于下。

## 当时敌我情况及对敌情的判断

台儿庄作战后，一九三八年五月，第五战区的部队分向豫东和皖北地区撤退。当第一战区支援部队调回不久，休整尚未就绪时，日酋土肥原贤二率其第十四师团两万余人，由鲁西菏泽猛向陇海沿线进逼，其先头部队已占领了考城、兰封和陇海沿线的几个其他据点，开封情势紧急。此时，胡宗南的两个军，和由广东调至汉口的两个新兵师（武器都是由汉口补给的，运到开封时尚有武器未开箱者），分向开封集中，蒋介石亦由武汉飞到郑州。蒋到郑州后，第二天拂晓前，派随其飞郑作掩护的七架飞机向鲁西和豫北一带侦察，均被敌人击落。前线敌人虽只有土肥原的第十四师团，但配合其作战的飞机却为数甚多。敌机连日在郑州、开封以及平汉、陇海两线侦察和轰炸，自朝至暮，未稍间断。

蒋介石在郑住了四天。在第四天的下午二时许，他派其侍卫长王世和来找我，要我去他那里（蒋和第一战区长官部同住在陇海铁路局第二十四号宿舍）。我到后，他站起来向我说："我要到开封去指挥作战。"我说："由陕西和武汉调运的部队，尚未完全集中。委员长此时前往开封，还是要等待部队集中完毕后始能应用。"他停了一下，又说："你去告诉程长

---

※ 作者当时系第一战区司令长官司令部参谋长。

官吧。"我回来转告程潜。程说："土肥原这个小丑,用不着委员长亲自去对付,我和你上开封去。"我又去回报蒋介石,他同意了。于是我和程潜率领必要的僚属,随即分乘几辆大小汽车,沿开郑公路径往开封设指挥所。

这时土肥原率部已进到开封以东、陇海路以北的三义寨、罗王寨和埽街一带,距离开封甚近。我军在前线的部队,仅商震的第三十二军和第七十一军迟滞敌人的前进。在我们到开封后的第二天下午,胡部和粤军始陆续集中完毕。这次作战,由长官部的指挥所直接指挥,除留胡部第一军为总预备队外,余悉调赴前线;同时命令邱清泉率两个装甲兵连协同作战;令豫北的朱怀冰军和另一个军在黄河南北两岸活动,以截击敌人的增援部队和后方补给线。在我优势兵力围攻之下,土肥原不得不在三义寨、罗王寨和南北之线凭借村寨固守。我军对敌围攻达一星期之久,敌人后方补给线又被我截断,前线补充仅赖空投。敌除以飞机助战外,始终并无增援部队。我军方面因不断遭敌机轰炸和扫射,伤亡较多。我装甲车对敌来回冲击,亦被击毁数辆。战事进行虽是激烈,但我军仍是处于优势。据当时估计,再过三五天,我军纵不能将土肥原所部全行歼灭,亦可继续予以重创,以挫其孤军深入的锐气。

正在这样比较顺利的时候,蒋介石以紧急命令,由其侍从室以电话传达,令我军"即刻停止围攻,分向陇海、平汉两铁路沿线转进,整顿待命"。我军在前线的部队,约有十万之众,仓促之间,仅凭陇海铁路南北沿线两侧撤退,拥挤不堪。加以连日阴雨,道路泥泞,因之官兵极感疲惫,尤以广东两个新兵师秩序欠佳。迨所有部队由前线转进至郑州和以南的谢庄、薛店附近时,似已无继续从事作战的勇气。我军撤退时,以商震的第三十二军在开封附近作掩护。第三天开封即告陷落,商部亦撤至郑州附近。敌因被我打击,占领开封后并未前进。假使敌人继续向西冒犯,我已无可使用的有力部队进行阻击了。

至敌人以后的动态如何,这是我们必须加以研究和判断的问题。敌人不久即将继续西进,这是必然的。如果我军此后不能确保自黄河南岸起经郑州至许昌之线,不仅平汉铁路郑汉段的运输和联络线将被敌遮断,而且此后敌人南进可以威胁武汉,西来亦可进逼洛阳和西安,最后由西安略取汉中,进而窥伺我西南大后方。似此,对我此后整个抗战局势,是极端不利的。这就是我们当时对敌情的判断。但如何应付,必须迅速有一个决策。

## 掘堤的建议和实行的经过

这次我军围攻土肥原师团,先后十余日,其间在战斗中和受敌机轰炸、扫射的损伤是相当大的;又仓促由前线撤退和在转进时所受天气的影响，兵力备极疲困。因此，各部队即令有略事整顿的时间，也无法可供继续使用。何况汴郑密迩，敌人在极短的时间内即可迫近，实不容许我有从容徘徊之余地。在这样的情况下，我们以后究竟怎么办，这是我们当前迫切需要解决的一个严重问题。

当一九三五年我在武汉行营任职时，曾经拟过两个腹案：

一、必要时，将郑州完全付之一炬，使敌人到郑后无可利用；

二、挖掘黄河堤。

最后认定掘堤有两利：甲、可以将敌人隔绝在豫东；乙、掘堤后，郑州可以保全。我和副参谋长张谞行以此计划向程潜请示。商量的结果，认为只有实行掘堤，才可渡过此种难关。

我们商定后，正拟向武汉军委会请示，适蒋介石侍从室主任林蔚来电话问我："以后你们预备怎么办？"撤退前后敌我一般情况，我们和林不时有电话往来，一切他们都是知道的。我将刚才商定的计划告诉他。他又问我："你们计划在哪里掘？"我说："预备在郑州北面花园口附近，请你马上报告委员长，如果同意，请你再来电话告诉我。"不到一个钟头，林来电话说："委员长和我们研究了，委员长同意。"我们于是一面做准备工作，一面以电报作建议方式向蒋介石请示。他回电批准了我们的建议。

我们将挖掘黄河决口的任务，令东北军万福麟去执行。万派部队到花园口后，因见黄河水枯，似无较大把握。次日万部他调，我们改派原在黄河南岸邙山头的蒋在珍新八师和由长官部控制的某工兵团的一个营（该营交蒋在珍指挥）去执行任务。六月一日长官部移至洛阳，派胡宗南担任掘堤的监督指挥工作。后胡部调归陕西，改由商震负责。

在掘堤初期，花园口附近的水位确是很低。迨掘至堤底后第三天，因黄河上游约有五天的暴雨，一时上游洪水滔滔而下，将所掘的堤口冲开百余米。黄水从此汹涌南流，淹没了豫、皖、苏三省大片平原，使上千万人流离失所，将近九十万人死亡，并且造成了连年灾荒的黄泛区。

当我们实行掘堤时，敌人第十四师团所派骑兵团的一个支队，附有十五生口径的榴弹炮四门，已进至新郑附近，将平汉路郑汉之间的交通一度截断。黄泛以后，这一支队因后路被遮断，全部被我消灭。计虏获四百余骑、十五生的榴弹炮四门和步骑兵若干名（大多数逃窜）。

花园口掘堤的措施虽然暂时阻止了敌人的继续西进，但却造成了人民生命财产无法估计的严重损失。至今思之，犹觉疚心不已。

# 黄河决口亲历记

黄铎五<sup>※</sup>

抗日战争的第二年，一九三八年六月六日，日本侵略军陷我开封，控制陇海铁路，企图策应江西之敌，协攻武汉。当时国军在黄河南岸的正规部队有十万之众，为了阻敌西进保卫武汉，使用三国时代水淹七军的办法，掘开黄河堤岸（花园口、赵口），制造了两万三千平方公里的黄泛区，使一千二百万人民的生命财产惨重损失。

是年我任第三十九军刘和鼎部的军参谋处长，亲身参与决口的行动。

一九三八年六月七日，第三十九军司令部驻杨桥附近待命。刚一到达，蒋介石即发来密电，令刘和鼎掘开堤防，电文大致是："为了阻敌西犯，确保武汉，依据冯副委员长（冯玉祥）建议，决于赵口和花园口两处施行黄河决口，构成平汉路东侧地区间的对东泛滥。该军担任赵口之决口，限两日内完成。已另电洛阳第一战区程长官（程潜）负责主持，规划实施。该军应即以主力担任郑州之守备，并以有力之一部担任郑汴间的游击，阻滞敌军活动。花园口之决口，已电令第五十三军万福麟部负责，仍由第三十九军统一指挥。并希电报后即，向程长官切取联系，接受指示，认真办理具报。"接着程潜也有指示，内容与蒋电大致相同，并派长官部的兵工专家王果夫负责设计和指导。还派河南省政府民政厅长方策常川驻郑，会同第三十九军办理有关民政和民工事项。第三十九军接受蒋、程指示后，我即于六月八日随同军部和所率的主力部队进驻郑州，担任郑州之守备，并以所属第三十四师公秉藩部之步兵两团担任中牟县一带（包括赵口）的游击任务。另以第五十六师汤邦桢旅担任赵

---

口的决口工作。关于决口的工程以及与友军的联系，刘和鼎均责成我分别办理。

我于九日晨邀同长官部派来的兵工专家王果夫、第五十六师汤旅的潘必强团长、第五十三军的刘团长，先后齐集花园口、赵口实地勘查，研究施工。花园口属郑县，赵口属中牟县，均在黄河南岸，堤宽约八公尺，高约十公尺以上，平素是通洛陕的公路，视界辽阔，在望远镜中可以窥见敌军动态。敌人也在白天用望远镜，夜间用探照灯，自北岸向我方侦察。依据地形和敌我情况，我们进行了研究，反复讨论，初步拟订了施工计划：

一、担任花园口、赵口决口工事的部队，立即在堤岸的内侧，适当而迅速地构成必要的掩蔽部和交通壕，并设置伪装被复等。切戒暴露，特别是遇敌空袭或探照时更要肃静沉着。

二、决口工事，各部队长即按照上级所规定的任务，分配所属积极进行，依限完成。

三、以花园口为基地，由军部架一电话总机，构成营以上的通信网，黄铎五和王果夫常驻花园口，施工上遇有问题需要研究的，各部队长可随时向黄、王通话请示，或请黄、王到工段上就地商讨。

四、大堤上的决口工事，以连为单位，适当配备兵力，分点进行掘土作业，轮流作息。

五、一切准备工作，必须于六月九日前做好，概限六月十日前完成任务。

六、决口前关于动员农民的迁移、安置、救济事项，统由河南省府民政厅方策厅长派员协同各工段的部队长认真妥善办理，以免流离失所，无法生存。

上项规划曾用电话报请军长刘和鼎审核，刘认为可行，他并立即分电蒋、程汇报，随即开始施工。黄河沿岸的土壤，多是沙砾，而且随时会发现大旋风，自九日上午六时开工后，绝大多数工段发生掘出的坑道随时又被大风刮起的沙土填平的现象，一再返工，还是不能依限完成，和王果夫研究，也无办法。这时有个老农说：把掘出的土和掘开的口子随时浇水，沙土就会凝结，不致因风而返原。我们按照此法做去，确有效验，结果，第五十六师汤旅所担负的赵口决口任务，三昼夜完成。万福麟部所担负的花园口掘口任务，五天完成。口子虽掘开，但未立时见水。在施工阶段，军部逐日分电蒋、程汇报情况。因为没有依限完成，蒋介石曾亲用电话指责刘和鼎说："这次决口有关国家民族命运，没有小的牺牲，哪有大的成就，在这紧要关头，切戒妇人之仁，必须打破一切顾虑，坚决干去，克竟全功。"延至六月十五日各部队所掘开的口子才有大量的黄水流灌，浩浩荡荡，向东涌去，经贾鲁河注入淮水入海。

滔滔黄水，瞬即泛滥成灾。当局虽然也有安置居民的计议，实际徒托空言，到时只不过乡、保长们催促迁移罢了。仓促迁移，谈何容易，故迁徙者寥寥无几，一转瞬间，无情的洪流，滚滚而来，哪里逃避得及。有的扒上屋顶，有的攀登树梢，一时号哭呼救之声杂成一片。过了两天，我陪同长官部派来的人员视察黄泛情况，那一望无际的浪涛中，只能见到稀疏寥落的树梢在水面荡漾着。起伏的波浪卷流着木料、用具和大、小尸体。孩子的摇篮随着河水漂浮，还可以断续地听到啼哭声。全家葬身于洪水者不知凡几，甚至有全村、全族、全乡男女老幼无一幸免者。据一九三八年七月四日上海新闻报所载："黄河决口后，泛滥区域达十余县，面积约四百英方里，长约三十七里，决口处宽百余公尺；中牟水势忽增宽二百余公尺，深约三或四公尺，尤其中牟为花园口、赵口两个决口构成的泛滥所趋，业已汇流，而水势也较各县特大，余如尉氏、鄢陵、扶沟、西华、淮阳也都遭到不同程度的水灾。总之，黄泛所及，灾难当头，这是肯定的。在其中受害的人，更不可以数计了。"

八月间黄河水利委员会致文全国赈济委员会（代电），引语亦称"赵口被敌爆炸决口"，叙述泛滥情形。监察院院长于右任派出李世军前来郑州"视察"，以便作出"赈济"建议，刘和鼎当即派我担任招待。我陪李前往花园口一带观看，并和"抢堵"决口工程师一起摄影。

# 花园口掘堤日记

熊先煜<sup>※</sup>

### 六月六日　星期一　晴　京水镇

此次敌人以快速部队沿陇海西犯，势不可遏。我为阻敌前进，保卫中原，达成持久抗战之目的，上峰命令三十九军军长刘和鼎将军所部，于赵口决堤，当陇海路南之敌人，已突过通许一带，开封形（行）见危急，而决堤尚未完成，郑州第二十集团军总司令商震将军，以为参加决堤人员不敷，乃命本师加派步兵一团前往协助。上午七点许，余随师长蒋在珍将军，乘车驰往赵口视察。事实上并非人员不敷，而为计划欠当关系，自然谁也无决堤经验。

赵口一带地势较低，选定此处决堤至当，唯计划此事时，对黄河水势估计过大，对黄河堤质估计过松，因此经始时，于堤长约四十公尺内掘口两处，以为该两处河水放出时，即（应有"可将"二字——编者）两处中间之堤冲走。又兼决口经始过窄，愈掘向下愈形窄狭，尚未及底，一人通过亦感困难，因此参加工作之官兵，颇感英雄无用武之地，结果河水亦无法流出。

我们见此情形，增加工作官兵，亦无用处，乃即驰回京水，当赴郑州面谒商总司令呈报一切，当奉命赶回赵口，协助三十九军设法改善，加紧进行。及抵赵口，时近薄暮。正在计议之中，忽接商总司令电话，转奉上峰指示，令本师另于赵口以西本部防区内选地决堤。当返京水，车中，师长询余意见，究于何处决堤？余以地形而论，马渡口、花园口两地均可，不过马渡口与赵口相距不远，敌易接近，为获时间之余裕，

※　作者当时系新编第八师参谋。

以花园口为宜。师长当即决定于花园口决堤。

抵京水已夜十时。餐毕，商总司令派参谋处处长魏汝霖将军来商，师长命余主持其事。受命之下，颇感兴奋。夜十二时率同工兵连长马应援、营长黄映清、黄河水利委员会张段长，乘车前往花园口侦察决口位置。斯时，微风拂拂，河水潺潺，月光暗淡，水位莫辨。所带手电四只，非仅电光微弱，且一经使用，电泡先后烧坏。时已二时许，余以事体重大，不敢盲目选定，乃决定明晨拂晓侦察，经始开工。遂宿于汽车内，六人同宿，坐以当卧，以待天明。

### 六月七日　星期二　阴雨　花园口

黎明而起，率同第二团中校团副唐嘉蔚、马连长、张段长，由花园口沿河上流侦察，本达成任务、少害人民两原则，乃选定于关帝庙西决堤。盖此处乃黄河弯曲部，易于放水，且可流入贾鲁河向东南行，经中牟、尉氏、扶沟、西华、周家口各县境而注入淮河，利用贾鲁河道以防漫延，当可减少人民之损害。

当我选定决口位置时，询问随同各员有无意见，马连长答曰："你乃高级司令部参谋，我们只依命而行。"余乃亲自经始，口宽五十公尺，预计掘至河底，可宽十公尺左右，河水自可流出。当命工兵连及三团九连开始工作，由张段长招（召）集附近居民协助，并指示掘土方法。俟第二团全部集中，第三团由郑州开到，乃分由堤之南北两面同时动工，并各向东西掘土运土，以加强完成效率。又堤之中央，暂留三公尺宽，最后再掘，俾维持东西来往交通，部署完毕，即返京水复命。

余将上述情形面报师长。师长以余昨晚睡眠不足，嘱余安寝。余以任务尚未达成，当随师长前往花园口巡视。师长对余计划颇加赞许，旋同返京水。早餐后，师长移住花园口，亲自监督施工；副师长朱振民将军亦前往协助。余因事暂留京水。午后二时，余同第三团团长彭镇璞兄乘自行车往花园口。第二团团长王松梅兄，亦在该地督工，渠之令尊及叔伯，多为余之老师，故余常呼之为世兄。相遇即笑谓余曰："吾兄此次计划，功在国家民族，减少人民损害，将来一定讨个好夫人，多生贵子。良以任务达成，影响抗战大计甚巨。缺口位置，若稍向西，而不利用贾鲁河则郑州及平汉沿线，恐尽成泽国。"余笑而谢之。

未几，总部魏处长率同某工兵营长来花园口视察，对于缺口位置之选定，颇为赞扬。尤对于师长计划周密，抱羞监工，以身作则，表示敬佩。并谓赵口决堤，迄今仍无效果，完全以花园口为主。官兵颇为振奋，工作格外努力。预定明天完成此项工程。

据报陇海路以南西犯之敌，向平汉线突进甚速，情势危殆，晚间郑州爆炸声甚烈，一夜未停，乃我自动破坏车站及各种设备也。因此，本师官兵，日以继夜，工作不懈。

### 六月八日　星期三　阴雨　花园口

本师以第一团守花园口以东河防，并掩护决堤之二、三两团，师部亦于本日由京水移驻东赵集。

最高当局，不时由武汉来电话询问决堤进度。本师政治部率同战地服务队男女同志，亦来花园口唱歌慰劳工作官兵，更觉兴奋。

十一时许，魏处长来代表商总司令慰劳本师官兵。目睹官兵勤奋，虽工作一昼一夜又半日，毫无倦容。当众宣布如于本夜十二点放水，总司令奖法币两千元；如明日午前六时完成，则奖一千元。并守着本师达成任务。

师长一面督工掘堤，一面电话派员放赈，以救济决口附近形（行）将被淹没之人民。

### 六月九日　星期四　晴　东赵集

堤质乃小石结成，非常坚硬，掘时颇吃力。经本师二、三两团及工兵连全体官兵与民兵数十人两昼夜之努力，一切果如预期，于午前八时放水。商总司令以本师官兵劳苦功高，能于短期内完成任务，当奖国币两千元。

当放水之瞬间，情绪紧张，悲壮凄惨。起始流速甚小，至午后一时许，水势骤猛，似万马奔腾。决口亦因水势之急而溃大。远望一片汪洋，京水镇以西、以北尽成泽国。预料不数日将波及若干县境也，心则痛焉。

此举本为阻止敌人，挽救全局，故不惜重大牺牲，以求最后胜利。本师完成任务，层峰格外嘉许。同仁闲谈之间，相谓破坏黄河铁桥于前，决黄河堤于后，本师实集破坏之大成。但无数小民之房屋财产已荡然无存。拯济之方，为我政府及全国同胞是赖也。

### 六月十日　星期五　雨　东赵集

晨起，天气阴暗。早餐后，浓云密布，骤然下雨，雨者竟日。此实利于决口之加强与阻止敌机械化部队之活动，庆得天时。

本师仍留步兵一营于花园口，继续扩张决口宽度，使黄河完全改道，东西交往，利用木船行之。

据报侵至平汉路新郑之敌，曾将新郑附近铁桥破坏一座。又沿陇海线开封西犯之敌，已攻占中牟县城。因我掘堤，纷纷回窜，状极狼狈，淹没者亦不在少数。

# 我乘黄泛退日军

刘庆云[※]

　　一九三八年春，奉河南省政府之命，长葛县组建了抗敌自卫团，县长马维轸（山西绛县人）兼任团长，军事教官程表（湖南人）任副团长。当时全县划分为三个区，共五十个联保。每个区成立一个区团，由区长兼任区团长，另设副区团长负实际责任；每四个联保成立一个中队。按三三编制，每个中队辖三个分队，每个分队辖三个班。凡年满十八岁至四十五岁的男子，除病残者外，都有当兵的义务。枪弹、伙食由各保供给，军官由县里委派。按规定，军官有少量津贴，士兵无薪饷，但大家的抗日热情仍然很高。

　　五月十二日，日军土肥原师团由山东菏泽以北的董口附近强渡黄河，十四日攻陷菏泽城，然后向豫东的兰封、考城一带急进，与我国军队在这一地区展开了激烈的战斗。这时，长葛县抗敌自卫团接到了准备出县作战的命令。为了进一步增强部队的战斗力，县长兼抗敌自卫团团长马维轸与绅商们研究后决定，委任在县内有一定号召力的陈秀峰（董村乡口王村人）为抗敌自卫团第一区团副区团长，由他率团出县作战，同时委任曾在冯玉祥部当过骑兵混成旅旅长的崔鸣山为前敌总指挥。

　　陈秀峰、崔鸣山上任后，即驻扎董村，整编全县团队，剔除老弱，挑选出精壮士兵一千余人。同时委任我为军需，郭奠五为副官。

　　五月二十九日，日军中岛今朝吾第十六师团攻占了豫东重镇商丘。其一部沿陇海铁路西进，配合土肥原贤二第十四师团于六月六日攻占开封，九日占中牟；主力连陷宁陵、睢县、杞县、通许、陈留（今已裁入

---

　　※　作者当时系长葛县抗敌自卫团军需。

开封县），于六月四日抵达尉氏、扶沟一线。该师团的挺进队约四百人，配炮四门，经尉氏、洧川（今已分别裁入尉氏、长葛二县）和长葛县境，进至新郑车站，炸毁车站以南铁路桥梁一孔，使平汉铁路一度中断。当这股日军途经我县马家寨、老官尚村时，遭到了我抗敌自卫团的袭击，六名日军被打死打伤。

六月九日，新编第八师蒋在珍部奉最高军事当局之命，在郑州东北的花园口掘开了黄河大堤。黄河滚滚浊流沿贾鲁河河道向东南奔腾而下，所过之处形成一片汪洋。十五日后，黄水已抵达尉氏、鄢陵、扶沟境内，将日军先头部队围困在黄泛区以西。此时，驻扎在附近的张自忠第五十九军、刘和鼎第三十九军、张测民第二十师等部乘机向被黄水围困的日军不断发起攻击，予敌以重创。

六月十八日下午，长葛县抗敌自卫团奉命以急行军速度开赴尉氏迎敌。陈秀峰、崔鸣山率领部队从董村出发，进入洧川县境，向东北方向搜索前进。我部抵达朱曲镇（今属尉氏）时，日军所放之火还在燃烧。崔鸣山判断日军尚未远去，即命令团队出北门追击。我们刚追出约四华里，就与日军交上了火。日军开了炮，崔鸣山指挥部队还击，同时派出部分兵力由宋宪彬、王晋昌率领，沿小路向日军侧翼迂回攻击，日军不支，向北败退。初战告捷，缴获轻机枪两挺、步枪十余支和一批辎重，官兵们的士气更加旺盛。崔鸣山以团队全系新兵，不宜夜战，下令停止追击，布置警戒，就地宿营。

十九日拂晓，我团队向东北方向前进，进入尉氏县境。此时，黄水由东向西泛滥，尉氏西部的低洼地已开始积水。被阻隔于泛西地区的一股日军占据着尉氏县城及其西南的门楼任，寄庄王、大苏、韩庄、冯村、五峰山一带。奉命到此围歼该敌的我军张测民第二十师、李英第二十四师第七十旅（旅长胡长青），已分别推进到洧川城北的岗吕、西王村、玉陈之线和尉氏西南的栗林、王村一带。我团队在门楼任附近的蔡家、文家村，与第二十四师取得了联系。该师官兵多系湖南人，几个月来在徐州及豫东地区的战斗中伤亡近半，在开封附近整补尚未完毕，即奉命南下阻敌。

二十日，我团队奉命配属胡长青旅作战，先后攻占了五峰山、冯村、韩庄、大苏，并多次击退日军的反攻，接着又开始进攻门楼任。占据该寨的日军有七百多人，配有炮十门、战马百余匹，凭借寨墙拼命抵抗。我军与敌激战两个多小时，伤亡严重。胡旅的一个排越过壕堤攻寨时，遭到日军暗堡内火力的猛烈射击，全部阵亡。我团队也伤亡了三名士兵。

当夜，从尉氏来援的日军攻占了大苏，企图与寨内日军夹击我军，我军只得暂停攻击，向西稍撤。

二十一日，我团队配合胡旅的一个营继续攻击门楼任，该旅的另一个营进攻寄庄王。因为天降大雨，战斗时打时停。一次战斗间歇时，我团队战士王锡林、李振邦看到南寨城上有一个露着半截身子的日军，就想冲上去夺枪。他们爬上壕堤举枪便打，才发现是个草人。这时，寨上的日军一齐开火，打得他俩趴在地上动弹不得。崔鸣山闻讯急忙跑出指挥所，调来两挺重机枪将日军火力压了下去，王、李二人才得以脱险。

由于门楼任及周围村庄的老百姓都已跑光，敌我双方都无法就地筹措给养。寨内日军尚可依靠宰杀战马和空投补给维持，我团队所带给养用完后只有挨饿。作为军需，眼看弟兄们断了炊，我心中非常焦急。我虽多次派人回县催送给养，但因连日大雨，道路泥泞，大车无法通行，仍无法及时补充。

二十二日，激战持续了一整天。此时，寄庄王已被我军攻占，但韩庄、冯村又陷敌手。二十三日上午，门楼任寨内的日军集中火力向我方阵地猛烈射击，我军官兵立即应战。约一个多小时后，寨内燃起大火，枪声逐渐停止。我团队与第二十四师部队立即冲进寨内，逐屋搜查，但未发现敌踪。不久，侦察人员回来报告说，日军已向东北方逃遁。胡旅长将寨子交给张测民师的一个团守卫，即率领所部及我团队撤离门楼任。

二十四日天一亮，退守大桥、大槐树的日军即向我军占领的栗林、水台等村庄猛烈炮击，并乘势反攻，占领了几个村庄。次日，我团队随胡旅收复了这些村庄。这时，黄水已泛滥至洧川东部地区，我团队只得绕道而行，于二十七日返回长葛。途中，我们两次与小股日军遭遇，并将其击溃。事后得知，张测民师于二十六日收复了尉氏县城，日军退往黄泛以东。

此次出县作战，我抗敌自卫团缴获了一大批枪支弹药和军用物资，仅马鞍子就拉了几大车。绝大部分战士手中的汉阳造、老套筒换成了日本"三八式"步枪，每个分队还配上了轻机枪。

# 第 三 章

## 豫南会战

# 豫南会战

※

自二十九年十一月敌在鄂中战斗失败后，三十年一月下旬又发动豫南攻势。此时我军守备正面，横亘鄂、皖、豫三省，自远安西南经荆门、钟祥北面沿大洪山南麓、桐柏山东麓、明港、皖北、豫东而至兰封，全长达四百余公里。在我正面之敌，约步兵七个半师团、独立骑兵一个旅团、独立战车三个联队、独立野战重炮一个联队，共计步兵十五万余、骑兵约八千五百余，炮五百五十余门、战车三百余辆、装甲车二百余辆，并集中空军于安阳、新乡、淮阳、信阳各地百余架。

敌自三十年一月上旬起，即由长江下游，向信阳附近输送弹药器材，并调集空军于信阳附近，不断向我后方侦察。一月十七日，华北空军亦向安阳基地集中，同时各地上部队，亦秘密向豫南集结。

一月二十三日晨，鄂省襄河两岸之敌第十八混成旅团、第三十九师团等部，先对我王、冯两集团进犯，企图牵制该方面之我军，以便向豫中会战。至集中豫南方面之敌军，计有下列各部：

一、第三师团全部，附第四师团第八联队，及水野战车部队，归第三师团长丰岛指挥，是为左翼兵团。

二、第十七师团（欠一联队）附第十五师团第六十七联队，及吉松楠濑等战车部队，归第十七师团长平林指挥，是为中央兵团。

三、第四十师团主力，归该师团长天谷指挥，是为右翼兵团。

以上三个兵团，统归圆部和一郎指挥，于一月二十四日起，开始向豫南北犯。

※ 作者当时系国民政府军事委员会参谋总长。

此外皖北豫东方面，另有敌骑兵第四旅团全部、附平战车联队为一路，由亳州向涡阳进犯；又有第二十一师团之太田联队，由宿州向西进犯；又有第三十五师团之汤口联队、小林联队，附太郎田工兵联队，及骑炮兵、战车、装甲车各一部，分别由开封、通许、朱仙镇沿着黄河以北向郑州北岸，并沿泛滥南下。以上各路，均为策应其豫南方面军之作战。

我统帅部事先综合诸般情报，判断豫南方面之敌，将集中主力沿平汉路北进，求我主力决战；皖北豫东之敌，将西犯以行策应。乃训令李司令长官，避免与敌正面决战，以一部于正面节节抵抗，牵制敌之主力，一部向敌后截断交通，主力由两翼向敌侧击而击破之。

李司令长官全般部署，悉遵统帅部指示，在平汉路正面，仅配置一师于西平附近，主力则伏于预期敌人进犯路线之两侧，纵长区分，保持机动，准备于敌人向汝南、郾城、舞阳分路北进时，向敌两侧及其背后机动围击而歼灭之。

因部署适切，各军均保持机动之有利态势，故作战之始终，均能予敌包围打击。

会战开始，敌于一月廿五日晨，分六路前进，计左翼三路向小林店、古城、查山攻击，中央一路向明港攻击，右翼二路向陡沟、淮河镇强渡淮河攻击，同时敌空军亦协同地面作战，对我各阵地线猛烈轰炸。二十六日敌攻至确山、邢店、高邑、泌阳之线，二十七日又攻至驻马店、沙河店、春水之线。

汝南附近及接官厅附近战斗。当敌进至驻马店、沙河店、春水之线时，我北方汤集团之李军主力，向上蔡附近机动，张军向象河关附近机动；孙集团之刘军，向象河关以南之敌人尾击，曹军由唐河向泌阳前进；冯集团之黄军向南阳前进。廿九日敌左翼各路在舞阳南方之接官厅、尚店、小史店附近，被我张军攻击，激战甚烈；其右翼两路于上蔡东南汝南附近，被我李军激烈攻击；中路敌军，沿平汉路及其西侧北进，因我军北撤，以致扑空。此时敌军最右、最左之两纵队，受我优势兵力打击，尤以接官厅附近之战斗，敌伤亡达三千余。至三十一日，敌乃变更部署，以第十五师团之一部，由遂平经上蔡左右旋回，企图与汝南北进敌军会合，对我李军南北夹击；其第十七师团主力，则由遂平、西平分两路向舞阳方面左旋回；第三师团主力，及第四师团一部，亦西向舞阳前进，企图由北向南夹击接官厅、尚店、小史店我张军。但我李、张两军于敌合围未成之先，李军主力已向商水、郾城间沙河以北地区转移，张军则向叶县以北地区转移；同时我豫西主力，刘、曹、黄各军，分由泌阳、唐河附近，向舞阳敌后围击；而皖西莫军，及游击队向正阳北进，并于二十九日克复正阳。敌因对我汤集团主力未获适于所期之地点，形成优势兵力，反以劣势兵力被我打击，其侧背又感受我刘、曹、黄各军之威胁，遂于二月二日夜开始南退。

南阳附近战斗。敌第三师团主力，以一部残置舞阳、保安寨牵制我张军，其主力由方城向南阳西窜。我张军向当面敌人猛攻，克复保安寨、舞阳后，即向方城敌后追击。二月三日，我黄军于南阳东侧沿白河之线防御，敌分路由南阳北侧大石桥向南阳、镇平间迂回。四日夜，敌陷南阳，我黄军乃转移于南阳西侧潦河西岸防御。是时我张军主力，已进出于方城向敌后攻击，曹军已向南阳南侧前进。六日拂晓，黄军向敌反攻，克南阳，敌向唐河东窜。

象河关附近战斗。当二月二日晚，敌以三师团主力窜南阳时，其第十七师团主力，及第十五师团、第四师团各一部，亦由舞阳经象河关向泌阳、唐河南窜，企图与南阳东窜敌人会合，夹击我刘、曹、陈各军。当其窜至象河关附近时，被我刘军猛烈截击，敌伤亡惨重，遗弃军品甚多。及窜至泌阳附近，又被我陈军迎头截击，敌伤亡甚重。至七日夜，敌被我四面围击，乃以一部沿唐、泌大道，主力沿桐柏、信阳大道，向信阳附近退却。我李军向泌阳东南追击，黄、曹两军各一部，及张、陈两军，向信阳附近追击。

皖北豫东战斗。皖北豫东之敌，为策应其豫南方面之会战，与豫南敌军进犯之同时（一月二十五日晨）分路西犯。一路为二十一师团之太田联队，由宿州向西进犯；另一路骑第四旅团附平战车联队，由亳州分三路向涡阳、山河集、双桥西犯，与我骑兵何军之马师，在什字河、倪丘集各附近激战；另一路为第三十五师团之汤口联队，由通许、朱仙镇向泛滥进犯，与我贺师激战；另一路为小林联队，则沿黄河郑州北岸西犯。此时安阳附近，敌空军亦不断出动，向周家口、郑州、郾城、叶县、襄城、舞阳、洛阳各城市，及我第一线轰炸。一月二十九日，敌进至三塔集附近，被我李军攻击伤亡甚重。淮阳附近之敌，乃向我左侧威胁。我何、李两军，遂退守阜阳、太和、界首之线。旋敌军以炮兵、战车，向太和、界首猛攻，五日相继失陷。六日晨，何、李两军向敌反攻，克复太和、界首，敌向东北退却。

战果。此次会战，自一月二十五日起至二月十日止，前后十七日，完全击溃来攻之敌，敌伤亡约九千余，由南阳退却时，曾焚毁汽车三百余辆，我缴获军品无算，伤亡较敌为小。

# 记豫南会战

李宗仁[※]

敌军在随、枣一带三度受挫，心仍不甘。三十年（一九四一年）一月中旬，合豫、鄂、皖各地敌军共约七个半师团，重炮一联队，战车三百辆，飞机百余架，在豫南集结，企图沿平汉路北犯，打通平汉路。一月二十五日，敌军自信阳、确山、驻马店等地，分六路向西进犯，与我军展开大规模的战斗。是为"豫南鄂北会战"。

敌军所用的战略，仍是以大兵团向我主力迂回包围的老套子。我对敌我战斗力估计甚为明白，断不与敌争一城一地的得失而中其圈套。凡敌包围尚未合围时，我便主动地转移，使敌扑空；然后自外围向敌反包围，敌军也唯有迅速躲避。

就这样，敌我双方数十万众，便在豫南平原大捉其迷藏，使敌疲于奔命。敌军徒有最优良的配备与训练，终莫奈我何，士气沮丧之极。我军得机即行反攻，足使敌军落胆。二月四日我军一度撤离南阳，敌军窜入之后，亦不敢守，六日即自南阳遁去。鄂北敌骑兵一度窜至离老河口仅三十里的地区。老河口虽只有一个特务营驻守，我谅他不敢前来。无奈参谋长王鸿韶为人谨慎，力主将长官部迁往襄河西岸暂避。我也认为此时没有与敌军玩"空城计"的必要，遂率长官部渡河。旋即迁回。是时敌军因已陷入我军包围圈，不敢恋战，南北两路一时俱退。豫南、鄂北之战，遂告胜利结束。

---

※ 作者当时系第五战区司令长官。

# 豫南会战经过

王鸿韶※

在豫南会战可以说是：充分证明了国军机动战与运动战的配合运用，彻底成功！

会战前，远在先年十二月间①，战区就接到上海方面，由东北开来敌约三四万的情报。当年元月十五日以后，就陆续地接到各方面增加敌人的情报，其中最重要的如：大江以南的敌人，十五、十六日陆续地由长江以南，经武昌向江北增；长江下游的敌船，连日满载敌兵及弹药向上游开。元月十八日，汉口方面已陆续增敌三万多，同时由信阳至汉口间火车，停售客票一星期。紧接着就发现广水、孝感以南，及鸡公山、广水间，各新到敌一师团。并且平汉南段，连日用列车运到很多的铁道材料等，诸种情报，纷至沓来！

当时战区以战略至当眼光，判断敌军主力进犯路线，一定在豫南方面，是以敌人在元月二十一日，开始先由荆、当方面，以独立第十八旅团及第十七师团一部，分五路发动的时候，战区绝不受狡猾的敌人的佯动助攻吸引牵制所欺骗，正确地指导我们河西部队，利用荆、当以北山地，与敌周旋，适时求隙而击歼之，毅然将主力集中于豫南方面，而准备打击北犯之敌人。

果然不出战区所料，信阳的敌人陆续增加，截至元月二十四日，已达三万七千多。因为敌河西牵制吸诱的目的，虽未能达到，而豫南方面，又不能不按既定日期出犯。

---

※　作者当时系第五战区司令长官部参谋长。
①　此系指一九四〇年十二月间。

敌二十四日开始向我进犯时，主力分三路，由信阳及其东西地区，向北进犯。同时皖北方面之淮阳、鹿邑、亳州一带的敌人，分两路向沈丘、太和南窜，以与豫南北上的敌人声援呼应。

战区对此次进犯的敌人，遵照最高统帅部的训令指示要旨，以节次诱敌，深入于我企图预期作战之有利地区（淮河以北、西平以南附近地区），一举而围歼指导，将大军巧妙地布置于桐柏、泌阳、象河关以西地区以及罗山、正阳、上蔡以东地区，并以有力部队，埋伏于西平附近，俨然形成一个"口袋阵"。另外以一部在长台关附近，节节向北吸诱敌人。同时编组了很多小支队，分别由西向东，由东向西，逐段地侧创袭扰他。在正面诱敌的部队，节节与敌保持接触，避免决战。而侧面袭击的部队，消耗疲惫敌人，以机动战与运动战互相配合。施行这种退避诱敌的作战法，所以最初敌人的突进相当得快，到元月三十一日，他的先期就到达保安寨、舞阳、西平、上蔡这一条线上，这是我们诱敌战法的一种策略运用，无足惊奇的。敌军到元月三十一日这天，确已相当疲惫了，刚合孙子兵法上所谓"先处战地而待敌者逸，后处战地而趋敌者劳"的原则。

元月三十一日后，我们判断敌人深入到西平附近，扑了一个空，一定要张皇失措，联络越延长，后方补给越困难。四面楚歌、风声鹤唳的敌人，到这个时候，恐要受损而回的。当时我们预先在桐柏、正阳附近，埋伏了两个生力军，准备截击回窜的敌人，然后以泌阳、象河关、保安寨，以及西平以西、汝南附近的大军，运用外线作战的要领，分进合击，向深入的敌人，施以战略包围。

激战到二月二日，深入的敌人，经我汤总司令所部的迎面痛击全部受创，狼奔豕突地分路向南回窜，复经我分段截击，遗尸遍野，其左路的敌人，差不多有五六千，由保安寨附近，向西南流窜。二月三日，经方城奔南阳。这时我十三军主力，经方城向西南跟追，并调五五五军西进围击。到二月四日，敌与我南阳附近的主力军遭遇，整日激战，伤亡均重。这时孙副长官鉴于南阳一带平原，无险可据，于四日午后毅然将五五九军转移南阳以西地区，运用机动，以待合围部队到达。嗣于五日夜间十二点钟，孙副长官督率黄维纲的一部，直袭南阳。骄惰的敌人，一部尚在梦中，警戒的疏忽，以至于此。英勇的五五九军官兵，挥动大刀刺刀，斩杀敌兵千余人。余敌夺路向东南逃窜，主力经唐河、泌阳向信阳回窜。一部经平氏、桐柏遭我埋伏于桐柏以西的二十九军截击（在二月九日那天，我陈大庆军在尚店、鸿×河、胡家店、×庙、老虎庙、

××一带，一日六次截击)①，全部溃散，遗弃满山遍野的尸骸及辎重、行李、车辆等，其狼狈溃乱情形，实非笔墨所能形容。

由舞阳、西平分路南窜的敌人，又遭我象河关、桐柏、正阳一带部队的节节截断，斩获很多。至此豫南会战，我已获得全部胜利，总计歼敌万余，俘虏二十余名，击落敌机六架，焚毁敌军车二百余辆，及其他军用武器等甚多。

根据此次会战经验，敌军的战斗力量，较之以前确已减弱太多。在南阳、方城一带，捕住俘虏，均着单衣，手面皆黑，形容枯槁，当我审讯时，渠皆痛哭流涕，战斗意志之低降，至于此亟。今后致敌与无机械化部队（尤其空军）配属，仅以步兵与我展野战，其战斗能力，当远逊于我了。

---

① 据《第三十一集团军豫南会战战斗详报》，二月九日，日军在尚店、鸿仪河、胡家店、固庙、老虎庙、桐柏等处遭陈大庆第二十九军伏击。

# 回忆豫南会战

宋聿修[※]

一九四一年元月，信阳方面的敌人发动攻势，使用的兵力约有一个师团左右。首先沿铁路北进，在西平、漯河、舞阳、叶县一带，与汤恩伯集团军发生了激战，将汤集团部署打乱之后，转而经方城向南阳进犯。当时第三十军仍在枣阳一带，第六十八军仍在泌阳以东地区，调回已来不及。孙连仲乃商得第五战区长官部的同意，急调在邓县整训的第五十九军（属第三十三集团军）到南阳增援。长官部并由老河口调来独立炮兵第十六团，配属第五十九军作战。待第五十九军开到南阳时，敌人主力由大石桥渡过白河，继续南进。军长黄维纲向孙连仲请示作战计划，孙指示他以主力在南阳以北的蒲山至紫山之线占领阵地，在炮兵支援下，给来犯之敌以迎头痛击。当晚第五十九军即展开于阵地线上，构筑工事。次日上午敌人开始进攻，战斗甚为激烈，炮兵第十六团也发挥了威力，使敌人遭受重大损失。战斗竟日，敌人未能得逞。翌日，敌人继续进攻，第五十九军仍顽强抵抗。下午敌人集中强大兵力，从紫山以西向我左翼包围攻击，黄维纲以态势不利，乃于夜晚撤至南阳以西的王村铺一带，南阳被敌侵占。第二集团军总部也撤到内乡。这时接到汤恩伯来电，说敌人全部转向南阳方面，他已派队尾追。接到这个电报后，孙连仲偕同我连夜赶到第五十九军军部，与军长黄维纲、参谋长翟紫封共同研究，认为敌人长途转战，已十分疲劳，后方又有追兵，决不会在南阳久停。于是决定由第五十九军派出一个步兵团，于次日拂晓对南阳县城进行试探性攻击。该团进至南阳附近时，只听到城郊有稀疏的枪声，判断敌人

※ 作者当时系第二集团军总司令部参谋处处长。

主力已经撤走,该团乃攻入城内,并俘获了未及退走的伤病日军士兵十余人。第五十九军受到司令长官部及军事委员会传令嘉奖。以后还把这十几个俘虏押送到各部队,让官兵们都看看,借以鼓舞士气。

从此次战役之后,一直到一九四三年初孙连仲离开第二集团军,中原战场的情况基本上是平静的,双方都没有采取大规模的行动。

# 第十三军参加豫南会战

任景周[※]

一九四一年元月下旬，信阳日军突然向第十三军大举进攻。汤恩伯接到驻马店情报站紧急报告，说信阳日军向北进犯，以为日军要打漯河，后来发现日军主力经驻马店向西窜犯，他就赶回叶县，指挥豫南战役。

汤恩伯依据他最初判断，为保住漯河要冲，立即电令第十三军准备迎敌，令驻舞阳第一一〇师师长吴绍周派一个团星夜开往遂平之嵖岈山，师主力赶开西平，拒止日军北犯。当吴绍周到达西平之后，汤恩伯来电报说日军主力有窜扰豫西之企图，令第一一〇师归还建制，占领舞阳西南尚店，阻击日军窜犯舞阳县城，第十三军军长张雪中已赴舞阳指挥全军之作战。

张雪中的作战指导计划是，派第八十九师（师长舒荣）占领泌阳、象河关（该地扼舞阳、方城要冲）为第一线，新编第一师（师长蔡荣）占领方城东南某地（忘记地名），第一一〇师占领尚店为第二线。但派往嵖岈山之第三二九团直到战斗发生时，尚未归还。吴绍周到尚店即与象河关联络，得知日军已迫近第八十九师，汤又按过去习惯叫吴绍周指挥舒荣。吴考虑第八十九师位置突出，距离第二线阵地有四五十里，便通知第八十九师于受优势敌人压迫时，可撤退至第一一〇师尚店阵地西端占领阵地，共同阻止日军进犯。但舒荣在象河关与敌一接触就败退下来，没有接受吴绍周的意见，这一来第一一〇师就感到势孤力弱了。日军万余人于驱逐象河关我守军后，继续进犯，迫近尚店第一一〇师阵地。二月某日晨，敌机八架（全日分三批计二十四架次）开始轰炸我第三二八

---

※　作者当时系第十三军第一一〇师参谋长。

团尚店阵地，继以炮火猛击，步兵突击，打到下午三时，阵地被敌突破，全线动摇，迫击炮营、战防炮连先退却，步兵也纷乱地后退。吴绍周急令第三三〇团团长陈钦文堵击沿着公路蜂拥而来的大股敌人。陈钦文为与日军争夺将军墓高地，亲率队伍仰攻，至山腹时，被先机占领山头的日军密集炮火制压，伤亡很大。陈本人身着一套灰蓝色棉卡叽军服，目标显然是个指挥官，为敌狙击手所击中，身中数枪阵亡，引起部队混乱，阻击日军失败了。这时候，日军地面部队横冲直撞，敌机低飞扫射，吴绍周认为已无法挽救战局，即下令撤退。我们当即向卸甲店退却。日军每到一地，即纵火烧房子，以示联络到达位置。当我通过公路线时，遥见舞阳城内火光烛天，虽值黑夜，凡是起火处都是日军烧杀所在处，当时方城、舞阳间的保安寨被烧得片瓦无存。汤恩伯即令张雪中收容各师集中方城，向窜陷南阳之敌追击。日军扫荡目的已达，即折经唐河，回窜信阳。第十三军以第一一〇师为先头，到南阳之大石桥，得知上述情况，即取捷径直趋唐河，向敌追击。该师一直尾随日军至桐柏山麓，与敌后卫部队接触，敌人退回信阳，敌我即告脱离。豫南战役第十三军第一一〇师在尚店伤亡团长以下官兵三百多人，战死者占三分之二。

# 泌阳山区对日阻击战

王炎升<sup>※</sup>

　　一九四〇年，我任河南邓县国民兵团中校副团长，十二月底调任泌阳县国民兵团副团长。这时，日军为了扫除平汉铁路两侧的军事障碍，乃发动冬季攻势，对豫南进行"扫荡"①。

　　一九四一年元月，我刚到泌阳接事，县长陈沂对我说："现在战事紧张，传说日军有进攻泌阳企图。我们赶紧把团队整顿好，万一日军侵来，也可抵抗一下。"在这种情况下，我匆匆办好接收手续，立即召集所有团队干部开会，令其提高警惕，加强巡逻，听候指挥。

　　逾日，我和陈沂县长忽接驻军第六十八军军长刘汝明的电话，命即刻到军部议事。至则刘军长告诉我们说："日军大股来犯，战事即将开始，我军为避免在平原地区与日军作战，决定扼守泌阳县北象河关、桃花店一带山区，与日军决战。你们可率领县属武装力量，配合我军作战，听从指挥，免遭无谓牺牲。"

　　我们得到刘军长指示，于当天下午把县城内所有居民一律疏散出城，又将城内六百余人枪集合起来，向城北出发。晚上，到达城北三十余里的一个村庄。时天气寒冷，不见月光，村中百姓早已逃避一空，乡、保、甲长也都走了。士兵们因天黑路远，欲在该村借锅灶做饭，俟天明时再走。谁知老百姓已把炊具带走，不能做饭。我带了几个干部到村外巡视一周，只见天黑风厉，四面无人，时闻远处隐隐约约有犬吠声。回队后，

---

　　※　作者当时系泌阳县国民兵团副团长。
　　①　据《中国事变陆军作战史》，一九四一年一月，日军发动豫南作战的目的是击败进入信阳以北豫南平原的汤恩伯部，摧毁其抗战企图。

我集合中队长们说："即刻拔队起程，天明到达北山，不得迟误。"说罢，队伍就动身北进了。在黑夜中，一时找不到向导，幸喜士兵中有本地人，尚不十分陌生。就这样，跋山涉水，摸索前进，黎明时到达了指定地点，和陈沂县长所带的公安警察会合。到此后，听群众报告说："你们昨晚出发不到数里，日军就赶到村中，大肆搜索。你们如果稍慢一点，就被日本鬼子捂着了（即遭受敌人突然袭击）。"

我们在山区东边的村庄里休息半日。下午，接到刘汝明军长的命令，要求把县里的武力组织起来，由我率领，带到阵地东北面，守住一个山头，有情况时和他的某团李营长联系。我接到命令，即刻带着县属自卫队的四个中队进入阵地；并命令中队长倪尚文、翁仲先等分头构筑工事，准备应战。

泌阳北部山区，地势颇为险要。我们所守阵地，中央有一块小盆地，四面都是山，东西南北各约三四里远，唯东南方有一条小路，可通过人马。南山北坡下，有一座独立的小庙，为群众祭山神所在，刘汝明军长的指挥部就设在庙内。第六十八军原系西北军冯玉祥的老底子。刘军长有相当好的作战经验，这时他孤军被围，有与敌人决一死战的决心。当他得知日军倾巢来犯，"扫荡"豫南时，立即掌握战机，把部队预先部署停当，准备给日军一次沉重的打击。

当夜无动静。次日清晨，三五架敌机轮番在头顶上轰鸣飞翔，并在四山投掷炸弹，这是敌机对我军阵地作侦察。刘军不时以高射武器还击。直到太阳快落时，敌机才逸去。夜间仍甚寂静。

第三日拂晓，大战开始。日军向我军发动猛攻，首先用飞机轰炸，十架、二十架、三十架，最后是四五十架，轮番向我军扫射，并向我军阵地投掷炸弹。敌机发现山坡下的山神庙后，也向小庙投掷炸弹，因目标小，没有命中。七八点钟，炮战开始。敌人用大炮从南面向北面轰击，一连数十发炮弹落在小盆地中。但见火光闪烁，石土飞扬。我正通知弟兄们在山坡工事中隐蔽时，忽然飞来三颗炮弹，落在我面前二三公尺处，把地炸了个一二尺深的大坑。午刻，飞机、大炮、机关枪、步枪、手榴弹声响成一片，弹落如霰。这是敌人在发动全面进攻。我军勇猛沉着，以逸待劳，奋力阻击。直到下午四时许，敌人终未能越雷池一步。日军攻势渐渐减弱。

当日军进攻剧烈的时候，刘汝明军长在山神庙中以电话指挥部队，身旁只留通讯员三人。虽有敌机扫射，但他不慌不忙。

傍晚，大炮又响了几阵，夜里却非常沉寂。我们估计敌人在次日凌晨必将会发动一次猛烈进攻。谁知天明时喜讯传来，军部通知说，日军已全部撤退了。

日军撤退后，我与陈沂县长到战地巡视。我们来到羊册，召集群众开会，群众纷纷讲述耳闻目睹的华山战斗经过。

华山是泌阳西北羊册区附近的一座不大的圆顶独立山，山顶筑有一道圆形的短墙，系旧日群众躲避盗匪的山寨，墙虽不高，但在作战时可利用它掩蔽身体，做火器的依托。这次敌人进攻羊册，我军仅有一个连扼守山顶。日军恃强而骄，以步、骑兵数百人向山上猛攻，企图拿下山头。他们从四面八方蚁附而进，我守军沉着应战，敌人远时，一枪不发，及至敌人接近寨垣，连长一声令下，轻重机枪、步枪、掷弹筒、手榴弹齐发，把敌人打得人仰马翻，尸体横陈山坡。敌人纠合残部，调整进攻部署，再次发起猛烈进攻。我军如法阻击，敌复大败。如是三进三挫，敌人死伤惨重，无力再行进攻，乃收尸体用火焚烧。其伤重不能行走的，亦悉数投入火中烧死。

日军败退后，华山脚下遗弃的高腰马靴、大皮鞋、作战地图、护身符、各种小佛以及写有"武运长久"并签满亲友名字的太阳旗等物品甚多。

从战地到县城，一路上我看到敌人到过的地方，尽是断壁残垣，一片萧条。泌阳城内景象更惨：县政府及各机关房屋均被日军焚毁了，县民团团部也成焦土，只剩下几间房子，县城西门和城墙也被大炮摧毁①。

---

① 据《左集团豫南战役战斗详报》，豫南会战期间，泌阳县境内的战斗主要有两次。第一次是日军由南向北进攻，一月二十七日攻占县城，二十九日进入方城、舞阳。第二次是二月四日起，日军由北向南回窜，五日由舞阳猛攻羊册一带，战斗中刘汝明军夺取了华山日军炮兵阵地，击毙敌炮兵指挥官法岛少佐以下数十人。激战至二月九日午，刘军收复泌阳城。

# 第 四 章
# 郑州战役

# 郑州战役回忆

孟宪尊[※]

　　一九四〇年冬，我毕业于陆军大学第十六期，应第三集团军总司令孙桐萱的邀请，由重庆乘总部派去的汽车经西安、洛阳到达郑州该集团军总部，任参谋处作战科科长。孙桐萱为了使我与上下各方面的联系方便，并给我以少将高级参谋的军衔。

　　第三集团军由孙桐萱任总司令，曹福林任副总司令。共辖两个军，即第十二军和第五十五军，孙桐萱兼第十二军军长，曹福林兼第五十五军军长。总司令部直属单位有 240 毫米重迫击炮兵团、山炮营、工兵营、辎重营、特务营、侦察连，还有两个补充团。总司令部率第十二军担任新黄河泛滥区的河防任务，北起花园口，经中牟、尉氏、鄢陵、扶沟，南至周家口，沿河弯曲约有三百公里的正面防务，与日军隔河对峙。当时的形势是：

　　日军占领新乡、开封、商丘一带，不时以机械化部队掩护步兵部队，窜扰我豫东皖北一带；新四军在蒙城、涡阳、永城、夏邑一带游击；我军右翼为何柱国骑兵军，左翼为孙蔚如部的赵寿山军。

　　我集团军（欠五十五军）以持久防御之目的沿花园口、中牟、尉氏、扶沟、西华、周家口黄泛区一带占领阵地，拒敌于黄泛以东地区。以两个师在第一线占领阵地；以一个师为机动布防，位置于新郑县附近，并适时以主力或一部渡过黄河到豫东一带地区执行游击任务；总司令部及直属部队，位置于郑州附近地区。

　　另一方面，当时我方一些情报机关，每日派出大批情报人员，过河

---

刺探敌情。第三集团军、各战区（第一、第五、第八战区）长官部及重庆统帅部每日早晚都要"敌情及黄河水位与流速"的报告。那时内地工业品奇缺，连人民生活必需品如食盐等，也必须由对岸敌占区运来。情报人员为了工作便利，就以"跑生意"为掩护，回来时都带些货物。河两岸物价差额甚大，一来一往即可赚到不少的钱，成为"发财"的好路子。军统局、指挥机关、游击队、战地服务队等等，都巧立名目，在河口设立办事处、联络处等，都以派人过河"搜集情报"为名，实际上干走私行当。特别是汤恩伯副长官部①在临泉指挥部由周口、界首与汪伪的走私，是公开的秘密。所有这些情况，给担任河防的部队造成极大的麻烦，既要防止敌人混入，又可能得罪有关上级机关和友军的关系。以所谓杂牌部队（原西北军）的孙桐萱部对待这些问题，煞费苦心。

## 郑州作战

日军以步兵一个混成旅团，内附有骑兵部队和机械化联队约万余人，并配属空军部队，于一九四一年十月三日夜，由开封方面突然进犯我郑州河防。其主力由中牟，一部自花园门，在炮火掩护下，强渡黄泛区进犯②。

先是敌军由中牟偷渡黄泛区。我第二十二师某连守兵发现情况曾立即报告连、营部，而该连、营长以为是"奸民走贩私货"，未加重视，并未即刻采取紧急的有力措施。时近午夜，敌军登陆已多，该驻守连始行应战。但敌军偷袭登陆者，以枪炮猛烈轰击，我少数驻防部队伤亡殆尽。此时营、团、师部均已闻枪炮声，知敌已过河，开始向枪声紧密处调集队伍阻击。当时敌以主力来犯，而我以薄弱之步兵在正面防守，敌犹如以尖刀突薄纸，当然一突即破。我第一线在拂晓时已被突破。我第二线部队即沿第二线阵地阻止敌人西进。敌后续部队在炮火掩护下向我阵地左右扩张。

这时我在孙总司令办公室，即以电话询问第二十师师长周遵时与第二十二师师长张测民战情，均回答说第一线正在与敌激战，但第一线电

---

① 据《中华民国时期军政职官志》，汤恩伯于一九四二年一月十四日任第一战区副司令长官。

② 据第三集团军郑州战役战报，十月二日凌晨三时至三时三十分，日军先后由中牟界马、郑州琵琶陈强渡黄河。另据《中国事变陆军作战史》，日军渡河的时间亦为十月二日拂晓前。

话已不通了，想是与敌人肉搏，正派兵支援第一线，并侦知其真实情况。孙桐萱当即命第二十师与第二十二师应竭尽全力阻止敌人扩张前进，不得已时即退守早已准备的第二线阻敌西进，待第八十一师到达增援。又以电话命令第八十一师师长贺粹之迅速由新郑沿新郑、郑州大道急来郑州以东地区增援第二十二师及第二十师。又令重迫击炮团迅速就郑州以东预定阵地向中牟方面来窜之敌准备火力迎击；山炮营进入阵地对花园口之敌准备火力射击。又令步兵第一、第二补充团迅速至预定的包围郑州的阵地待命。并将当时情况与处置，报告第一战区司令长官部，同时要求另派部队接替尉氏以南防务，以便集中力量抗击登陆之敌。同时又将上述情况分别电告左右翼邻军及有关方面，并通知河南省第一区行政督察专员杨一峰。

部署完毕后，天已明亮，有敌机向郑州总部轰炸。总部即移到预设的掩蔽部（即防空壕）内以电话及无线电指挥。这时敌炮火更加猛烈，郑州城内百姓虽很恐惧，但还不乱，向后方撤走的也很守秩序。

十月四日，我第二十师及第二十二师，一面沿黄泛区集结兵力，一面竭力阻止敌人西犯。在敌人步、炮兵猛烈的火力下，我守军在每个据点的争夺中都能不顾在敌机枪与炮火下的伤亡，以短兵相接。在肉搏时，一些未撤走的村民也持劈刀、斧头参加对敌搏斗，士气振奋，这样苦战了一天，使敌人无所进展。

至下午六时，第八十一师赶到郑州附近。师长一面报告总部，一面部署部队接第二十二师的一部分阵地，主力沿贾鲁河旧沿岸占领阵地，阻止敌军前进。

是日晚，我和总司令孙桐萱乘月夜至第八十一师师部，由孙当面将敌我情况向贺师长讲清楚，说明对岸敌炮火甚烈，明日拂晓可能以主力向你师进攻，须严加防范，要求他们提高士气，艰苦作战，任何困难也要克服，发挥冯先生教导的艰苦奋斗的优良传统。第八十一师的官兵听到总司令到前线慰问，大为振奋，虽经过一日急行军仍不顾困乏，当夜奋力挖掘战壕。

十月五日拂晓，敌在其猛烈炮火与飞机的掩护下，向我军阵地发起进攻，幸我第一线部队经过调整，各师的团、营以猛烈的火力阻止敌军前进。第八十一师在第二线占领阵地，对前进之敌予以有力打击。

但来犯之敌在步、炮、飞机协同下向装备极其劣势的我第二十师和第二十二师不断猛烈进攻，致我军感到坚守困难，迫使我第二十师向京水镇方向、第二十二师逐次向郑庵附近转移阵地。

我第八十一师在沿贾鲁河新堤一线，利用有利地形阻止敌主力前进，战斗极为激烈。尤其在大花庄西北、李庄以东与敌隔河激战，更为壮烈。我坚守大花庄桥头之吴营长指挥所部毙敌逾百人后，白刃相接，该营长负伤，腹破肠拖，仍与其连长夺回机枪一挺，毙敌二三人，最后战死于桥下。似这种浴血战斗的例子很多，事后百姓缅怀英烈，广为传颂。当时不但我方军人战斗中奋不顾身，附近民众在激战中亦大力相助，如北李庄农民用大铡刀、铁叉与敌肉搏，迫使敌人不得过桥。午后，有零股敌军向桥东南五里许之小孟庄、枣园等村进攻，防守该村的第二十二师的两个连由于敌步、炮、飞机联合作战，不支败退。敌越过贾鲁河堤，由小孟庄、南李庄、小花庄，占据磨台岗，向北包围北李庄。由于桥头血战有村民助战，敌人死伤惨重，日军进入北李庄后，即行报复，火施凶暴，村人不及逃避者，男女老幼全遭杀戮；复放火大烧，全村房舍都付之一炬！

## 主动放弃郑州

与日军激战数日，既未能阻敌于黄河（黄泛区）以东地区，而敌军主力又渡过黄泛区迫近郑州。郑州以东地区，地形开阔平坦，不利于我军防守，反利于敌之机械化与步、炮、飞机协同作战。我既无飞机又无有力炮火，除仅有重迫击炮团及山炮营外（均系曲射炮火，对进攻敌军效力很小），别无得力火力阻击敌人，而处于挨打的地位。五日起敌时以远射程炮火和飞机轰炸郑州城内外。为了调整作战力量争取主动，孙桐萱主张暂时放弃郑州，撤至郑州以南、东南及西南密县之嵩山山麓，这里地形荫蔽，天然沟渠纵横，利于我之防守而不利敌之机械化的活动。我重新调整部署，可与敌保持对峙的局面，以逸待劳，打击敌之有生力量后待机反攻。

孙桐萱持此理由，一再请示第一战区司令长官批准后，于五日下午通知有关银行、机关撤离郑州，并拆卸火力发电厂主要部分，凡有可能被敌利用之场所，均行有计划地破坏或运走，决不资敌。市民凡能走动者均向郑州以西山区亲朋处暂避敌势，由专员公署同县政府做有秩序之撤退。

命令兵站支部，将多余之粮弹即行撤到密县附近；辎重兵将总部的械弹粮秣向密县以东曲梁镇附近运送；各师伤病员由各部队送至后方医院；第二十师、第八十一师由郑州沿荥阳公路送至后方医院；第二十二师沿郑州、密县公路后送。一路注意隐蔽。

命令第二十师于黄昏后逐次撤至郑州迤南十八里河附近，面向郑州方向占领阵地；第二十二师于黄昏后逐次撤至十八里河迤南至张庄街之线占领阵地，注意掩护军之右翼；第八十一师于黄昏后撤至郑州西南黄岗寺附近，确保军之左翼。各师到达指定地后即行构筑工事，待机反攻。总司令部由郑州转移到密县以东曲梁镇附近。

命令下达后，并分电第一战区司令长官部及第五战区司令长官部，以及有关友军得知。

五日夜，各师、团均按总司令的命令执行有计划地撤退，并到达指定之线占领有利地形①，正在积极构筑防御工事之际，不料第十三军（汤恩伯副长官第三十一集团军的军队）忽然在登封（洛阳东南、郑州西南）南北之线占领阵地，扬言："孙桐萱部队抗战不力，将郑州丢掉了。我军从洛阳以东沿登封一线布防，严防孙部的退却，如再退就要解决它！"汤并以战区副司令长官的地位令所部截留由第一战区供给部队的物资，甚至有些因公去洛阳的第三集团军的军佐人员也在途中被扣留。

大敌当前，后面的"友军"不但不协力打击敌人，反在背后来此一手，怎不令人痛心！孙桐萱即将上述情况，由电话报告第一战区司令长官部郭寄峤参谋长，请其转告卫立煌长官。

## 密县会议

第一战区司令长官卫立煌了解以上情况后，即电我总部略事准备，于十月七日晚在密县召开会议。那日黄昏，我随同孙桐萱到密县第八十五军第一一〇师师部。会议由卫立煌主持。参加会议的还有：汤恩伯副司令长官、长官部的温副参谋长、第八十五军副军长兼第一一〇师师长吴绍周、副师长廖运周等人。

首先由卫立煌说明开会的目的。继由第三集团军总司令孙桐萱报告情况，然后大家共同研究如何消灭敌人、收复郑州。我已将敌我情况及战斗经过要图挂在会议厅上，孙桐萱总司令按图把敌情及战斗经过作了详细报告，并指出：当前河防既被突破，郑州及其迤东地形均系平原，不利我守势作战，不如郑州西南嵩山麓下地形隐蔽，且有天然深沟纵横，利于我守，相反不利于机械化部队的活动。故决心主动暂时放弃郑州，

---

① 据《中国事变陆军作战史》及第三集团军战报，郑州于十月四日被日军攻占。

撤至郑州以南、以西张庄街、十八里河、黄岗寺、须水之线，与敌保持对峙，日夜以逸待劳，坚守阵地以火力杀伤敌有生力量，夜间以敢死队游击敌之后方以断其补给。如此消耗来犯之敌，相机收复郑州。报告刚完，汤恩伯副长官对孙说："有人说：你的第二十二师某连长出卖黄泛河口，敌人才轻而易举地渡过黄泛区的！"

当时孙桐萱也豁出去了，他接着说："副长官不能听信敌人的挑拨离间的宣传，所谓某连长，我敢说第十二军中连长以上我是多数认识的，有的都能知其是某某地方的人（这是冯玉祥副委员长①的好传统）。如果真有人出卖河防，只要说出姓名，除战死者外，我立即把他抓来，以军法从事。"这时，卫立煌立即插言说："我们今天大敌当前，应该讨论今后作战方案，不是来听谣传的。好！孙总司令你们今后作何打算？怎么办？有什么把握？还有什么困难需要我们替你解决的？"

孙说："我们初步计划是：利用有利地形构筑阵地，各师以主力坚守阵地。敌来攻时，以逸待劳，充分利用严密火力，消灭其有生力量于阵地前。敌人夜间不敢出，我利用敌人这个弱点，每师组织三个敢死队，每队约百人，以轻便武器轮流至敌后袭击，或游击敌人，使敌疲于应付，相机反攻郑州，不收复郑州决不罢休。"

密县会议后，我随孙桐萱连夜返回曲梁镇总部，即召集各师长及主要团长开会。孙将密县会议情况概略传达后，提出：大敌当前，唯一的出路是各师、团提高士气，加强团结，大家齐心合力，把部队整顿好，爱护民众，军民结成一条心。只要积极抗日，消灭当面敌人，收复郑州，这样，我们即使部队牺牲光了，我孙桐萱本人牺牲了，也留得个抗日英雄，千古传名。希望各部队全体战士下定为国牺牲的决心，除此之外别无出路。

经过动员，全军的斗志陡然提高，各师主力坚守阵地，以逸待劳，猛力打击来犯之敌。各师又组织了三个敢死队，轮流每夜袭击敌人。其余主力，坚守阵地，以逸待劳，猛力打击来犯之敌，这样二十余日来，使敌人疲于奔命，损失甚大。

## 克复郑州

分渡新旧黄河窜踞中牟—郑州—旧荥泽县之敌，曾数度分向张庄街（中牟西南）、十八里河（郑州南）、黄岗寺（郑州西南）、须水镇（郑州

---

① 一九三八年一月，国民政府军事委员会改组，冯玉祥任委员。

西）、广武（郑州西北）等地进犯，均为我守军以逸待劳予以击退。我军复不断向窜踞各该处之敌夜袭反攻，均予敌以重创。

十月三十一日上午八时，敌复纠集步、炮、机械化及骑兵部队万余，由中牟、郑州、旧荥泽县，分股向张庄街、南曹、十八里河、黄岗寺、须水镇、石佛之线猛攻。我军各师各对当面之敌，奋勇迎击，激战至当日晚十时许，进犯张庄街、南曹、十八里河、黄岗寺、须水镇、石佛各股敌人均不支后退。郑州之敌亦被迫向京水镇（郑州东北）方向撤退。孙桐萱根据各方面战情判断：收复郑州的时机已到。随令各部队咬住敌人不放，向郑州大举反攻。于当夜十二时完全收复郑州。

兹将上述战斗中的主要情节回忆如下：

是日敌军以主力进攻黄岗寺我守军第八十一师。日军开始向我军以飞机轰炸和炮击，掩护其步兵数千人向我守军猛攻。但在我强大火力网前，敌屡遭顿挫，直至黄昏才接近阵地前沿，约数百名敌人强攻进入黄岗寺寨内与我寨内第二四一团第一营发生巷战，展开肉搏。师长贺粹之亲率手枪连赴前线督战，除令该团长刘本传加强信心坚守外，并命第二四二团前来黄岗寺增援。继而得知寨内顽敌已被我尽歼（我寨内营长董万选也受重伤，官兵伤亡百余），并闻寨外敌人受重创，即急令第二四三团由黄岗寺迤北乘势大举出击反攻。在黄岗寺北门外当场击毙日军大佐小林联队长及其以下官兵百余名。

贺师长从获得小林袋囊中的文件和地图的标示上，确知敌总指挥为鲤登少将，其指挥所设在花园口以南之独立大庙内。他即时将这情况报告孙桐萱。

第二十师方面于三十一日黄昏时，见当面敌火力渐弱，似有退却模样，当即按总司令指示咬住敌人，决心以师预备队的第六十团即行出击。该团于当晚十时许由团长孙得祯率领先头部队尾追敌人攻入郑州南门，一部入陇海花园内进行奋战，少数敌人向东门逃窜。这时第二十师主力已攻入郑州城内，正在肃清城内残敌。

第二十二师追击残敌至郑州南门外，敌骑兵数队便向中牟方向逃窜。

孙桐萱得知各方情况后，随即命令第二十师全部兵力确保郑州；第二十二师与窜向中牟之敌保持接触；第八十一师即与郑州以北敌人保持接触并注意敌人动向。

孙桐萱进入郑州，即以电话报告第一战区卫立煌长官：我军于十月三十一日深夜克复郑州，正向当面之敌侦察搜索追击中。当夜十二时，又以电报报告重庆统帅部。

## 追击战果

敌人主力部队和骑兵部队，由郑州向中牟方向撤退，以一部向花园口方向撤退。

孙总司令遂决心以第二十师主力固守郑州，以一部向郑州以东渡口追击。

第二十二师即向中牟之敌追击并攻占中牟县及其渡口。

第八十一师即向京水、花园口之敌追击。

十一月一日中牟方面敌人被迫放弃黄泛各渡口，固守中牟县城顽抗。

第八十一师向花园口方面追击顺利。是日正午敌飞机数架低空飞行，并发出怪声鸣响。我军以为敌机将投弹轰炸，故均作掩蔽队形。谁料敌机忽而升高、忽而降低，并向大庙附近投下通信筒，被我第八十一师获得，内装有鲤登指挥部逃到开封的少佐参谋（忘记名字）给鲤登指示逃走路线的简略要图一纸，并注明将竭尽所能，抢救鲤登脱险。因此我第八十一师除一面报告孙桐萱外，一面按其逃窜方向沿途设下埋伏。

孙桐萱得知此情报后，他一方面报告卫长官，一方面即转马北向，指挥所暂由我以少将高参名义代理指挥事宜。这时汤恩伯即派第一一○师副师长廖运周率领该师归第三集团军指挥。总部即拨指挥所指挥。我即向廖副师长通报了上述情况，即着第一一○师协同第二十二师向中牟县城围攻，第二十二师担任中牟东、北门的围攻，第一一○师担任西、南门的围攻。指挥所位置在小李庄。

第八十一师方面，已确知敌指挥官鲤登少将没逃掉，被围困在黄河三角地。那天风力特大，使黄泛水滚向东岸，西岸泥泞，舟船不能靠岸，河滩淤泥不能徒涉。故敌空投帆布船、帆布筒、降落伞、飞鸽等均被我所获得。此时，战区长官卫立煌来命令要活捉鲤登。我立即停止炮火射击，尽量向大庙缩小包围圈。敌因抢救鲤登，花园口对岸敌重炮向我纵深射击，黄昏时刻，敌飞机空投伞兵数十名，并以飞机投掷各色照明弹和信号弹。鲤登在其卫队与汇合之伞兵掩护下企图逃窜，均被我军包围于大庙外及沿途（按其指示图纸之方向）伏兵阻击，鲤登再次受重伤。但敌军以死掩护抢救，鲤登由老黄河逃至新乡，而终于伤重死亡。日军后在开封、新乡开追悼会，并在日伪报刊上发表了这一消息。

第一战区长官卫立煌将我收复郑州及主要战果报告重庆时，我第三集团军亦将收复郑州的战斗要报报告重庆最高统帅部。

# 克复郑州之战

贺粹之※

一九四一年秋郑州战役时，我任第一战区第三集团军第十二军（总司令孙桐萱兼军长）第八十一师师长。战前，我军第二十师守卫尉氏东南五里河至商水县周家口（今周口市）河防，第二十二师守卫五里河至郑州花园口附近东赵集的河防，第八十一师驻新郑进行整训。我每次集合官兵讲话，都着重说明日军侵我中华、掠我疆土的罪行，以激励战士们英勇杀敌。并常以一九三九年我第八十一师在豫东游击战每战皆捷，迭受嘉奖，获得年终总评为全国正规军游击战的第一名，来鼓舞官兵斗志，坚定抗战到底之决心。

十月二日凌晨，日军第三十五师团等部，附骑兵及机械化部队约万余人，在空军配合下，分别自中牟界马及郑州东北的琵琶陈强渡新黄河。当时，孙桐萱总司令以万急电话，令我率第八十一师以强行军速度驰援琵琶陈。我马上集合部队，急行军向郑州方向进发，同时将全师病号派军医人员送许昌后方医院治疗。三日午前四时，部队到达郑州，立即投入战斗，迎击来犯之敌。担任正面防守的我补充团遭敌强袭重创，官兵伤亡百余名。激战至上午十一时，日军攻占了柳林、祭城及东、西花胡庄。黄昏，我部奉命转移至郑州西南之黄岗寺村。四日凌晨，郑州失守。总司令部由陇海花园迁到密县曲梁镇，二十、二十二两师撤至郑州南郊十八里河村以东、以南地区，形成护卫总司令部与敌人对峙的局面。

我第八十一师到达黄岗寺，即以纵深配备的部署，将第二四二、第二四三两团控制于黄岗寺附近以东师部左后方，为机动部队，以第二四

---

※ 作者当时系第十二军第八十一师师长。

一团的一部专守寨内，主力在黄岗寺寨外，配属师工兵连，抓紧构筑工事，准备迎击来犯之敌。

十月中旬，我命第二四二、第二四三两团选拔近百名士兵，组成敢死队，分两队游击郑州方向之敌。十月三十一日晨，日军开始向我炮击，掩护其步、骑部队数千人向我攻击前进，但在我强大火力网前，前进迟缓，直至黄昏前才接近我阵地前沿。部分敌人（约百名）强攻进寨，与寨内我第二四一团第一营发生巷战，展开肉搏。我除令该团团长刘本传坚守外，即率师部手枪连赴前线督战；并命第二四二团前来黄岗寺增援，以便调整寨内外的战斗力量；继命一个排的手枪兵，绕敌后侦察敌人虚实。三十一日天黑以后，得知寨内顽敌尽歼，寨外敌人受了重创，寨内我营长董万选受伤，以下官兵亦伤亡数十人。我即命第二四三团急赴黄岗寺，乘势大举反攻，在黄岗寺西门外击毙日军联队长小林大佐及其以下官兵百余名。我从缴获的小林图囊中的文件和地图的标志上，确知敌总指挥官为鲤登少将，其指挥所设在郑州北黄河花园口以南的一座独立大庙内。故溃败之敌大部以独立大庙指挥所为逃窜目标，另一部残敌逃向邙山头。我命令部队迅速跟踪追击北窜之残敌。当晚，我师经郑州城继续向京水方向追击，包围了大庙附近各村庄。十一月一日上午，我军对被围之敌发起猛烈进攻。午后，我获敌飞机投下的掷信筒一件，内装鲤登指挥部的少佐参谋给鲤登的战斗要报简略要图一纸，汇报他们正尽力营救鲤登少将脱险，并指明逃窜方向。我按其方向，沿途埋设伏兵，待机猛袭鲤登及其护卫之残部。正值此时，战区司令长官卫立煌令我活捉鲤登，因此只得马上停止枪炮射击，尽量缩小包围圈。直至黄昏，敌因抢救鲤登，空投伞兵数十名，加强其护卫队；同时对岸十数门重炮齐发，并以数架飞机投掷各色照明弹，指明逃脱方向，掩护其逃窜；但被我沿途伏兵阻击，鲤登再次受伤，逃至新乡，终于死去。

此次战果：一、日军总指挥官少将鲤登受伤而死；二、日军大佐联队长小林被击毙；三、经清扫战场，掘出敌尸体三百余具，其中黄岗寺寨内外二百余具，独立大庙内外约百具；四、战利品有迫击炮三门，步枪、马枪、手枪共百数十支，通讯犬一只，战马数匹，掷信筒一件，电话机四部，电话线若干米，帆布舟、降落伞、帆布筒各十余件，鲤登黄呢斗篷一件等。这些战利品集合一起，拍照后，即全部转交第一战区长官部。

# 回忆郑州战役

李勋甫※

　　一九四一年九月，华北日军为策应其第十一军进行第二次长沙会战，从晋东南、豫东调集了第三十六师团、第三十五师团及骑兵第四旅团各一部，化学兵一部，约五万余人，并配以飞机百余架、战车七十余辆及大批重炮，发动了郑州战役。

　　战前负责守卫郑州两翼黄河河防的我军是：东侧花园口、中牟、尉氏、扶沟、西华至商水县周家口段为第三集团军第十二军（总司令兼军长孙桐萱，辖第二十师、第二十二师、第八十一师），西侧广武、汜水、巩县、偃师段为第四集团军（总司令孙蔚如，辖第三十八军和第九十六军）。当时我任第三集团军第十二军第二十二师副师长兼政治部主任。第二十二师共有四个步兵团（第六十四团、第六十五团、第六十六团和补充团），负责守卫郑州东北部至尉氏一带的新黄河河防，师部驻郑州以东的祭城。

　　我集团军自一九三九年四月以来多次袭击开封，士气旺盛，进一步掌握了对岸日军的活动规律，多次击退了企图偷渡西犯的小股日军。为了更有效地打击来犯的日军，并迟滞其快速部队的行动，我们还以挖堑壕、毁桥梁、破铁路、拆城墙等方式，对可能为日军利用的地形地物进行了破坏。我军还以一个团的兵力常年在新黄河以东的敌占区打游击，搅得日军惶惶不安。

　　十月二日凌晨三时，日军在战车和强大地面炮火的掩护下，分三路由界马、琵琶陈、荥泽口强渡新旧黄河，向我军发起猛烈进攻。我河防部队奋起抵抗，终因寡不敌众，加之日军又使用了化学武器，伤亡严重，

---

　　※　作者当时系第十二军第二十二师副师长兼政治部主任。

日军乘机直扑郑州。第三集团军总司令孙桐萱把预备队和总部直属部队全部调上火线后，又急电正在新郑整训的第八十一师师长贺粹之率部星夜回援郑州，并令第二十师和第二十二师竭尽全力顶住日军的进攻。我师奉命撤至贾鲁河南岸构筑工事，与日军隔河激战。

天亮后，大批日军飞机对郑州市区及附近地带进行了一整天的狂轰滥炸。在我师阵地上空，三十多架日机轮番不停地投弹、扫射，日军步兵发起了一次又一次的冲锋，均被我军击退。经过一天的鏖战，敌我双方伤亡均重。与此同时，另两路日军也分别在广武的上河王村附近和郑州东南地区，遭到了第四集团军第三十八军（军长赵寿山）和我集团军部队的顽强阻击，双方往返冲杀，战斗持续到次日。

日军后续部队陆续渡过黄河投入战斗，其攻击力量不断增强，对我军造成的威胁越来越大。至二日晚，我师阵地对面的日军已达六千余人，并进逼至祭城附近。我和师长张测民、副师长孙政训三人对战场形势和下一步的行动进行了分析研究，认为这样硬拼下去只会使自己遭受更大的伤亡，唯有避敌锋芒，向南转进，节节抵抗，然后伺机反攻方为上策，并决定由我去向总司令孙桐萱当面汇报。

三日上午，我率四名卫士策马前往总司令部驻地郑州陇海花园，行至郑州城东门时，突然遭到一队日军骑兵的射击。我的战马受惊，我摔了下来，全身多处被磕破，所幸没有伤及骨头。我们到达陇海花园后，得知总司令部已经转移，于是就催马直奔郑州西南的黄岗寺。在那里，我见到了孙桐萱总司令，向他汇报了我师的战况和计划。孙总司令表示同意，并令我师第一步先撤到郑州以东的圃田和中牟的白沙一线进行抵抗。此时天已过午，我不顾饥饿和伤痛，喝了几口水就返回师部。

四日，郑州外围的战斗更加激烈，日军的包围圈越缩越小，其先头部队已薄近城西关和南关附近，并空投了数百名伞兵，加紧对市区的空袭。为了减少无谓的牺牲，孙桐萱决定暂时放弃郑州，将部队撤至郊区，与日军进行游击战。撤退之前，我军还对电灯公司、棉花打包厂等处进行了彻底的破坏，将全部机器连同电杆、电线、废铁等统统运走。当日深夜，郑州陷入敌手。仅在广武的上河王村和我师原防地郑县大花庄、北李庄，就有近三百名村民惨死在日军的屠刀之下。在郑州市区，日军闯入商店、民宅，将金钱、货物、粮食、家具洗劫一空，甚至还闯进铭功路天主教堂，强奸在里面避难的妇女。更令人发指的是，日本兵竟逼迫儿子活埋父亲、父亲奸污女儿。

我军撤出郑州后，遵照总司令部的统一部署逐次向南转进，与日军展开了游击战。在此期间，第三集团军总部再次南移至密县曲梁镇，我师师部也先后由祭城转移至郑州以南的五里堡、十里铺和十八里河附近的一个村庄。起初，我师第六十四团和第六十五团分驻十八里河周围，第六十六团驻东面的南曹附近，补充团随师部驻防。后来根据战局的变化，又逐渐向东南方向转移，到达中牟的西南部和新郑的东北部一带。每到一地，各团立即抢修工事，做好迎击日军的准备。

在与日军进行游击战的日子里，每到白天，日军总是先派出侦察机飞临我师阵地上空盘旋侦察，然后出动小规模的地面部队，在战斗机和轰炸机的掩护下向我军发动进攻。在遭到我军的强烈抵抗后，便偃旗息鼓撤回郑州。我师共与日军进行过八次这样的战斗。记得有一次在中牟西南的张庄街，上午先是十余架日军飞机侦察一番，中午十二点来了三百多名日军，配以坦克、装甲车和飞机，向我师第六十四团阵地发起进攻。经过三个多小时的激战，该团派出两个连并携带轻机枪十余挺，迂回至日军右翼进行猛烈侧击，日军不支，于下午五时撤退。另一次是在新郑薛店车站以东的一个地方，日军仍是上午以飞机侦察，中午以坦克、装甲车和飞机开道，掩护六百多名步兵向我阵地猛攻。我师第六十六团和第六十四团进行了猛烈的反击，一直战斗至下午三点，才将这股日军击退。这次双方都有伤亡，第六十六团二营六连连长受伤。日军在地面作战中，确实没有捞到什么便宜，但由于他们完全掌握了制空权，因而使我方遭受了很大损失。在我师师部驻过的五里堡、十里铺和十八里河以及战场周围的许多村庄，几乎所有的房屋都被日军飞机投掷的燃烧弹烧毁，整个村庄变成废墟，不少未及躲避的村民被炸死炸伤。我军部队也因日军空袭而受到了一些伤亡。

日军虽然占领了郑州，但却使自己陷入了北和东北面靠黄河，西、南和东南面被我军包围的不利境地。每到夜晚，日军既不敢出动，也不敢在城南各要道口设岗放哨，只是在市区内的仓库、营房周围布岗。针对日军这一弱点，我集团军总部以直属特务营为主，并从第八十一师抽调部分兵力组成突击队，经常在夜间突入郑州市区，烧仓库、炸营房、毁设施、杀哨兵，使困守孤城的日军不得安宁。有一次偷袭，我军突击队杀死了五名日军哨兵，放火烧毁了日军的仓库和房屋，一时火光冲天，映红了郑州市区的夜空。

经过一段时间的游击战，日军被拖得疲惫不堪，其锐气也被消磨掉了大半。第三集团军总部决定乘此机会进行全线反攻，将日军赶过黄河。大约在十月十日后的一天，总司令部在驻地密县曲梁镇召开团以上军官参加的会议，进行反攻部署。总部决定：由第二十师担任正面主攻部队，布防在郑州以南的平汉铁路小李庄车站附近；第八十一师为左翼攻击部队，布防在总司令部所在地密县曲梁镇附近；第二十二师为右翼攻击部队，布防在中牟以西、郑州以东地区。会后，各部队按照总司令部的决定及时调整了布防。同时，第四集团军所辖各部队也做好反攻的准备。

十月十三日，我军开始了反攻阶段的作战，并于当日一度攻入郑州，打死打伤日军数百名。十九日，我军袭击中牟的日军，并一度攻占县城。此后，日军多次向郑州西部和南部地区的我军阵地发动进攻，均因受到我军的顽强阻击而被迫退回郑州。经过十多天的反击战，我集团军各部队根据总司令部的要求陆续进入了总攻击前的集结地域。我师师部已前进到郑州东面的圃田。四个团的分布是：第六十六团驻郑州附近，攻击祭城；第六十五团驻郑州城东门外的一个村庄；第六十四团在第六十五团的左翼；补充团为预备队，随师部行动。此时，第三集团军总司令部已由密县曲梁镇北移到了郑州西南黄岗寺附近的一个村庄，并派出了近一个营的便衣部队，陆续潜入市区隐蔽，以便在总攻时里应外合。

十月三十一日凌晨四时，第三集团军总司令部在黄岗寺发出了总攻击的信号，我军开始全线反攻①。第二十师首先破城而入，第八十一师随后赶到。下午七时左右，我师第六十六团冲进市区，其他各团也很快到达。各部队进入市区后，立即与日军展开了激烈的巷战，逐垒逐屋地反复争夺。战斗到下午八时以后，终于将日军全部逐出市区，我军收复了郑州。次日，我军冒着数十架日军飞机的轰炸和扫射、黄河对岸远射程炮的猛烈射击，乘胜追歼败退的日军。到十一月三日，除黄河南岸邙山头的日军桥头堡和中牟县城外，其余日军全部被驱逐到了新、旧黄河对岸。在反击战斗中，我军第八十一师击毙了日军联队长小林大佐，并将其旅团指挥官鲤登少将打成重伤。日军从新乡派出三十多架飞机空投伞兵将鲤登救回，但他不久即死于新乡的医院里。至此，历时整整一个月的郑州战役，以我军毙伤日军六千余人、光复郑州而告结束。

收复郑州的翌日，孙桐萱率第三集团军总司令部回到了陇海花园，我师师部也进驻郑州火车站以东的福寿街。十天后，我师又回到了原来的防地，师部移到中牟的小潘庄渡口，继续守卫新黄河防线。

---

① 另有资料记载：十月三十一日上午八时，日军万余人分多路向张庄街、南曹、十八里河、黄岗寺、须水、石佛、汉王城等地的我军阵地猛烈攻击，经过反复激战，日军败退，我军乘胜追击，于当夜收复郑州。

# 郑州战役见闻

黄廷选※

　　一九四〇年四月我在黄埔军校成都本校十六期三总队毕业时，总队长唐宇纵（唐继尧的侄子）调任军政部第二十八补充兵训练处少将处长。他从全总队一千多名毕业生中挑选了一百多名跟他去当少尉连附（即排长），我是其中之一。半年以后，唐总队长又调任军政部少将交际科长。我们这些青年军官失去了上级优宠，就纷纷请长假离去。我和骆业海、葛志仁同学于一九四一年四月请准长假，径赴重庆军政部投拜唐总队长。他让我们住到他的府上，宾客相待，共食同饮。他询问我们各自的打算，我们均表示愿到抗战最前线，直接与日军拼杀。总队长就分别送路费，让骆业海回原籍福建，葛志仁回原籍浙江，送我国币一百元，并安排军车送我到成都。

　　我到成都先去母校，到第十七期第一总队会见我的童友王维翰（时易名王辉），他介绍他的同队要好同学宋明起与我相识。宋明起的舅父是驻防郑州前线第三集团军第二十二师中将师长张测民，宋明起为我写了封介绍信，请他舅父为我安排工作。六月某日我到中牟县府李庄第二十二师司令部谒见师长张测民。张师长看信后对我说："眼下师里还没有合适空缺，你先到参谋处工作，等有机会时，我给你安排实缺。"

　　在参谋处，同事们都喊我黄参谋，卫士、勤务兵都喊我黄参谋官，参谋处长也不断派我工作。约七月间，参谋处长传达师长指示，命我视察本师防区郑县（今郑州）、新郑、长葛、洧川（今裁入尉氏、长葛）、尉氏、中牟等六县道路破坏及防敌伞兵降落阵地配备情况，并坐催各县

---

　　※　作者当时系第十二军第二十二师参谋处参谋。

制图报师部。我在副官处领了二百元法币的出差费，不带卫士，觅脚驴依次到各县视察。那时，郑县县长鲁彦、新郑县长李曰商、长葛县长唐绍庭、洧川县长王克佐、尉氏县长马凌波、中牟县长周述文对我都很热情。当时，我的家乡长葛所有主要道路均已深挖成交通沟样子，沟中可单线行马车、太平车，每隔数十公尺有加宽的供对行车错车处，符合规定；唯防敌伞兵降落阵地未备一处。由于我也不相信敌人会有什么伞兵部队突然降落我县，就告诉唐县长不必毁坏田苗，扰民害民，只在已扒了半截的四周城墙上挖战壕，构筑工事，其他在地图上标示出来即可。唐县长欣然照办。我在每县约逗留四五天，共历时二十多天，任务完成，图囊中装满图表回师交差。二百元的出差费只花了一百八十元，剩余二十元当即交还副官处。同事们说我"傻瓜"，我说："这不是实报实销吗?"他们都哈哈大笑。

八月间，第二十二师司令部移驻郑州东郊祭城，部队仍在黄泛右岸布防。十月二日拂晓，日军炮空联合从中牟界马和郑州琵琶陈村一带向黄泛右岸我军防线突然大施轰击，掩护其陆军部队过河。我军也集中火力击敌于半渡。敌人登岸后，我军便以手榴弹、刺刀与之拼杀。战况激烈，寸土必争，歼敌甚多，我军的伤亡也重。战斗白热化时，师长把预备队一个团也增援上去。我在师部附近路旁，亲眼目睹到部队雄赳赳、气昂昂地疾步前进。有一位少年排长腰挎手枪，背插宝剑，英姿飒爽，疾进中与我互相举手示意。当时我想，我们的士气这样旺盛，敌人的进犯决难得逞。

师部人马转移至一片枣林中。下午，突然有敌机二十余架轰鸣而来，在枣林上空盘旋、俯冲、投弹。我急忙卧倒在一条浅沟内，弹片如雨，在我身边纷飞。我从图囊中掏出日记本写最后一篇日记："十月二日，敌机疯狂般扫射、投弹，吾命休矣。"遂闭目待死。十数分钟后敌机遁去，我站起身来，拍打了满身尘土，看见几位同事，都会利用地形地物保全自己，不觉相视苦笑。

前线激战两昼夜，四日忽闻谍报人员传说，郑州已经失守，敌人骑兵利用中心突破战术从我军两翼阵地间隙突袭了郑州。只见我们亲临第一线指挥战斗的师长、参谋长飞马奔回，令师部急速向南转移。前线作战部队伤亡较重，也陆续南撤。

因战斗激烈，给养供应不上，全师官兵已两天没有进食了。撤到某村，副官设法弄来一大桶带汤面片，给师长、参谋长各盛上一碗，师长未吃，就先招呼我们参谋人员每人去盛一碗。

敌人大部队进据郑州后，不断抽出兵力向我军追袭。我军采取运动战和游击战与敌军周旋于郑州南郊和新郑、中牟境内，给来犯之敌以沉重打击，并曾夜袭郑州市区，使敌胆战心惊，不敢久恋郑州。

十月底，忽闻郑州之敌有撤退态势，我军迅即猛烈反攻，一举收复郑州，并乘胜追击，与敌后卫部队展开激战，敌我伤亡均众，我师部人员随追击部队跟进。当追进到中牟境内某村时，见敌军遗尸甚多。听群众讲，敌军在此奸淫烧杀，惨极人寰。有一年轻妇女被敌轮奸后，奄奄一息，性命危殆，我们听了无不义愤填膺。

敌军后卫部队撤至中牟县城，凭险顽抗。中牟城北边黄泛主流呈弓背形弯曲，县城正位于弓背以内南岸。敌军从北岸以重炮密集炮火封锁中牟南部弓背以内区域。我师前锋官兵冒死猛烈进攻，伤亡甚众。连续组织多次强攻，均难通过敌密集炮火封锁区，不能逼近中牟县城，只好暂停进攻，构筑工事，与敌对峙。

一九三八年六月花园口掘堤时，黄水在中牟县城以西分为南北两段，把县城夹在中间。后来，北面的河水越来越多，南面河流逐渐干涸，我们师长和参谋长想把弓形弯曲半包围中牟县城北部地区的黄河水道引直，把中牟城隔到黄河北岸。此时汤恩伯部第一一〇师已开到前线增援，在我师阵地右翼布防。师长派副师长孙政训去第一一〇师与其师长吴绍周商谈联合反攻中牟大计，并就改引黄河水道之事征求意见。参谋长指定我随从孙副师长前往，协助完成任务。另外，孙副师长还带了一位上尉副官和两名卫士。我师距第一一〇师驻地约二十华里，需骑马前往。我在军校学的是步兵科，没有练过马术，骑马还是第一次，不得要领。五匹战马在中牟境内沙土地带枣树林中奔驰，我驾驭不住，竟一连被摔下三次，每次均由孙副师长和那位副官回过马来，扶我上马。副师长笑我说："当参谋不会骑马哪行？你紧踏马镫，夹紧马肚，挺腰直立，不要把屁股实坐马背，马跑得再快也不会摔下。"我照孙副师长指示要领去做，果然得心应手，不再摔倒。

到达第一一〇师司令部，副官上前通报，第一一〇师师长吴绍周偕其副师长、参谋长出迎。时届中午，寒暄过后，就端上午餐。他们让孙副师长首座，我陪坐上首，他们于两旁和下面相陪。副官和卫士则另有他们的副官招待。席间，我们孙副师长强调此战我师伤亡甚重，吴绍周则强调彼师缺员太多，兵力不足。孙副师长提出两种联合作战方案：一种是两师各派一个团作前锋，并肩强攻，前仆后继，哪怕牺牲殆尽，也要攻克中牟；一种是挖直黄河水道，使中牟城隔在黄河北岸。他们三位一致同意后一种方案，工程由我们第二十二师负责。协商任务完成后，我们辞行回师交差。

师长决定成立前线指挥所，设在前线部队与师部驻地白沙之间的刘巧村，副师长兼政治部主任李世卿（字勋甫）任指挥官，另派一位曾任上校团长当时为上校附员的韩莲台为副指挥官，参谋处指定我去协助工作。另从特务连抽调一个班常驻指挥所，负责保卫和通信联络工作。指挥所的任务是随时与师长联系，指挥前线战事，并指挥挖直黄河水道工程。第一专区专员杨一峰负责抽调我师防区各县民工近万人，由各县长率领挖掘河道。黄河水利委员会派去两位工程师负责设计和技术指导。因白天敌人炮火连天，只有夜晚才能施工。时届初冬，泥深水寒，民工苦不堪言。

一天师长通知指挥所，前线第六十四团因伤亡很重撤下来休整，补充团调上去接防。并命我去新接防的补充团，绘制其战斗部署及阵地构筑配备图送师部，我受命前往。该团指挥部设在黄河大堤以内三四百米处的掩蔽部内，当时敌炮正向黄河堤以内地区轰击。我进了掩蔽部，只见该团团长张廷彦、团附王菊岩和一位担任预备队的营长等人正围桌牌战。我说明我的任务后，他们一面仍牌战不休，一面由张团长口述其作战部署及阵地配备情况，我在另外一张小桌上按照他的口述绘图。这时掩蔽部附近已落下数发炮弹，我把图绘成即起身告辞。团长说中午有肉吃，要留我午餐。我说师长急于看图，我得速回。他们说"不送"，我就急回。当我走到黄河大堤上，猛听轰隆一声巨响，回首见该团掩蔽部烟尘冲天，心觉不妙。走回指挥所差人把图送达师部，约两小时后，从前线抬下四副担架，在掩蔽部"参战"的四位校级军官，无一幸免，我心中惋惜之余，庆幸自己早走了一步。

有一天晚餐后，我带几个士兵去前线视察阵地及民工挖河情况，在黄河大堤内沙滩上向东行进。这时为时尚早，还听见敌方稀疏的炮声和断续的机枪射击声，民工尚未到达工地。

约走至我师与第一一〇师阵地衔接处，看到一根南北方向的铁丝拦着去路。我走在最前面跳过铁丝，只见铁丝以东地段，密密麻麻插着很多柳橛。后面几个挎手枪的士兵用手中所持棍棒敲打着柳橛说："他妈的，什么东西？"我们刚走出柳橛区，忽听黄河堤上哨兵大呼："什么人？干啥？"我答："第二十二师参谋，视察防地。"哨兵说："请你们上堤说话。"我们走过去，他用惊异的口吻告诉我们："下面铁丝以内柳橛区是我们第一一〇师埋的地雷，你们竟敢通过，难道不要命了？奇怪，为什么你们竟没有踏响?"我说:"我是初上战场,还没有这种布地雷的经验,迷迷糊糊地就走过来了。"哨兵说:"你们真是万幸!"我们辞别了哨兵,回头走黄河堤归来,士兵们咂嘴说:"真危险,我们差点完蛋。"有的说:"因为黄参谋命大,我们托福啦!"

大堤上有我们前方团预备营挖掘的战壕和构筑的掩蔽部。这时敌方稀疏的炮声和断续的机枪扫射声仍不时传来。敌人是夜夜如此,以防我们偷袭。当我们回到指挥所一小时后,就听到新郑县民工经过布雷区踏响地雷死伤数十人的不幸惨剧。

一九四二年初,挖掘新河道工程完工,从中牟城西河道弯曲处扒开口子,引黄河水进入挖直的新河道内,各县民工撤回各县。可是黄河水并未完全改道,主流仍在中牟城北的弓背形原河道通过。我军撤到新河道南岸,配备纵深阵地,构筑工事,严阵以待。在指挥所里,我诘问黄委会两位工程师,为什么黄河主流未曾改道?工程师说:"龙王爷想走哪里就走哪里,咱要强迫它改道,它是不会完全听命的。"当时我想:黄河主流不能取直,中牟据点仍在敌手,将来必有后患。敌人如欲侵占中原,必以此据点为突破口。但人微言轻,徒叹奈何。果然一九四四年春敌军进扰中原,中牟为其突破口之一。

# 血战郑州

郭宗正<sup>※</sup>

一九四一年，中华民族抗击日本侵略者的战争正处于相持阶段。华北日军继五月大举进犯晋南中条山区之后，八月间又集结三万余人，以鲤登少将为指挥官，强渡黄河，向我中原腹地大举进犯，兵分三路包围郑州。

面对大兵压境的危急势态，守备郑州的第三集团军全军将士，在总司令孙桐萱的指挥下，奋起抗击日军侵犯，血战一月零两天，击溃入侵之敌，保住了郑州。

此次抗击日军的血战，适值我在第三集团军司令部供职，任总司令部的通讯营总机排排长，负责司令部与所辖各部的通信联络。与我同籍的贾本武（宁陵县城郊乡孙叉楼人）任该集团军第十二军第二十师第五十三团第一营第三连连长。忆起当年这场决死抗日的血战始末，我们犹觉于国难当头之日没有愧对民族、愧对祖宗。事情相隔半个世纪，回忆难免舛错，希知情者指正。

## 日军进犯

一九四一年农历八月十四日夜十一时许（注：日期均按农历），华北日军以鲤登为指挥官，率所部及小林部队三万余人，由炮兵、骑兵、机械化兵及空军部队和伪军的配合，向我中原腹地大举进犯。日军在飞机大炮的掩护下，集中精锐兵力朝我刘庄渡口猛攻强渡。我守军一个连面

---

※　作者当时系第三集团军总司令部通讯营总机排排长。

对入侵之敌，一面向上级紧急报告，一面浴血抵抗，激战二十多分钟，援军未到，全连官兵尽皆阵亡。鲤登指挥日军蜂拥冲过黄河，迅速兵分三路向距黄河三十华里的郑州进发，形成包围态势。

　　紧急情报旋即传到设在郑州市陇海花园的总司令部。总司令孙桐萱闻报，处变不惊，一面命令补充团团长刘东海、辎重团团长秦依农急速率部出发阻击敌人，一面电令驻新郑的第八十一师师长贺粹之（河北献县人）率部速到郑州增援，并令第二十师师长周遵时（山东即墨人）、第二十二师师长张测民（河北盐山人）将河防任务暂时交游杂部队和地方武装把守，速至郑州参战。补充团、辎重团很快在第一线与敌接触展开激战，夜两点第八十一师赶到郑州增援了火线。十五日，第二十师与第二十二师各部也由黄河防线上先后到达郑州。孙桐萱命第二十师在关虎屯以北投入战斗，命第二十二师在东十里铺以北投入战斗，命第八十一师在任寨以北投入战斗，补充团、辎重团因伤亡过重，令其换下补充休整。

## 弃城野战

　　八月十五日，日军继续进逼郑州，并不时派出飞机对市区狂轰滥炸。中午十二点，孙桐萱亲赴火线督战，鼓励官兵奋勇杀敌，将日军拒于郑州市外。在返回途中他亲眼目睹长春路、德化街一带已被敌机炸得房倒屋塌，断壁残垣，被炸断的电线杆横三竖四地躺在路上堵塞交通，有的居民被炸死街头，血肉模糊，惨不忍睹……昔日繁华的街市变得满目凄凉。孙桐萱看着这一切，忧心如焚。他一回到司令部，便急要参谋长唐邦植（安徽合肥人）召集各师师长前来共议作战大计。各师师长到齐后，他谈着一路的观感，为避免城市遭到更大破坏，减少军民的无谓牺牲，决定放弃郑州，与敌野外作战。为此他与师长们共议了新的阵地区域：命第二十师为正面在十八里河北构筑工事；命第二十二师为右翼在凤凰台构筑工事，左与第二十师联系；命第八十一师为左翼在小李庄、黄岗寺构筑工事，右与第二十师联系；转移时间待命。

　　下午四点，敌人在飞机大炮的掩护下，再次发起猛攻，迫近白庄、马坟、张庄、关虎屯，战斗十分激烈。孙桐萱严令各部队坚守阵地，在黄昏前绝不准敌人进入郑州市区。此时陇海花园也不时受到敌机轰炸，总司令部周围硝烟弥漫，爆炸声震耳欲聋。直至十二点放弃郑州空城，孙桐萱令全军撤至新阵地作战。

十六日，市电报局倪局长匆忙至总部向总司令报告："电报局职工闻风携眷逃命，一台话报两用总机丢到小李庄报局，恳请总座设法抢运。"此时总司令部已再无机动部队可调，连警卫营也拿上火线，孙桐萱万分焦急。我得悉此情，作为通讯军官，深知抗战期间通讯器材紧缺，即向总司令请求，率通讯营架设排前往小李庄抢运总机。总司令转忧为喜，一再嘱托："通讯器材事关重大，望能舍命抢救，绝不可落入敌手！"当我率兵接近小李庄附近，据先遣尖兵报称：该村无敌情。我听后便率部进村，一面派出警戒，一面急至电报局收拾通讯器材。瞬间发现敌骑兵一队，由岔儿王向小李庄进犯。我当即派冯排长带兵两名，抬着总机火速返回总部，同时指挥队伍抢占有利地形伺机投入战斗。待敌数十骑进入我有效射程后，我一声令下，机步枪一齐射，制敌于措手不及，敌人顿时人仰马翻，乱作一团。敌人见先头受击，随即分头从两翼向我夹击。我迅速率部撤到村南高地。敌人还以为我们仍在村内，待他们扑向村中，我指挥队伍向敌人来个猛烈反击，致使敌人伤亡重大。待敌人醒悟过来向我们反扑时，我们便利用凹地边打边撤至我军火线。后该敌与特务营接触战斗，我们安全返回总司令部，无一伤亡。当我向总司令报告完成任务时，总司令连称："好！好！办得好！打得好！"战后倪局长报请交通部，对我和冯排长予以传令嘉奖，这是后话。是夜八点半，总司令部由黄岗寺再度转移到密县曲梁镇。

## 危中求冯

华北日军以陆空联合进犯郑州，目的在于占领中原这一重镇。鲤登万没料到第三集团军将士竟如此英勇顽强，致使他速战速决的计划连连受挫，遂于八月十八日传令所部及小林部队，向我阵地发动全面进攻，力图短时间内结束战斗，全歼我第三集团军。十八日晨，敌人再次集中炮火，出动飞机数十架，对我阵地狂轰滥炸，敌装甲车、坦克车配合步兵，连续向我阵地发起猛攻。数十里战场终日硝烟滚滚，弹片横飞。我军官兵奋不顾身与敌展开浴血搏斗，一日连续击溃敌军十数次进攻，始终坚守阵地寸步不让。直至黄昏，双方停止了大规模的战斗。激战接连数日，致使敌军锐气大减，鲤登对此战局一筹莫展。直至九月初，敌军改用炮战和飞机轰炸，不与我军短兵交锋。不论敌人怎样变换战术，炮火如何炽烈，我官兵誓与阵地共存亡，在侵略者面前表现了中华民族宁死不屈的高尚气节。

九月三日，据前方各部队报称：弹药告急，请求拨发。军械处芦鸿滨处长也报：由洛阳领回的弹药行至登封，被汤恩伯的第十三军扣留，并言第三集团军擅弃郑州，如再退必就地消灭。孙桐萱一听火冒三丈，破口大骂："汤恩伯欺人太甚，派兵打他王八蛋！"参谋长唐邦植见总司令雷霆大发，急忙劝道："荫亭（孙桐萱字），我们的遭遇如此，发牢骚又有何用，还是忍为上策。如今国难当头，我们还是以民族大局为重。至于弹药问题，我马上派人赴洛，往返经北路偃师运回，料无问题。"

九月三日之后，一连数日前线各部队要求增兵、拨发弹药的消息不断传来，但当局除补充给少许弹药外，不见援军。孙桐萱孤军作战，加之开封伪军密使不时前来离间诱降，种种困扰缭绕心头，一时陷入迷茫之中。此时，孙忽然想起追随多年的冯玉祥先生，危难之中何去何从，何不求他赐教。于是他即派桐萱中学校长吴惠民（黄埔军校毕业，现住郑州）赴重庆求见冯玉祥先生。吴惠民到了重庆上清寺冯的寓所拜见冯玉祥先生后，将孙桐萱的亲笔信呈上，并详述了孙桐萱当前的处境。冯先生当即写了复信，并嘱托吴惠民转达孙桐萱："当前的出路只有一条，就是整饬部队，爱护民众，努力抗日。只要为抗日而死，即使全军覆没，第三集团军也能万古流芳。孙桐萱能战死在抗日沙场，做一个抗日民族英雄，足可以含笑九泉！"吴惠民临归前，冯玉祥特地亲笔画了一幅"老汉骑驴"图。冯解释说："人家骑马（暗指蒋介石）咱骑驴，日本兵打不走，骑马的也好，骑驴的也好，还不都是亡国奴！只要把鬼子打走了，那时我们回家种地也高兴。"

## 敌军增兵

第三集团军连日作战无援。十三日，敌人从开封调来一部，到郑州增援。十四日拂晓，由京水发现敌机十余架，由圃田发现敌机十余架，在我阵地上空盘旋侦察，继而扫射投弹。敌炮兵也开始射击，企图摧毁我阵地工事，机械化部队掩护步兵对我军猛烈进攻。我官兵毫不畏惧，沉着应战，战斗异常激烈。此时前方战况告急，各师长纷纷向总司令要求增援。孙桐萱命直属部队，除学生营外统统增援火线。因敌人兵力雄厚武器先进，而我军兵力薄弱、武器差劣，以致战斗十分危急。各师长仍不断要求增兵，总司令又把学生营每师增援一个连。最后孙桐萱忍痛割爱，将桐萱中学学生凡是能扛起枪的也上了火线。此时总司令办公室电话铃当当直响，不是要增兵，便是要弹。总司令当即用电话通知了各师长："总部除了我和几名卫士之外，再无一兵一卒，现在我就去参加战斗，望你们不要再有要求，只有死拼争取到最后胜利。"说完对孟副参谋长说："有电话你接，就说我到前方去了。"当时孙桐萱考虑，目前援兵没有，粮食弹药不足，持久我必遭失败，只有置之死地而后生，决心用自己的鲜血染红郑州的沙石黄土！

## 决一死战

九月十四日十二点，孙桐萱命令各部队即刻发动全面进攻，只准前进，不准后退，不论官兵，如有畏缩不前后退一步者，立即枪决，不把敌人赶过黄河决不罢休。各部队受命后，开始向敌人发动进攻。第二十师第五十八团团长王书鼎（河南淮阳人）在枪林弹雨中，往来指挥官兵作战。走至第一营第三连阵地，连长贾本武挺身而出，他说："报告团长，我能提个建议吗？"王团长说："可以，你说吧。"贾连长说："按敌我武器对比，敌人一个中队九挺机枪、两门步兵炮、九具掷弹筒，另加枪榴弹；而我们一个连，只有三挺机枪，每人一支破烂杆子老套筒、湖北造，一个营顶不了敌人一个中队的火力，光靠枪炮很难战胜敌人。我的意见是，除了拼刺刀没有别的办法。如果这样办我打头阵，待我连挑起白刃战时，全团一拥而上，要不杀他个片甲不留，就杀我的头！"王团长说："好，我听你指挥，开始吧。"贾本武向官兵说明任务后，命每人携带四枚手榴弹，上好刺刀，冒着枪林弹雨，以跃进、匍匐、滚进，接近了敌人阵地前沿。敌人也不甘示弱，跳出战壕迎击。贾本武喊了个投掷的口令，一颗颗手榴弹在敌人散兵群里爆炸了，炸得黑烟弥漫天空。第三连官兵在手榴弹爆炸的黑烟中，与敌人拼起了刺刀。这时，王团长命司号长指挥各营各连号兵一齐吹响了冲锋号，全团官兵喊着杀声扑向敌人，一场白刃战开始了。此时两翼兵力也相继策应，冲锋号声、杀声、劈刺声连成一片，惊天动地，敌我羼杂混成一团。贾本武连一个士兵被日军刺死后，贾本武将死者的枪摘下，斜背在自己脊梁上。贾在弯腰刺中一个日兵时，不防后面过来个敌军官，双手举起洋刀朝着贾本武脊梁砍去，该连另一弟兄眼看着连长就要"一刀两断"，一个箭步过去，手疾眼快，猛地一刀，刺中了要害，将敌军官刺死。事后贾本武摘下脊梁上背的那支枪一看，发现枪筒上有一厘米深的刀痕，他心有余悸地说："不是这支枪救命，我早已做了敌人的刀下之鬼了！"白刃战一直拼到四点，双方都精疲力竭，敌人不支后退。

此时，第八十一师战场亦十分激烈，双方为争夺黄岗寺，曾几度失而复得。在激战时，敌指挥所为我军察觉，董万选营长以轻重机枪集中火力，击毙了敌人小林指挥官，董营长也受了重伤。

第二十二师，在司赵一带利用起伏地形，在一个竖行内以伏兵歼敌骑兵一队，官兵奋发斗志昂扬。

## 大举反攻巧架通信网

农历九月十四日这天，是双方投入数万大军战斗最激烈的一天，是生死存亡关键的一天。我军由于武器不行，胜败没有把握。此时孙桐萱忧心如焚。忽然前方各部队胜利捷报纷纷报到司令部，孙桐萱获悉，喜出望外，精神大振。此时总司令即向各部队下达了反攻令。各部队长受命后，指挥部队向敌人猛烈进攻。

七点，第六十团团长孙德桢（河南淮阳人）向总司令报告：该团已占领郑州胶皮厂，正继续向陇海花园、乔家门、布厂街进攻。孙桐萱接到报告，即命该团火速进攻大同路、德化街；命令第八十一师克复郑州后继向黄河南岸的京水追击；命令第二十二师向小潘庄、中牟直击东退之敌；命令第二十师守卫郑州城；命令通讯营长卢彩岑（河南偃师人）和总机排长（笔者），限十二点以前在陇海花园开设总机，构成所有通信网。卢彩岑说："报告总司令，电线太少，仅有能架二十华里的线路，难以完成任务。"总司令一听火了，他说："二十里的线路顶屁用，我不管那些，耽误了军机就杀头！"卢彩岑学生出身，军校毕业，胆小怕事缺乏实战经验，说："没有器材还叫完成任务，否则要杀头，我是无法，效先（我的字）你看怎么办？"我说："不怕，就说把任务交给了总机排，误了事杀我的头，与你卢营长无关！"卢营长说："好，除电线太少，此外什么我都大量支持。"我即到第一连挑选五个班，以急行军步伐，到达郑州市陇海花园。我派一个班在地下室开设总机；命一个班利用敌人未撤走的铁丝网，经改架完成了市里的各通信网。利用通圃田地方线路经改架完成了通第二十二师线路；利用通京水地方线路经改架完成了通第八十一师线路；还利用通老鸦陈地方线路经改架通第二十师线路；并利用长途线路与洛阳长官部取得联系。没动用自己器材，完成了长达数百华里的线路，构成了全军反攻追击的通信网，提前完成任务。

夜十一时半，总司令率各处室办公人员到达陇海花园，各住原地。总司令一进办公室见桌上已安上电话，高兴地问我电话通了吗。我说：

"郑州市、洛阳长官部、前方各部队都通了话，现在可以上报下达，友军联络畅通无阻。"总司令又问："你是怎样做的?"我将采取的措施，灵活应用的原委陈述一遍。总司令高兴地说："看，敌人就知道我们的器材缺乏，把铁丝网丢给我们当作电线用，你郭宗正真有办法，有前途，今后遇缺即升。"战后曾对我大会表扬并奖大洋五百元，不久又提升上尉教官。

## 血战大庙

夜两点，敌人一路从小潘庄渡口撤向开封，大部从京水向新乡撤退。我军接踵追至黄河南岸，敌人大部撤到黄河北岸，船至河中心之敌，被我轻重机枪的扫射，打得船翻落水，仅有少数掩护部队，被我军歼灭。敌指挥官鲤登在大庙压住阵脚，指挥部队渡河。由于我军追击紧迫，很快封锁了黄河南岸，迫使鲤登欲逃不得，被我军围困于大庙（大庙位于黄河南岸，平地用土积高数丈而建）。孙桐萱当即向洛阳第一战区司令长官卫立煌汇报了战况。经过一昼夜的激烈战斗，敌不支溃退，分别向开封、新乡逃窜，唯有鲤登被我军围困在大庙。正当我军调动炮兵要将大庙轰平消灭残敌时，卫长官严厉指示："能要活'赵云'，不要死'子龙'，一定要活捉，切勿炮击!"鲤登被困后，敌人派出四十架飞机和黄河北岸的炮兵，向大庙周围狂轰滥炸保护鲤登。

十五日拂晓，我前方部队派一个连进攻大庙。敌人在飞机大炮的掩护下，居高临下射击得利，以炽盛火力将我进攻部队挡住，连长阵亡，士兵伤亡过半。总司令为此召开将领会议，研究大庙问题。大家一致考虑，以硬攻消灭敌人得不偿失，只可炮击，但卫立煌还要活捉鲤登，致使孙桐萱犹豫不决。经过讨论，最后决定派第五十八团第一营第三连贾本武连长进攻大庙，立即派小车去第五十八团第一营，将盛茂斋营长和贾本武连长接至总部见到了总司令。总司令说："贾本武，今夜命你攻拿大庙，活捉鲤登，我相信除你贾本武谁也不能完成这项任务。昨天拼刺刀立下一功，希望今夜再立一功，先赏你三千元，祝你马到成功，凯旋而归! 盛营长你要支持。"贾本武说："报告总司令，只要打不死我贾本武，拿不下大庙，投黄河不回来见您。"

时值九月十五日，皓月当空，贾本武回到连内，将笨重东西和轻病号暂留张庄，率部向大庙前进。贾本武别号二虎，骁勇善战，此去颇感凶多吉少，内心也有些嘀咕。行至距大庙五六里处，上空敌机群往来穿梭，投下的照明弹，照得像白昼一样。黄河北岸敌大炮还在猛烈射击，迫使我军不能接近大庙。贾本武久经战场，颇有经验，遂转向正北到了河边，利用河道阴影，悄悄接近了大庙北面阴影处，开始了摸索前进。到了庙基腰部为敌发觉，双方展开了激烈战斗。此时贾本武望见一小型直升机在庙上空低飞微停，旋即飞过黄河，但没料到鲤登能被救脱险。之后庙内敌人群龙无首，士气低落。我军跃进接近了围墙，一阵手榴弹投掷冲进庙院，迫使敌人投降缴械。经过逐人审问没发现鲤登，后来有一日本兵战前在中国经商是个中国通，他说："鲤登被贵军打伤后，由飞机投下伞兵营救逃了。"经检查敌人除死伤外，生俘二十七名，获步兵炮两门、机枪三挺、步枪三十余支，还有其他战利品。贾本武将俘虏和战利品押送至第二十师师部，又转缴总司令部。

## 清理战场

十六日清扫战场。经检查，我军伤亡营长董万选等三人、连长以下军官二十七人、士兵一千二百余人，其中据洛阳关林后方医院统计，光第五十八团受刺刀伤者占一百余人。此次战役中，被日军杀害无辜民众也为数不少，据大花庄一名小学教师对大花庄、北李庄两个村调查：大花庄死难人数，男性二十七人、女性五人，共三十二人（其中姓花的占十四人）；北李庄死难人数，男性二十六人、女性二十一人，共四十七人。两个村合计共七十九人。击毙敌人小林大佐联队长一人，击伤鲤登少将指挥官一人，鲤登回到新乡一命呜呼（此消息据我军潜伏新乡坐地探获悉）。根据战斗情况以及便探汇报，敌人伤亡约在两千人。生俘日军三十余人，缴获步兵炮两门、机枪十余挺、步枪一百余支、战马二十六匹，还有其他战利品。一个月零两天的郑州战役，至此结束。

# 郑州战役片段

王忠干※

　　一九四〇年十月，第四集团军（总司令孙蔚如）奉命由晋南中条山南渡黄河，担任偃师以西至广武邙山头一线的黄河河防。当时，我任集团军总司令部机要室译电科中校科长。总部初驻偃师南蔡庄，后移至巩县黑石关附近的和义沟。本集团军所辖之李兴中第九十六军，军部驻巩县康店，陈硕儒第一七七师和杨复震独立第四十七旅，部署于偃师、巩县一带；赵寿山第三十八军，军部驻广武苏楼村（今属荥阳），耿志介第十七师和孔从周新编第三十五师部署于汜水、广武（二县今均裁入荥阳市）一带。其中，第十七师第五十一旅孙子坤部之黎之澄第一〇一团、刘威诚第一〇二团轮流守卫广武以北河防，新编第三十五师的尚武杰第一〇四团、程靖舟第一〇五团轮流守卫黄河铁桥及其以西的霸王城、汉王城阵地，张履骞第一〇三团为预备队。我集团军的右邻友军是孙桐萱第三集团军，守卫花园口至商水周家口（今周口市）的新黄河防线及郑州城。

　　一九四一年秋，日军在进行第二次长沙会战的同时，于十月初派遣原田熊吉第三十五师团等部，从中牟界马、郑州琵琶陈、广武邙山头等处强渡新、旧黄河，发动了郑州战役。从中牟、郑州东北地区渡河的日军，于十月四日攻占郑州城，孙桐萱部转移至中牟南部、新郑北部至密县东北部，与日军展开拉锯战。

　　从广武境内渡河的日军，首先抢占了黄河铁桥南端及任家岭、祖师庙等制高点，我孙子坤旅从东、西、南三面向日军反攻。日军凭借地形

---

　　※　作者当时系第四集团军总司令部机要室译电科中校科长。

有利、武器精良，又有后续渡河部队的增援，进行顽抗。我孙旅伤亡近半，被迫后撤至枯河南岸。日军稍加整顿，继续向南进攻。孙旅与敌激战五昼夜，反复进行白刃战，状极惨烈。最后，日军施放了催泪、喷嚏及糜烂性毒气，我军退守荥泽镇（今古荥镇）。此时，我耿志介师另一部击退了进攻汉王城的日军。十月中旬，我军击退了进攻荥泽镇的日军，歼敌一部，并乘势反攻，前锋推进到枯河南岸之大、小胡村。

十月二十一日，进占广武东北部的日军向西、郑州的日军向西北，同时发起进攻，相继攻占荥泽镇及广武城。此后，第一战区司令长官卫立煌由设在巩县黑石关的前进指挥所转来重庆最高统帅部电令：着第四集团军总司令孙蔚如和第三集团军总司令孙桐萱两部，协同动作，密切配合，限期收复郑州及黄河沿岸各据点。孙蔚如奉令后，即饬耿志介师、孔从周师和陈硕儒师各抽调精锐一部，统归赵寿山军长指挥，向敌反攻。我军官兵奋勇冲杀，进行白刃战，相继收复广武、荥泽等地，将日军驱逐至鸿沟以东的霸王城至韩垌一线。

十月底，第三集团军部队收复郑州，我集团军开始对占据邙山头之敌发起反攻。在此后的一个半月里，我军曾发起进攻三十余次，多次攻入霸王城、王顶、张垌、陈垌等据点，与日军展开激烈的巷战，终因日军武器精良，据险固守，并得到黄河北岸步兵、炮兵和空军的支援，致使我军遭受重大伤亡，被迫撤退。特别是反攻霸王城的一次战斗中，我军冒着密集的炮火，前仆后继，连续冲锋，阵亡官兵的遗体遍布于日军阵地前的山坡，战况至为惨烈。十二月中旬，我军奉命在张垌、王顶至汉王城一线构筑工事，由第三十八军担任监围邙山头日军的任务。

一九四三年夏，新编第三十五师师长孔从周、第十七师师长耿志介，分别在广武立碑，纪念该两师在郑州战役中为国捐躯的官兵。

# 黄河桥畔攻坚战

林树梓※

一九四一年秋季，日本侵略军由郑州黄河铁桥附近偷渡黄河，大举进攻郑州，经我军反击后，大部分退到黄河北，仅留一部分坚守河南岸桥头堡——平汉铁路黄河南岸铁路西侧邙山东端的汉王城、霸王城一带的几处山寨。我第四集团军孙蔚如部第三十八、第九十六两个军围困该敌，收复了汉王城，准备继续进攻，夺取黄河桥。

一九四一年十一月上旬，我第九十六军第一七七师进至广武县东北地区，奉令进攻敌人侧背。我师决定以第五二九旅第一〇五八团向霸王城正面佯攻，第一〇五九团向敌人左侧背主攻，计划攻占霸王城东侧王顶寨之后，直插黄河边，切断敌人退路，以便全歼南岸之敌。当时我是第一〇五九团第一营第一连上尉连长，奉命为先头连，主攻王顶寨，俟占领该寨后，再由第二连、第三连前进扩大战果。王顶寨四周都是深山沟，敌人在此据守，到处设有地堡、战壕、铁丝网，不易攀登。十一月九日拂晓前，我师炮兵开始猛烈向王顶寨轰击。早六时整，我连从南面进至沟边，做好冲锋准备，待我师炮火延伸射击，我即率领全连下至沟底，绕到敌人东北侧，冒着硝烟，爬上云梯，冲进敌阵。发现敌人纷纷向西逃跑，我连迅速追击，约进一二百米，即被敌人阵地后暗堡机枪火力所阻。此时天色大亮，当我正在观察敌人火力点，调整部署之际，被敌发现。敌以机枪向我连续射击，并投以掷弹筒，使我两次负重伤，即把指挥任务交给了中尉排长尚中道。我刚刚退出第一线，我连即遭敌人

※ 作者当时系第九十六军第一七七师第五二九旅第一〇五九团第一营第一连连长。

的集中反击，全连和敌人展开肉搏。由于我们的官兵平常营养差、体力不支，枪上又缺乏刺刀，被敌人用战刀乱劈，我后续部队又未跟上，因而败下阵来。官兵伤亡过半，段金财、傅峻德两位排长阵亡，尚中道排长亦负伤。我认为此次战斗失利的原因有三：一是作战经验不足，未能及时向敌阵地纵深猛冲，给了敌人以喘息机会；二是部队刺刀不全，手榴弹太少，未能及时炸毁敌人暗堡；三是一线力量不足，后续部队没有及时跟上，招致失败，令人痛心。

# 第 五 章

## 豫中（中原）会战

# 豫中会战

何应钦[※]

敌寇以打击我豫西之野战军，并打通平汉路之目的，于本（三十三）年三月底，将新乡及邙山头间铁道及黄河铁桥先后修复，并抽调原驻黄河以北各地敌寇约十万，集结于新乡、开封一带，于四月十八、十九两日，分由中牟、邙山头渡犯。至廿三日敌分别窜占我新郑、密县以北各县城。我军于廿七日拂晓，全面向占领新郑、密县之敌反攻，近迫城郊，斩获甚多。廿九日敌主力向许昌方面转移，卅日分三路围攻许昌。我守军与敌血战数昼夜，因伤亡过大，于五月一日突围转进。是时敌并以快速部队分向襄城、郏县窜扰，以步兵万余围攻禹县，三日陷我禹县、郏县，四日陷襄城、临汝，其先头一部五日窜抵洛阳以南龙门附近。我军予以坚强阻击，敌受创甚巨，攻势为之顿挫。五月九日，敌得援复由龙门、伊阳向洛阳近郊，及新安、嵩县以西窜犯。同时垣曲附近之敌，亦由南村、白浪渡犯，十二日陷渑池，并续向西犯，连陷张茅、陕县，一度窜占灵宝，逼近阌乡。由龙门、伊阳窜新安、嵩县之敌，陷宜阳、洛宁，廿日分窜至卢氏及狮庙一带。经我军胡宗南兵团增援，及我豫境各部队猛烈反击，先后得将西犯之敌击退，克复函谷关、灵宝、卢氏等地，旋我敌仍在嵩县以东，洛宁、陕县附近地区对战中。由许昌、襄城南犯之敌，曾会合信阳敌一度打通平汉路，但西平、遂平、确山、驻马店等地，旋亦经我次第克复。敌复增援反扑，于六月十七日再度打通平汉路，并陷我上蔡、汝南、正阳等处，我军当予阻击。进犯洛阳城郊之敌，自五月十日起，由各路向洛阳围攻。我守军浴血苦战予敌重创后，至廿六

---

※ 作者当时系国民政府军事委员会参谋总长。

日，乃向城郊转进，不断袭击敌后。综合豫中战役，我高级将领阵亡者，计有李家钰总司令，新二十九师师长吕公良，少将副师长黄永淮、卢广伟，上校团长杨尚武、李培芹、刘国昌、曹和等，敌亦伤亡甚重。

# 豫中会战

*白崇禧*[※]

### 战前形势

敌为打通平汉路南段（黄河以南）并打击我豫境国军，特占领邙山头为据点，以掩护抢修黄河铁桥，同时将平汉路北段通车至黄河北岸。由三十三年一月起至四月止，敌抽调陆军约五个师团，与两个独立步兵旅、一个骑兵旅、一个战车师、炮兵四联队、工兵六联队，并配属第五航空兵团由华北方面军司令官冈村宁次指挥，总兵力约十六万人。以主力集中于开封、新乡地区，一部于黄河北岸之晋南，另一部于豫南信阳与皖西正阳关，分路向豫中进攻，企图打通平汉路南段，以利军运。此次敌兵力专对平原作战，故使用战车、炮、骑等快速部队，配以修路之工兵部队。

我军委会于豫中会战时，曾抽调第一战区步兵三十八个师、骑兵三个师，由司令长官蒋鼎文、副司令长官汤恩伯分别指挥。另调第八战区副司令长官胡宗南指挥九师、第五战区的六师参战，总兵力为步兵五十三个师、骑兵三个师，共约二十八万人，并有一部空军支援。

### 国军作战指导方针

我军拟于河南嵩山附近与敌决战，以扶沟、氾水及其以西为河防，极力阻敌渡河，于许昌、长葛、洧川、新郑、郑州、荥阳一带构筑工事消耗敌人，并于密县至氾水间山地构筑守势地带，于襄城、禹县、密县、

---

[※]　作者当时系军事委员会副参谋总长。

登封、临汝等纵深地区构筑防御地带，统由副司令长官汤恩伯指挥。

## 会战概要

会战时，敌恃其武器装备之优良，与装甲、骑兵之快速，及空军之支援，由河南北、东、南三面向豫中分进合击，于民国三十三年四月上旬由中牟附近强渡黄河①，击破我河防部队。豫北之敌于四月中旬占领邙山头阵地②，皖西之敌为策应豫中会战，同时占领颍上，各方之敌分头向我进攻。因豫中地势平坦居多，敌充分发挥快速部队之威力，装甲部队与骑兵驰骋于豫中平原，且以优势空军为支援。我军在守势地带既不能阻止敌军，于攻势地带又无空军支援，故平坦地区遭敌战车与骑兵袭击，各部联络中断，不能协同。敌快速部队曾向函谷关猛扑，并攻占灵宝。

平汉线正面及信阳之敌，至五月上旬曾打通平汉线，嗣为占领铁路两侧广正面之我军，于克复漯河、西平、遂平、确山后，将其截断，后敌复调增援部队二次进攻，再度打通。敌打通平汉线，在使华北、华中交通联成一气，然因我主力仍在，于豫西、皖北各重点继续袭击敌人，使敌始终不能顺利利用，其贯通华中、华北之目的，亦未能完满达成。

## 豫中会战检讨

一、敌方

（一）敌以十六万以上兵力，且有多数战车、骑兵与优势空军支援企图打通华中、华北，使之紧密联系。但因敌只占点、线，铁路两侧之面随时遭我袭击妨碍，无法克复，故始终未能有效利用。豫中会战，敌以装甲、骑兵为前锋，且有优势空军支援。故作战于无险可守之平原，所向披靡。

（二）此次会战，为冈村宁次指挥。视其部队编组，完全针对平原作战。古时兵法有云："不知天时地利，不可为将。"论日军在华北指挥官中，冈村是此中佼佼者。当日本投降时，冈村能贯彻命令，约束部队，听命缴械。

胜利后我到南京，一日，于军训部王次长家下围棋，适冈村亦在座，

---

① 据《第二十八集团军中原会战战斗详报》，日军于四月十七日夜（亦有资料说是十八日零时后）开始渡河攻击。

② 一九四一年郑州战役后，日军一直占据着以霸王城为核心的邙山头桥头堡阵地。

因此相识。此位叱咤风云、驰骋沙场的名将，却原是一位温文儒雅的人。以后遣俘时，冈村正有病，身为最高统帅的他，我们未依战犯处理，极力宽赦，将他随二百万战俘遣送回国治病。冈村感激之余，自思无以为报，曾亲告我，他日若到日本，将亲迎于机场，随侍身边代提皮包。

二、我军

（一）就数量言，我军兵力较敌为优，而于质量上，则不若敌精练，装备方面更逊敌一筹。

（二）制空权操于敌手，且缺乏平原作战之利器，故于平原地形之作战，遭遇困难。

# 转战豫中

陈正风※

　　一九四四年四月十八日，侵华日军发动了中原会战。当时我任第一战区第二十八集团军暂编第十五军参谋处中校作战参谋兼军长刘昌义的侍从参谋，曾跟随刘昌义转战于中牟、新郑、长葛、许昌、襄城等地，一路上与日军反复拼杀，浴血苦战，历尽艰险，予敌重创。虽已事隔近半个世纪，但至今回忆起来仍历历在目。

## 会战前敌我之态势

　　暂编第十五军于一九四一年下半年在偃师县缑氏镇成立，军长是刘昌义中将（河北高阳人）。辖暂编第二十七师（师长刘耀军，河北良乡人）一个师，属第四集团军（总司令孙蔚如）序列。我在中央军校第一分校第十七期毕业后，即到该军任职。次年十月，暂编第十五军奉命移驻西平县，归第三十一集团军（总司令由第一战区副司令长官汤恩伯兼任）指挥。一九四三年十一月，第二十八集团军（总司令李仙洲）总部由安徽阜阳移驻河南禹县，改辖暂编第十五军、第八十五军（军长吴绍周）和泛东挺进军（总指挥陈又新）。当时，暂编第十五军正在新郑整训，担任中牟一带新黄河河防的新编第二十九师（师长吕公良）奉命归属本军。

　　刘军长本人虽系行伍出身，但十分注重军官们的学历、部队的整体素质和战斗力的提高。他延聘、接纳了许多黄埔军校毕业生和毕业于东

------

　　※　作者当时系暂编第十五军参谋处作战参谋兼军长的侍从参谋。

北、西北、保定、云南讲武堂的老军官来部队任职。部队在新郑整训后，连以上军官几乎全部进行了调整和更换，面貌较前大为改观。当时，军长以下的军官主要有：中将副军长李强（江西人，黄埔第一期），少将参谋长赵蕴奇（东北人，陆大干训班毕业）；暂编第二十七师少将师长萧劲（湖南人，留德生），第七十九团上校团长刘耀军（黄埔军校洛阳分校练习队练习生，此时由暂编第二十七师师长降为团长），第八十团上校团长张少泉（湖南人），第八十一团上校团长王××；新编第二十九师中将师长吕公良（浙江开化人，黄埔六期），第八十五团上校团长杨尚武（湖南沅江人，陆大毕业），第八十六团上校团长姚俊明（陕西人，西北讲武堂毕业），第八十七团上校团长李培芹（山东人，黄埔军校毕业）；辎重团上校团长傅中枢（江苏吴县人，黄埔十期）等。营、连级军官也都有学历，排级军官中军校毕业者约占三分之一。除军佐外，全军行伍出身的军官已为数极少。

一九四四年三月初，我们从军令部和集团军总司令部发来的情报中得知，日军已修复黄河铁桥，在黄河北岸集结了大量兵力，加紧准备进犯中原地区，企图打通平汉线南段。战前，本军情报部门获悉，当面之敌是日军第十二军第三十七师团、第二十七师团、第六十二师团、第一一〇师团、坦克第三师团、独立混成第七旅团以及骑兵第四旅团等部，约十五万人。

四月初，第二十八集团军调整部署，命暂编第十五军暂编第二十七师担任中牟境内的新黄河河防，新编第二十九师守卫许昌。当时，暂编第二十七师师部驻滹沱张村，所属第七十九团和第八十团防守新黄河南岸第一线阵地，第八十一团作为预备队驻师部附近。该师武器装备差，新兵多，战斗力不强。因此，对于上峰将暂编第二十七师部署于河防第一线，曾引起人们的纷纷议论。新编第二十九师武器精良，战斗力较强，其主力驻许昌，第八十六团驻新郑、和尚桥等地。

暂编第十五军军部驻新郑西南二公里的大高庄，军直属部队驻城西二公里半的杨庄。军长刘昌义住在城内的一所大房子里，跟他住在一起的只有中尉侍从副官焦田来（新郑县陵岗村人）和八名卫士。我就住在军长住所对面的一个小院子里。作为军长的侍从参谋，我必须时刻不离军长左右，以便完成军长交给的任务。

暂编第十五军左、右两翼的友邻部队分别是第八十五军和泛东挺进军。第八十五军以第一一〇师（师长廖运周）和预备第十一师（师长赵琳）担任郑州、广武一线河防和对邙山头日军桥头堡的监围，第二十三师（师长张文心）守卫密县。泛东挺进军负责守卫中牟以东尉氏、扶沟等地的河防，并策应郑州、中牟、许昌等地的战斗。

# 刘军长督师上火线

一九四四年四月十八日凌晨二时，一阵急促的敲门声把我从熟睡中惊醒，门外传来侍从副官焦田来的声音："陈参谋，快起来吧！刚才参谋长给军长打来电话，说暂编第二十七师在中牟与日军接上火了，叫你快点去。"焦田来说完便跑回去了。我意识到情况紧急，匆忙穿好衣服，跑步来到军长的屋内。

刘军长坐在椅子上，大口大口地抽烟。停了一会儿，他说："刚才接到参谋长的电话，今天零点暂编第二十七师在中牟与日军接火了。集团军总司令部来电，命我们火速驰赴中牟迎敌。你快去整理一下应用的东西，我们马上出发上前线。"我说："报告军座，到前线去指挥作战，只有你和我吗？军部是否也一同前往？"军长说："军部在大高庄不动，副军长和参谋长也都不去，就是你跟我去。我们带着特务连，军官队也让他们跟着去。"我说："军座，特务连是必须要带的，可是军官队多数是军佐，有些是戴眼镜的书呆子，在战场上没有什么用处。是否就近从驻新郑的新编第二十九师第八十六团调一个营随同前去，军官队就不用带了。"军长说："也好，我写手谕，你拿去找姚团长，让他派一个营来。不过军官队还是要带，让他们当传令兵也行，怎么说没用呢？你赶快去办，命令他们天亮时在东门外集合，别耽误时间。"

我领命后，首先前往第八十六团，向姚俊明团长传达了军长的命令；接着又赶到大高庄军部，从译电室和参二科分别取出所需的密码本和军用地图。当我回到住所时，天已破晓。我将各种应用之物、枪支弹药收拾停当，才去向夫人孟梅告别。孟梅听了我的告别话，两行热泪夺眶而出。后来她在随军部转移至遂平嵖岈山时，被日军野炮击中身亡，年仅二十二岁。

我告别了孟梅，急忙来到军长住处。我们刚走出大门，就遇上了日军飞机的空袭。卫士们举着捷克式七九步枪不停地对空射击，我和刘军长、焦田来急忙翻身上马，冒着日机的轰炸和扫射，朝东门外奔去。此时，军部特务连（上尉连长张广勤）、军官队（中校队长赵洪超）和第八十六团第二营（营长胡光耀）已集合完毕。刘军长到后，作了简短的训话，交代了出发的目的，命令各队以急行军速度前进，并许以先到中牟溻沱张者有奖。

一路上，我们一行十余人策马疾驰，恨不得一下子赶到前线。中午十二时许，到了新郑县城东北约四十华里的薛店镇。焦田来问军长是否在此稍事休息，吃些饭再走。军长说，要争取时间，到溻沱张再吃饭。

离开薛店不远，我们遇上了暂编第二十七师运送病号、军官家属和行李向后方转移的三十余辆大车，其中有师长萧劲的夫人和一名副官。刘军长对那位副官说："你们一路上要严守纪律，不得扰民，否则枪毙。"说罢，我们继续赶路。

## 激战中牟

十八日下午三时许，我们到达暂编第二十七师师部驻地溻沱张村。军官队、特务连以及第八十六团第二营，于日暮前也先后到达。在师部里，暂编第二十七师师长萧劲向军长刘昌义汇报了该师当日的战斗情况。

十八日零时前后，日军利用原已占领的中牟县城作为掩护，分兵两路由县城以东的邢庄、荣庄、傅庄和以西的三王等处渡过新黄河，向暂编第二十七师阵地发起进攻，并不断扩大渡河面，使后续部队加快渡河速度。我军当即奋勇抵抗，因武器很差，只得以投掷手榴弹为主与日军进行近距离战斗。激战至天明，小李庄、小辛庄、桃村李、大潘庄、洞上等第一线阵地相继被突破。此后，我军利用房屋、沟渠、树林为掩护，先后在姚家、刘巧、念罗、坡刘等村庄节节抵抗。目前正与日军相持于树头村及其以东的沙丘地带。萧劲还说，暂编第二十七师凭借黄河天险和阵地工事都未能阻止日军的进攻，此刻在没有工事的开阔地上，要将日军驱逐回黄河北岸就更难了。军长听着萧劲的汇报，不时紧锁双眉，脸上流露出不满的表情。他认为，在此战况激烈、战局恶化的危急关头，身为师长的萧劲应当亲临火线指挥作战，而不应当仍旧坐守师部。

晚九时许，我陪军长与萧师长在一间茅草屋里共进晚餐，并讨论反攻计划。吃饭间，日军打过来的炮弹不时在离师部不远的地方爆炸，并有人进来报告部队不断后撤，日军已逼近师部。大家的心情非常沉重，我和刘军长虽已是一天粒米未进，但此时却举箸而难以入口。暂编第二十七师三个团早已投入战斗，师部已无预备队可派。刘军长命令萧师长立即上火线督战，组织部队反攻，并对我说："咱们把胡光耀营、特务连和军官队都带上去，非把日军赶回黄河以北不可。"

四月十九日二时许，我奉命集合队伍随军长出发。我们越过砚台寺，向北搜索前进。当胡营先头连进至黑牛张村边时，被村内的日军发觉，当即展开了战斗。刘军长命胡营的另外两个连迅速迂回到村庄的东、西两侧，然后突然发起攻击；又令特务连、军官队紧随先头连从正面强攻。霎时间，枪炮声、喊杀声、手榴弹爆炸声响成一片，我军官兵冒着密集枪弹冲进村内，日军遗尸数十具向北败退。战斗中，我方亦伤亡五十余人。与此同时，暂编第二十七师第八十一团和第七十九团也分别攻占了坡刘和彦张村。此时天已微明，我军乘胜追击，克复了大汾店、罗宋、大庄等据点，中午前已推进至刘巧附近。当时我军如果有后续部队，是能够把日军赶过黄河的。

中午时分，赶来增援的日军步、骑兵千余人在强大炮火的掩护下，对我军右后方发起围攻。官兵们轻装上阵，激战竟日，午餐无着，饥困交加，已是精疲力竭了，且无后续部队增援，只得逐次后撤。我们作战的地区是沙土地，难以构筑工事，而且地势平坦。我军就利用房屋、断壁、沟渠、树林、麦地阻击日军，以手榴弹、迫击炮予敌以杀伤。

下午，我军撤至祥符刘、树头村、单家、溽沱张一线顽强阻击，打退了日军的多次冲锋。自开战以来，暂编第二十七师的伤亡人数已达两千左右，刘军长的卫士张明和四名军官队队员也都阵亡了。当晚，暂编第二十七师师部移驻八岗，部队也收缩在八岗周围地区继续阻击日军。

刘军长带领胡营、特务连和军官队来到八岗，独自躺在师部的一间草屋里闷闷不乐。我和焦田来站在一旁一再安慰他，劝他吃饭、休息。对于刘昌义此时的心情，我们是完全理解的。战斗紧张之际，刘军长曾直接指挥暂编第二十七师右翼的刘耀军第七十九团作战，使得师长萧劲大为不满，认为这是乱了指挥系统，因此二人之间产生了矛盾。特别是一天来的战斗由胜转败，部队伤亡严重，更使刘军长焦虑不安。

四月二十日，我军击退了日军的几次小规模进攻，战况相对平静。泛东挺进军张清秀旅奉命由八岗东南的黄店附近攻击日军侧翼，以策应暂编第二十七师作战，但遭到了日军的猛烈反击，被迫撤退。当晚，我们收到了第一战区副司令长官汤恩伯的电报，命刘军长率部在中牟继续阻击日军的进攻。

四月二十一日清晨，日军集中火炮和重机枪，猛烈轰击和扫射八岗村，外围阵地前的战斗也越来越激烈。在此十分危急的情况下，师长萧劲要求撤退，而刘军长则命令他拼死坚守，因而暂编第二十七师又坚持了一天。

日落后，八岗以北一公里的绪张村被日军攻占，师部的北面已失去了屏障。刘军长命令萧劲火速派兵夺回绪张，而萧师长则认为已经没有必要了，并再次提出撤退的意见。二人各持己见，最后刘军长说："坚持战斗，死不后退。"萧劲不答话，出门而去。刘军长对我说："萧师长不服从命令，我也奈何不了他，现在只好由咱们来计议退敌之策了。"

当时，我们虽然无法搜集情报，不了解整个战局，但从日军两天来一直未对八岗发起大规模强攻这一点判断，就可知其主力业已绕过我军西进，此刻郑州、新郑很可能已沦入敌手。我们虽是被困敌后孤军作战，然而只要能守住八岗一带，就可以牵制住一部分日军，为友军减轻一些压力，况且汤恩伯也命令我们在此阻敌，所以不能撤。眼下当务之急是尽快驱逐绪张村的日军，以解除其对八岗正面的威胁。但此时刘军长对暂编第二十七师指挥无效，只好带领自己的随身部队出击。

当晚八时许，刘军长在没有通知萧师长的情况下，就带领特务连、军官队离开师部，径往八岗以西的胡营阵地。我们与胡营会合后，即向右迂回至绪张村以西约八百米的一片杂树林里。经过几天的战斗，部队伤亡很大，胡营和配属的迫击炮排仅剩四百余人，特务连和军官队尚有一百三十余人，总共加起来也只有五百三四十人了。刘军长以胡营为冲锋队，特务连和军官队编为援队，将迫击炮阵地设在杂树林内，要与日军决一死战。我建议将冲锋队分为两队，一队由我带领从西街口冲入，另一队由胡营长带领绕至绪张以北接近村缘冲入；军官队由赵队长带领，从村南侧佯攻；军长带特务连为援队。刘军长同意我的意见，但坚持要亲自带队冲锋，同时命令军官队要先于冲锋队发起进攻，以使日军误认为是暂编第二十七师部队出击，从而分散其注意力。最后，军长命令我带领特务连为援队，观察周围的情况，在冲锋队前进时指挥迫击炮排向绪张村内的日军射击，然后带领特务连跟上去，待冲锋队摸进村内，手榴弹一响，立即吹起冲锋号。

晚九时三十分，刘军长和胡营长各率领一支冲锋队出发，我即命令迫击炮排开炮。刚打出五发炮弹，我还在观察弹着点时，射击忽然停止了。我急忙提着手枪奔至炮位查看，方知炮弹已全部用尽。我只得命令留下一个班看守三门迫击炮，其余两个班归属特务连，随军长所带的冲锋队之后迅速跟进。

侵入绪张的日军，约是一个前哨中队，此时正在假眠，以待拂晓出击。日军原以为暂编第二十七师已丧失战斗力，做梦也没有想到会遭此突然袭击，顿时乱作一团，向村南部聚集，盲目射击。当刘军长和胡营长率领的冲锋队自村北和村西冲入绪张，出现在日军的后背和右翼时，日军才发觉，但还未来得及掉转枪口，冲锋队投出的手榴弹就如同冰雹一般落入敌群。我立即命令号兵吹起冲锋号，并带领援队冲进村内，和冲锋队一道与日军展开了白刃战。日军打出了几颗信号弹，但为时已晚。这一百多名日军在我军的手榴弹和刺刀之下毙命，我军夺回了绪张村。

夜十时三十分，我发现绪张以北和八岗的西北方、东方都升起了日军的信号弹，而且由远而近，就立即报告了军长。此时八岗方面已无枪声，暂编第二十七师的情况也不得而知。如果日军攻占了八岗，我军的退路就会被截断，于是刘军长下令速回八岗。

## 昼伏薛店

部队撤离绪张，经原路返回，行至八岗西街口时，发现暂编第二十七师在此设置的警戒部队已经撤离。刘军长留下几名士兵担任警戒，急忙来到暂编第二十七师师部驻地，见里面已空无一人，始知萧劲已带领部队撤离了。但刘军长仍希望能找到暂编第二十七师，就命特务连沿街向东寻找。特务连刚走到东街口，就与冲入村内的日军遭遇，双方展开巷战。与此同时，留在西街口的数名警戒也跑来报告，说从西北方向进攻的日军已接近西街口。此时我军已是两面受敌，处境极其危险，刘军长急令部队经南街突围。在南街出口处，部队被暂编第二十七师设置的鹿砦所阻挡。我军只得一面阻击从东、西两面冲入村庄的日军，一面加紧拆除鹿砦。仗打得很惨，由于我军是几百人拥挤在一条狭小的街道上作战，部队既无法展开，又无工事可作依托，所以伤亡很大。我们用了很长时间，才将街口的鹿砦扒开了一个约一米宽的豁口。当我军由此撤往村外时，日军集中火力封锁豁口，又有不少弟兄伤亡，重伤员们也因无法救出而惨遭日军杀戮。

四月二十二日零时左右，部队撤离了八岗。刘昌义虽曾估计到新郑已被日军占领，但还是希望能与军部会合，以便重整旗鼓再战。他命令胡光耀率第二营快速返回新郑寻找军部，自己带领特务连和军官队随后跟进。

黎明时分，部队从东门进入了薛店。此时的薛店较之四天前我们经过时已是面目全非，一片凄凉。镇内镇外看不到一个行人，绝大多数老百姓为躲避战火已远走他乡，少数未来得及逃走的全都惨死在日军的屠刀之下，所有的院门、屋门都被推倒或砸坏，粮食、财物和家禽家畜被洗劫一空。我随刘军长走进一座小院，看见一位老汉倒在血泊中，屋内的床上躺着一具披头散发的裸体女尸。我们又来到大街上，见路当中有几十堆麦秸，周围布满了洋马蹄印和许多炮车留下的车辙。

此时天已大亮，为了避免白昼行军可能造成的无谓牺牲，军长刘昌义决定就地宿营，待天黑后再行动，于是部队就在丁字街北口中药铺门外的大槐树下休息了。刘军长命令特务连在镇的四门设置瞭望哨。上午九时和下午三时许，我们发现先后有两股日军共约数千人，分别沿着薛店以北两千米外的大道由东向西行进，很可能是去进攻密县。

当天中午时分，特务连张连长送来了一个年仅十二三岁的小孩，这是我们数日来在战场见到的唯一活着的老百姓。但其面容、神情、言谈、衣着不像讨食的乞丐，形迹有些可疑，有些像我们曾抓到过的日军奸细。在一时无法弄清其真实身份的情况下，为了不冤枉好人，同时又预防万一，我们决定将这个小孩暂交特务连看管，给吃给喝不许虐待，到我军离开薛店时再放他走。

这一天好像过得特别慢，大家都急切盼望天早点黑。军长刘昌义因暂编第二十七师去向不明和急于离开薛店而忧心忡忡。我往返奔波于薛店镇四门之间观察敌情，考虑当晚部队的行进路线。

## 花园村附近遭遇战

四月二十二日日暮后，我们一行百余人来到南门两侧。我登上寨墙向外观察，见无异常情况，即命特务连出发，向南略偏东方向搜索前进。行进中，我们避开道路和村庄，并将队形疏散开，随时准备战斗。

夜十时许，我们在新郑县城东北约二十华里的一个村庄里与暂编第二十七师会合了。此时我们才得知，昨夜刘军长带队攻击绪张时，萧劲即命全师撤离八岗，于今日拂晓到达此地。因新郑城内和城东均有日军，不能通过，故在该村内隐蔽。不久，胡光耀营也来到这里。

夜十一时许，据情报人员报告说，新郑城内的日军兵力较大，城东南约二十华里的花园村有一个大队，花园以东各村也都驻有日军，只是新郑县城与花园村之间尚未发现敌踪。于是军长刘昌义和师长萧劲商定：部队从新郑以东八华里处通过日军的占领地带；以刘耀军第七十九团为前卫，刘军长带领特务连和胡光耀营紧随其后，萧师长位于本队。我非常清楚军长不在本队而跟在前卫团之后，是为了在紧急情况下能抓住他的老部下刘耀军的第七十九团作战。该团在中牟战场上伤亡很大，现在仅剩六百多人了。

四月二十三日零时，部队按原定的顺序和行进路线出发了。当前卫团接近花园村西南的一个村庄北缘，我和军长刚走上村北五十米的石桥时，突然遭到村内日军的猛烈射击。我们急忙跳到桥下的干河沟里，前卫团也被迫退至此处。刘军长立即命令暂编第二十七师速派一个团监视新郑的日军，再派一个营牵制花园村之敌，胡光耀营经该村西侧绕至村南抵敌后背；第七十九团以一个营迂回至村东，另两个营待胡营打响后立即从正面发起攻击。经过不到一个小时的激战，我军全歼了村内约一个中队的日军，并缴获轻机枪六挺、步枪一百余支。

战斗结束不久，花园村方面的枪声也逐渐停息，估计是暂编第二十七师的那个营已奉萧劲之命撤离了。刘军长立即带领刘耀军团和胡光耀营从南街口出村，向左迂回，攻击花园村之敌。由于该处敌人兵力较强，激战至拂晓，我军仍未能攻入村内。此时，驻新郑的日军即将出动，为了避免腹背受敌，刘军长命令部队迅速撤出战斗，以胡营为前队，刘团为后队，向许昌方向转进。

## 和尚桥突围

四月二十三日上午，由于不断遭到敌机的空袭，部队行进的速度十分缓慢，直至下午三时许才到达长葛县和尚桥村。此地位于长葛县城以西，许昌以北。一条长约五百米的南北土路是村内的主要道路，紧靠村东侧的平汉铁路此时已拆除，东面是大片的麦田。清潩河自北向南，在村西约一千五百米处转向东南穿村而过，一座长约数十米的石桥连接着河两岸的大街。村南端地势骤然升高，两条深达两米的大沟与南街口相交，一条伸向东南，另一条伸向西南，分别是通往许昌和禹县的大道。两条沟之间是一块三角形的坟地，其顶端正对南街口处有一座五道庙。坟地居高临下，地形十分有利。这里虽是许昌以北的重要屏障，但在我们一行到达之前，却既无部队防守，也未构筑防御工事，仅在村边挖了一些立式或跪式的散兵坑。新编第二十九师第八十六团（欠第二营）驻守在和尚桥以东的几个村里，团部驻和尚桥东南约一千五百米处的一个村庄。

经过二十多个小时的连续激战和行军，官兵们已是饥肠辘辘，疲惫不堪。和尚桥保公所为我们提供了充足的饭食，军长刘昌义决定在此宿营，翌日再去许昌。

饭后，刘军长用保公所的电话与驻许昌的吕公良师长通了话。这时，上校参议王宝斋（河南镇平人）和王海东（河南修武人，前第八十一团团长）便装自后方来见军长，要求去敌后组织抗日部队。经军长批准，我发给他俩每人十张盖过暂编第十五军关防的空白差假证和公函纸。后来听说，王海东在组织抗日队伍时被日军逮捕杀害。

下午四时，哨兵跑来报告，说在和尚桥以北两千米的一个村庄里有大队日军，正在向和尚桥进犯。刘军长命令第七十九团立即进入村边阵地，准备战斗。由于没有防御工事，部队只得利用村边的房屋和墙垣坚守。

面对蜂拥而来的敌人，我军则因炮弹用尽而无法进行远距离拦阻射击，只能待其迫近时以轻武器进行近距离作战。日军的行进速度很快，下午五时三十分即与我军接上了火。我第七十九团官兵沉着应战，以手榴弹打退了敌人的第一次冲锋。然而该团以不足六百人对付数千敌人，无论在人数上还是在武器上均处劣势。当敌人第二次冲锋时，该团已无力支持，只得退入村内防守。

战斗打响后，我一直在密切注视着日军的动向。此时，我发现日军的后续部队正向我左翼运动，有经村西向南迂回，夺取村南高地，对我军进行前后夹击之企图。我急忙将此情况报告了军长。刘军长命令第七十九团继续阻击正面之敌，自己带领胡光耀营、特务连和军官队立即离开保公所，数名警察和保公所人员紧随其后，顺着街道向南跑去。在通过石桥时，几乎是与我们齐头并进的敌人，已自村西的河道用机枪向桥面射击，我军有几名士兵倒下。刘军长一面组织火力掩护，一面指挥部队低姿跑步前进，迅速通过石桥直奔村南口，终于抢先一步占领了村南的三角形高地。我军居高临下，立即与从村西绕过来的敌人展开了战斗，将敌人压迫在沟道内。

晚七时后，敌人接二连三地对高地发起冲锋，战斗更加激烈。五道庙的庙顶已被敌军的机枪掀掉，高地上的几棵小树也被打得光秃秃的。我军官兵英勇顽强，用手榴弹一次又一次地击退了敌军的进攻。守卫和尚桥村的第七十九团与敌军逐房逐院地争夺，展开了激烈的巷战。和尚桥以东的几个村庄周围，枪声、喊杀声和手榴弹爆炸声此起彼伏，守卫在那里的第八十六团（欠二营）也正在与敌军鏖战。

这时，我们发现和尚桥村东的大片麦田里无我军部队防守。为了防止敌军由此钻隙南窜，刘军长命令我迅速通知姚俊明团长，派一个连去填补空隙。我怕时间来不及，就建议先派军官队越过沟道向北警戒，军长同意。于是我便带领仅剩二十人的军官队，由高地东侧越过沟道，到达指定地点，然后独自一人提着手枪沿沟堤直奔东南。

在距和尚桥一千五百米处，我找到了姚团长，向他传达了军长的命令。姚团长听后十分为难，他领我来到团部，说："你看，这里只剩下一个排的预备队了，只有到万不得已时才能拉上去应急。"接着，我们又来到阵地上，这里正在进行着紧张激烈的战斗。当夜刮起东北风，黄沙扑面，我军阵地面向北方，对作战极为不利。我跟姚团长在阵地上巡视了一遍，深感兵力已不敷使用，若强行抽出一个连，势必导致全线溃退，因而只得急速回去复命。

当我跑到距坟地二百五十米处时，发现一人迎面而来，我立即隐蔽在麦田里，高喊："口令！"对方说："是我呀！"我一听是军长，连忙站起身来问："你一个人到哪儿去，怎么连卫士都不带呀？"军长说："卫士班都去拼刺刀了，我还带什么？你去了半天还不回来，我是来找你的。"我说："小声点，路北的情况不明。"话还没说完，敌军就从路北约五十米处的麦田里用机枪扫射过来，紧接着又是一阵步枪。我抓住军长的袖子往下一拽，弯腰低姿跑回坟地，钻进一个已经迁葬的墓穴里。此时，坟地西侧二营阵地前的敌军不断发起冲锋，东侧特务连阵地对面敌军的火力也十分猛烈，我军已是腹背受敌。刘军长突然从墓穴里一跃而起，骂道："他妈的，和鬼子拼了！"他脱下大衣扔到一边，又摘掉军帽甩出老远，端着枪要冲上去和敌军拼命。我急忙把他按倒在墓穴里，说："军座，现在可不是拼命的时候，你还要去许昌指挥新编第二十九师作战呢！"

这时，日军已占领了和尚桥的北半部，我第七十九团经过激烈巷战，被迫撤至清溧河南岸，与村南高地上的二营和特务连阵地相衔接，利用南街两侧的房屋继续阻敌。二十四日一时许，守卫在和尚桥以东麦田里的军官队队员已全部阵亡，第八十六团阵地上也已是一片沉寂。半小时后，和尚桥东南第八十六团团部方向经过一阵激战，枪声也逐渐稀疏了。不久，敌军的机枪由那里向我阵地后方打来，我军已处在敌军的东、西、北和东南四面包围之中。我军以七八百人的疲惫之师，孤军困守和尚桥一隅，既无力消灭或击退数倍于己之敌，更不可能长期坚守，若待天亮后敌军发起进攻，就会招致全军覆没的厄运。为了避免不必要的伤亡，刘军长决定一时五十分突围。他让我派传令兵去通知刘耀军团长，又从第二营和特务连挑选了二十名精壮士兵组成奋勇队担任掩护。

一时五十分，潜伏在原第八十六团团部驻地村边的奋勇队，准时向村内的敌军投掷手榴弹，该处顿时枪声大作。我阵地东面的敌军掉转枪口向东南盲目射击，西、北两面的敌军也都在注视着那里的突变，我军乘机迅速撤离了阵地。敌军虽已发觉，但因天黑看不清我军的动向而不敢贸然追击，只是在原地胡乱打枪。我军以北极星为准，先向南再向西南，冲出了敌军的包围圈，然后又转向东南，朝许昌方向转进。

## 壮别吕公良师长

四月二十四日晨七时许，部队到达许昌。刘昌义军长命第八十六团第二营归还建制，第七十九团在城防附近待命，自己带领特务连和卫士班从东门进入许昌城。这时，城内的机关和老百姓俱已疏散，新编第二十九师官兵们守卫在城防阵地上，准备迎击来犯的日军。我们一行来到设在东大街原商会和灞陵中学院内的师部，吕公良师长率师部军官们出门迎接刘军长，并陪同刘军长共进早餐。饭后，刘军长在浴池里洗了澡，换上了吕师长派人送来的新军装，一周来艰苦征战的紧张和疲劳顿消大半。

在新编第二十九师师部，我们了解到了开战一周来的战场形势。四月十八日，日军自中牟渡河后，当天即兵分四路，一路与我暂编第十五军部队鏖战，一路向西北进犯郑州（二十日攻占）；一路进犯东南，与我泛东挺进军部队交战，于二十一日攻占尉氏，二十二日又陷洧川；其主力向西南进犯新郑（二十一日攻占），并分出一股西犯密县。十九日，盘踞黄河南岸邙山头桥头堡的日军主力，在空军和炮兵的掩护下发起攻击，突破我第八十五军的监围阵地，然后分为两路：一路沿陇海铁路西犯，二十一日陷汜水，因遭到我第四集团军孙蔚如部的顽强阻击而无法前进；另一路向南进犯，二十日陷广武，二十一日占荥阳，然后继续南犯，与由新郑西犯的日军会攻密县（二十三日攻占）。昨天，有两股日军自新郑南犯，其中西路的一股就是与我军在和尚桥交战之敌，东路的一股今晨占领了长葛县城。目前，日军正在加紧准备进攻许昌，其前锋已进抵许昌以北的杜寨、苏桥、周寨、岗朱一线。虽然泛东挺进军曾于二十日收复了太康，但在短短的一周内已有九座县城沦陷，其中八座属于我第二十八集团军的防区。

此时，许昌已成为我军在平汉线上最北端的阵地，也是我暂编第十五军的最后一个据点，是否能守得住，对于下一步战局的发展至关重要。战前，蒋介石曾电示第一战区司令长官蒋鼎文应以两个师的兵力固守许昌，第一战区司令长官部也曾将许昌附近定为以主力与日军决战地区之一。像许昌这样的旧式城垣，四周地势平坦，无险可凭，属易攻难守之地，然而第一战区副司令长官汤恩伯却仅以新编第二十九师一个师的兵力守卫，如此部署实令人忧虑。

此时刘军长、吕师长已下定决心，誓与许昌共存亡。我们在许昌的几天里，刘军长一直忙于同吕师长等人研究守城方略，指挥加固城防工事，还多次亲临阵地视察，召集官兵们讲话，激励部队士气。

四月二十五日，第二十八集团军总司令部奉汤恩伯之命，令所属各部对日军发起反攻。二十六日拂晓，新编第四十二师一部袭击了和尚桥，与日军激战两小时。同时，该师另一部还破坏了新郑附近的日军通信设备，泛东挺进军克复了尉氏县城和部分据点。此次反攻由于参战部队兵力少，装备差，虽取得了一些战果，但未能从根本上扭转战局。

四月二十八日，集团军总司令部命令刘军长指挥新编第二十九师固守许昌，同时指挥彭赍良新编第四十二师守卫许昌以西各据点，阻止日军南犯。二十九日，各路日军麇集于长葛南部、许昌北部地区，做好了进攻许昌的准备。下午二时，集团军总司令部来电，命新编第二十九师死守许昌，并令刘军长指挥第二十师和新编第四十二师于次日黄昏前展开于襄城的化行、颍桥和禹县的前陈一线，向许昌的七里店和禹县的马沟一线攻击前进，协同马励武第二十九军和泛东挺进军围歼许昌外围的日军，限各部队于三十日下午三时开始行动。此时，新编第二十九师官兵已进入临战状态，师部内更是紧张繁忙。我一面派人通知第七十九团和特务连、卫士班准备出发，一面忙着收拾行装。刘军长实在舍不得在大战前夕离开自己的部队，但上命难违，他只得再三叮嘱吕师长一定要不负使命，奋力死守许昌。临别时，两人的手紧紧地握在一起，互道珍重。没想到此一别竟成永诀，两天后，吕公良师长就为保卫这座古城而在突围途中殉国，年仅四十一岁。

## 误走灵井镇

四月二十九日下午五时许，刘昌义带领着不到六百人的队伍离开了许昌。当夜天很黑，又没有向导，我们迷失了方向。当夜十一时后，我们进入一个镇子，部队停在街心，军长派人挨户去找向导。但老百姓都已弃家远逃，连个犬吠声也没听到。后来我走进一个院子，见屋内有几张办公桌，就急忙上前打开抽屉想寻找点线索，但里面空无一物。当我走出屋门时，发现院子的墙角处竖着一块木板，翻过来一看，上面写着

"灵井镇公所"。原来我们离开许昌后不是向西南直奔颍桥,而是转来转去误入了西北的灵井镇,险些走进日军的占领区。

灵井镇位于许昌城西北二十六华里处,是许昌外围的一个重要据点。昨天,集团军总司令部还电令刘军长指挥新编第四十二师扼守许昌以西各据点,但未能与该师取得联络,所以也无从了解这一带的情况,直到现在才发现这里竟然没有守军。而我们离开许昌后一路上也没碰到一兵一卒,联想到中原会战十多天来的亲见亲闻,不能不使我对于上峰的战略思想是否正确、兵力部署是否得当、掌握部队是否正确产生了怀疑,同时也深为困守孤城许昌的新编第二十九师担心。我们在灵井没有守备任务,即于四月三十日凌晨一时许离开。由于正南方有敌情,我们只得先向东南走数华里,然后再转向西南。行进中,我们遇到了新编第四十二师补充团。该团团长魏骏明说他们是许昌外围的游动部队,我则将灵井无部队防守的情况告诉了他。自开战以来,我们还是第一次见到友军部队,自然感到欣慰。

四月三十日晨六时许,刘军长命刘耀军率仅剩五百人左右的第七十九团先去颍桥,自己则带领特务连、卫士班慢行。走了不远,我们发现前方路西边约三百米处有一个小寨,寨墙由于年久失修,已有多处倒塌,周围长着二尺多高的麦子,没有树木。从缺口望去,里边有几户人家。刘军长想让部队在这里休息一下,吃点东西再走。我立即从图囊里抽出几张军用地图,查出此地名叫红土寨。由于有些人当时还有迷信思想,认为打仗时进入红土寨不吉利,军长又决定到颍桥以北五华里的古城寨打尖。

七时后,部队到达古城寨。寨墙有几处坍塌,墙外杂草丛生,寨内有二十几户人家。部队在寨子里休息,副官和卫士们忙着做饭,刘军长和我躺在一所高房子门外的台阶上闭目养神。忽然,颍桥西北方向响起了激烈的枪炮声和手榴弹爆炸声,经久不止。刘军长对我说:"这可能是刘耀军团与日军遭遇了,听枪声距此不过七八里路。"我说:"有可能,因为刘耀军团走的是那条路,不过现在还无法证实,即使刘耀军派传令兵出来也找不到军长。"刘军长坐起来,又说:"你马上给吕公良师长写封信,告诉他我现在的位置,命令他与许昌共存亡。"我想找张桌子写信,便走进寨墙边的一所小瓦房,里面虽有一张方桌,却无凳子,于是我只得趴在桌上写信。写完信,盖上刘军长的印章,交给了传令兵,让他送到许昌面交吕公良师长。传令兵刚走,突然一声巨响,山墙倒塌,屋瓦坠落,我被砸得头破血流。这是日军打来的第一发炮弹,紧接着又打来十几发。我登上寨墙瞭望，看到东北方有大批日军正向古城寨开进。我和军长分析了当面的敌情，判断出这股来自泉店、灵井的日军是为了夺取许（昌）南（阳）公路上的重要据点颖桥，阻止我军增援许昌并截断新编第二十九师的退路，以配合其主力对许昌的攻击。于是刘军长命令部队立即撤离古城寨，以急行军速度向颖桥镇开进。

## 颖桥守卫战

四月三十日上午九时许，刘昌义军长率部经关店跨过许南公路上的颖河石桥，来到颖桥镇北门外。守卫颖桥的第二十师（师长赵桂森）第五十八团（团长王书鼎）是二十八日由叶县开来的，此时已做好了战斗准备，进入临战状态。经刘军长派焦副官与北门守军联系，守军开了寨门，王书鼎团长出门迎接并陪同刘军长到团部休息。

颖桥镇位于襄城东北三十华里、许昌西南四十多华里处，春秋时是郑国颖邑，秦汉时为颖阳县治，晋以后成为襄城的一个集镇。许南公路穿镇而过，自古为南北交通要冲，且与许昌互为掎角之势，战略地位十分重要。该镇为长方形，南北长四华里半，东西宽约二华里。寨内地势高于寨外，四周有五至八米高的寨墙，墙很厚，上面有用装满土的麻袋堆成的射击孔。寨墙外约五米处有深二米、宽三米的壕沟，寨四周树木茂密，有利于我军的防守和隐蔽。颖河自北向南流经镇东北角处急转向东，行约二华里后又转向东南。河宽约二十米到六十米不等，水面宽约十至二十米，水深六十厘米左右，流速虽不快，但河两岸都是数米高的悬崖，故涉渡和上下攀登均为不易，从而为颖桥镇构成了一道天然屏障。

刘军长刚到第五十八团团部，第七十九团的一名军士就跑来报告，说该团在颖桥镇以北的余张村阻击日军渡河时，全团都完了，团长刘耀军阵亡，活着回来的只有几十个人。全团覆没，又失爱将，使刘军长十分伤心。这时，汤恩伯打来电话，命令部队停止出击。这种出尔反尔、朝令夕改和让部队消极防守、被动挨打的错误指挥，使我们深感意外和不满，却又无力违抗。为了尽到军人守土抗战的职责，刘军长当即请求留在颖桥再和日军拼一下，汤恩伯表示同意，并令刘军长督率第五十八团固守颖桥。

上午十时，日军从东北方向对颖桥镇和颖河沿岸我军阵地发起进攻，我军以迫击炮猛烈还击。一小时后，日军炮兵部队赶来增援，掩护步兵于中午十二时后攻占了我军设在颖河对岸的前进阵地关店。此后，日军将大炮和重机枪架在关店，与我军隔河激战。

军长和我分析了当时的战况，认为日军从正面久攻不克，势必绕至颍桥以北或东南方渡河，对我军实行迂回包围，两面夹击；我军虽凭险扼守，顽强抵抗，但兵力和武器装备均远逊于敌，一旦受到日军的包围，颍桥镇就难以固守。于是，刘军长派人将坐骑送至位于颍河西岸、颍桥以东三华里处的大马庄，再随敌情变化向南转移；同时命我带领特务连的一个排去寨外侦察地形和敌情。我立即让郭贤德排长集合队伍出发。由于寨门已用装土的麻袋堵死，我们从东寨墙上缒寨而下，越过外壕径直向东到达颍河西岸，然后顺着河岸向东南方向搜索前进，沿途未见防御工事，也未发现对岸有敌情。行至大马庄以南，我们即折转向西，经颍桥东南三百米的营庄，于下午二时许到达南寨门外。当我向正西方向瞭望时，发现有大部队从三千米外的后庾河村南街口向东运动，其前锋已在麦地里展开。我从望远镜里清楚地看到，他们头戴钢盔，身着黄军装，确系日军无疑。日军行进速度很快，直扑颍桥而来，我命令郭排长带队伍立即返回寨内。有人对我说："日军已经包围过来了，还进寨干啥？"我严肃地说："明知是死，也得进寨，决不能把军长丢在里边我们溜掉。"于是我们来到南寨门东侧的一个缺口处，由寨墙上的士兵将我们一个一个地拉了进去。

下午二时后，我回到了寨内。日军的炮火已开始向镇内射击，炮弹接二连三地落在屋顶、院内和街心。我军官兵们都上了寨墙，以迫击炮和轻重机枪向寨西的日军猛烈射击。我们来到第五十八团团部，只见房屋已被炸塌了大半。经询问，方知团部已转移到了东寨墙内一百米处麦田里的地下掩蔽部。我即命郭排长带队回特务连，独自一人向掩蔽部奔去。当我刚下到第三级台阶，突然一颗炮弹在洞口的一侧爆炸，掀起的土块劈头盖顶落了下来，砸得我一头栽进了地下室。我强忍疼痛站起身来，向刘军长报告了在寨外侦察到的情况。刘军长听后，立即要通电话，向集团军总司令李仙洲汇报了当面的敌情，请求火速派兵增援。李仙洲说，已命令第二十师师长赵桂森率该师主力由襄城来援，日暮前即可到达颍桥。刘军长放下电话，已是下午三时许。在此之前，日军已推进到了颍桥东南角，与我军展开激战。

下午六时许，进攻颍桥两面的另一股日军已接近到冲锋距离，随即对两千多米长的西寨墙发起了全面攻击。日军以西门两侧作为进攻的重点，企图从颍桥镇中部实行拦腰突破。守卫西寨墙的我军官兵沉着应战。就在日军刚接近寨墙，尚未来得及爬寨时，随着一声令下，数百枚手榴弹顿时在敌群中开了花。冲在前面的敌军被炸得血肉横飞，后面的急忙掉头往回跑，一直退到五百米以外才停住脚步，开始构筑简易工事。当日军的第二次冲锋又被打退后，便暂时停止了步兵的进攻，改用密集的炮火轰击西寨墙。我军官兵不怕牺牲，冒着滚滚的硝烟和横飞的弹片，随时用土麻袋填堵被炸塌的寨墙。

下午六时二十分，进攻颍桥东南角的一股日军占领了菅庄。天黑后，颍河东岸的日军强渡成功，马庄遂沦入敌手。此时，颍桥镇已处于日军的四面包围之中，密集的枪炮声、手榴弹爆炸声和喊杀声此起彼伏。我第五十八团官兵虽伤亡严重，弹药即将告罄，但仍坚守阵地，用大刀、刺刀、枪托、锄头、钉耙一次又一次打退了冲锋爬寨的日军。夜十时三十分左右，颍桥的东南角首先被突破，我暂编第十五军特务连当即与日军展开了肉搏战。此后，西、北、南三面寨墙均有多处被日军突破。起初我军尚能集中火力封锁豁口，配合白刃战将突入的日军消灭或赶出寨去。但随着突破口的增加，冲入的日军越来越多，我军只得放弃原阵地，利用房屋、院墙和街垒与日军进行巷战。

激战至五月一日零时许，蜂拥而入的日军已占领了大半个颍桥镇，我军剩下的人已经不多了。这时，刘军长、王团长和我都在东南角督战。面对战斗节节失利，援军迟迟不至，颍桥失守已成定局的严酷局面，三人相对无言，沉默良久。还是王团长先开口说："军长，颍桥已被日军占领了，我们现在没有弹药，无力把敌人赶出去，你看怎么办？"经过研究，我们决定兵分两路，第五十八团由寨西、暂编第十五军特务连保护刘军长由寨东立即突围。

由于东寨墙很高，墙外地势又低，我就命令特务连士兵抱来几百捆秫秸，扔到墙外垫高地面，以防往下跳时摔伤。这时，从东南角进寨的一股日军已冲到距刘军长一百米处，特务连且战且退，实在无力招架了，刘军长只得下令越墙出寨。

按照预先选定的突围路线，我们出寨后先向东，直奔颍河西岸，然后再转向西南去襄城。在行进到大马庄以南的麦田里时，许多人不知被什么东西绊倒了。大家仔细一看，原来是几十具老百姓的尸体，他们显然是在此躲避战火而被攻占大马庄的那股日军残杀的。目睹如此惨状，官兵们个个义愤填膺。

凌晨二时许，我们已走出大约十华里，冲出了日军的包围圈。突然，特务连先头与对面的一支部队接上了火，后面的人立即散开卧倒，准备战斗。不久又接到报告，说对方讲的是中国话。为了弄清楚对方是敌还是友，刘军长当即命令副官焦田来上前询问，方知是奉命增援颍桥的第二十师部队。在该师前哨连人员的带领下，我们来到了设在颍桥东南约六华里郝庄村内的第二十师师部。刘军长向赵桂森师长介绍了该师第五十八团在守卫颍桥战斗中奋勇杀敌及被迫突围的情况。同时我们也了解到，赵师长于三十日下午三时奉命率该师主力由襄城向颍桥东南前进，与寨内的第五十八团协力合歼颍桥外围之敌，然后即向东侧击进攻许昌的日军。但由于他们行动迟缓，到达郝庄后又逡巡不前，从而贻误了战机。

## 刘军长受嘉奖

五月一日清晨，刘军长骑着从第二十师师部借来的一匹黑马，带着只剩下五十多人的特务连和卫士班，离开郝庄，前往襄城。一路上我们多次遭到敌机的空袭，刘军长所骑的马也因此而受惊脱缰。下午三时后，我们来到县城北门外数百米处，守军第十二军（军长贺粹之）第二十二师（师长谭乃大）第六十四团警戒部队误认为是日军前来攻城，因而向我们开枪射击。我们急忙卧倒隐蔽并向对方高声喊话，他们也发现我们不是敌军而是友军，便停止射击，但说没有团长的命令任何人都不准入城。此时，我们五十多人已是困饿交加，筋疲力尽了，只得躺在北关街道上休息，等候开城门。

下午四时，第六十四团团长来到城上，令士兵打开城门，将我们接进城内。那匹受惊跑掉的黑马也被该团士兵截获，送还了刘军长。当晚，我们接到集团军总司令部的命令，说是奉汤恩伯之命，令刘军长进驻叶县汝坟桥村，指挥暂编第二十七师、新编第四十二师（该两师均因受重创而于数日前到此整补）及工兵第九团（团长蒋桂楷），担任叶县警备任务。

五月二日下午，我们在去汝坟桥途中经过第二十八集团军总司令部驻地申楼时，刘军长又奉命改赴舞阳，指挥第七十八军（军长赖汝雄）新编第四十四师（师长姚秉勋）及南阳地方武装挺进纵队（司令别光汉）。同时，我们也得知了许昌已于五月一日陷落，新编第二十九师师长吕公良、副师长黄永淮及团长杨尚武、李培芹，营长胡光耀、何景明等许多官兵阵亡的消息。

五月三日，我们在叶县南部的旧县镇与从新郑辗转到此的暂编第十五军军部会合了。下午，刘军长率军部前往舞阳，我因患病被送往地处后方的镇平治疗休养。我虽暂时离开了部队，但每日里总是惦念着他们，千方百计打听他们的消息。据我所知，在五月中旬至六月上旬的鲁山作战中，刘军长曾奉命指挥新编第四十四师和由许昌突围出来的新编第二十九师余部继续与日军激战，后来又在南召县境内收容整理暂编第二十七师和新编第二十九师部队。在此期间，第一战区副司令长官汤恩伯调新编第一师师长刘汉兴接任新编第二十九师师长，又以萧劲"人地不宜"，将其调至第一战区副司令长官部，派该部副参谋长苟吉堂代理暂编第二十七师师长。

中原会战结束后，蒋介石颁给刘昌义三等云麾勋章一枚，及蒋本人的半身铜像一尊；并手令国民政府军事委员会侍从室第一处主任林蔚查报吕公良遗属的抚恤情况，指示先发给特别抚恤金二十万元。

# 中原会战回忆

陈子坚<sup>※</sup>

一九四四年四月，日军华北方面军司令官冈村宁次指挥十六万人的陆、空军和机械化部队，强渡黄河、黄泛区向我豫中发动大规模进攻，其目的为占领豫中地区，以期打通平汉铁路线。在此战役中我任孙蔚如第四集团军第九十六军新编第十四师师长（殷义盛任新编第十四师第四十团团长，雷振起任第四十一团团长，王训成任第四十二团团长），始终参与战斗。

## 战前我军兵力指挥和部署概况

第一战区司令长官蒋鼎文直接指挥的部队和部署。司令长官司令部驻洛阳，直接指挥以下部队：

第四集团军总司令孙蔚如，副总司令裴昌会。下属第三十八军（军长张耀明）辖第十七师（师长申及智）、新编第三十五师（师长孔从周），第九十六军（军长李兴中）辖第一七七师（师长李振西）、新编第十四师（师长陈子坚）。右接汤恩伯部任枣树沟、氾水、巩县、偃师、孟津一带黄河河防。这个部队是原杨虎城将军的第十七路军改编的。七七事变后即参加保定、石家庄、娘子关、忻口、中条山等战役。

第三十六集团军总司令李家钰，副总司令陈铁。下属第十四军（军长张际鹏），辖第八十三师（师长沈向奎）、第八十五师（师长王连庆）、第九十四师（师长张世光），系中央嫡系部队，控制在洛阳吕家庙附近，

---

※ 作者当时系第九十六军新编第十四师师长。

由蒋鼎文直接指挥；第四十七军（军长李宗昉），辖第一〇四师（师长杨显名）、第一七八师（师长李家英），第四十七军系川军，担任孟津以西新安、渑池河防。总司令部驻新安古村。

第三十九集团军总司令高树勋，下属新编第八军（军长胡伯翰），辖新编第六师、暂编第二十九师，及乔明礼的河北民军（约一师）。担任渑池、观音堂以北河防。总部驻观音堂。这个部队原系石友三部队。左翼陕州以西河防由第八战区胡宗南部担任。

第十四集团军总司令刘茂恩，副总司令刘戡，下属第十五军（军长武庭麟），辖第六十四师（师长刘献捷）、第六十五师（师长李纪云），控制在洛阳附近。

暂编第四军（军长谢辅三）辖第四十七师、暂编第四师，控制在洛阳附近。

第九军（军长韩锡侯）辖第五十四师、新编第二十四师，控制在洛阳以东附近。

司令长官部还直辖有炮兵旅、通讯兵团、汽车兵团。

汤恩伯是第一战区副司令长官，设副司令长官部于叶县，还兼任苏鲁豫皖边区总司令。指挥的部队和部署概略如下：

第二十八集团军总司令李仙洲，下属第八十五军（军长吴绍周），辖三个师，军部驻郑州，担任郑州以北花园口至广武的黄河河防及监围邙山头敌桥头堡；暂编第十五军（军长刘昌义），辖两个师，担任花园口、中牟及以下黄泛防务；第八十九军（军长顾锡九），辖两个师，控制在密县、新郑附近。

第三十一集团军总司令王仲廉，副总司令李楚瀛，下属第十二军（军长贺粹之）辖三个师，第十二军系原第三集团军孙桐萱旧部；第十三军（军长石觉）辖三个师；第二十九军（军长马励武）辖三个师。总司令部驻临汝。部队驻临汝、登封、叶县、郏县、襄城地区。

第十五集团军总司令何柱国，副总司令陈又新，下属骑兵第二军辖两个师、骑兵第八师及三个步兵旅（驻沈丘一带）和泛东挺进军二十个纵队。

第十九集团军总司令陈大庆，下属暂编第四军（军长霍守义），辖三个师，驻安徽阜阳一带。

汤恩伯副司令长官部还配属工兵、通讯等特种兵。

## 战区对东的主阵地构筑和预想的作战指导方案

自一九四一年十月，日军强渡黄河攻占郑州，被第三集团军孙桐萱部和第四集团军孙蔚如部第三十八军协力击退，但日军在黄河桥西南邙山头占据了桥头堡，我军屡攻不下，后奉令改为监围。前第一战区司令长官卫立煌曾制订作战计划，阻敌西侵。这个作战方案的主旨，是利用登封以北嵩山迄汜水以西的复杂山地，构筑纵深的对东防御阵地，由第四集团军负责坚守，以阻止敌沿陇海铁路西进；登封以南至临汝地区由汤恩伯部指挥强大兵团构成攻势地带，向左旋回，歼敌于守势阵地之前。这个作战指导方案，蒋鼎文接任之后并未改变。第四集团军曾奉蒋鼎文令，督修对东主阵地工事，登封（含）以南由汤部负责，登封（不含）以北由孙蔚如部负责。孙令第三十八军任右地区的工事构筑，第九十六军任左地区的工事构筑。回忆我新编第十四师担任靠黄河的最左地区，选用汜水河以西的虎牢关南北高地为前进阵地，虎牢关南北高地以西的金沟南北之线为主阵地。金沟以东的地形特别复杂，易守难攻，构成纵深防御地带，并把金沟西坡削陡，阻敌战车。总部和军部对工事曾几次派员视察，督促改进和加强。这说明孙蔚如集团军从一开始对这个作战任务是认真执行的。

## 敌强渡黄河泛区和友军战况

一九四四年三月中旬蒋鼎文在洛阳召开紧急军事会议。孙蔚如总司令和两位军长都前往参加。司令长官部参谋长董英斌说：据确报，敌正由陇海路向开封及由平汉路向新乡输送和集中兵力，现已达十万人以上，由晋南向垣曲方面也在增加敌人。判断华北之敌主力有向我黄河、黄泛区强渡进犯企图，蒋鼎文当场指示各部，加强黄河、黄泛区防务，力阻敌人渡犯；各部队将大行李及家属速送后方；万一敌人渡犯成功，按预定的作战指导方案执行，在登（封）汜（水）主阵地以东与敌决战。孙蔚如回来后，即将开会情况传达各军、师准备，并立即后送大行李和眷属。四月初旬，司令长官部派魏凤楼游击纵队来接替第四集团军的黄河河防，我第三十八、第九十六两军乃向登（封）汜（水）主阵地后方集结，准备进入阵地。

四月十八日夜，豫东之敌第三十七师团及独立混成第七旅团突向我黄泛区中牟附近渡犯，守备黄泛区的是汤恩伯部暂编第十五军刘昌义部萧劲师，乘夜阻击。同夜豫北之敌第六十二师团、第一一〇师团及独立步兵第九旅团在南岸桥头堡掩护下强渡黄河，十九日拂晓在炮兵掩护下向汤部第八十五军阵地猛攻。该军曾勇敢反击，与敌激战终日。但因中牟渡河之敌冲破暂编第十五军防御后，分路向郑州、新郑进攻，威胁第八十五军侧后方，该军不得已向西南山区撤退。敌于二十一日攻占沿河的广武、汜水。二十二日占荥阳，当日东来之敌攻占郑州、新郑等地。

敌攻占郑州、新郑等要地后，敌第十二军司令官内山英太郎进驻郑州，指挥第六十二师团及独立步兵第九旅团沿陇海路线西进，以第一一〇师团、第三十七师团及独立混成第七旅团向密县方向进攻。

## 第四集团军坚守登封、汜水主阵地及友军作战概况

当日军强渡黄河、黄泛前几天，第四集团军孙总司令已命令第三十八和第九十六两军进入登、汜主阵地。第三十八军右接登封的汤恩伯部，左接第九十六军，占领五支岭、褚岭（不含）间山区主阵地，并派出部队占领马驹岭一带高地为前进阵地；第九十六军右接第三十八军，占领褚岭、大通砦、金沟直到黄河南岸主阵地，并派出部队占领虎牢关南北高地为前进阵地。我师右接第一七七师第五三〇团（王汝昭团），以第四十团（团长殷义盛）配置在大通砦、金沟主阵地正面，以第四十二团（团长王训成）配置在金沟口至黄河岸，第四十二团须控制一营兵力防备敌在我左后方偷渡黄河。以第四十一团（团长雷振起）为预备队。第四十团派出王文祥连到状元坟，第四十二团派出张平世连到营峪高地（虎牢关以北隘口），分别占领前进阵地，以迟滞敌人前进，并掩护我金沟主阵地，与第一七七师派到虎牢关的前进部队协力作战。张平世连配属第四十团，由殷团长统一指挥。殷团长还派出部队到小关随时支援前进阵地。

敌攻占广武、汜水后，于二十一日越过汜水河，分路向虎牢关及以南、以北各高地攻进，我张平世连到达营峪前，营峪高地已被敌占领。该连长利用风雨之夜，乘敌立足未稳，率队摸黑攻其不备，直摸到敌阵地前，使用全连火力向敌射击，一齐冲入敌阵与敌肉搏，将敌击溃，夺占阵地。殷、王两团长向我报告张连攻占营峪高地情况后，我授予该连"敢死队"称号，并传令嘉奖。从次日起敌步兵在炮兵、空军掩护下，不断向营峪高地攻击。该连共坚守十八个日夜，全连官兵伤亡过半，最后

奉令在主阵地撤退时撤退（张平世连长现住陕西西安）。同日敌步兵在炮兵、空军掩护下，对我状元坟第四十团王文祥部前进阵地进攻。殷团长指挥小关部队支援，将敌击退。第一七七师方面，同日敌步兵在炮兵、空军掩护下，对我虎牢关以南仁信沟攻击数次，均被我路云亭（营长）部队击退。从此，敌人不断向我第九十六军前进阵地用各种方式猛攻，均被击退。我第九十六军当面作战之敌为独立步兵第九旅团和第六十二师团一部及战车装甲部队。当敌猛攻我前进阵地之初，孙蔚如传达蒋鼎文对第四集团军的严厉命令，要第四集团军坚守登汜主阵地一个星期，以便汤恩伯调集有力兵团按预定作战方案由右翼向敌包围而歼灭于我守势阵地前。我们各级部队长都督率所部严格遵守，与阵地共存亡。作战期间，地方行政机关和人民团体及农民百姓也都同仇敌忾，踊跃帮助军队运输给养、弹药、伤员，并维护通信，鼓励了官兵杀敌的勇气。洛阳和陕西还先后派慰劳团携带食品、日用品来慰劳抗战部队。

汤恩伯方面战况。四月二十三日密县被攻陷。汤以抽调攻击部队为名，向蒋鼎文要求派部队接替登封及中岳庙一带主阵地防务，蒋临时派在洛阳以东控制的第九军韩锡侯部第五十四师和新编第二十四师接替汤部的登封附近主阵地防务。二十六日汤部第三十一集团军总司令王仲廉指挥第十三军、第二十九军攻击密县之敌，连战数日，战况激烈。但由于兵力不足，未能达成歼敌收地之目的，只压迫敌人对登汜主阵地之攻击放松一步，暂取守势。在汤部攻击密县期间，敌后续部队战车师团主力和第二十七师团及骑兵第四旅团陆续开到新郑、密县，分向许昌、禹县等地汤部进攻，守许昌的吕公良师长阵亡。五月一日许昌陷敌。汤调第二十九军援许昌，被敌阻截未成。从此汤的各地部队遭到各个击破，禹县、郑县、临汝、襄城相继失守。

在敌攻占密县后，敌独立步兵第九旅团、第六十二师团、第六十三师团和战车部队，对第四集团军第三十八军的马驹岭和第九十六军虎牢关前进阵地日夜不断猛攻。我将士皆抱与阵地共存亡精神与敌战斗拼搏，屡挫敌锋，敌我伤亡均重。敌对我前进阵地正面屡攻失败，乃增加兵力，分路攻击我虎牢关阵地各据点张飞寨、吕布城、龟山、红沟、营峪高地，战斗激烈；另一面派出以战车引导的步炮部队沿公路向南转西迂回，虽经我第一七七师第五二九团和新编第十四师第四十团分别派队阻击，但敌人终于占领虎牢关以西的十里铺。我据守虎牢关的前进部队，除新编第十四师的张平世连继续坚守营峪高地外，其余部队伤亡过重，奉令于二十六日夜间经黄河滩撤回。第三十八军守马驹岭前进阵地的部队，连日受优势之敌攻击，亦撤退加强主阵地之坚守。二十六日后第三十八军协力汤兵团对密县反攻，一度恢复马驹岭，但旋以敌增兵反攻，又被夺去。由五月一日起敌第六十二、第六十三师团、独立步兵第九旅团和战车部队即对我登、汜主阵地全面攻击，我第四集团军的第九十六军、第三十八军以及接守登封、中岳庙的第九军对敌全面应战，屡次打退敌之攻势，且予敌重创，敌未能越我主阵地一步。至五月五日敌追击汤部的快速部队突然窜到龙门（洛阳南）附近，洛阳震动。我守登封的第九军亦受此影响，于六日失守登封。坚守主阵地的第四集团军的右翼部队孔从周师受到极大压力，一面要坚守正面，一面要阻击右侧，他利用纵深工事，下令坚持战斗。

蒋鼎文于敌人窜到龙门附近时才采取措施：一、命令第十四集团军副总司令刘戡指挥两个军，即在洛阳附近之谢辅三军和张际鹏军编为临时兵团守备龙门、伊洛之险，阻敌进攻洛阳；二、命令第十五军军长武庭麟指挥第六十四师、第六十五师和第九十四师坚守洛阳，等待战区大兵团增援反攻。五月七日守龙门的刘戡兵团被敌突破，蒋鼎文仓促率司令长官部乘火车离洛转移到新安。蒋鼎文到新安后才电令第四集团军孙蔚如撤出登汜主阵地，向洛阳以北邙山转进。至此，第四集团军坚守登汜主阵地共十八天，虽然伤亡很重，终能在艰危中达成坚守任务。

## 第四集团军在转进中的作战及各友军的概况

孙蔚如接到撤退命令后，即以电话命令第三十八军于五月七日薄暮后撤退，第九十六军的第一七七师于同日夜九时撤退，新编第十四师于同日夜十二时最后撤退并掩护全集团军转进。各军师均由黑石关渡过洛河。我命令第四十一团、第四十二团在夜十二时随师部撤退，第四十团和坚守前进阵地的张平世连最后撤退作为后卫。五月八日拂晓后，我师除张平世连外都已渡过洛河，即经偃师于九日到达洛阳以北地区孟津附近。十日我应召去陈凹镇去见孙总司令，面报撤退情况。孙很不高兴地告诉我说："顷接重庆统帅部电令，仍要我们东返反攻主阵地，大军作战哪能这样指挥轻退轻进！"他又说："蒋长官的电话也联络不上，无法请示。"他指示说，敌人可能已由巩县西进，你师派一个营东去偃师，侦敌情况，相机保持接触。我派第四十团第一营去偃师。十日晚辗转由第三十六集团军获得消息：一、晋南垣曲之敌于九日夜由白浪渡高树勋部队防区渡过黄河，正向渑池前进，新编第八军和第四十七军各一部正阻击中；二、蒋鼎文得悉敌在白浪渡强渡后，已于十日夜率长官部少数人去宜阳，长官部大部随后，狼狈不堪。十一日第四集团军接蒋鼎文电令，由现地向新安县以南地区转移，我师奉令殿后。十二日我第四十团第一营在偃师北邙岭伏击西进之敌后撤回，张平世连余部亦辗转回到师部。得悉敌大部正向洛阳西进中。十三日我师由洛阳以北东高山经磁涧附近越过陇海铁路，已听到洛阳方面的炮声，刘戡指挥的暂编第四军、第十四军等部队纷纷西退。我一面让刘戡兵团的部队先走，一面令第四十一团对东派出警戒，当晚宿营于李村。旋奉李兴中军长来信指示说，孙总司令奉令率第三十八军开赴韩城，准备迎击由渑池南来之敌，本军奉令暂留新安西南准备迎击渑池东来之敌并掩护友军西撤，军部率第一七七师即向石陵以西移动，新编第十四师依情况跟进，密取联系。十四日我师经赵峪、段村向西移动，从洛阳方面西退的官兵获悉，敌进入龙门后于十日即对洛阳西南进攻，我第十五军正坚守抵抗中。我师当晚在段村以西村落宿营。十五日宿营于王莽村，侦知由渑池南来之敌向我接近，乃命令第四十团殷团长部署该团在王莽村以北高地，另令第四十二团控制在王莽西北高地准备接应。十六日上午十时北来之敌约六七百人附炮四门向我殷团攻击，殷团长指挥其第一、第二两营沉着应战，战况激烈。我一连连长华嵩山身先士卒，指挥全连由左翼出击与敌拼杀，至下午一时敌被击退。我师继续掩护西撤。十六日拂晓起由渑池南来之敌有力部队，在炮兵空军掩护下对第三十八军的新编第三十五师和第十七师的麦村、韩城一线进行激烈的攻防战，有时是巷战、混战，至十七日才将敌击退，敌我伤亡均重。十八日在雁翎关以东，敌一部追击我第一七七师，被该师击退。第四集团军各军、师在转进中，对敌作战并击退之，完成掩护友军西撤的任务。豫西行军，山多路少，且沟道纵横，虽利于作战，实难于行军。我师尾行于各军之后，军食尤为困难。师行到青冈附近，获悉李家钰总司令在秦家坡遇敌牺牲的消息。过了青冈以西，接到李军长无线电令，大致是要我四集团军奉令移驻卢氏县整补，命令新编第十四师进驻洛宁以西地区，设防阻击洛宁之敌。我遵命率师经官道口又东行，于五月二十六日进驻娘娘庙、上戈一带，并命令第四十二团王训成部占领洛宁以西大铁沟南北之线，防阻洛宁之敌。洛宁驻敌为一个大队附炮四门，曾几次对我大铁沟王团出击，均被我击退。我又编组了以地方人枪组成的两个游击中队，不时向敌袭扰，牵制敌之活动。

## 其他情况

五月中下旬，我坚守洛阳的第十五军三个师经敌四面围攻，伤亡惨重，且久候无援。不得已于二十五日分路突围，共守了十六日。

敌一面围攻洛阳，一面分路向西急进，其先头部队分陷陕州和卢氏，窜卢氏之敌旋又退据洛宁。

西撤的高树勋部、刘戡部、第四十七军等部队均先后经官道口撤往卢氏以南以西。

汤恩伯部队都分散撤往伏牛山区。汤恩伯部队因纪律不好，有的小部队被地方民众缴了械。

蒋鼎文带着长官部由宜阳、洛宁、卢氏连续西撤，兵站辎重以及行李、公文、财物沿途丢弃，损失严重。洛宁至卢氏公路上还遗弃多部损毁的汽车。

当一战区作战失败，敌沿陇海路进据陕州时，第八战区副司令长官胡宗南由陕西编组了几个军附属炮兵进据灵宝、函谷关一带，派有中美国空军助战。六月四日陕州之敌向胡军攻击，胡军不支败退，敌人直追至阌乡境内。马法五的第四十军从侧背猛击，才将敌打退，并收回灵宝，即由第四十军守备灵宝。

我新编第十四师在娘娘庙、上戈一带守备，与大铁沟、洛宁之敌对抗，直到八月中旬才奉命由第三十八军第十七师接替，交防后调驻卢氏附近补充整理。但又奉命派第四十团驻范里，其第二营进驻大石河担任警戒。不久，范里、大石河由第三十八军驻防，我全师移驻卢氏县西北的沙河街及附近村落整补训练。

# 洛阳战役回忆

刘亚仙※

一九四四年五月，日本军国主义者，于侵占我郑州、许昌等地之后，又向我豫西重镇古都洛阳杀来。

第一战区司令长官蒋鼎文驻洛阳西工，第十五军军长武庭麟驻在洛阳东北乡吕家庙一带。洛阳情况突变，武庭麟奉到命令防守洛阳，于是第十五军部队向城郊移动，非战斗人员向洛宁一带撤退。

我那时在第十五军军需处当上校粮秣科长，奉命带本处后撤官兵三十余人及必要物品、账簿、表册，随司令部各处后撤人员向后撤退。

次日早晨准备就绪，待命出发。这时我站在邙山脚下，举首东望，旭日初升，彩霞万端，美丽山河，一望无际，麦子将熟，遍地金黄，江山如此多娇，将有受日军铁蹄蹂躏之虞，感慨万分。

军司令部及直属部队后撤人员二百余人，由副官处长唐建武统一指挥，向西南山区后撤，初步到达洛宁东山底村暂且住下，听取洛阳消息。

第十五军军长武庭麟设指挥部于洛阳北邙山之上清宫，第六十四师师长刘献捷、第六十五师师长李纪云，布置在西工及邙山岭庄王山、青莱冢一带。临时调归第十五军指挥的第十四军第九十四师师长张世光，布置在城内。各自构筑工事准备迎敌。

日军于五月八日挺进到近郊，准备进攻，九日开始向关林一带我军防地发起攻击，双方进行了激烈的战斗。

第一九五团团长姚云青奉命防守城西北郊庄王山及冢头村东青莱冢一线，该团第一营营长张逸群，守庄王山阵地，第二营营长于芳青，守司马懿冢。敌人陆、空联合猛烈攻击。我军奋勇抵抗，前仆后继，姚云青团长亲到前线指挥，被敌人击伤腿部。

第一营营长张逸群守庄王山。敌人空中飞机、地下大炮狂轰滥炸，弹如雨下。我军浴血战斗，短兵相接，张逸群身先士卒，与敌搏斗，不幸壮烈牺牲。

当时村民逃避一空，在一户农民家中找到一口棺材，匆匆装殓，埋于村外路旁，坟前立一木牌，上写"张逸群河南叶县城南十五里小张庄人"。

张逸群行伍出身，忠诚温厚，平易近人，原在第十四集团军总部特务营当连长，中条山会战后调升第一九五团第一营营长，在庄王山战斗中，战死疆场，忠勇可嘉。

当张逸群殉国之时，地方秩序紊乱，居民逃避一空，在农民家找的那口棺木，很可能未付价款。据说洛阳沦陷后，农民将张逸群尸首倒出来，将棺木抬走，原地原样重新掩埋。日本投降后，我回家路过庄王山，曾在张逸群墓前凭吊，坟头尚在，木牌犹存，是否坟内有棺材，无从知晓。回首往事不胜浩叹："男儿沙场殉国死，马革未能裹尸还。青山有幸埋忠骨，绿树无声伴孤魂。"

守司马懿冢的第二营营长于芳青，河南通许县人，依据冢堆所筑堡垒，坚守阵地，抵抗强敌，战斗激烈，与堡垒外边部队失掉联系，孤军坚守。日军强攻被歼甚多。于芳青弹药耗尽，最后敌冲入堡垒内，于芳青被俘。日军对于芳青捆绑毒打后，送入俘虏营。守司马懿冢幸存者仅第一九五团第二营上士班长孙振纪（河南舞阳县北舞渡人）。

第六十四师搜索连连长张朝安（河南温县人）守洛阳西工阵地，多数碉堡被敌人夺去。张朝安十分震怒，组织敢死队，亲自率领，发动反攻。张朝安身先士卒，连续夺回碉堡七座，敌人遁逃。

第一九五团上士班长（姓名不详）于本排排长阵亡之后，自动率领本排士兵进行抵抗，死守碉堡。敌人炮火猛烈轰击，全班壮烈牺牲，该班长最后自杀。战斗结束后敌军曹向我烈士遗骸鞠躬致敬。

第六十四师守西工阵地，日军猛烈攻击，师参谋长王宇振亲到第一线指挥，用望远镜观察敌情，被敌军机枪射中胸部，伤势严重，危在顷刻。第六十四师师长刘献捷，用担架将王参谋长抬到军部见武庭麟军长。此时王参谋长已奄奄一息，他用微弱的声音向武庭麟说，战况日趋严重，日军最后要压迫我师进城，想把我师全部歼灭，所以我师千万不要进城。言罢气绝身亡。

王参谋长深谋远虑，胆大心细，勇敢善战，待人处事和蔼可亲。在中条山战役中，发挥他的才能，此次洛阳防守战，亲到第一线指挥，直至为国捐躯。噩耗传出，全军将士莫不悲痛，事后河南省政府将王宇振祀入开封龙亭抗日阵亡将士纪念馆，以表彰忠烈。

抗战胜利后，洛阳人士在庄王山庙前东南角，立一石碑，将抗战期间在庄王山一带守军抗战经过及牺牲烈士姓名著文刻石，以作纪念。

守洛阳外围部队连日浴血奋战伤亡过大，阵地难守，不得已只好撤入城内。洛阳老城墙在抗战初期被卫立煌拆除，新筑城墙，临时修建，基松墙薄，在脆弱的基础上修筑碉堡，布置防务，准备固守。

城外部队撤入城内，日军没有即时攻城，仅派部队向洛阳以西压迫中国军队，以孤立洛阳城内守军。

敌军西进使我们住在洛宁的后方人员受到威胁，不得不再向西转移。行进途中，与第十四集团军总司令刘茂恩相遇。第十五军是他的老部下，他很关心，我们也觉着有了靠山。宜阳县的徐吉生是宜阳、洛宁一带民团的头头，他带地方部队第九挺进纵队同刘茂恩一道西撤。徐吉生在这一带地方威信很高，老百姓都听他的话。

我们随刘茂恩总司令西进，夜间行至洛宁以西的故县镇一带，突然有一群人手执长枪拦住去路，群起向我们抢东西，人越来越多，把我们所带的面粉、电话机、办公用品及私人行李等，尽行抢走。刘茂恩亲自向其劝说不听，徐吉生以他平日的威望软说硬劝，也不起作用。这群人进而向刘茂恩的特务营士兵手中硬夺枪支，刘茂恩屡次下令，不准开枪。这群人愈闹愈凶，刘的部下也不听刘的指挥了，用轻机枪向空射击，这群人才退去，可是我们所有的公私物品已被抢光。

次日天明行至卢氏县东郊，刘茂恩带人到洛河边查看，见南岸没有动静。他带几个人要过南岸，发现有小股敌人向岸边走来。他们拨马往回走，敌人开枪射击，刘茂恩坐骑尾部受伤。这时我们这些后撤人员，正整队在公路上往西走，敌人不多，未敢过河，仅用掷弹筒施放了些掷榴弹，旋即离去。

刘茂恩有他的任务，我们要分手了。他顾虑我们进入陕西省恐有阻碍，就给胡宗南写了一封信，请胡关照。出了卢氏县刘茂恩就和我们各行其道了。

我们行至灵宝县境，果然遇到胡宗南的第一师第一团在此把守，不准通过。我们的副官处长唐建武将刘茂恩写给胡宗南的信让这个团长看了以后，让我们过去了。

当时西来火车只通到阌底镇。我们到阌底镇，向车站交涉到一列车皮。夜间车皮到站，驻车站的胡宗南的第一师第一团第一营第一连连长蒋纬国登车检查。这时唐建武已乘客车去西安了，临走时塞给我一张护照，现在有人查车，我不得不出面。我去一看，一个军官正在一个士兵身上搜查，发现有两排手枪子弹，不客气地塞进自己的口袋里。我想他不过是想要东西，我也不管他是不是蒋纬国，我就走了，由他检查，结果拿走我们几支步枪和几十排子弹。

列车到达西安，在车站附近住几天，又往西开到虢镇车站。第十五军的留守处驻在这里。我们就在虢镇附近住下。

再说洛阳守城战况。五月二十三日早晨，日军用高音喇叭大声喊叫："武庭麟将军，皇军自入中国以来，所向无敌，攻城没有超过一周而不下者。今将军守洛阳，十有余日，尽到了守土之责，也显示了你的军事才能。现在洛阳外围，百里内外，已无中国军队，援军无望，坐以待毙，实属不智。为将军计，以停战归顺为上策。如果从命，自将军以下各级官佐一律不动，薪饷照发，今限二十四小时内答复。如不从命，皇军已准备就绪，攻城旦夕可破，到那时玉石俱焚，悔之晚矣。"

第二天日军开始大举攻城。小北门外城壕深广，不易越过，日军用坦克开进壕内，第二辆压在第一辆之上，就这样越过城壕，进入东北运动场。接着西北运动场防线也被突破，双方在城内展开巷战。

日军几十门大炮，炮弹炸弹如雨点一般向城内倾泻。房屋毁于炮火，战况空前激烈，第十五军连电中央告急。

日军攻入西北运动场，在一家民房院内与第六十四师特务连隔墙战斗。日军用三八式枪上刺刀向墙这边戳，第六十四师特务连一士兵，紧急中用手抓住刺刀往下拉。日军抽回刺刀，这士兵手指被割掉。

我军在洛阳与日军激战，四面被围，粮弹俱尽，困难日增。旅居西安的河南同乡及西安爱国人士，对洛阳保卫战十分关心，自动起来支援。孟津县南达宿村的王虚若，在西安开华峰面粉公司，捐面粉三百袋、麸皮三百包，将面粉装在麸皮包内。还有其他人士捐的饼干、罐头等，准备请西安当局帮助交涉飞机，运洛阳空投。

洛阳城内街道狭窄，房屋栉比。我军在街道要冲修筑工事，将各户通街门窗全都堵严，墙上挖枪眼，对准屋外，人在室内向外射击。各院墙壁挖通，来往自如，房上设掩体，向街上射击、投弹。就这样与日军进行巷战。

敌人组织进攻，以坦克为前导，步兵继后，向十字街口挺进。我军在掩体内、屋顶上奋勇抵抗，子弹打光，以砖石相继。日军节节进逼，迫近十字街口。这时洛阳西门也被突破，敌军坦克进入，两面向十字街口攻击。我军奋勇抵抗，毫不退后。

洛阳专员李杏村也在城内帮助守城，并常到前线察看情况，鼓励士气。在这千钧一发之际，他来到武军长的指挥所，进门后摘下礼帽，向床上一摔，说道："完了。"颓然坐到床上，一言不发。

武庭麟在战况紧急关头，为鼓励士气，先后向炮兵营长南国威、第一九一团团长杨拂芦、第一九五团团长姚云青及其他有特殊战功的人员亲自发给奖金，每次数百元不等。战后炮兵营长南国威持武军长奖励条子向军需处要款，当时我代理军需处长职务，请示武军长，他未作答复。各团长未得到奖励款，颇有怨言。

洛阳守城战已进行两个多星期，西、北两门均被突破，东北运动场、西北运动场也被日军冲入，牵动全线阵脚。敌人坦克将我十字街口堡垒冲毁，大批进城。已遭到破坏的司令部，受到严重威胁。武庭麟看到战局已不可挽回，只好突围。遂于五月二十四日午夜率司令部少数人员及特务营一部分枪兵向东南城角移动，翻过临时城墙，来到城壕边上。

洛阳防御工事虽不坚固，新挖城壕深宽各一丈有余，悬崖峭壁，成了无法逾越的一道鸿沟。官兵们慌不择路，相率纵身而下，面前却壁立着丈余高墙，无法攀登。群策群力，人急智生，于是搭人梯、叠罗汉、解绑腿、拧绳索，捷足者先登，上下扶持，把武庭麟送出壕外。后来者，蚁附而上，顷刻成群。唯南边洛河水深不能徒涉，以北敌人设防，不能前进。幸洛阳当地人多，地理熟悉，大家想法巧妙地绕过敌人防线，向洛阳东北敌后邙山岭上转移。洛阳就这样沦陷了。

第十五军突围后，日军进城将所有未及突围的军人驱至洛阳东车站天主教堂内。几天来这些人没有饭吃，没有水喝，天气炎热，渴得难熬，日军不给水喝。日军在院内放置两个大篓子，命令被俘人员将所戴手表、金笔、金戒指和钞票都拿出来放在大篓子里。

次日日军用长绳把被俘人员串绑起来，每串五十人，排成一个大长队。日军将我军人押到东关铁道街附近的一个大坑内，事前在大坑四围架起重机枪，对准我手无寸铁的被俘人员。一个日本军官在阵势摆好后，到附近门口有日军站岗的院内。半小时后，日军官出来，他下令把四周架的机关枪撤去，日军队伍也同时撤走，又把俘房送回天主堂大院内。

这时把第十四军和第十五军的人分开居住，开始发给给养蔬菜等。所发面粉都是南京面粉厂出品。据说这一批人已交给南京伪政权，汪精卫将派人接收。

第六十四师骑兵连排长杨有庆突围时被俘，经过这一段磨难以后，由天主堂跳墙逃了出来。杨有庆是孟津县马屯乡明达村人。

西安方面对洛阳情况不明，联络中断，河南同乡及西安人士准备给洛阳空投给养，无法进行。虽然如此，中国人民同仇敌忾、支持抗战的爱国行动，实足以激奋人心，深堪嘉许。

武庭麟到达邙岭，群众对武很热情，多方支持，在附近各村墙上，用粉笔写武先生在某村等字样，帮助收容继续出城的官兵，集中有几百人。因距洛阳太近不能久停，遂乘夜向西南山中移动，绕道向卢氏县一带转进。

一天，来到一个小村镇，村内驻有中国军队。武庭麟带着战后收容起来的余部，队伍不整，服装不齐，枪支杂乱，失去了正规军的威仪，友军不让进村。武庭麟说明身份，友军说你们可以从河滩走过去。武庭麟很是气愤地说："只要河滩有路，还不至于把人憋死。"站起身来绕道河滩大步向西走去。

武庭麟到了卢氏，与第一战区司令长官蒋鼎文会面，蒋对武很客气，让第十五军就住在卢氏休息。蒋鼎文召集军政各界在卢氏开会总结洛阳作战经验，蒋鼎文在会上讲话，对第十五军洛阳守城战绩给予充分肯定。他说，第十五军在洛阳保卫战中立了大功，对国家民族做出了贡献，全体官兵不屈不挠、浴血奋战、不怕牺牲的精神是可嘉的，应当受到国民的尊敬。我蒋鼎文是有罪的，对不起国家，对不起蒋委员长，应当受到谴责。

第十五军洛阳突围卢氏集结的消息很快传到西安。这时第十五军副军长杨天民由重庆受训归来，到达西安。他把撤到虢镇的后方人员加以整顿，去卢氏前方。副官处长唐建武、第六十五师副官主任康永奇，我们一同随杨副军长经蓝田、越华山，向卢氏进发。经过蓝关时山顶石壁上刻有"云横秦岭"四个苍劲有力的大字。我想起了韩愈的"云横秦岭家何在"的诗句，强敌压境，故土沦亡，不由兴起家何在的伤感。

华山的秀丽风光和奇峰突起的雄姿给人以"荡胸生层云"，"一览众山小"的感觉。

人生观各有不同，品质各有优劣。我们这次返回前方，既属军人天职，又关抗战救国大业，服从命令不容怀疑，然而也竟有只计个人安危、无视国家法令的不肖分子。某少校军官（姓名忘记了）军校毕业生，返防之路，中途脱逃。

我们经由陕西省雒南县①景村、三要司、鸡头关等处到达卢氏，见到军长武庭麟，归还建制。

卢氏城外河滩有一操场，我们就住在附近。见操场上有些乱土堆，据我们的房东说，洛阳作战时期，洛阳有一个学校师生逃难来到卢氏，在操场休息。日军突然到来，将师生包围，将多数女学生轮奸后，用刺刀刺入女生下部，致使十多名女学生惨死，惨不忍睹。日军去后，当地居民才将尸体就地掩埋。

听到这一惨绝人寰的行径，使人心肝俱裂，义愤填膺，怒火中烧，不可遏止。日军如此残暴，实属骇人听闻，凡我同胞，对此刻骨仇恨，应当永远记取。

重庆的统帅部对第十五军的坚守洛阳，不能无动于衷，蒋介石电武庭麟去重庆召见。武庭麟屡次推延，终未成行。

---

① 雒南县今名洛南县。

# 李家钰将军殉国记

田光明[※]

一九四四年五月，我军自洛阳撤退后，李家钰由新安向西转移，至陕县秦家坡，遇日军伏击阵亡，为国捐躯[①]。我当时是第三十六集团军总部参谋处上尉参谋，是这一战役的亲身经历者。现将其经过追忆于后，唯时间过久，漏误难免，请各方予以教正。

洛阳作战时，第三十六集团军总部驻河南新安县古村（距洛阳九十里）。会战全面失败后，我集团军以孤军之势最后退出新安，向西转移。至陕县张村宿营，发现友军，当由参谋处派去联络参谋与该军联系，始知是先退住附近的第三十九集团军高树勋部。我联络参谋进入该驻地，见到他们已进入战备状态，并向我参谋人员声称：决定住下来，占领阵地，准备抵抗。要求我军协同作战。联络参谋向李家钰回报后，李即命令部队向粮站领粮，就张村一带占领阵地，准备作战。

第二天拂晓，我总部电话再三与第三十九集团军总部联系，均无回答。感到情况有异，立即派遣原联络参谋驰赴昨日联络地点察看，始知该部已于昨夜全部转移。李考虑情况严重，决定立即全部向西出发，决定行动顺序是：前队是总司令和参副各处成员，以总部直属特务营第二连为近卫，后继第四十七军军属特务营一营，后面是第四十七军属第五三三团为护卫，匆促向陕县进发。李家钰身着黄呢军服，脚蹬长筒马靴，

---

※ 作者当时系第三十六集团军总司令部参谋处参谋。

① 据张震中（即张仲雷）编《豫西十日记》（中国第二历史档案馆藏）及《陆军第十五军守备洛阳战斗要报》，李家钰于五月二十一日牺牲，第十五军于五月二十四日晚开始自洛阳突围。

还坐上滑竿（用竹子做的便轿）。行进途中，很显眼地暴露出特殊的目标。李家钰及其前部刚行进到逐级升高的三级高地秦家坡第三个高地时，山上的敌人机枪响了，实际已进入日军的伏击圈。李家钰忙从滑竿上下来，指挥身边特务营第二连连长左良俊率部分官兵分两路抢占阵地还击。这时敌人居高临下，对我情况一目了然，集中三八机枪射击黄呢军装的显著目标，李家钰当即被击中阵亡。左连长慌忙分兵抢占阵地，但全连仅有一挺苏式机枪，枪弹却各在东西，无法发射，只凭步枪勉力支持；加上高地裸露，伤亡特别严重。参谋处上校参谋蒋权，后上高地，见战斗激烈，回头跑下，但他的裤脚也被打穿一个枪孔；同时还跑下来一个姓陈的排长。上自集团军总司令，下至士兵，仅生还二人。后来听说，姓陈的排长被第一七八师师长李家英以失职罪枪毙了。

正在近距离的激战中，第四十七军特务营赶到高地，姓袁的营长（湖南人）看见敌人多穿便衣，还误认为是河北民军乔明礼部先退至此，发生了误会。他用杆路棍挑起雨衣，还向敌人喊话："不要弄错了!"话音未落，一排机枪扫射，把他两脚打断，他咬紧牙关滚下高地，才向军长报告战情。军长李宗昉（仲曦）立即设指挥所于高地棱线下，督战指挥，后卫第五三三团又增援赶上，进入阵地。稍后第一〇四师师长杨显名也带队前来助战。第三高地棱线下，是一片较宽的死角地带，地形于我有利。虽然敌人集中步枪、机枪、小炮向我猛击，我们仍能固守，进而展开争夺战。不久，第一〇四师苟载华营也增援赶到。李宗昉军长即令苟营组织突击队，抢救前队总部人员。经过血战，只抢回总司令李家钰的尸首。李满身都是枪眼，但形态面貌可辨。随同总司令部的少将参谋处处长萧某、上校副官长周鼎铭等均牺牲。战斗从早晨开始，到薄暮方停止。

我部因李家钰阵亡，停火后立即作通宵转移。军长李宗昉在前，李家钰尸首用麻袋装着跟后，杨显名师长护后。

这次战斗，我为什么能幸免呢？因我战前负伤，出发时用驮马驮着，随总部后跟进。李家钰率队到达秦家坡第三高地时，我正在第三高地棱线下，战斗发生后，就停留在那里（后来李宗昉的军指挥所也设在那里）。从战斗开始到结束，我都未离开那里。必须强调的是：这次战斗，日军多数化装为河北民军，曾谣传"李家钰是老百姓打死的"。为了澄清事实，特追记于此，以供参考。

# 云梦山战斗

张灿华[※]

　　一九四四年四月中旬，日军第十二军司令官内山英太郎指挥四个步兵师团、两个独立旅团及一个坦克师团、一个骑兵旅团，突破第一战区副司令长官汤恩伯部的黄河防线，相继攻占郑州、荥阳、密县、许昌等地。五月初，该日军主力经禹县、郏县、临汝，直逼洛阳以南、新安以东地区。

　　当时，我第三十六集团军担任孟津妯娌至渑池杨家一线的黄河河防，总部驻新安城北古村。五月九日，日军第一军第六十九师团师团长三浦忠次郎指挥的天兵团（辖地兵团和洋兵团），在渑池南村、白浪强渡黄河，十二日陷渑池。日军地兵团沿陇海铁路东进，直逼第三十六集团军防区。

　　在一战区的友邻部队相继溃散的情况下，李家钰总司令召集全军师、团长到古村开会，说："我们南渡以来，吃了河南老百姓四年的饭，现在不能见了日本人就跑。否则，怎么对得起老百姓！日本人有什么可怕的，他们来了，我们就同他们打。别的部队怕跑在后面挨打，我不怕，我愿殿后。"

　　当李总得知日军自渑池渡河后，立刻发布了"印册"作战令，命令第一〇四师吴长林团迅速占领云梦山，阻击日军，掩护友军部队撤退。

　　第一〇四师出发前，李总作了战前动员。他讲：我们第四十七军出川抗战是自己请缨杀敌的。现在大敌当前，正是我们保卫国家的时候！正是我们大显身手的时候！我们应该不怕困难，不怕牺牲。"

---

　　※　作者当时系第四十七军军部谍报参谋。

第一○四师于某日清晨出发，约八点钟接近云梦山。渡河的日军先头部队的两个大队（一千人），见我军前去迎战，就抢先占领了云梦山顶。我军进至距云梦山一公里处，李总叫来第一○四师的外号叫吴苴胡的吴团长说："吴苴胡，平时你常说天不怕地不怕，今天就要看你表演。你必须拿下云梦山，堵住日军前进。没有我的命令，不许撤下来，否则拿头来见！"

吴团长领命后，立即部署主力向云梦山日军仰攻。李总亲到前线督战。

云梦山是谷关的一支脉，呈东西走向，坡势不算陡峭，有一大段斜坡地带。日军炮兵盘踞在制高点上，可以控制整个战场。其机步枪火力，亦布置得很严密。

某日早上八点左右，吴团的第一营先展开攻势，第二营继尾于右侧向敌包围进行仰攻。一时枪声大作，敌弹如暴雨点似的落在仰攻行列中，使我难以推进。然我军士气高昂，又知主帅亲临督战，义无反顾，及至冲到日军第一线阵地开展肉搏时，一营人只剩下一百多人了。这时，日军第二线发起反攻，第一营只好退下山来。但日军第一线也遭受了重大损失。

中午时分，我从军部遵军长李宗昉之命，去吴团指挥所传达命令，见吴团长睡在地下，拿着电话筒大叫，鼓舞士气。吴团预备队的营长正加紧指挥部队攻山。

下午，吴团的官兵干啃了两个锅盔（即大饼），又猛冲上云梦山顶。只听得山上炮声一片，远远望去，日军的炮弹正在我官兵丛中不断开花，血肉横飞，惊心触目。满山遍野的兵士时时有人栽倒滚下山来，但吴团仍强攻不息。最后，吴团逼近了日军，展开了白刃战，双方时有得失，形成了拉锯之势。

这时，日军派来几架飞机助战。敌机不断俯冲扫射投弹。山那边，日军的后续部队又增加了四门野炮，敌军火力大大加强，我军渐渐失利。

入暮时分，日军的后续部队又开始赶来增援。李总鉴于吴团已重创日军先头部队，为第一战区的后撤友军赢得了宝贵的一天时间，此时所有部队已安全撤离绝境；日军意图断我退路，使我腹背受敌之计划已失败。如再与日军周旋，待其增援一到，吴团将被全歼，因此下令吴团撤退。

吴团撤下后，军长李宗昉命军需人员携带现款前去安抚受伤官兵。士兵重伤的每人发一千元，轻伤的五百元。军长叫我去监发、登记造册，嘱我如发现有人克扣恤金，一定记下来，按军律议处。

发恤金时，一个军需官去向李军长报告说："钱快发光了！"李军长听了大骂："军部那么多钱，怎么发得完！又不是叫你们掏腰包，你们心痛了吗？去，按规定金额发！"

那次战斗，吴团牺牲近四百人，轻重伤近五百人。眼见受伤官兵一个个互相搀扶着撤退到路边来，真是既壮烈又凄惨。有个连长断了一条腿，拄着根树棒走到军长跟前，哭着说："军长，我不要钱，我要打日本人，我不离开你，不离开用血换来的阵地。不要看我腿打断了，我还可以打仗，死我都要死在战场上！"

军长说："好兄弟，不要紧，我们不会丢下你不管，后方设有卫生所和野战医院，下去好好养伤。"

数日后，我们撤到雁翎关。天下着雨，李总站在麦地旁收容部属，第一〇四师、第一七八师相继到达。官兵们自由地站在李总身边，李总讲："兄弟们，我们在云梦山打了一场硬仗，虽然死伤近千人，但我们也打死了几百名敌人，说明日本侵略军并不可怕。如果我们不打那一仗，恐怕一战区所有的部队都当上日本的俘虏了。弟兄们说说看，吴团的牺牲，有没有代价？"

"有！"官兵同声回答，"吴团打得好！"

# 血溅金斗寨

梁俊范[※]

一九四四年五月，正当洛阳战况紧张的时候，由垣曲南渡之敌，已占领渑池，并以一部进犯新安，企图与由东面进攻洛阳之敌会师。李家钰当即决定：一方面严饬第四十七军仍坚守河防，一方面抽调第四十七军河防预备队，占领新安城铁路以南山地，阻击由渑池县东犯之敌，不使其到洛阳会师，减轻洛阳城守备部队的压力，等待长官部调用战略预备队歼灭渑池之敌，然后与郑州进犯洛阳之敌决战，以挽回危局。此时第四十七军第一七八师第五三二团，正担任该师河防预备队（我是该团第三营营长），在团长彭仕复的统率下驻新安上院一带整训。奉到上述任务后，团长派我先率本营轻装出发，速赴新安铁路以南山地。团长立即统率第一、第二两营随后跟进。我路过总部时，李家钰派人把我找去，向我说明他的意图是要我先率全营抢在日军先头，预先占领新安铁门以南的金斗寨，侧击由渑池东进之敌，要想尽一切办法来阻止日军通过。我到金斗寨不久，团长便率两个营到来，以第二营衔接我右翼布置阵地，以第一营为预备队，同团部驻金斗寨以南山麓。

有一天午前十时，发现日军三架飞机和七八门山炮不断轰炸和射击我方阵地。这一带是岩石山，无法构筑工事，炮弹破片四散，士兵伤亡甚多，只好利用残缺寨墙及一部分凹地勉强支持。日军逐步进攻到金斗寨以西山顶，又分两路，一路直攻金斗寨西、北两门，一路迂回袭击金斗寨南面山麓，向团部驻地进逼。团长立即使用团预备队第一营应战，不到两小时，我方已不能支持。团长深恐第一营被打垮后，第二、第三

---

※ 作者当时系第四十七军第一七八师第五三二团第三营营长。

两营有被包围歼灭危险，即命令第二、第三营用逐段掩护方式迅速撤退到老君洞布防，与第一营形成两线阵地，对日军作正面战斗。我率全营刚转移到老君洞附近，遥见团部和第一营已向南溃败。先头溃兵刚到和尚沟村南头，又听到和尚沟响起枪声。团部和第一营官兵又纷纷后退。由于北面受到日军追击，只好退到大沟内躲避。日军又追到沟内搜索，打死打伤许多官兵。团长藏在一个土洞内，见敌人快要搜到，只好冲出洞外，有两个日军随后追赶，团长因不能摆脱敌人的追赶遂用手枪自戕以殉职。我在老君洞重新占领阵地后，再和日军对抗。此时总部情报队队员崔英来告诉我说：总部于昨晚已转移到新安城铁路以南，李总司令（家钰）和第四集团军孙总司令（蔚如）同驻在周屯（距老君洞约五里）。白天受敌机轰炸，不便转移，要我守住老君洞，掩护两个总部于入夜后经石陵镇向宜阳县境撤退。并要我等候总部人员走完，再开始从老君洞转移。我按照总部指示坚持到午夜才撤退。次日午前十时，到达石陵镇，不见总部行踪，乃派人到处侦询，亦无下落。两三天后，才发现第四十七军的路条，通知各师、团流散官兵，到灵宝虢略镇集中。我才率全营赶到虢略镇归队，接受整补任务。

# 第一军参加灵宝战役的经过

陈廷祺[※]

一九四四年五月上旬，日军攻占平汉铁路上的重要据点许昌，主力立即向西迁回，连陷郏县、禹县（今禹州市）、襄城、临汝（今汝州市）、鲁山、伊川及洛阳龙门，兵临第一战区司令长官部驻地洛阳城下。第一战区司令长官蒋鼎文率长官部人员匆忙离开洛阳，其主力部队沿洛河河谷向宜阳、洛宁、卢氏方面撤退；副司令长官汤恩伯部主力已撤至嵩县、鲁山一带。五月九日，驻晋南的日军第六十九师团等部由渑池白浪、南村强渡黄河，在渑池北部地区与第一战区高树勋部激战。这时，第八战区副司令长官胡宗南为防止日军经灵宝、潼关进入陕西，急令驻华县的第一军（假番号新三军）军长张卓率参谋人员（参谋长李汝和）及直属部队一部，乘火车开赴灵宝，指挥本军的第一六七师（假番号新三师，师长王隆玑）、第五十七军的第八师（师长吴俊）及装甲兵第二团特务连、重炮一个营、野炮两个连，占领灵宝县城（今已拆除）、虢略镇（今灵宝市区）一线，准备迎击西犯之敌。当时我任第一军参谋处副处长，曾随同张卓到灵宝，参加了这次战役，兹将个人的经历和见闻回忆如下。

五月十一日，我们由华县出发，十二日中午在灵宝火车站（今已拆除）下车时，得悉日军已攻占渑池县城和英豪镇，其前锋抵陕县观音堂附近。张卓急令先期到达灵宝县城附近的第八师第二十三团（团长何国祥），沿陇海铁路开赴陕县张茅以东十里及两侧高地，占领掩护阵地迟滞该敌，以掩护主力部队集中和占领阵地。该团节节抵抗，与日军激战五昼夜，于十八日夜向灵宝转进。同日，陕县县城（今已拆除）也告失守，

---

※ 作者当时系第一军参谋处副处长。

日军迅速推进到大营、原店、五原一线。这时，第一军司令部以后移至永泉埠，第八师后续部队、第一六七师及配属的炮兵、战车也已全部到达。

当时胡宗南的部署是：第一军（守卫周家山、虢略镇亘灵宝城）和第四十军（守卫灵宝至阌底镇之黄河河防）为左翼兵团，由冀察战区副总司令兼第四十军军长马法五任指挥官，任务是用火力摧毁西犯日军后，将敌压迫于阵地左翼的黄河南岸或右翼的秦岭支脉崤山山地而歼灭之；第二十七军第四十六师和第十六军第一〇九师为右翼兵团，指挥官是第二十七军军长周士冕，防守富水关、三要司亘芦灵关之线，任务是策应掩护第一战区部队的转进与整理。五月二十日，第三十四集团军总司令李延年率指挥所到达灵宝，胡宗南乃令左、右两兵团统归李延年指挥。二十一日，蒋介石命令潼关以东的部队及洛河以南的第一战区部队，统归第一战区司令长官蒋鼎文指挥。我军当时指挥系统之庞杂重叠，由此可见一斑。

张卓奉到胡宗南的命令后，曾派我到虢、灵一带作防御地形判断，并下达占领阵地命令：以第一六七师（欠五〇一团）为右地区队，占领周家山、虢略镇亘北田村（不含）之线，重点在虢略镇附近；以第八师为左地区队，占领北田村（含）、牛庄、傅家湾亘灵宝城之线，重点在灵宝城、函谷关；以第一六七师第五〇一团为军预备队，控制于姚家城子附近；配属的炮兵第六旅一个重榴弹炮营在函谷关附近占领阵地，战车防御炮第五十二团的一个营分别配属各师；装甲兵第二团特务连（装备有轻型战车）作为军突击队，由军部直接掌握。各部进入指定位置后，立即开始抢修工事。

五月二十一日，李延年率张卓及参谋人员赴阵地勘察，指示张卓应加强右地区队左、右两翼和两地区队接合部的防务。胡宗南也曾亲临虢略镇、函谷关及灵宝等地视察，对工事构筑、兵力和火力配置等提出了十多条指示；其中特别强调虢略镇应构成坚固据点，准备巷战工事，灵宝城及川口东北高地应加强工事固守。二十六日，第五十七军军长刘安祺率第九十七师（师长傅维藩）乘火车到达常家湾车站，遂奉胡宗南之命归张卓指挥，接防第八师阵地。同时，在朱阳镇附近集结的第十六军第一〇九师（师长戴慕真）亦归张卓指挥，奉命以一个团守卫周家山至朱阳镇一线，主力开虢略镇附近。

由于上峰认为当面之敌兵力薄弱，决心转取攻势。胡宗南曾在西安等地夸下海口说："此次出击，定能一举收复洛阳及豫中失地。"早在五月二十五日，蒋鼎文就曾下达反攻命令，后因准备不周一再推迟。三十一日，李延年令马法五军（指挥第一〇六师、第八师）、刘戡兵团（指挥第十四军、第四十七军）于六月一日开始向陕县日军发起反攻。开始时进展尚属顺利，攻占了日军的一些据点，但六月三日天下大雨，即进展缓慢。四日起，日军开始反击，五日更加猛烈，李延年又以第一〇九师的两个团增援第八师方面，仍未能阻止日军的攻势。六日，我反攻部队逐次退至虢略镇以西。

六月七日，日军乘势攻占我军各前进阵地，八日开始攻击主阵地。日军采取了中央突破，然后向两翼席卷的战法，集中兵力猛攻第九十七师的右翼。该处正是我军防线的薄弱环节，一受攻击即发生动摇，并数度被突破。虽经张卓派第八师、第一〇六师和军突击队增援，但该处到十日晚即告不守。由于刘戡兵团撤退时临时改变路线，经岔道口退往阳平镇，致使追击的日军于八日夜乘机突破了第一〇九师第三二五团（团长刘明）阵地，九日已窜入夫妇峪。第一六七师第四九九团（团长贺一迟）守卫的虢略镇以南之北岳渡、南岳渡、石家山阵地也是日军攻击的重点，于十日上午被突破。这时，整个灵宝战场上的情势已十分危急。张卓向胡宗南报告，要求向后方转移阵地。当时社会舆论纷纷谴责胡宗南在西北屯兵数十万之众，多年来未出一兵一卒，为何在豫西一战即不能抗击日军之进攻？蒋介石为了挽回面子，于九日夜和十日下午两次打电话给胡宗南，严令死守虢、灵一线阵地，无论何人不准向西撤退，否则按连坐法枪决。

十日傍晚前，张卓到虢略镇以西察看前方战况，自知无力挽回败局。张卓刚回到指挥所，就接到李延年转达蒋介石命令的电话，更是惶恐不安。他再次给胡宗南打电话报告：战况已万分危急，如不转移阵地，恐有被日军包围歼灭的危险。十日夜十二时，李延年得到胡宗南批准后打电话给张卓，下达了撤退命令。张卓奉命后，首先令军部及特务营一部乘汽车经阳平镇向堡里、阌底镇撤退，令配属的炮兵部队沿张华公路经阳平镇撤往代子营，然后在堡里集结；令第一六七师沿张华公路向马峰峪方向撤退，并派一部占领掩护阵地，守卫虢略镇的部队待主力撤退五小时后再撤。但第一六七师并未按命令行事，而是一窝蜂地向西逃跑，秩序非常混乱。张卓在离开指挥所乘汽车逃走时，才命我写一个简略书面命令给第九十七师师长傅维藩，令该师沿洛潼公路向阌底以南撤退。据事后调查，此书面命令在混乱中未能送达第九十七师。

十一日晨，当第一军大部通过阳平镇沿公路继续西撤时，几架我方飞机飞临公路上空盘旋侦察，我命人铺布板信号联络，但飞机反用机枪向部队扫射。后来才知道，这是蒋介石派美国空军志愿队的飞机前来侦察第一军作战情况，发现我军撤退，乃用机枪扫射进行阻止。当第一军退到潼关一带时（当时军指挥所在潼关外麻庄河附近），发现日军并未以大部队追击，追到阌乡附近的小部队也于十二日后开始东撤，其主力已转用于湖南方面。

灵宝战役期间，我军战斗不利的消息很快传到西安，引起极大的恐慌和混乱，军政要员和富商们纷纷向重庆、成都、兰州等地搬家。当时任陕西省政府主席的祝绍周在西安强扣陇海铁路的火车和宝鸡的汽车，将其眷属和大批财物运到汉中，同时命令陕西省政府迁至汉中。此头一开，西安的其他国民党军政机关纷纷起而效尤，强扣火车、汽车搬家。当时的西安车站，人山人海，拥挤不堪，谁的权势大谁就能抢到火车、汽车。车站内待运的行李堆积如山，一直延伸到城内尚仁路一带。祝绍周逃到汉中后，接到蒋介石电令，查询何人首先下令搬家，又看到日军并未继续向潼关进攻，便偷偷溜回了西安。六月中旬灵宝战事结束后，我因病到西安治疗，亲眼看到西大街一带有许多商店未开门营业，街道上行人稀少。询问当地居民，才知道搬到汉中、兰州等地的国民党军政要员和有钱人尚未全数归来。

六月二十五日，胡宗南在华阴指挥所召开灵宝战役检讨会议。会议前夕，蒋介石电令胡宗南：据美国空军志愿队飞机侦察及照相报告，豫西灵宝城、虢略镇一带守军后撤时，是整师、整军沿公路向后撤退的，并不是由于伤亡惨重不能固守阵地而撤退，应具实查明，并严惩未奉命令而擅自撤退的军、师、团长。胡宗南即将下命令撤退的责任推到第九十七师师长傅维藩、第一六七师第四九九团团长贺一迟等人身上，并向蒋报告，说傅、贺二人擅自撤退。蒋随即电令胡宗南将傅维藩、贺一迟枪决，同时被枪决的还有第一〇九师第三二五团团长刘明。另外，第一六七师师长王隆玑被降为上校。

# 我所亲历的灵宝战役

黄剑夫[※]

　　一九四四年二月初，我从第一九六师第五八八团团长调升第三十四集团军（总司令李延年）第十六军（军长李正光）第一〇九师（师长戴慕真）副师长。此时，第十六军担任陕东黄河河防，预备第一师（师长冯龙）和预备第三师（师长陈鞠旅）守卫朝邑（今裁入大荔县）、郃阳（今合阳）一带，我师守卫韩城至禹门口一带。四月中旬，日军发动了旨在打通平汉线的"京汉作战"（即中原会战），五月上旬打通了平汉线，至五月十五日已攻占了渑池、宜阳、嵩县、伊阳（今汝阳）、鲁山及其以东的广大地区。此时，日军一方面加紧进攻古城洛阳，一方面继续向西推进，其前锋已逼近陕县、洛宁。在此之前，第八战区副司令长官胡宗南已命第一军军长张卓率先遣部队吴俊第八师等部进入河南灵宝，增援第一战区。

　　五月十六日，我师奉命开赴雒南（今洛南）。这时，师参谋长彭鸿猷病了，其职务由我兼代。十九日，部队到达雒南三要司，奉命归第二十七军军长周士冕指挥，在雒南三要司至灵宝芦灵关一线占领阵地。二十四日，我师奉命开往灵宝虢略镇（今灵宝市区），途中数次奉到改变行军路线的命令，往返跋涉，徒使部队增加疲劳。有时一天之内就两次奉命改变任务，实可谓朝令夕改。指挥系统更是混乱不堪，一会儿归张卓指挥，一会儿归刘安祺指挥，一会儿又归李延年直接指挥。二十七日，部队到达朱阳关附近，奉胡宗南之命，派出一个团守卫朱阳关，主力开虢略镇，归张卓指挥。我们当即派第三二五团（团长刘明）守卫朱阳。后

---

※　作者当时系第十六军第一〇九师副师长兼参谋长。

来，该团奉命将阵地沿秦岭南麓、西涧河左岸延伸至周家山，掩护主阵地右侧背的安全。此阵地正面长约四十华里，沟壑纵横，地形十分复杂，交通联络极为不便，防守非常困难。

我部到达虢略镇后，得知第八师在陕县境内阻击日军，颇受损失，现已退至灵宝东北部；日军已推进到陕县以西的大营、原店，一部攻占了灵宝境内的岘山庙高地，马法五第四十军等部正与该敌对战。我军主阵地北起灵宝城、函谷关，沿宏农河左岸经虢略镇至周家山一线高地，正面长数十华里。按地形来说，该阵地左翼依托黄河，右翼依托秦岭，恰好利用了古代函谷关的天险。如果有计划地部署军队，构成坚固阵地，是能够制止日军进攻的。可惜胡宗南对这次防御作战缺乏整体计划，将部队分割使用，阵地编成无纵深，同时指挥层次太多，命令下达与情况上报都不及时。这些都是造成这次战役失败的主要因素。

六月一日，马法五奉蒋介石之命指挥该军及刘戡兵团、第八师等部开始反攻陕县。二日，李延年奉胡宗南之命，令我师（欠第三二五团）立即东开十里铺、神窝、路井一带，构筑反坦克工事，归刘安祺军长指挥，后又奉命以第三二七团（团长阎公雅）配合第八师作战。五日深夜，突然接到李延年电令，命我师归马法五军长指挥，派一团固守阳八湾、朱家窝、南卿、桥头、阎家坪一线。由于天黑且任务紧迫，该防线距师部驻地寨原尚有一二十华里，来不及现地侦察地形，我和师长戴慕真只得在地图上研究一下，决定派第三二六团（团长张万邦）火速前往占领阵地，抢修工事，并与友军切取联系；以第三二七团为预备队，控制于乌里村附近；师部和直属部队位置于东水头。随后部队立即开始行动，师部也于午夜后到达东水头，做好一切准备。

六日拂晓，我同戴慕真乘马赴第三二六团阵地视察，中途听到响起零落枪声。不久，就看见友军和第三二六团少数部队退却下来，第三二六团的通信排排长也背着总机向后跑。我们当即责问该排长为什么退却，而且把总机也背走，中断通信，影响作战。他说："凌晨日军在坦克掩护下突破友军阵地神窝，友军撤退时没有通知我团。后来日军绕过沟水坡冲到团部驻地下村，张团长、蒋营长都受了伤，其余官兵被冲散了，我只好把总机撤下来。"听了他的报告，我深感情况严重，只有及时将预备队使用上去，堵住突破口，才能稳定战线。由于没有接到第三二七团的报告，不知是否到达指定位置，遂断然处置，对戴慕真说："你派人收容第三二六团的溃散部队，我到乌里村去找第三二七团，找到了就使用上去阻击日军。"

　　我带了一名卫士骑马直奔乌里村，沿途看到友军部队还在纷纷退却。走出二三里，遇到本师的一个排，我就命该排随我前进。又走里许，遇到第三二七团的第三连，连长说他是奉命掩护炮兵的，现在炮兵撤走了，他已派人去请示今后的行动。我命这一个连也随我前进。走不多远，就看到第三二七团的后尾部队，全团荫蔽在一个凹道内。我急忙策马跑到部队先头，找到团长阎公雅。他正在仓皇四顾，一看见我就喊："副师长，怎么办？"我问他："前面情况怎样？"他说："敌人的便衣队已进入前面的乌里村，正和本团第一营在村里混战。"我说："部队停在凹地不好，赶快把部队展开，就在乌岭高地棱线后面占领阵地。"我协助他把部队部署好，重火器的阵地也选定了，并要士兵们赶紧构筑工事，团部移在稍后的一个窑洞构成的院内。我就在团部协助阎团长指挥。第三二六团退到这边来的两个连，我也叫归阎团长指挥。上午七时，日军即开始向我阵地攻击。由于我们抢先一步部署好了军队，又构成了简单工事，所以日军从上午七时攻到下午二时，冲锋三次，都被打了回去。不久和师部的电话架通了，我将当时情况报告了师长戴慕真，并请他向上级请示。下午三时半，日军发起第四次进攻，我军顽强阻击，遂成对峙状态。四时许，戴慕真要我回师部去。我临走前一再告诫阎团长，务必死守阵地，无命令决不能撤退。

　　我回到师部时，看见戴慕真像病了一样睡在床上。我将前线情况简略向他作了汇报。他向我征求意见，说："前面战况危急，没有友军增援，可否把阵地向后稍撤一点？"我说："第三二七团能稳得住，目前正在和敌人接触着，白天也撤不下来。"并问他第三二六团溃散的部队已收容到多少。他说："大概有两个营退到山上去了，不过还没有联系上。"我又问他："上级对当前战况有什么指示？"他说："没有。"我说："电报发出去没有？如果发出去了，不会没有指示的。"他还是说："没有。"并又说："我的意思，还是把阵地后撤一点好。"我说："后面地形低下，敌人前进形成居高临下，不如现在地形有利。"停了一会儿，他又说："我们兵力单薄，敌人沿着公路迂回到后面去了，我们要受包围的，我还是觉得变换一下阵地为好。"我不好再坚持，只得说："你是主官，你一定要撤退，我也没有办法，请你自己下命令好了。"他就用电话通知第三二七团团长撤退。阎团长回答说："前线距离敌人很近，白天撤不下来，须待晚间才能撤退。"戴慕真于是集合师部官兵向后走。走出村子不远，他的脚步越来越慢，突然递给我一封信，说这是总司令来的。我拆开一看，信的内容大致是：戴师长：你必须坚守现在阵地，如后退一步，定按军法从事。后面签署李延年亲笔。我立刻问他："刚才为什么不给我看呢？这退下去一定要遭到枪毙，绝不是儿戏的事。"他听了很着急，说："这怎么办？"我说："前线部队这时还没有移动，赶快命令他们原地固守，先头一个命令作废。"他同意了我的意见。我立即从图囊内抽出命令纸来，写好命令派参谋送交阎公雅。命令刚送走，就看见总司令部的上校联络参谋来了。他开口就问："戴师长，你到哪里去？总司令的手令你收到没有？你要后退，我立刻打电话报告总司令。"戴慕真显得很尴尬，说："我的指挥位置不恰当，稍微移动一下，前面阵地并没有变动。"我接口说："指挥所就在这儿好了，不必再走了。"于是就在附近民宅驻下来，并叫直属部队赶快构筑防御工事。我将师指挥所的工作处理就绪后，夜色已降临。在黑暗中戴慕真紧握着我的双手，一语不发。我安慰他说："不会有什么事情的。"当夜日军没有猛攻。当夜九时后，奉到马法五军长的命令，要我师到虢略镇西北新庄附近集结待命，并说第三二六团暂由该军第一〇六师师长李振清收容并指挥，待机归还我师。我们立即通知第三二七团撤出阵地并集合队伍准备转移。

五月七日凌晨三时许，第三二七团刚走到西水头，就奉命配属王隆玑第一六七师，守卫虢略镇东南的洞子崖、席家凹、开方口、大小岭、阎李村一线的前进阵地。我们带着师直属部队到达指定地点。九日深夜，奉到上级命令，要我师（欠第三二七团）立即归还建制，以一部封锁朱阳镇至芦灵关之间通往阌乡之间的各个隘路口，主力守卫盘岭山、朱阳镇、台头至周家山一线。当时师部与第三二五团和第三二六团失去联络，已成光杆。我们奉命后立即准备出发，去指挥第三二五团，并寻找第三二六团。临出发前，李延年打来电话，命令我师必须死守上述阵地，待命行动。

此时已是十日拂晓，我们立即出发。当我们登上秦岭山脊，就清楚地看到虢略镇附近的阵地被日军突破了，部队纷纷后撤。炮兵和汽车部队撤退时扬起很高的灰尘，成为日军炮兵实施追击射击的良好目标。我当时考虑，正面阵地既然失陷了，掩护部队在未奉到命令前应如何行动？经与师长戴慕真商量，决定到达目的地后一方面向上级请示，一方面与正面友军切取联系并配合其行动，以确保主力侧背的安全。我们翻越秦岭，终于与第三二五团取得了联系。我们得知敌情如下：经岔道口、五亩进攻的日军，于八日兵分两路，一路在上、下宋曲与该团一营激战竟日，被击退；另一路千余人利用秦岭复杂地形和黑夜的掩护，突破二营防地下哈里进入香炉沟、铁佛寺，九日晨已窜抵夫妇峪，企图攻击我军后背。由于第三二五团的防线过宽，团、营之间无电话，团长刘明直至十日上午才得知此情。他急忙派部队四处搜索，并向上级报告，但因电台联系不上，只得派人来向我们报告，同时请友军转报总司令李延年。我和戴慕真闻报后非常焦急，即命在芦灵关附近的第三二六团（该团经第一〇六师收容，实力损失不大，后奉命经朱阳镇到芦灵关集结）寻歼该敌。后得知这股日军遭到预备第三师的顽强阻击，伤亡惨重，残敌向东逃跑。

由于灵、虢主阵地守军纷纷后撤及后方受到窜入夫妇峪之敌的威胁，十一日凌晨，战场最高指挥官下达了全线后撤的命令。我师奉命在朱阳镇一带担任掩护，待主力撤退后向阌乡以西的阌底镇（今属灵宝市）附近集结。这时，第三二六团和第三二七团奉命归还建制。我军撤退后，日军大部队并未追击，只以小部队进至阌乡附近后即行东撤。我师旋奉命日夜兼程再度翻越秦岭，回到朱阳镇。沿途我们收容了一些第三二五团失散的官兵。十四日，我师又奉命经五亩追击日军，于十六日进入虢略镇，后在镇西的一个村庄集结整理。至十七日，基本恢复了战前态势。

对于这次日军进攻的企图，副长官部高级人员都判断是为了进占关中，以威胁抗战大后方四川的安全。只有作战科长吴永烈判断日军的行动是对我军进行扫荡，使我远离其据守的据点，没有深入的企图。灵宝战役的结局证明吴永烈的判断是正确的，因此胡宗南后来对吴颇加青睐。这是以后吴永烈亲口对我说的。

这次灵宝战役，由于层峰指挥失误，导致全线溃退。但因日军主动撤退，没有丧失地方，兵力损失也不太大，在蒋介石面前似乎可以敷衍过去。后来我听说，由于美国空军在飞机上看到从灵宝城附近撤退的部队分四路纵队下来，便将所见情况报告给蒋介石，并质问蒋：这些部队没有丧失战斗力，为什么不战而退？这使蒋很难堪。蒋严令胡宗南一定要将这次作战不力的军官查明严办。经查，整队撤下来的是第九十七师部队。该师师长傅维藩声辩是奉到上级电话命令撤退的，但电话命令没有书面根据，不足为凭，因而以"作战不力，擅自后退"被判处死刑。同时被枪毙的还有我师第三二五团团长刘明和第一六七师第四九九团团长贺一迟，罪名分别是纵敌入夫妇峪和丢失阵地、擅自后退。为了减轻戴慕真的罪责，我没有把本师作战经过和戴一再坚持退却的情形上报。后来，上峰以指挥无方、避战的罪名，判处戴慕真有期徒刑五年。六月二十五日在华阴指挥所召开的第八战区灵宝战役检讨会议上，胡宗南指责第三二五团事前不遵令部署，当时又不积极搜索警戒，不及时报告，事后不猛力堵击，致使敌军窜入夫妇峪，威胁我军侧背，使我既定计划不克实施，陷我全局不利。

# 第九十七师参加灵宝战役的回忆

郭吉谦※

　　一九四四年四月中旬，日军发动了中原会战。当时第八战区副司令长官胡宗南曾派韩锡侯第九军和林伟宏预备第八师增援第一战区，但该战区正、副司令长官蒋鼎文、汤恩伯的几十万军队很快被打败，日军于五月中旬已推进到豫西陕县、洛宁一线，威胁潼关。胡宗南为阻止日军进入陕西，即令所属部队开进河南境内对日作战。当时直接参战和守卫豫陕边界武关、富水关、三要司、芦灵关、潼关之线的第八战区部队有：第一军（军长张卓，参谋长李汝和）之呆春涌第一师和王隆玑第一六七师、第十六军（军长李正先，参谋长薛敏泉）之戴慕真第一〇九师和陈鞠旅预备第三师，第二十七军（军长周士冕）之李日基第四十六师、第五十七军（军长刘安祺）之吴俊第八师和傅维藩第九十七师，以及黄正成炮兵第二旅等部。第一战区刘戡兵团（辖李宗昉第四十七军和张际鹏第十四军）和马法五第四十军也参加作战。奉最高当局之命，以上各部统归第三十四集团军总司令李延年指挥。当时我任第五十七军第九十七师第二八九团团长，参加了这次战役。兹就所知，回忆如下。

## 第九十七师开赴灵宝

　　第九十七师原为五省联军军阀孙传芳的部队，孙传芳失败后被蒋介石改编为第四十七师。后来由于该师内部闹矛盾，又被分成第四十七师和第四十三师两个师（不是扩编，而是分家）。第四十三师原辖两个旅共

───────────

　　※　作者当时系第五十七军第九十七师第二八九团团长。

六个团，一九三三年取消旅的建制，第四十三师仅辖三个团，以另外三个团编成第九十七师。为封锁陕甘宁边区，第九十七师被调到西北，归胡宗南指挥。一九四二年，胡宗南把该师的师长调升到别部，以其亲信第七十八师师长刘安祺调任第九十七师师长。一九四四年四月，刘安祺升任第五十七军军长，遗缺由副师长傅维藩升充。

第五十七军各部的驻地很分散：军部和第九十七师原驻甘肃固原、海原一带，一九四三年冬移驻平凉一带整训，遗防由高桂滋部接替；第八师驻陕西关中；新编第三十四师驻宁夏中卫一带。一九四四年五月八日，第八师奉命开拔，其先头第二十三团十四日即首先在陕县硖石与日军交战。同日，第五十七军接到了率第九十七师开往灵宝的命令。当时我团内冀、鲁、豫籍的官兵对部队东开都很乐意，但一些陇籍的士兵从未出过远门，舍不得离开甘肃。

部队由平凉出发，经陇县步行到陕西宝鸡附近。傅维藩说运送我团的火车还未到，命令就地休息，但不许靠近市区，于是全团就在离宝鸡火车站六七里的一片沙滩上休息。我乘此机会搞了一次全团大会餐，席间官兵们各自表达了抗击日军的决心，军官们还在用一块红绸子写的决心书上签了名。但也有怕死的，例如第八连中尉排长李某（四川人），平时营长说他如何好，还要保举他当连长，可此人就在五月二十四日晚部队上火车前逃跑了。又如我团秦腔剧团里一个当演员的士兵，在火车行抵渭南车站附近一个小站时，由其从甘肃原籍来探望他的父亲带着逃跑了。我闻讯后就叫已离站很远的火车停下，派人将他抓回，就地枪毙。

当时日军在潼关对面的风陵渡架起几门大炮，专门射击进出潼关的火车，因此人们把火车过潼关叫作"闯关"。我们的火车在华阴附近的车站上备足煤和水，烧足气，利用黑夜以最快的速度闯了过去。日军开炮时，我们已驶出很远。由于陇海铁路函谷关铁桥已被彻底破坏，火车只能通到常家湾车站。我们到达时已是二十六日夜，站上的军事运输人员告诉我说："日军离这里不远，下车要肃静，不要亮灯火。"我立即传知所属各单位完全照办。这时，我接到师长的命令，立即率全团开赴阵地。

## 阵地位置和兵力配备

当时周家山、虢略镇、灵宝城之线上有新三军（第一军的假番号）张卓和第五十七军刘安祺两位军长。刘安祺曾当过团长、旅长、师长，参加过蒋阎冯大战和淞沪抗战，有作战经验；张卓却很像一个文人，人们只知道他当过步兵学校的教育长，对军事教育尚有研究，但从未听说他参加过什么战役，更谈不上有什么作战经验。然而奉层峰之命，刘安祺要受张卓的指挥，张的头上还有李延年、胡宗南直至蒋介石，因此人们对于这种叠床架屋式的指挥系统和张卓的指挥才能深为担忧。张卓一切都得听命于胡宗南的摆布，甚至连一个营的阵地位置都要打长途电话向远在后方的胡宗南请示。

按照张卓的部署：刘安祺为左地区队指挥官，指挥傅维藩师接替第八师守卫北田村、牛庄、坡头、傅家湾亘灵宝城一线阵地，限二十七日中午以前接防完毕；王隆玑为右地区队指挥官，指挥第一六七师及配属的第一〇九师第三二七团（该团六月七日参战）守卫周家山、石家山、虢略镇、思平村及风脉寺、桐村、张家坡、川口、南北厥山、大小中原之线；第八师集结于新庄、纪家庄附近，作为预备队。

第九十七师师部驻函谷关西南山梁棱线后的梨湾原，师长傅维藩奉到刘安祺转来张卓的上述命令后，即以第二九〇团为本师的右地区队，守卫北田村（不含）至南店头之线，右与第一六七师匡全美第五〇〇团相接；我团及配属的第二九一团第一营（营长陈季达）为本师的左地区队，守卫南店头（不含）至灵宝城之线；两个团要各派部分兵力在下硇、路井、五帝村、十里铺占领警戒阵地；第二九一团（欠第一营）为师预备队，在函谷关西南的高家庄。由于层峰判断日军必沿铁路和公路线进攻，所以把防御的重点放在左翼方面，除以配属的重炮营放列于函谷关及其附近外，还命我团必须在灵宝城和傅家湾各配置一个营。陈季达营长系行伍出身，很能打仗，因而该营被指定担任重点中的重点灵宝城之守卫。

以几千人的一个师防守正面长达三十华里的阵地，其兵力、火力之薄弱是显而易见的，更谈不上纵深配备。再加上预备队数量太少，无力对敌逆袭，阵地的任何一点被突破就会使全线发生动摇。对于这样的阵地，且不说极为薄弱的右翼第二九〇团方面，即使是上峰高度重视、三令五申必须死守的灵宝城，要想守住也非常困难。灵宝城①位于宏农河与黄河交汇处的三角洲上，地势非常低洼，大部分城墙早已被拆毁；城东是一大片枣树林，障碍我军的视界和射界，有利于日军接近；南面是东西走向的高地，瞰制着城内。由此可见，灵宝城完全是一个易攻难守之地。

---

① 新中国成立后修建三门峡水库，此处部分被淹没，县城移驻虢略镇，陇海铁路也改道南移。

## 防御措施及其他

五月十二日，张卓率第一六七师和第八师到达灵宝时，一度驻城内。五月十八日日军攻占陕县后，原驻军在灵宝城外埋设了一些地雷，以图阻止日军攻城，张卓的司令部也西移至永泉埠。我师接防后，那些地雷既未排除，也未交代，以致炸死、炸伤过往官兵的事情时有发生。例如第八师的一名传令军官，连人带马被炸死。实际上，这些地雷并没有起到阻碍日军的作用。

我师接防后，即遵上峰之命抢修工事，前后整整十天。但由于函谷关山上硬石多，不易挖掘，再加上正面过宽，所以工事做得很简单，掩体上面没有覆盖，只挖了一些横向交通壕，而纵向交通壕就很少。因为工事很少伪装，日军只要占领函谷关对面的高山，就能对我团阵地看得一清二楚。

我师所占阵地大部分都是山地，附近没有村庄，部队大都在野外露营。多数部队是将各连炊事班安排在后方村庄，做好饭后由副官、司务长负责送到阵地上。但第二九〇团团长曾庆春却将炊事房安在阵地上，与各连战斗兵在一起。由于烧水做饭时冒烟，且阵地都在面向日军的大斜坡上，无法隐蔽，所以遭到日军的炮击。没有受过军事训练的炊事兵被打得乱叫乱跑，不少人伤亡，炊具也被打坏，官兵们连饭也吃不成。

胡宗南在西安办的一家报纸派记者到灵宝前线进行战地采访，撰写新闻报道，借以鼓舞士气，安定后方。一天，我在灵宝城内视察工事时，一名记者来访，向我提了许多问题，并随我到各处察看了一番。后来有人告诉我，在这位记者写的新闻报道中，对灵宝战场大肆吹嘘，并提到我的名字。

日军还在陕县时，灵宝城内居民绝大多数都已逃往他乡避难，只剩下少数老弱妇孺，铁路、公路上也早已不见行人踪迹。一天，有三个商人模样的人从陕县方向到达灵宝城，被守城岗哨盘查后送到营部。营长陈季达从这三人身上搜出很多钱财，并把他们作为刺探军情的汉奸嫌疑犯关押起来，但并不上报。部队撤退时，陈季达将搜出的钱财装入私囊，并把这三人活埋在该营部所驻之县政府院内的一个角落里。当部队退到关中后，我才得知上述情况。当时我觉得部队已远离灵宝城，不便再去调查，再说陈营只是配属部队，因而没有去追究。

## 战斗和撤退经过

修工事期间，我曾两次派出小部队袭击日军的前哨据点，赶走了占据龙王庙村之敌，还毙伤日军数人。

奉蒋介石之命，从六月一日起，李延年指挥刘戡兵团和马法五军李振清第一〇六师附第八师向陕县之敌发起反攻。同时，我师第二九一团第二营奉命在蓝家凹占领前进阵地，策应友军作战。吴俊指挥第八师打得很勇猛，当天即将日军警戒部队驱逐，攻占陕县黄村并包围了日军的重要据点五原，但因友军未能及时配合而功亏一篑。三日再攻五原，又因天下雨路泥泞，炮兵行动困难延误射击时间而未成功。五日，日军发起猛烈反扑，该师击毁敌战车多辆并在我空军支援下与敌血战，双方伤亡均重。由于日军后续部队源源到达，我军伤亡严重，被迫节节后撤。六日，第八师奉李延年之命归还建制，日军攻占了我师的十里铺、西窝、杨坡、乌里村等警戒阵地，并开始攻击我蓝家凹前进阵地。

六月八日，日军开始对我主阵地发起猛烈攻击。由于宏农河东岸是高原，其地势远高于我主阵地，日军占领那些制高点后对我主阵地完全能够瞰制，其炮兵可对我主阵地任何一处射击。但出乎上峰意料的是，日军进攻的重点并不在灵宝城、函谷关方面，而是指向右翼第二九〇团守卫的牛庄、毕家寨、岸底、西留之线。傅维藩令我团岳副营长率两个连增援第二九〇团，在毕家寨至北安头的塬上修筑预备阵地。当天中午，日军集中炮火猛轰牛庄阵地，一口气打了数千发炮弹，并多次施放毒气。下午，十多辆日军战车一字形排列在宏农河东岸，以车上的平射炮和重机枪向曾团的一线阵地猛烈射击。另外十多辆战车掩护步兵涉过宏农河，突入该团阵地。曾庆春急调预备队增援，总算恢复了阵地。

九日上午，日军战车二十辆掩护步兵数百名攻击第二九〇团四连守卫的墙里主阵地。该连长平日最受曾庆春的信任，此时一见敌战车冲上自己的阵地，急忙带着全连官兵往后跑，第二营阵地顿时陷入一片混乱，军官们无法掌握自己的部队。同时，第一营守卫的西留、岸底阵地也被突破。面对如此战况，师长傅维藩手足无措，打电话叫我赶快去师部一趟。我乘马前往，快走到函谷关上面的隘路口时，在该处内斜面的我军炮兵向日军开了几炮，立即招致日军炮火的猛烈还击，炮弹在我的前后左右爆炸。我急忙下马步行，并叫牵马的士兵离我远些，以减小目标。

当时第九十七师副师长未到职，参谋长王敏又很平庸，连个电话都说不清，更谈不上为师长出谋献策。傅维藩叫我到师部，是想要我帮他的忙。我来到师部驻地梨湾原，傅维藩神情惊慌地问我：曾庆春已支持不住了，想让该团往后撤，另占新阵地，是否可以？我说："该团阵地位于向着敌方的斜面上，毫无遮蔽，大白天部队撤退，势必遭到日军炮击，造成损失。不如先叫预备队占好阵地，再叫曾团后撤。"傅接受了我的建议，说："那就叫曾团慢一点后撤。"他立即命令预备队第二九一团第三营立即占领枣树坡、马家寨、老虎头之线的塬上阵地，又急忙给曾庆春打电话。不一会儿，总机回话，说曾团早已后撤，电话不通。傅维藩顿时面色苍白，惊慌失措。这时，军长刘安祺打电话责问他："情况这样紧急，为什么叫一个团长到师部来？还不让他赶快回去……"于是我急忙返回团指挥所。

原来刘安祺已接到了曾团溃退的报告，深感情况严重。他急忙从第九十七师预备队和第八师余部中各抽调部分兵力，还调来配属的装备有小型战车的第一军突击队，以收复被突破的阵地。刘安祺仍不放心，就带着副官和几名卫士赴前线督战。途中正碰上曾团的大车队拉着行李向后撤退。刘问一名赶车的士兵："你们团长呢？"那名士兵指着后面的一辆大车说："团长不舒服，睡在车上。"刘安祺早就憋了一肚子气，此时又目睹曾庆春贪生怕死，放任部队溃散，自己却睡在车上装熊，更是怒火中烧，当即掏出手枪朝那辆大车开火。正在蒙头睡觉的曾庆春听说军长来了，要枪毙他，慌忙跳下大车，拔腿跑回前线整顿部队去了。就在这节骨眼儿上，作为师预备队的第二九一团团长田先瑞不知躲到哪里去了，军长、师长怎么也找不到他。对于曾、田这两个团长的行为，第九十七师的官兵，尤其是军部和师部的幕僚人员，在战役结束后很长一段时间内还在议论着。

刘安祺任第九十七师师长时，我在他手下当过参谋主任和团长，因此和他说话比较方便。一天前，我看到友邻部队情况危急，而我这边又无事可做，就在电话上向刘安祺建议说："让我团出击，腰击日军侧背。"刘表示不能随便离开主阵地。此时，第九十七师和右翼第一六七师都有部队溃退，我再次向刘军长请求说："现在日军后方空虚，你给我一台无线电，让我这个团单独行动，转到日军后方去和它纠缠，扯住它的腿。"刘赞成我的建议，但他说得请示上级。事后得知，刘为此曾一再向上峰请求，但未获批准。当晚只是调整了一下部署，我团除守灵宝城的陈季达营和守函谷关的一营不动外，以第二营的右翼向南延伸至坡头，以原守灵宝城南高地的第三营占领函谷关顶峰和山腰的阵地，作为第二线。

　　十日，战局更加恶化。虽有马法五军李振清师的两个团和第八师余部增援第二九〇团，但收复的阵地不久又被突破。战斗中，第八师上校副师长王剑岳阵亡。两天前由岔道口进入秦岭山脉的一股日军已进至夫妇峪，严重威胁我军侧背。当天，第九十七师师部受到日军的攻击，师直属部队伤亡惨重。下午，第五十七军军部也受到日军火力威胁，军、师、团之间的电话时通时断，指挥系统陷于瘫痪，前方阵地更加混乱。天近黄昏时，我团部与师指挥所之间的电话刚接通，就接到傅维藩打来的电话。他只说了句"你们马上沿铁路线往西撤"，不待我问清退却目标和部署，就把听筒放了。我对左右说："这不行！"就立即派上尉副官骑马沿公路向西追赶师长，索要书面命令。这位副官追出十多里，才赶上师长。傅维藩说："已给过电话命令了，还要什么命令？"副官说："我们团长说要书面命令，没有书面命令他不退。"这时，军长刘安祺从日记本上撕下一页纸，写了张便条式的命令，由师长傅维藩签名，交给那名副官带回。

　　我接到书面命令后，就考虑如何退却的问题。当时从我团阵地往西，只有函谷关背后七八里长的一条隘路，路北侧是黄河，南侧是又高又陡的绝壁。我团右翼的第二九〇团和第二九一团都已随师部退走，日军占领我团阵地右侧绵亘的山梁后，只要派少量兵力堵住隘路的西南口，就会使我带的四个步兵营和配属的一个重炮营陷入绝境。我想，与其被歼灭在隘路内，不如往前冲出去，成功与否只有碰运气了。我命令行李辎重和卫生队先走；就近的第三营立即占领隘路东北口的掩护阵地，掩护各营退出战场；通知函谷关上的重炮营立即撤出阵地。但重炮营行动迟缓，我在隘路的东北口足足等了一个多小时，才看到该营的大车队缓缓驶来。弹药车上堆满了草料，上面还坐着女人，根本不像战斗行列，简直成了老百姓搬家。该营长见我还站在路口，惊讶地说："你真沉着啊！"

　　重炮营通过后，我令灵宝城防营和函谷关上的第三营立即撤退。这时天早已黑了，第三营到达隘路东北口时，我令步枪兵装上刺刀，压满子弹，一律用手提枪；重机枪不准上驮，用人抬着，准备在隘路西南口一旦与敌遭遇，立即投入战斗，并占领阵地掩护其他各营通过隘路。各营通过隘路东北口后，我随第三营最后撤退。所幸未遇到日军阻截，我们顺利地通过了这段又长又危险的路。

　　就在各部争相后撤的同时，上峰转来了蒋介石的命令：无论何人不得向西撤退。此时，灵宝战场总指挥李延年深知局面已无法挽回，在得到胡宗南同意后，下令各部于当夜十二时开始向西撤退，占领东、西长安亘盘豆镇之线。但这一马后炮的命令下达时，不少部队已处在撤退途中。由于数万人在同一时间经同一条公路撤退，造成人群互相拥挤、践踏，混乱不堪，许多辎重被抛弃。

十一日上午，我带领的四个营按照命令的要求抵达阌乡县（今已裁入灵宝市）盘豆镇。当时，军长刘安祺、师长傅维藩正在盘豆火车站的一间小屋里休息。我去见他们时，他俩都垂头丧气，满面愁容。过了好一会儿，刘安祺才有气无力地说："昨晚委员长电谕，严令部队不准西撤，如有西撤者，军长、师长一律枪毙。"接着他问我："你看怎么办好？"我从上下级感情出发，担心他俩真会被杀头，就说："打回去！我这个团还能打，做先头占据几个据点，固守待援。"刘沉思了很久，说："可是胡先生又叫西撤呢！"在我和刘安祺交谈中，傅维藩始终一言不发，只是低头发愁。当晚，胡宗南打来电话，令第五十七军即开临潼附近整补。

## 师长被枪毙　番号被取消

我部到达临潼不久，上峰打来电话，说胡宗南传见第九十七师师长。傅维藩急忙赶到西安小雁塔胡宗南的副长官司令部，当即被软禁在一间小屋内，一连等了好几天，胡宗南也没有传见他。一天，傅维藩在陆大的同学、当时任副长官部参谋长的罗泽闿请傅吃饭。进餐时，罗问傅："你对妻子有什么话要说吗？"傅不解其意，随口答道："没有。"饭后，突然响起了空袭警报，罗让傅上汽车去躲空袭。汽车开到武家坡附近停下，车上的卫兵说："到了。"傅一下车，几个警卫就架住了他，一名执刑军官宣读了胡宗南处决傅维藩的命令。事出意外，傅维藩当即抗议说："没有经过军法审判就要杀我，不行！我要见副长官，有话说。"可是不由他抗辩，枪就响了。

六月二十五日，副长官部在华阴指挥所召开了团长以上人员参加的灵宝战役检讨会议。当我接到出席会议的通知时，根本没有想到傅维藩已经被枪毙。但我猜想傅离开师部已很长时间，一直杳无音讯，恐怕凶多吉少，于是就把刘安祺手写、傅维藩签名的那个便条式退却命令带在身边，以便必要时拿出来为傅作辩护。但会上只叫军长、师长们发言，我根本没有讲话的机会。胡宗南作总结时，特别提到空军向蒋介石报告有行列整齐的队伍由灵宝撤退，强调第九十七师阵地被突破不可原谅。最后，胡宗南宣布奖惩名单，其中被判死刑的有第九十七师师长傅维藩、第一○九师第三二五团团长刘明、第一六七师第四九九团团长贺一迟三人，被撤职查办的有第一○九师师长戴慕真（有期徒刑五年）、第九十七师第二九○团团长曾庆春（被判无期徒刑）等人。另外，第一六七师少将师长王隆玑被降为上校，第九十七师参谋长王敏被撤职。胡宗南宣布完后，副司令长官部副参谋长补充说："死刑已于本日中午执行了。"大家听后都默默无语。在受嘉奖的人中，马法五军的参谋长、军务处长和两位师长、一位副师长榜上有名；第九十七师有两人，守卫蓝家凹前进阵地的第二九一团第二营营长刘舜元和负伤不下火线的我团第四连连长刘志程；炮兵第二旅旅长黄正成也以撤退时武器装备未受损失而立大功。

对于傅维藩的被处死，当时许多人都很同情。有的说，由于汤恩伯部队在河南对日作战中节节溃败，引起了社会各界对国民党的不满，蒋介石乃杀一两个倒霉的将领来缓和舆论的谴责；有的说，胡宗南自己指挥无能，造成溃败，而在上级追究之下，却把责任推给下面；也有的说，蒋介石根据空军的片面报告，把第九十七师警戒部队撤退错误地当作主力部队撤退，以此定傅的死罪；等等。对于后一种说法，人们的传说就更多。据我所知，情况是这样的：六月六日第八师撤退时，秩序很混乱，遗弃了不少辎重。第九十七师守卫警戒阵地的一个营由于受其影响，也跟着撤退了。此情正好被飞临阵地上空的我军飞行员看到，误认为是主力部队撤退，就向蒋介石告了一状，蒋便信以为真。

傅维藩被处死后，第九十七师的番号也随之被取消。胡宗南派第四十五师师长胡长青带着该师师部人员和一个团到第九十七师当师长，将第九十七师的第二九○团拨归第八师，此后第九十七师的番号实际上已经不存在了。但是军长刘安祺为维系原第九十七师官兵的心，对内仍称第九十七师，把取消番号一事对下隐瞒了起来，一直到一九四五年春该师拨归第五军建制，才名实相符地对内也叫第四十五师了。

# 血战张茅

谢本瑛[※]

一九四四年春，我在陆军第八师第二十三团第二营第五连第二排任排长，部队驻陕西兴平县东北的店张驿。我师是一支训练有素、战斗力较强的部队，师长吴俊（黄埔五期）治军甚严，指挥有方。当年四月中旬，日军由郑州以东的中牟和以北的邙山头同时发起强大攻势，迅速突破第一战区部队的防线，五月七日攻占了龙门，直扑长官部所在地洛阳，豫西告急。

五月八日，我师接到驰援第一战区的紧急命令。我团是先遣队，奉命后立即出发，十日由咸阳乘火车东进，十一日傍晚到达河南灵宝，当晚在该城宿营。次日晨，我看到挑担背包、扶老携幼的人群源源不断沿公路向西奔逃，并从他们口中得知，另一路日军大部队已由山西境内渡过黄河，正在渑池与我军激战。十二日下午，我团奉命到陕县会兴镇（今属三门峡市）布防，以第二营为前卫，进驻张茅车站。营长命五连为前哨，推进到张茅以东十里铺占领阵地。

十三日上午，部队到达指定地点，连长崔泽藩（湖南益阳人，黄埔第十五期毕业）立即同我（当时担任排哨）和几个班长对照地图，察看地形，布置火力。这是个长圆形的独立山头，高约三十余米，长不足一百米，左端稍高，向右倾斜，靠近陇海路；左后方有小径直通山顶，右端较陡峭，连接平坦开阔地；面敌方稍有坡度，可攀登；离山前约半里有小村庄，山后方约一百五十米为起伏丘陵，营指挥所在那里。看来地形地势居高临下，俯瞰远瞩无碍，防守有利。侦察毕，我立即派出步哨

---

※ 作者当时系第五十七军第八师第二十三团第二营第五连第二排排长。

两组，安置在村前交叉路口，严密监视与盘查。全排士兵马上进入阵地，选择适当位置构筑机枪掩体，使之能充分发挥侧射与斜射的强大火力；挖好跪射散兵坑与沟通壕；测量重点目标射程；山腰布置手榴弹投掷位置两处，以便于消灭死角，并有自然沟可通山顶；告知排长位置，指示联络路线，规定记号。一切布置就绪，连长集合班、排长下达命令："这是营阵地据点，能否守住，有关全团战局。战斗再惨，只能坚守，最后关头，也只有血肉相搏。要牢记发扬黄埔精神，保卫祖国领土，不成功，便成仁！"我慷慨回答："连长放心，纵然粉身碎骨，誓与阵地共存亡！"

五月十四日天刚亮，一个黑色气球，从东南方飞来，在我阵地上空侦察约二十分钟，又向原方向飞去。紧接着，由东北方飞来一架日机，盘旋侦察后，连续投弹十几颗，一颗落在我隐蔽部旁边，一颗落在离第五班机枪掩体不足十米处，其余落在空地上，我无损失。这时，临时担任便衣侦察组长的副连长刘镕从敌方气喘吁吁地跑来，对我的传令兵邱树宗说："你火速报告排长，敌人搜索部队已进入前面村庄，几分钟就可来到这里，赶快做好战斗准备。"我立即下令："各就各位，准备战斗，但绝对不许乱放枪浪费子弹，发必中标。"

当日军先头兵匍匐进至我阵地前十多米处时，敌炮开始猛烈轰击，紧接着飞机也在我上空不断扫射，掩护其步兵登山。我用信号指示"射击开始"，枪口都对准预测的目标射击，构成火网，敌伤亡惨重，攻击顿挫。我到各班嘱咐，要沉着应战；又用记号指示山腰手榴弹投掷兵摘掉保险盖，以备急用。各班迅速做好对付敌人第二次进攻的准备。果然，一日军指挥官手舞长刀，驱使士兵在炮火掩护下继续往上爬。我军猛烈射击，敌军官中弹倒地，敌兵伤亡更惨，但未中止攻击。当日军爬到离山顶只有二十米处时，敌炮摧毁了第五班的机枪掩体，陈班长和三个弟兄壮烈牺牲。我立即传令副班长代替班长，继续射击。战斗情况一阵紧似一阵，传令兵向我报告："副排长去第四班指挥战斗，在沟通壕里被敌机扫射，中弹牺牲，还有几个弟兄受重伤躺在壕里，担架兵来不及往山下送。"日军离山顶仅十余米，超过了山腰投弹位置，投掷兵也回到了山顶。我命令迅速准备好手榴弹，并先后奔至第四、第五班当面嘱咐："如战况恶化至最后关头，我无法指挥之际，你们要当机立断，各自为战，虽只剩下一兵一卒，也要坚持到底，与阵地共存亡。"我返回指挥位置，命令第六班迅速上好刺刀，做白刃战准备。情况愈来愈紧，不到半小时，第五班的机枪不响了，唯有"轰轰"的手榴弹爆炸声和喊杀声，无疑敌已突破阵地，白刃战开始了。我同邱树宗离开位置，正待奔向第五班，突然飞来一颗炮弹，摧毁了掩蔽部，趴在那里投弹的第六班几个弟兄牺牲了。我转身返顾的瞬间，一颗机枪弹正中我的右肋，贯穿胸背，我当即昏倒在地。我苏醒后，只见邱树宗趴在我身旁，边哭边说："排长，这里没有担架，无法救护你。左端第四班阵地的枪声不够响亮，手榴弹爆炸声也时断时续，看来不是缺弹，就是情况不利，怎么办？"我不由泪落，沉痛地说："我死不足惜，只是排内几十个弟兄，不知活着的还有多少？"说时迟，那时快，从第五班那里冲上来几个敌兵。邱树宗说："排长，情况危急，敌众我寡，无法搏斗。"我说："不要管我，赶快通知第四班，无论战斗如何惨烈，也得固守左端制高点，以待援兵夺取胜利。"传令兵急中生智，用力抱我到被炸毁的掩蔽部附近，拖过两具遗体，压在我身上，并撒盖上少许破石碎土，他说："排长，你暂时忍痛受苦，我马上去第四班传达你的命令，也报告营长派人来救你！"说罢转身走了。

我从尸体的缝隙里侧着眼睛瞧，只见最前面的两个日军举着膏药旗插在山头上，随后跟上的日军用刺刀逐个刺杀我排伤兵，还使劲往尸体上乱戳。我目睹如此惨景，只恨得咬牙切齿。我紧握着装满子弹的自来得手枪，只等日军接近我时对准他们一梭子，为惨死的弟兄们报仇，然后以身殉国。敌兵陆续上山，遭到我阵地左端最高点的机枪猛烈扫射，使其顾不上逐一清查刺杀后情况，掉头便向第四班阵地猛攻，企图夺取制高点。

在这关键时刻，我军发起了猛烈反击。成排的炮弹在敌群中开了花，重机枪对准日军队伍猛烈扫射，步兵乘势掩杀过来。不到一小时，就将立足未稳之敌打下山去，夺回了阵地。邱树宗第一个跑到我身边，紧接着连长崔泽藩、第三排排长张栋和许多弟兄都来了。连长说："什么都不说了，邱树宗你赶快去带担架兵到这里来，抓紧时间护送谢排长到团卫生队去。"我说："连长，我个人负伤或死亡，本不足惜，只是我排几十个弟兄，不知还有多少？"不等我说完，第四班班长李义方含泪说："排长不要悲痛和顾念这些了，我们活着的，一定继续战斗。"指导员王有为也说："谢排长你治伤要紧，什么也不必惦念。刚才反攻，副营长指挥第四连沿着铁路线从左翼出击，第六连从右翼迂回突击，我连从阵地正面反攻堵击。敌人敌不过多方压力，溃退了，敌遗尸数具，待查清其部队番号后，再行掩埋。不过敌人是绝对不会甘心的，今晚可能还有激战。现在将近六点，扶你上担架，快些下山，待灵宝战役全线胜利后，我们再去医院看你，祝你早日恢复健康。"我激动地说："我时刻盼望你们凯旋，再见！"

第二天，我被送到陕西武功医院里，先我住院者不下百人。继我而来者，有本师士兵和连、排级干部，我的同期同学第二十四团的排长袁珍镒也来了。他的伤很重，是在会兴镇右翼阵地上率领一排人与敌反复冲杀、肉搏负伤后被抢救出来的。第四天下午，我连王指导员也被送来医院了，他的伤在头部。两人相见热泪直流，一时说不出话来。他换过药，含泪讲述十五日的战斗经过："你离开后的次日微明，惨烈的战斗又展开了。敌人的飞机大炮掩护其步兵冲杀，两次爬上山顶，均被击退。最后一次，敌人发射烟幕弹掩护进攻，我方死伤不少，连长身先士卒，指挥作战阵亡了。邱树宗死守在连长遗体旁，被日军惨杀了。我继连长之职，率部抵抗，不防一颗炮弹离我不远开了花，一块破片，正中头部。不久第三排排长张栋也阵亡了。此时敌众我寡，后援不至，已临危急关头，营奉令放弃前哨阵地，转移主阵地会兴。"他讲到这里，泪如雨下，停一会儿接着说："我虽在弹雨中被抢救，但我连重伤与阵亡者都无法救护出来，他们的惨景，可想而知了。"

伤兵陆续送来医院，我认识一个跟刘镕副连长当侦察兵的名叫刘开娃，山西人，他的右臂断了，用绷带绑着套在脖子上。我问他一些情况，未开言，两行眼泪就簌簌地掉了下来，他说："我不敢回忆更不敢讲述刘副连长之死。我们在离会兴不远的一个村庄，汉奸向敌人告密，副连长被俘。在严刑拷打之下，他不肯说出一点秘密，最后被挖了眼睛，剥了皮，惨死在敌人酷刑之下。半夜里，突然刮起大风，下了暴雨，天黑洞洞的，敌兵监视疏忽，我便趁机逃了出来。我的伤不是被打的，而是那晚不明方向掉在深沟里将右臂跌断了。天亮，我仔细观察一下，知道脱离了险境，慢慢爬上来，找到师医务处，敷药包扎后被送来这里了。"说完，他已是泣不成声，围听者也都流下了眼泪。

# 第 六 章

## 豫西鄂北会战

# 豫西之战

## 刘汝明※

三十四年春，日军分三路大举进犯南阳。一路由鲁山，一部进攻南召，主力则沿李青店山路，直趋南阳西边的镇平县。一路由许昌、叶县、方城，攻南阳的东面，这一路敌人，有汽车牵引的重炮联队。另一路由随县、枣阳，经新野，攻南阳西南十余里的卧龙岗①。一四三师有一团人在此防守，被优势的敌人攻了一天，到夜间，留了一个加强排埋伏武侯祠内，其余都撤回南阳城内。这个加强排在祠内，用一挺重机枪、两挺轻机枪，和许多炸弹，安置在鼓楼上。次日晨，敌人打炮放枪，祠里都毫无动静。到八九点钟，日军派约一排人进祠搜索，没发现鼓楼上的我军，有一个敌人就跑到门外大叫。外面约有一个联队，听到叫声，便用快步往祠里走。这时鼓楼上机枪炸弹，一齐投射，敌人便乱成一团，逃也逃不出去。一挺机枪，对准了大门，一会儿大门口就被死伤的敌人堵住，进来的全被打死。但是没进来的敌人，即把祠包围。这排人除了躲在北面墙顶上的几个人侥幸跑回南阳外，其余的把子弹炸弹用完，都壮烈成仁，可是换来敌人的代价更大。

攻邓县的敌人，是一个联队，山炮一营；我守军是一个步兵团。自早上打到十二点，敌人没得手，就向东退去。这时友军（美军）的飞机发现敌人退走，就用暗号要部队出城追击。但是守城的部队，并不懂这

---

※ 作者当时系第二集团军总司令。

① 据日本防卫厅防卫研究所战史研究室著《昭和二十（一九四五）年的中国派遣军》，攻击南阳城及卧龙岗的日军是由禹县出发，经襄城、叶县、方城行进的第一一七师团吉武支队。

种暗号，所以没有行动。飞机就以为城里也是敌人，向城里扫射一阵飞走，幸没伤几个人。可是我得到敌人攻邓县的报告时，就派了一个旅，附配属炮兵团的野炮一营去增援。这旅到了邓县以北十几里，就知敌人已向东退去，第二天就叫他们仍回内乡附近待命。大约十点，他们正向北行进的时候，友军飞机五架又到上空。因这营野炮、骡马多，行军长径也大，带起的尘土又高，飞机盘旋一下，又以为是敌人；一阵扫射猛炸，这十二门野炮全毁，两百来匹骡马全炸死，人也死伤大半。炸完了，飞机就向西安方向飞去。这个炮兵团是才拨来的，团长见了我就哭。我问他：炮兵也不懂对空联络？他说：不知道怎样联络。我只好把这些事实报告上去。另外，由鲁山方面来的敌人，一部攻南召，主力向镇平方面急进，打算把我截在镇平以东。我赶紧抽调一部分部队到镇平附近，拒止北面来的敌人；总部人员向镇平以西移动。跟着总部有对空联络无线电台一部，由三个美国人负责使用联络。这时电台正放在汽车上移动，到镇平西三十多里的地方，飞机又来炸，更巧把载对空电台的汽车连电台全炸坏，三个美国人干着急，也没别的办法和飞机联络。事后他们就去西安另要电台。一个月后，他们又带着一部电台来我这里，而激烈战斗需要飞机的时期已过，事实上他们在这里的时候，也没发生什么功用。因为美国飞机是靠电台联络，又是美国人自己使用，总部以上的单位才有。部队没法跟飞机直接联络，布板信号也都过期，没有用，所以部队除了战斗损伤外，又常遭自己方面飞机损害。当时通信联络，是有很多缺陷。

我到镇平西面，敌人正围攻南阳甚急，守城的是一四三师。我离开刘相公庄时，敌人已攻了两天，不过尚未用重炮轰城。打到第六天，敌人的重炮联队，就开始不停地猛轰。里外的工事和重要建筑都炸毁，敌人的飞机也来炸，到第七天无法再守，他们就在夜间向东突围。守南阳北关的刘云生团，打死敌人最多，损失也最大。策划守城的谷参谋长，是冯玉祥的快婿，陆大毕业，忠诚干练，成绩很好。

敌人攻了南阳，继续向西进犯，镇平北边的敌人占了内乡，他们分别向西峡口前进①，并钻西南山地，直趋淅川城西五十里、荆紫关东五十

---

① 据《昭和二十（一九四五）年的中国派遣军》及《三十四年第三十一集团军豫西会战战斗详报》，日军于三月二十八日攻占内乡县城，二十九日已抵西峡口附近，此时南阳城尚未沦陷。

里的莫泥湾（也许是磨牛湾，已记不清）①。我的司令部原想到淅川城附近，敌人又绕到我后，企图截断去路，我就在滔河过了一夜。在这一夜里，西安胡长官亲自给我打了一次电话，恳切地要我向荆紫关方面去；五战区郭寄峤参谋长也打了两次电话，要我向战区方面靠紧。此时往荆紫关去，一面是山，一面是河，野炮无法移动；向五战区靠，全是山路，野炮也无法行动；敌人围迫很急，又不能停止不动，野炮是非毁不可了。当时假如到荆紫关去，有许多方便，没有坏处。因我和胡的感情，一直很好，走这条路，也很顺理成章。但是第二集团军，在指挥系统上，原是归五战区的。一个军人，不管是利是害，总要顾体制，守本分，不能背道义，轻去就，尤其是在要紧的时候。从来我就抱这个原则，不计得失。所以天明了便向郧阳②附近移动，与战区靠紧。胜利以后，有一次参加郑州会议，和胡长官见面，谈到这事。胡对我没到他那面去很觉遗憾，但对我的处境，他很明白，很坦率地说，在道义上是应该这样。

---

① 此地名叫磨峪湾。
② 郧县为清代郧阳府治，一九一三年民国政府废府存县，一九五八年因修建丹江水库迁往新城。

# 第二集团军参加豫西会战的回忆

宋聿修[※]

一九四五年初，蒋介石把李宗仁调升为军事委员会汉中行营主任，以刘峙继任第五战区司令长官。刘峙在抗战初期，曾被人们赠以"常败将军"或"长腿将军"的诨号，因此蒋介石对刘峙也不太放心，所以特派郭寄峤当他的副司令长官兼参谋长。郭曾任第一战区参谋长，此人多谋善断，蒋介石选他作为刘峙的副手，也是费了一番心思的。随刘峙到第五战区来的，还有参谋处长赵子立，此人也是很有才干的。这时第五战区除指挥第二集团军以外，还指挥着第二十二集团军。

刘峙来到老河口，刚刚安置就绪，郭寄峤尚在西安，敌人就由驻马店一带向第五战区发动了一次攻势。

约在三月下旬，敌人从驻马店一带出发，利用暗夜向西急进。头一天，我们得到报告说，泌阳以北小史店、羊册一带发现敌情，我们当即令驻唐河的第五十五军侦察防堵。第二天上午，又接到报告说，这部分敌人已在唐河、方城间渡过唐河，在河西村庄宿营。当时我们判断，这可能是敌人的先遣部队，昼伏夜行，企图以奇袭战术，抢占老河口机场，然后再以主力向我军进攻，以期减少我方空军对他们的威胁（当时我们的空军已占优势）。我们一面将上述情况和判断报告老河口长官部，一面令第五十五军侦察敌情，并向之攻击；同时令第八十一师在南阳以南的白河西岸占领阵地，准备堵击。

一天上午，郭寄峤由西安来到南阳，在第二集团军总部研究了作战计划。他说：据我得知的情报，敌人在驻马店一带集结了约有一个半师

※　作者当时系第二集团军总司令部参谋长。

团以上的兵力，颇有向第五战区大举进攻的可能。因为南阳一带是大江以北我方阵线上的突出部，对平汉铁路交通有一定的威胁，所以敌人企图占领它。你们第二集团军应以一个师固守南阳县城，主力布防在南阳南、北两面，沿白河占领阵地，固守南阳，相机反攻。如果敌人过于强大，或由翼侧迂回进攻，形势确实不利时，仍应固守南阳城郊，作为据点，主力可转移到内乡至淅川间的山岳地区，阻击敌人，待机反攻。随后，他就转往老河口第五战区长官部去了。郭寄峤走后，我们立即命令第一四三师师长黄樵松部固守南阳，命令第六十八军主力在南阳以北沿白河布防，命令第五十五军在南阳以南沿白河布防。因第八十一师未能及时赶到白河西岸防堵，利用暗夜钻隙急进之敌，第三天拂晓，已在南阳、新野间渡过白河，当夜继续西进，第四日拂晓已达邓县以南地区，逼近老河口。因老河口还有预备部队，所以长官部立即向武当山下的草店撤退。这时敌人主力已越过方城，向南阳前进，我们命令部队严阵以待。敌人见我南阳正面防守较严，乃以主力由大石桥附近渡过白河，向第六十八军左翼迂回攻击，第六十八军被迫变更部署，以第一一九师和暂编第三十六师展开于南阳西北地区，利用山地迎击敌人，发生了激烈的战斗。接着敌人继续向我军左翼延伸，我们司令部由刘相公庄向内乡撤退。第六十八军主力无法形成一个抵抗阵线，只得且战且走，也逐步撤到内乡一带。这时敌人并未急于攻击南阳县城，而是以主力对第六十八军跟踪追击。我们总司令部未在内乡停留，继续向淅川撤退，第六十八军曾在师岗和马镫镇一带节节抵抗，但敌人以一部由内乡沿公路西进，经丹水、上集绕至淅川北面，向我军侧背攻击，我军被迫退到丹江南岸，进行抵抗。第五十五军军部及第二十九师在受到敌人攻击时也经邓县、淅川李官桥，撤到丹江西岸。第七十四师留在桐柏、唐河之间，在敌后活动，牵制敌人。

我军退过丹江后，即沿江布防。当时是枯水季节，丹江处处可以徒涉，敌人遂涉过丹江，猛烈进犯。我军被迫逐步撤至豫鄂边界的高山地带，利用有利地形，进行抵抗，敌人的攻势才逐渐停止。

第二集团军司令部退入山区后，暂时驻在豫鄂陕边界一个叫黄石坪的村庄，指挥前方作战。因为这里有一条电话线路通过，可以利用它与第五、第一两个战区长官部直接通电话，信息比较灵通。等到战局趋于平静后，我们的司令部即移驻湖北的郧县，第五十五军军部移驻均县，第六十八军军部移驻白桑关。

奉命固守南阳的第一四三师，在师长黄樵松、参谋长谷云明周密计

221

划下，迅速做好作战部署。黄师长为了鼓舞士气，在司令部院内的防空洞门口，写上"黄樵松之墓"五个大字，以表示与城共存亡的决心。敌人进至南阳附近后，首先向我城外部队攻击，等到把我军主力压迫到淅川一带之后，才集中兵力，攻击南阳城关。第一四三师凭借坚固工事，奋勇抵抗，激战五六昼夜，杀伤敌人甚多。我军在敌人炮兵轰击下，官兵也伤亡不少。刘汝明乃电令黄樵松率部突围，撤至郧县附近。

战役结束后，司令长官刘峙偕同一位姓崔的中将高级参谋到第二集团军各部队来慰劳，他特别对由南阳撤回的第一四三师官兵慰勉有加。由重庆党政军各界组织的劳军团（国民党中央委员刘文岛任团长，国民党中央委员燕化棠和妇女代表倪斐君任副团长），前来慰劳，并在郧县召开了庆祝胜利大会。

# 追忆南阳保卫战

董永昌<sup>※</sup>

一九四二年，我任第二集团军总司令部少将高级秘书，负责总司令（初为孙连仲，不久即由刘汝明接任）的新闻发布工作，经常陪同总司令接待记者采访和视察、检阅部队，同时还兼任南阳盐务局局长。由于工作的关系，我与总部和所辖部队的军官们经常交往，因而对于军事方面的情况也比较了解。现仅就我在一九四五年南阳保卫战前后的经历和见闻回忆如下。

在一九四四年的豫湘桂会战中，日军摧毁了美国设在我国西南地区的一些空军基地，但位于豫西南鄂北交界处的老洞口机场对其所造成的威胁越来越大。中美空军联队第三大队的飞机经常由此起飞，袭击日军在华北、华中地区的铁路、公路、桥梁、军事设施和长江航运，使之遭受重大损失。为了拔掉这颗钉子，并相机占领作为陪都重庆屏障的豫西南鄂北地区，日本的中国派遣军总司令部于一九四五年一月二十九日下达了攻占老河口的命令。日军深知，欲攻占老河口，必须首先切断其与后方西安的公路交通，扼住西峡口这一咽喉地带，以阻止来自第一战区的增援，同时南阳也是一个重要据点，因而采取了南北夹击、中间突破的战术。二月，日军开始调集军队，准备发动进攻。

我第五战区司令长官部（司令长官刘峙，副司令长官兼参谋长郭寄峤）判明敌情后，下令调整部署：以第二十二集团军（总司令孙震）、第三十三集团军（总司令冯治安）和豫鄂挺进军第三、第六、第九纵队组成右集团，防守大洪山、襄阳、老河口一线的鄂北地区；以第二集团军

---

※ 作者当时系第二集团军总司令部高级秘书兼南阳盐务局局长。

第五十五军（军长曹福林）和第六十八军（军长刘汝珍）、豫鄂挺进军第一和第七纵队，以及临时归属的冀察战区高树勋部的新编第八军（军长胡伯翰）组成左集团，布防在南阳四周地区。内乡县西峡口和淅川县一带由第一战区的第三十一集团军（总司令王仲廉）防守。总司令刘汝明奉命后，即与幕僚们进行了研究，于三月十六日在南阳城西十余华里的总部驻地刘相公庄召开军事会议，决定以第六十八军第一四三师坚守南阳城，其他部队在外围地区阻击日军。

当时我和同僚们都坚信，第一四三师一定能够完成坚守南阳的艰巨任务。早在抗战初期，该师师长黄樵松就因在忻口会战中的娘子关战场、徐州会战中的台儿庄战场和武汉会战中的大别山北麓战场英勇杀敌、屡建战功而驰名全国。当时国内许多报纸都登载过他的事迹，我也曾为他写过一篇题为《抗日名将黄樵松》的文章，刊登在南阳《前锋报》上。一九四三年，他率部进驻南阳并兼任城防司令，不久我们即相识。由于我们是近同乡（他是河南尉氏人，我是河南长葛人），又有着共同的志向和爱好，彼此语言相通，无话不谈，遂成莫逆之交。一九四四年中原会战后，豫中、豫西大片国土沦陷，从而把豫西南地区推到了我军在长江以北的抗日前线。从那时起，黄樵松就开始组织部队和民众在南阳城四周修筑城防工事，在城北的独山、城西北的靳岗、城西南的卧龙岗等处设置了十多个据点；并加紧囤积粮秣，训练部队，准备迎击日军的进攻。

此次受命后，黄樵松深感任务艰巨、责任重大，工作也更加紧张和繁忙。他面临着许多困难和问题，但最大的莫过于兵力不足。一个师守城已经是不敷使用，而第四二七团团部和第二、第三两个营又被集团军总司令部调去担任警卫，就使得兵力更加不足。他和副师长韩世俊、阎尚元、参谋长谷云明等为此事进行了反复研究，最后决定以第四二八团守卫城东半部及大盆窑、独山等据点；以第四二九团守卫城西半部及靳岗、卧龙岗等据点；第四二七团第一营为总预备队，控制于城内王府山上；配属的两个野炮连分别列放于望仙台和医圣祠，战防炮连放列于北关外，高射机枪排置于西城墙上。十四日，黄樵松召集南阳地方军政官员开会，讨论战时戒严问题，决定城内居民、一切非战斗人员和各种物资一律于两天内疏散至城外，并令工兵在城外各要道路口密布地雷群。为了使全军上下牢固树立誓死守城的决心，黄樵松还抓紧时机对官兵进行战前鼓动，组织部队宣誓：要把南阳城变成中国的斯大林格勒，誓与日军血战到底。在此期间，我曾多次与黄樵松磋商，一再表示愿留在城内，同他并肩杀敌，生死与共，但他无论如何也不同意。

三月二十一日前后，日军从东、南、北三个方向对我军发动了大规模进攻。由南向北进攻的日军第三十四军（司令官栉渊）所属的第三十九师团（师团长佐佐真之辅），由北向南进攻的日军第一一〇师团一部，分别遭到我第三十三集团军和第四集团军（总司令孙蔚如）部队的顽强阻击，进展较慢。但由东向西分四路进攻的日军第十二军（司令官内山英太郎）各部进展甚快。至二十三日，其先头部队已攻占南召、唐河的源潭镇等地，进薄南阳城下。

二十三日晚，我再次潜入了战云密布的南阳城。此时黄樵松的眷属已经撤离，我们就在他的原卧房内促膝密谈。几天来的过度操劳已使得他两眼布满了血丝，前额上的皱纹更加深陷，说话的声音也有些嘶哑；但他仍是像往常那样的精神饱满，坚定沉着，谈吐幽默，待人热情。他对我说，他已抱定了誓与南阳城共存亡的决心，并已向家属交代了后事。战斗打响后，他就要把为自己准备的棺材放在师指挥所门前，还立一块牌子，写上"黄樵松之墓"五个大字。如果日军一旦攻进城来，他就要血战到底，以身殉城。他还向我吟诵了他的得意之作："陈兵娘子关，壮志凌云间。笑斩鲤登头，放歌大坂山。"他说，日军在台儿庄被他的第二十七师打得焦头烂额，竟闹出了在战场上悬赏活捉他的笑话。这次他就在南阳等着，倒是要看看日军有没有这个本事。我们分析了当时的形势，一致认为：别看日军气势汹汹，兵临城下，但已是强弩之末，当时形势发展对我军作战很有利，反攻阶段已为期不远。他说，即使他看不到那一天，也会含笑瞑目于九泉之下。最后，我说明了来意，再次要求留下。他坚持认为我不是战斗人员，必须马上撤离，否则我俩都会受到纪律处分。我看到实在没有商量的余地了，只得起身告辞。临别时，我俩的眼眶都湿润了，两双手紧紧地握在一起，久久没有松开，颇有"风萧萧兮易水寒，壮士一去兮不复还"之感。此时已是午夜时分，黄樵松为了我的安全，命令他的随从副官陈亚民送我出城。当我走出几步后回头再看他时，黄樵松挥动着右手对我说："来生再见！"

此后，我因妻子苏锦豫分娩不久，需人照顾，便随着总部眷属经镇平、内乡，撤退到了淅川县城。但万万没有想到，日军很快就到了内乡，经丹水、上集绕到淅川县城北部。这时，淅川地方团队负责人陈重华、任平甫建议我带领总部眷属到城北的屯子沟暂避一时，我同意了。但对于日军为什么暂时放弃南阳不攻而急于西进的原因，我直到战后与黄樵松重逢时才弄清楚。

次日黎明，屯子沟四周突然响起了密集的枪声。我和妻子急忙跳下床，披上衣服，抱起小女儿就往外跑。到了后院墙下，我蹲在地上让妻子踩着我的肩膀翻过墙头。就在我刚刚站起身来准备翻墙时，十几个日军士兵端着步枪冲进了院内，我躲闪不及，当了俘虏。

被俘期间，我受尽了种种摧残和折磨。一天夜间，日军与我第八十五军（军长吴绍周）部队发生激战，我被押到了一个山洞里。大约半个小时后，看守我的日军士兵竟抱着枪睡着了。我乘此机会迅速挣脱绳索，拼死逃出洞外，连夜寻找部队。

不久，第二集团军总司令部移驻湖北省郧县县城，第五十五军和第六十八军也分别到了均县和郧县白桑关。在白桑关，我和黄樵松劫后余生得以重逢，心情格外地兴奋和激动。他向我谈起了南阳保卫战的经过。

在向西进攻的四路日军中，由鲁山出发的第一一〇师团（师团长木村经广）和由舞阳出发的第一一五师团（师团长杉浦英吉）是奉命进攻南阳的。三月二十四日，这两路日军已分别到达南阳以北的石桥、三岔口一带和以南的三十里屯、禹王店、刘营一带，并加紧进行攻城的准备。然而就在这时，发生了一系列出乎日军意料的情况。以西峡口为攻击目标的日军战车第三师团（师团长山路秀男）从襄城出发后，由于连降大雨，河流水位猛升，道路泥泞难行，又不断遭到中美空军的袭击，因而行进受阻，此时才到达赊旗镇（今社旗县城）附近。日军第三十四军所部正在湖北境内的欧家庙、武家堰、八都河一线与我军激战，前进受阻，从而使得由驻马店出发且行动迅速的骑兵第四旅团（旅团长藤田茂少将）成为冒险深入老河口攻坚的孤军。我第十战区（司令长官李品仙）所部也不断向平汉铁路南段发动袭击。同时，日军还发现我新编第八军、第六十八军、第五十五军在南召、方城、象河关等地节节抵抗后撤至白河西岸，主力并未受损，我军在西峡口一线的防卫力量已得到加强。更重要的是南阳城内我军已做好充分准备，正严阵以待，城外还埋有大量地雷，绝非轻而易举就能攻下。因此，日军临时改变了计划，将攻击南阳的任务交给了二线部队第一一七师团吉武支队（支队长步兵第八十七旅团长吉武秀人）；第一一〇师团配合战车第三师团向镇平、内乡、西峡口方向攻击前进；第一一五师团渡过白河向西南方向急进，增援骑兵第四旅团攻击老河口。至此，我终于明白了日军急于西进的原因。副师长阎尚元也说：南阳是一块硬骨头，日军啃了几啃也没有啃动，在无可奈何的情况下，他只好绕过南阳，去攻老河口和西峡口。接着，黄樵松详细地向我讲述了战斗经过。

三月二十四日夜，日军先头部队进攻城东大盆窑，企图渡越白河，

226

被我守军第四二八团一部击退。南阳保卫战从此开始。二十五日，日军已占据了南阳东、西、南、北四面的红泥湾、安皋、陆营、石桥等地，南阳已陷入重围之中。日军攻占独山后，在山上架起大炮，对师指挥所驻地蚕桑场进行猛烈轰击，副师长韩世俊的坐骑就是在这里被炸死的。当晚，我师指挥所迁至城南关小水门内，决心与日军背水一战。当日及次日，第一四三师在中美空军的支援下，坚守外围各据点，毙伤大批日军，还抓了一名俘虏。二十七日晨，日军骑兵旅团开始攻击老河口机场，于傍晚占领，我军失去了空中支援。当天，日军步兵在坦克、大炮的掩护下，向我城外据点连续猛攻，靳岗、十里铺、大盆窑沦入敌手。当晚，暂编第三十六师（师长崔贡琛）第三团第二营营长刘博益率部从方城突围来到南阳。刘汝明总司令命令该营归黄樵松指挥，留在城内作预备队。

黄樵松和副师长韩世俊、阎尚元，参谋长谷云明等人经常亲临战火纷飞的前沿阵地巡视。二十七日上午，黄樵松带领一名卫士前往北门外的重要据点玄妙观督战。途中卫士突然中弹身亡，他便独自一人冒着枪林弹雨来到阵地，坐镇指挥，并严令各部死守外围据点。当战斗进行到最激烈时，黄樵松手执铜锣，在战壕里来回奔跑敲打，嘴里还不停地高喊："打！打！狠狠地打！"主将亲临火线，呐喊助威，使官兵们深受鼓舞。经过激战，终于打退了日军的进攻。

三月二十八日，南阳外围的战斗更加激烈。日军飞机支援地面部队从四面围攻南阳城。守卫卧龙岗的第四二九团第一营第二连赵新芳排与数十倍于己之敌激战数昼夜，本日全部退入武侯祠内，利用房屋居高临下，击毙日军数百名。该排除四五人得以突围外，赵排长以下数十人全部殉国。在马武冢、尚志中学、西关等处，我军与敌反复白刃，激烈争夺，终于将日军击退。在几天的外围战斗中，我军埋设的地雷和战防炮炸毁和击毁日军战车八九辆。

二十九日，守卫尚志中学、马武冢的我军官兵全部阵亡，西关、北关阵地被日军炮火摧毁，部分日军突入街市。西关战斗紧张之际，黄樵松命令刘博益营前往增援。该营到达西关后即发起反攻，毙伤日军数百，击毁战车两辆，自己也伤亡了二百多人。黄樵松还令南阳县长赵芝廷和师政治部副主任出城发动民众支援部队作战，帮助往城外运送伤员。当夜，第一四三师接到了长官部发给特别守城费一百万元的电报。

三十日，东、西、北三关尽陷敌手，我军退入城内与日军展开激烈巷战。我军的重武器多数被日机炸毁或炮火摧毁，弹药即将告罄，部队伤亡严重，但官兵们仍坚守每一处房屋街垒，顽强阻敌。当天，长官部转来蒋介石的嘉奖令：我南阳黄师长、老河口汪师长，所部坚守名城，顿挫敌气，战果丰硕，该师长、团长及各级官兵忠勇用命，着即传令嘉奖。激战至四月一日，城内已陷于混战状态，到处都在白刃格斗，南关小水门师指挥所附近已成一片火海。

黄樵松越谈越兴奋，他拿出一本"丘八诗集"让我看。他说，这一本诗有的是我在战壕里哼出来的，有的是撤离南阳途中骑在马背上哼出来的。他指着其中的一首念道："大军被迫去，孤军守宛城。倭寇倾巢犯，血战马武冢。"黄樵松还说，守卫马武冢那个排的排长叫刘国旺，真是好样的，作战勇敢顽强，他和排里的大部分士兵都牺牲在阵地上。

就在黄樵松率部浴血奋战宛城的日子里，周围战场上的形势已经发生了很大的变化。从三月二十五日到四月一日，邓县、镇平、老河口机场、内乡、西峡口等地先后失守，主战场已移至西峡口以西地区和老河口城下，南阳已成为一座孤城。为了减少不必要的牺牲，黄樵松与副师长和参谋长研究后决定于当晚突围，并制定出突围的部署。傍晚，第一四三师兵分两路向东南方向突围，于二日晨到达唐河境内。休整数日后，又奉命袭击南阳附近的日军据点，一度收复了大盆窑、溧河等地。

四月中旬，第一四三师奉命归还建制，途中多次与敌遭遇发生激战，于五月上旬辗转来到湖北郧县。途经荆紫关时，黄樵松又作了一首诗，我记得其中的两句是："凯旋来到荆紫关，一路小戏歌上山。"

后来，第五战区司令长官刘峙等人曾到第二集团军各部慰劳，特别是对于曾浴血坚守孤城南阳的第一四三师官兵，更是勖勉有加。国民党中央和陪都重庆各界，也组织了劳军团前来郧县慰劳，并召开大会庆祝胜利。

# 西峡口战役经过

谢蕴涛[※]

一九四四年我从陆大参谋班毕业后，被派到第三十一集团军总部任作战参谋。翌年春，日军分两路向豫西南进犯，企图威逼西安。我集团军奉命迎战，我被调作王仲廉总司令的侍从参谋，负责战况和机要文件的记录、标绘作战图以及经常跟随总司令视察前线的工作。现将所知这次战役的概况，简要记述于下。

## 第一阶段：三月份的前哨战与
## 战役前后的敌我形势及我军兵力部署

一、敌情：日军第十二军在打通平汉线经过一阶段的休整后，派出精锐的第一一〇师团等部，并配备了飞机和坦克，大举向豫西南进犯，以两个联队为主力，沿第三一一、第三一二国道线向镇平、内乡、淅川进攻；另以一个联队向卢氏和伏牛山窜扰，以策应西进的敌主力部队，并牵制我潼关守军。敌分为正面主攻和侧面助攻两个方向，行动迅捷，攻势猛烈。

二、我方部署和任务：我第三十一集团军辖吴绍周第八十五军和赖汝雄第七十八军，归第一战区代司令长官胡宗南指挥，一九四四年参加豫中会战后，转移到豫西南的卢氏、内乡、淅川一带整训和防守。一九四五年三月以日军第一一〇师团为主力约有两万多人，分两路向我防区进犯，经南阳攻陷镇平、内乡后即向西峡口突进。我原驻守伏牛山区内的第八十五军（辖黄子华第二十三师、廖运周第一一〇师、李守正暂编

---

第五十五师）急向西峡口增援，派出第二十三师副师长谷允怀带领第六十八团部署在西峡口河岸，阻敌前进，掩护从丹水撤下的河南省政府（省主席刘茂恩）及所属的武廷麟第十五军向西转移。原驻守在第三一一、第三一二国防公路两侧的第七十八军（辖谭煜麟新编第四十二师、黄国书新编第四十三师、张汉初新编第四十四师）向重阳店附近集结，纵深配备，构筑工事，建立防线，固守阵地。总部进驻西简庄指挥，直属的工、炮、通、辎各特种兵独立团、营投入第一线执行任务，第三十一兵站分监部设西坪补给基地。另从西安调来了第一军的第一六七师（师长王隆玑）配备于正后方作预备队，第九十军的第二十八师（师长王应尊）转移到公路左侧向东挺进作机动部队。为巩固两翼，又增派了暂编第六十二师（师长鲍汝澧）进驻荆紫关布防，掩护右侧背，再调来了第二十七军（军长谢辅三）向丁河店以北布防，掩护左侧背。驻西安基地的中美空军随时派出飞机支援前线战斗。

三、双方作战的形势和运用的战略与对策：甲、敌方：以第一一〇师团为主力挟其一九四四年豫中会战的余威，兵分两路向我豫西南防线突进猛攻，三月下旬至月底攻陷了镇平、内乡并进占了西峡口，企图突破我既设防线向陕西的商南县、龙驹寨推进，进而威逼西安。另一股向卢氏和伏牛山窜扰，掩护主力部队西进并牵制我潼关守军。其第一线共投入两万多兵力，配有炮兵并有飞机和坦克助战。敌军运用其战术上的快、硬、锐、密等优点向我猛攻，开始颇为得势，等我军反击后便退守据点，进而互相攻夺，形成对峙拉锯，暴露出其小、短、浅、虚的弱点而被动。乙、我方：我方陆续投入了八个师约有六万兵力，由于向外线转移，使战线拉得过长，且配合不默契，未能收到预期围歼敌军的效果。但我部署周密，指挥灵活，以稳定制敌之快速，以坚韧克敌之强硬，以不断出击破敌锐利，争取了主动，阻止了敌军的进攻。在完成前哨战和正面守备战任务后，继投入四个师兵力从两翼出击迫敌收缩据守，再不断攻山头，夺高地，逐个消灭了据守的敌人小部队，形成对峙的拉锯战。整个战役从三月至八月前后共五个月，消灭敌军五千余人，俘虏二十余人，摧毁战车十余辆、击落敌机一架、伤三架，使其再不敢出动，进而掌握了制空权和战场的主动权。

## 第二阶段（四五月份）：两翼重点出击的战斗

当三月份我军完成了迟滞敌军的进攻并掩护河南省军民转移的任务后，正面的防务交给了第七十八军，采取纵深配备，构筑工事，坚守阵地，阻止了敌人不断进攻。第八十五军的三个师，逐步集中到防线的右翼国道线以南地区向东出击，攻击西峡口敌军的南侧背，逐个抢夺山头，攻占要点，连续打了十余次仗，迫敌收缩防线固守。左翼机动部队谢辅三军的李奇亨、马雄飞、王应尊各师，从国道线以北向东突进，攻击西峡口敌军北侧背，连续使用火箭筒并利用夜袭逐个摧毁敌地堡，消灭据点内的敌人。正面的第七十八军，除固守阵地的兵力外，不断派出连、营或整团的加强部队，奇袭和攻击正面敌军较大据点，曾两次包围敌军一个联队的三千余人于山谷和树林内，集中迫击炮和重机枪火力，消灭了大部敌军并俘虏数十人，缴获了许多武器装备。淅川境内的暂编第六十二师发现敌军骑兵，予以击退使不再犯。我豫西地方团队也不断派出小部队袭击敌后，破坏敌军交通和通信、侦察敌情、截炸车辆，斩获不少，使敌军小部队夜间不敢活动。我军连续出击两个月，困敌于据点内。

## 第三阶段（六七月份）：全面出击攻夺据点的战斗

当面敌军在四五月份中经我军两翼重点出击后，兵力伤亡很大，遂停止进攻，收缩防线，固守各个山头和高地，顽抗待援。我留置的总预备队第一六七师，装备较好，人员充足，便组织了三个加强连和两个加强营，通过第七十八军的防线，利用炮兵和空军的掩护，集中轻重火力，携带爆破器，强袭一一二〇高地和鹰爪山以及周围各山头的敌军据点。连续三天，轮番冲锋，我军各种火力完全压制了敌军，部队士气愈加旺盛；再利用夜袭包抄，使敌军缩在山头的碉堡内。公路正面的第七十八军部队也频频出击，夺取鹰爪山及附近高地。第八十五军派部队攻占了庞家砦，第一线据点中敌人受我地面攻击和飞机轰炸，几乎全部被歼，遂被我全部攻下。敌军残兵利用夜间仓皇逃跑，敌后方急速补充增援，后退十余里，重建第二道防线，但也孤立被困。当我军攻下敌第一线各据点后打扫战场，发现死尸遍地，枪支被破坏，余剩弹药装备到处遗弃。较大据点敌军有一个中队（连），较小的仅有一个小队（排）据守。在攻到敌阵地一个山背后凹地里，除遗弃的敌尸外，还发现三个裸体妇女尸首，可见敌人兽行，惨不忍睹。这样逐山逐点的攻击，相持有两个月，连同第一阶段重点两翼出击的战斗，据统计消灭敌军有五千余人。从此敌军再未敢前进一步，只有逐步收缩，困守挣扎了。这是我国八年抗战即将结束时一次较大战役，历时五个月，终于粉碎了日军西犯的企图，赢得了最后胜利。

## 八月份准备全面反攻

经过前三个阶段五个月来的前哨、守备、出击、攻夺等历次战斗，消灭了敌军有生力量，摧毁了敌军进攻。我军愈战愈勇，经过调整补充，又增调重炮营和战防武器，准备全面反攻包围歼灭当前之敌，继续向东挺进，拟收复内乡、镇平，攻占南阳、洛阳一线，迎接抗战后期全面反攻大会战。我集团军还抽调下级干部集中到商南县富水关办了个新式武器训练班，准备反攻使用。我军正在积极准备和部署中，八月十五日，日本宣布无条件投降。我军当面对阵之敌军第一一〇师团即全线撤退，逐步向洛阳、郑州等地集中，准备投降。我第三十一集团军的豫西南防地，奉命交给了河南省的军政部门向前推进和接收。我所属参战部队分别调到后方整训或接受新的任务。

## 战役之检讨

一、敌方：甲、敌第一一〇师团系一九四四年曾参加豫中会战的老部队，有战斗经验，训练有素，装备良好，无论战斗、战术、战略等单位皆很健全，师团兵额达两万多人，几乎等于我两个军的兵力。它这次又处于内线作战的便利，兵力使用集中，交通通信方便，发挥了快、硬、锐的优点，战斗力较强。乙、敌军纪律坏，奸淫掳掠，残杀伤员，我军民同仇敌忾，使其到处受敌。这次总兵力不足，火力也弱于我军，故暴露出小、短、浅、虚的弱点，故战役不能持久，最后失败。

二、我方：甲、我们是反侵略的正义战争，故上下用命，条件虽差，士气仍盛，发挥稳定，坚韧精神，终于克敌制胜。乙、这次战役我方准备周到，兵力投入较大（有六万人），有三倍于敌的优势。预设了工事，占据有利地形，使敌进攻困难。我军火力逐渐超过敌人，战役中期有空军支援掌握制空权。指挥灵活，有战场主动性。丙、我军作战多单一部队的行动，团、营联系不密切，师、军单位协作配合不够，易为敌各个对付，未发挥较大力量，如围困日军三千余未能全歼即是此因。各军或与友邻师策应不足，所以未起到优势兵力效果。丁、这次战役我方利用敌人弱点而最后制胜，即是常用大部队攻击敌小部队，占压倒优势；以长时间坚持打击敌人短时间攻击，我军阵地南北一百多里宽，纵深配备三十多里深，以纵深配备破坏敌浅距离侵扰；以猛力突进袭敌空虚后方见效（如两翼出击，强袭据点）。戊、对空联络团以下仍欠密切，军以上较好。己、教训：应统一指挥，加强协作配合，抓住战机不断扩大战果，才能获得全胜。庚、新建立的第三十一兵站分监部尚能完成补给任务。

回顾这次战役已过去近五十年了，又缺乏原始素材，尤其本人当时乃参谋人员，未亲临参加一线战斗，所知较少，仅凭记忆所及，略述梗概，若有错误，望予指正。

# 豫西南抗战的回忆

吴绍周[※]

抗日战争中，日军侵略河南到达的最后地点，是内乡、淅川山区的西峡口、重阳店和荆紫关。我当时任第八十五军军长，曾在那里指挥部队抵抗日军的进攻，了解当时的情况，现就回忆所及，简述如下。

一九四四年，第一战区正、副司令长官蒋鼎文、汤恩伯，因在河南指挥作战不力，被蒋介石撤职调走。由陈诚兼任第一战区司令长官，胡宗南任副司令长官，郭寄峤任参谋长。当时我国军队仍部署在伏牛山区、秦岭以东及潼关以西地区。胡宗南所部的第一军、第九十军、第二十七军在潼关；第四集团军的张耀明第三十八军在卢氏；刘茂恩的第十五军在朱阳关；第三十一集团军王仲廉所指挥的第八十五军在嵩县以西的潭头、合峪及卢氏庙子（今均属栾川县），监视鲁山、嵩县城内之敌，固守伏牛山要点；第七十八军赖汝雄所部在淅川西坪（今属西峡县）、陕西商南清油河整补；黄永瓒师在荆紫关、鲍汝澧师在淅川县城整补。我军没有出击的计划。

一九四五年一月，陈诚回重庆以后，胡宗南任代司令长官。前方军队部署，仍与以前一样，没有变更。

南阳、老河口属于第五战区，司令长官原是李宗仁，后为刘峙，兵力部署不详知。只知道刘汝明集团军在南阳，孙震集团军在老河口，并闻贺粹之的十二军在邓县、新野一带。

一九四五年三月间，我与赖汝雄随同王仲廉到西安向胡宗南请示今后伏牛山区作战事宜。胡要我将现有兵力部署在沙盘上讲给他听，又要

---

王仲廉在沙盘上讲如何作战。我们讲了依靠山间隘路正面阻击、两面侧击敌人，截断敌后，实行尾击的计划；没有讲如何反攻，收复南阳、鲁山、嵩县，截断平汉路。胡也没提反攻的事。第三天，胡宗南用电话催我们连夜乘汽车赶回前方，说据鲁山、南阳方面的情报，日军有向西进犯的企图。当天下午，在西安乘汽车，我回到西坪，王仲廉、赖汝雄回到清油河。

三月二十五日，我接前方情报，说日军已绕过南阳进犯镇平县城。下午，我即到西峡口，召集各师、团长会议，决定第二十三师张振坤的第六十八团由西峡口推进到内乡，阻滞日军行动；以黄子华的第二十三师主力在西峡口西南高地构筑工事；电令驻伏牛山北麓卢氏县庙子的唐夔甫团占领老界岭，准备向南出击。

三月二十八日，日军侵入内乡城，然后继续西犯，冲破我第六十八团的阻击。二十九日，日军战车部队和步兵向我西峡口城及附近高地进攻，与我李守正师的一部及黄子华师的第六十九团反复激战。三十一日，日军攻占西峡口及城南的马头山高地，在城北杨岗至吕家营一线与我军形成对峙。此时，我第三十一集团军在西坪及重阳店一带的赖汝雄军业已准备就绪，乃按照王仲廉总司令的原定计划，实行后退包围，撤至西峡口以西二十公里的重阳店决战。重阳店及其以西山地有赖汝雄军的黄国书师占领，李守正的暂编第五十五师撤退到重阳店以北山地埋伏，黄子华的第二十三师撤退到重阳店以南山地埋伏。四月一日夜间，我第八十五军开始行动，由西峡口沿河西公路向重阳店南北山地转进。军部在西坪东边一村庄设指挥所，并派军参谋处长张钧铸与黄国书联络，架通了电话。王仲廉又令廖运周的第一一○师由伏牛山北麓向丁河店、西峡口转移，准备断敌后路。

四月四日，日军战车和步兵部队由西峡口向重阳店进犯，企图经西坪、清油河、龙驹寨、秦岭进入陕西。敌先头战车和骑兵进抵重阳店以西的隘道，即被黄国书师阻击，损失惨重。五日下午四时以后，我黄子华师和李守正师分别由南北两面向重阳店出击，激战至七日早晨，日军遗尸三百多具，退至丁河店，又遭我廖运周师伏击。敌我双方在丁河店、奎文关、半川一带反复争夺拼杀，迫使日军于十五日撤离半川，与我军在奎文关南北一线形成对峙状态。

重阳店、丁河店之战，我暂编第五十五师第三团袁峙山团长负重伤，官兵伤亡数百人；第二十三师于西峡口、重阳店两次作战，官兵伤亡三分之一，调到荆紫关、西坪两地整补，以赖汝雄军接替我军的防务。

从三月底日军侵入淅川境内，四月一日县城失守，到八月中旬日本投降的几个月中，我鲍汝澧暂编第六十二师和陈舜德第六纵队协同作战，与日军进行了大小几十次战斗，毙敌甚众，牵制了日军的部分兵力，减轻了西峡口友军的压力。为巩固淅川、荆紫关之间的既设阵地及维护西坪、郧县县城的后方交通线，王仲廉令第八十五军控制于淅川的卧龙岗，以主力支援鲍汝澧师作战。他亲自指挥赖汝雄军及廖运周师反攻西峡口。

西峡口作战期间，胡宗南派来一个山炮（苏联造）连，并配属一个美国空军中队和一部对空联络电台。另外，王仲廉还令黄永瓒师归我指挥，协同廖运周师向西峡口反攻。几次袭击，都因日军由南阳方面增援，未能成功。以后，西峡口成为敌我双方争夺的要点，形成拉锯状态，一直到八月十五日日本投降。

# 西峡口抗战的回忆

廖运周※

一九四五年三月开始的豫西西峡口抗战，是八年抗战即将结束时的一次战役。主要战场在鄂、豫、陕三省交界，包括老河口、南阳、邓县、西峡口、西坪等地区，历时五个月，我方直接参战部队三个军十二个师约十万人。这一战役有力地粉碎了日军进攻西安的企图。

中原会战失利后，陈诚一度兼任第一战区司令长官。一九四四年在内乡一次会议上，陈诚指出，为了确保西安，巩固陕南，必须以伏牛山为根据地，固守潼关、朱阳关、西峡口、荆紫关各要点，控制住豫陕公路、荆（紫关）西（峡口）公路，协同第五战区准备反攻。为此，第一战区兵力以豫陕公路为中心，呈辐射状布置在各主要地点，准备阻击西犯之敌。

三月十四日，日军由南阳进犯镇平县城，西峡口战役的序幕从此拉开。第八十五军军长吴绍周在西峡口召集师、团长会议，部署迎敌措施，决定第二十三师主力占领西峡口及其以南高地，暂编第五十五师占领西峡口以西、以北高地，阻击敌人。第二十三师派出第六十八团向内乡推进，迟滞敌人行动。我当时任第一一〇师师长，全师正在栾川整补。吴军长令我师先派一个团占领老界岭，准备向南出击。

日军于三月二十日占领内乡后，继续西犯，于三十日攻入西峡口。西峡口虽陷敌手，但在内乡到西峡口的公路和两侧高地上，日军却遭到了我军节节阻击。八十里的路程，他们花去了十天时间。日军攻入西峡口后，我军仍利用有利地形，给予猛烈的炮击，致敌遭重大损伤。西峡

---

※ 作者当时系第八十五军第一一〇师师长。

口失陷，战局险恶，我师奉命由栾川驰援，正式参加了西峡口战役。

## 力攻丁河店　围歼奎文关

西峡口失陷后，日军继续向重阳店进犯，企图攻占西坪，进入陕西。面对紧急局势，我军决定以一部占领重阳店西北、西南既设阵地，主力由公路两侧实施包围，压迫日军于重阳店、丁河店之间，进而歼灭之。

我命第三二八团向丁河店进攻，切断丁河店敌人与重阳店之间的公路；命第三三〇团进出大老虎沟，向丁河店及其以东河东村进攻，首先占领奎文关以西一一六小高地掩护我军左侧背之安全；第三二九团作为预备队，控制在大竹园以南，并派一部监视奎文关之敌。该团在小水与敌遭遇，激战半夜，副团长鲍允超、连长杜锡武壮烈牺牲。

为歼敌于不备，各团按照命令于四月四日夜间到达预定位置，次日早上四时向敌发起猛攻。第三二八团占领邪地村，向丁河店西侧、东侧，占领有利地形和村落，集中炮火向丁河店射击。敌人在三面被围的情况下，仓促应战，一片混乱，伤亡很重。

午后，敌人从西峡口增步兵五百余，战车四辆，在行进中被第三三〇团隔河侧击，不敢贸然前进，又退回奎文关。不久，敌向一一六高地发起猛烈炮击。一一六高地位于奎文关前沿约一千米处，是敌前进阵地，战斗位置十分重要。欲截击西进之敌，必须首先攻夺此高地。我师得到这一高地后，敌人也企图拼力夺回。炮火从一开始便密如急雨，一块长仅百米的椭圆形山头阵地上，竟有两千多发炮弹倾注其上。小山头硝烟弥漫，土石飞扬，阵地三次被敌人摧毁，我们三次重新占领。就在这块阵地上，我们伤亡了二百名战士和八名军官。

是夜，第三二八团、第三三〇团适当调整了部署，各以一部构筑工事，防敌反攻；主力截击由奎文关、丁河店向重阳店增援和由重阳店、丁河店向西峡口撤退之敌。

四月六日凌晨一时，丁河店之敌分两路趁夜黑向重阳店运动，被我第三二八团发觉，予以猛烈袭击，敌人伤亡甚多，其步兵约八百余向半川逃跑。奎文关之敌看到丁河店炮火连天，不敢向前增援。天明，公路上的人马尸体到处可见，还有两门残炮歪倒在路旁水沟里。

这时，接到吴绍周军长命令：重阳店战斗激烈，第二十三师已攻占重阳店南部，着第一一〇师包围丁河店，控制公路，注意奎文关之敌。接到命令，我师即包围丁河店，并将奎文关增援之敌三百余击退。至午夜，将丁河店全部占领，残敌不到百人向东南山地逃走。

在攻打丁河店的战斗中，我师受到了老百姓的热情支援。一天，当地小学校长率领学生手持彩旗来欢迎我军，我一看，校长竟是过去含美中学的同窗孟子厚。二十年不见，却在他乡抗日前线遇故知，不禁惊喜交集。他同当地一位士绅主动承担起战地救援的组织工作，组织了有二十多副担架的担架队。还组织百姓给士兵们送水、送饭，派向导协助我们作战。民众的支援，振奋了全师官兵的斗志。官兵们英勇杀敌，切断了敌人的交通和联系，支援了重阳店的战斗。在我军连续攻击下，七日午后，重阳店敌人攻势受挫，黄昏后被迫撤退。我第二十三师和第一一〇师追击撤退之敌，敌人除几十人逃到蒲塘外，其余全被打死打伤。

丁河店收复后，奎文关成了我军下一步必取之地。奎文关距丁河店直线距离为八里，横跨南（阳）、（西）坪公路，左边依山，右侧傍河，地势险要，易守难攻。奎文关之敌恃其有利位置和强大炮火，经常向丁河店及我第三三〇团阵地炮袭，我军行动受到很大威胁。同时，发现敌步兵向河南岸高地侦察，似有逃跑的企图。我师准备以第三二九团、第三三〇团歼灭该敌。

为了一举摧毁敌炮兵阵地，我们将全师的炮兵观测员组织起来，从东、北、西三面观测，集中炮火，拟从不同方位向敌人实施突然的炮击。并部署第三三〇团从西北、西南进攻，第三二九团沿公路两侧截击向西峡口退却之敌。

十二日深夜，各项准备完毕。两小时后，红色信号弹飞向夜空，顿时，排炮齐发，声震陵谷，奎文关立时变成火海。我第三三〇团随即冲入关去，在喊杀声中，手榴弹、掷弹筒投向敌纵深处。敌人仓皇应战，不知所措，有的畏缩在战壕内，有的涉河逃命。二百余步兵在敌战车掩护下沿公路东撤，我截击部队击毁战车，除少数敌人逃走外，余尽倒毙在火网之中。七时，我师完全占领了奎文关，缴获了许多武器弹药。这次战斗，我方有营长二人、连排长五人、士兵五十余人伤亡。

## 蒲塘、豆腐店之战

我军在重阳店、丁河店、奎文关严重打击了进犯之敌，敌人在退却中又遭到我军追击和伏击，伤亡惨重。日军为了策应西峡口方面的作战，只得另派主力改由淅川县向荆紫关进攻，企图威胁西坪，截断我军后方郧阳城的交通线。我第八十五军奉命控制在淅川卧龙岗一带，第二十三师和暂编第五十五师阻击由淅川向荆紫关进犯之敌，支援鲍汝澧部、黄永瓒师及淅川陈舜德纵队作战，确保后方交通。第一一〇师同第七十八军在王仲廉指挥下反攻西峡口。

四月三十日，敌上坂联队步兵炮兵千余人，由淅川县城经毛堂向鹰爪山进犯，攻占我老君台、石门观阵地。我第二十三师第六十八团被包围于鹰爪山，经我第二十三师、暂编第五十五师连日激战，终于打退了敌人，敌人转而向蒲塘方向侵袭。

蒲塘有三个自然村落，分别称为上蒲塘、中蒲塘、下蒲塘。五月二日，北退之敌到达上蒲塘，先头部队已进入中蒲塘。为了围歼这股日军，二日下午二时，我空军出动战斗机向蒲塘敌人轰炸扫射。自抗日以来，在我经历的战斗中，这是第一次有空军配合作战。空军的参战，使官兵士气大振。第七十八军从蒲塘西北山地，暂编第五十五师从黑沟、下蒲塘之线，我师第三二九团在中蒲塘东北1310.7高地，一起向敌人发动攻击。第三三〇团占领大苇园阵地后，即向中蒲塘冲进。中蒲塘敌人往东南逃跑，又遭到我师第三二八团的火力封锁。

中蒲塘是一个无险可守的盆地山村，村内只有一条像样的街道，村外芦苇、蒲草丛生。我师居高临下，炮火直接射击，弹无虚着，敌人死伤很多。我们冲入中蒲塘后，但见街道上、池塘里、废墙下，到处是日军尸体和抛掷的枪械，小小的乡公所里就有三十多具烧焦的敌尸。

经过一天的激战，退入蒲塘一带的敌人伤亡过半，残敌逐步向豆腐店附近退缩，有依靠霸王寨以豆腐店为中心固守待援的态势。

五月三日，第三二九团占领乌鸦岭西南各高地，第三二八团与暂编第五十五师在豆腐店东南高地完成衔接，第二十八师占领了东北方面山顶上的寨子。四日，各部齐头并进，午后四时完成了对敌人的包围。

五日上午，第三十一集团军参谋长朱镇淮亲临阵地观察。日军陷于其中的这块谷地三面都是陡坡，只有三个各宽两三丈的沟口有盘旋小道容单人行走。看过地形，朱镇淮说："上坂联队是日军专门训练的山岳部队，善于山地作战。这次被我包围于山谷盆地，粮尽弹缺，我军应全力将其歼灭。"午后，我军对敌人进行了一次火力急袭，将谷中房屋打塌。敌人很狡猾，分布在山谷四周，在陡坡角下掏洞挖壕，我方火力虽猛，但对敌杀伤不大。是夜，我军又组织了突击队由沟上冲进，与敌展开近战肉搏，厮杀甚激烈。经过八次的反复争夺，我第一一〇师终于攻占了两个沟口。

六日，第三二九团集中炮火向对面陡坡角根直接射击，效果很好。

第三二八团突击队由沟口逐步推进，使敌阵地逐渐缩小。午后三时，为援救豆腐店之敌的突围，霸王寨的日军七百余人向母猪峡一二四〇高地进攻，被我第三二八团协同暂编第五十五师予以猛击，致敌增援未逞，伤亡不小。黄昏前，庞家寨之敌二三百人进到第二十八师山坡阵地，亦被击退。

七日，我师突击队将我阵地前之敌歼灭，第三二八团由悬崖盘旋小道下到谷底，敌人被迫由崖角向东南转移，并利用地形地物攀登霸王寨西坡山脉上的陡崖，在隐蔽处构筑工事。

八日上午，空军侦察后，我军集中炮火向豆腐店谷地射击，敌人向东南角一条峡谷撤退。午后五时，突然从谷地发出巨响，十五分钟剧烈炮火声之后，友军的山寨上出现了一面太阳旗，这是连日来敌人逐层秘密向山寨上运动，发起突然袭击的结果。是夜，百余名残敌以霸王寨和西坡山寨为掩护，由一二四〇高地附近的峡谷逃走，丢下了大量尸体。

蒲塘、豆腐店两次战斗，我缴获敌武器、器材多件，俘虏敌伪军官五十三人。

## 反攻西峡口　激战大华山

日军上坂联队在豆腐店遭到惨败后，逃跑之残敌在霸王寨之敌掩护下又转回毛堂。西峡口守敌约五百人、霸王寨及其附近山寨守敌约二百人，都在运输粮弹，有固守待援的态势。我和第二十八师王应尊师长商量，决定肃清残敌，相机对西峡口之敌形成包围，迅速恢复地方行政机构，动员群众团结抗敌。

经过两天的战斗，我师对一二四〇高地、母猪峡、河南湾、赶鸡沟一带残敌进行清扫；第二十八师利用其炮兵优势攻占庞家寨及霸王寨附近各高地，进展顺利。进而，我师与第二十八师配合，使西峡口、霸王寨的守敌陷于完全孤立。嗣后，我军第三二八团派两个连，第三三〇团派一个连佯攻霸王寨，敌人由西峡口派兵增援，在运动中遭到我炮火拦截和第三三〇团的侧击，伤亡很大。夜间，我第三二九团又派出三个突击队，摸进西峡口，一队破坏了敌人的通信线路，一队炸了弹药库，一队袭击了汽车站。几声巨响，几处火光，把敌人弄得不知所措。

六月十五日，我们接到吴绍周军长的命令，得悉近日敌人又派遣一个旅团沿荆（紫关）、淅（川）公路西犯，企图攻占荆紫关，截断我第一、第五两个战区的后方交通线。为消灭这股敌人，第一一〇师、第二十八师、鲍汝澧部、黄永瓒师和陈舜德纵队，统归吴绍周指挥。同时，为随时呼唤空军配合作战，军部和我师师部各配属了对空联络站一个。

六月二十二日，据我空军侦察报告，在老君垭以南地区发现大量敌人向西运动。我命令第三三〇团立即经大流水村、将军寨向大华山前进，并与黄永瓒师取得联系。师指挥所、对空联络站和第三二九团取捷径到李家湾，沿荆淅公路到北大华山地区集结待命。第三二八团随第三二九团路线跟进，到老庄集结待命。

六月二十三日，第三三〇团到达王滩、赵河附近，发现敌人小分队正在淇河东岸侦察。第三三〇团当即占领阵地，准备迎击渡河之敌，并派一个营迅速占领南大华山，以此为主阵地构筑工事。同时，第三二九团在北大华山占领阵地，并控制崖屋、罗坡等高地，与第三三〇团密切配合。

六月二十四日，敌先头部队向我进攻，被击退，其主力向南移动，意在对我翼侧迂回，我集中火力封锁河床和黄连树附近的公路。空军对敌后续部队进行扫射轰炸，使其白天不敢活动。入夜，敌攻占南大华山南侧高地之后，继续向大华山偷袭，适值倾盆大雨，我阵地的西南角被敌突破。拂晓，乘敌立足未稳，我军又将已失阵地夺回。双方冒雨肉搏，均死伤严重。次日夜间，敌主力攻占赵河、王滩，向潘家沟进犯，被我空军轰炸扫射。

从此，围绕着大华山开始了一场拉锯战。大华山并不很高，分成两层台子，一度敌占领了第一层台子的大部，我便抢先登占了第二层台子。第二层台子上有两个小山包，台子又陡峭，依据这优势，我军打退了敌人的多次进攻，使敌人始终未能占据大华山。

师指挥所设在大华山西北的猴山。猴山海拔九百多米，站在山上，四下白云缭绕，树木翠绿，周围情况尽在眼底。在战役的这一阶段，空军给了我们很大的支援。日军没有炮兵也无空军，攻击力与防守力都受影响。空军轰炸时，我方所占山头都亮出联络布板，没有联络信号的山头就成了轰击目标，打得敌人不敢在山间露头。

大约是八月十三日，随同我师行动的两个美国顾问听了广播后手舞足蹈，十分兴奋。通过翻译，知道他们从收音机里听到了美国在日本扔了原子弹，日本天皇宣布无条件投降的消息。

八月十五日中午，王仲廉从西坪打来电话，把侵华日军投降的消息告诉了我，并命令我们撤出战斗，向西坪集结。就这样，我们在豫西与日军的对峙中，迎来了中国人民抗日战争的最后胜利。

# 激战西峡口

李志勤[※]

中原会战后，暂编第四军移驻陕西雒南（今洛南）休整，并在雒南三要司至灵宝芦灵关、朱阳关一线修筑工事。不久，部队改编为第二十七军（军长谢辅三），辖第四十七师（师长李奇亨）和暂编第四师（师长马雄飞），我仍任暂编第四师第二团团长。

一九四五年三月下旬，日军发动了豫西鄂北会战。在猛攻南阳城和鄂北老河口的同时，日军第一一〇师团、坦克第三师团沿南阳、镇平、内乡一线西犯，于三十一日攻占内乡重镇西峡口（今西峡县城）。第三十一集团军总司令王仲廉指挥第七十八军、第八十五军等部，在西峡口以西的丁河店、重阳店等地顽强阻击西犯之敌。奉第一战区代司令长官胡宗南之命，第二十七军于四月四日开赴前线，暂编第四师随军部前往淅川西坪镇（今属西峡县）。此次作战，军、师、团一律使用假番号，各主官也都有代名。本军及暂编第四师的假番号分别是新编第七十二军和新编第四师，军、师长的代名分别是谢三辅、马腾云；我团称新编第四师二团，我的代名是李勤。

四月五日，王仲廉部在重阳店以西马鞍桥附近打退了日军的进攻，迫使该敌退至重阳店以东九里的半川阵地。此后，本军协同友军从西、北、南三面发起围攻，于十七日收复丁河店，日军退守奎文关及其南北一线。二十二日夜，临时配属本军的第八十五军第一一〇师（师长廖运周）奉命归还建制，由我师接防该师在丁河店以北的阵地。二十三日上午，日军乘我师正在接防之机，突然向我团的木寨阵地发起猛烈进攻。

※ 作者当时系第二十七军暂编第四师第二团团长。

我一面指挥部队投入战斗，一面高喊："弟兄们！报效国家的时刻到了，要杀尽日寇，与阵地共存亡！"守卫木寨的第一营第一连在连长孟传刚（河南郏县人）指挥下，打得十分顽强，经过反复的白刃拼杀，三次打退了日军的进攻。下午，该连已伤亡过半，又一次将敌击退。日军久攻木寨不下，就以猛烈炮火向我军轰击，并派出步兵向我师南北两翼迂回包抄。激烈的战斗一直持续到天黑，日军终于被打退。这一天，我团伤亡一百多人，日军之伤亡则数倍于我。当晚，我命令第七连接防木寨，替下了伤亡严重的第一连。

二十四日凌晨起，日军又开始了攻击，激战至天亮，木寨阵地已数易其手。上午，日军的攻击更加猛烈，我又派一个连增援木寨。中午，日军突破了阵地的一角，情况十分危急。多亏第七连排长石金彦果断率领全排向突入阵地之敌发起反冲锋，将其全歼，阵地方得以保全。下午，守卫马头寨的第四十七师一部，也击退了日军的进攻。当晚，马雄飞师长亲临我团，召集营、连长开会，检讨此次战斗的得失，指示今后部队训练应注意的事项，特别嘱咐大家一定要坚守阵地，歼灭日军，与阵地共存亡。

这时，赖汝雄第七十八军正在奎文关与敌激战，我师及第十五军第六十五师（师长李纪云）奉命配合。马师长从全师三个团各抽出一个营，加上师直属山炮营，交由我统一指挥，攻击奎文关以北的高地至徐家营南北一线之敌。

二十五日下午二时半，攻击开始，我空军飞机三架飞临助战，投掷了许多燃烧弹，日军阵地顿时成为一片火海，我炮兵也向敌阵地开炮猛轰。右路的第二团第三营在营长王心体（河南柘城人）率领下，向奎文关以北的高地攻击前进。在翻过一道小山岭时，遭到日军机枪扫射，伤亡了二十多人。王营长命第四连和第九连在小山岭上掩护，自己率第八连冲向敌阵。在接近日军阵地时，日军投出了大量的手榴弹，侧翼暗堡里的机枪也猛烈射击，营长王心体、连长刘怀训（河南禹县人）、排长时凤彩等许多官兵为国捐躯。此后，副营长白荣宣命令第九连攻击日军的右翼阵地，并亲率第四连的两个排再次冲锋。日军以密集火力阻拦我军前进，并发起反冲锋，白荣宣只得带领余部退回小山岭与敌对战。至傍晚，该营已打退了日军的三次进攻，终因伤亡惨重而退回原阵地。

中路的第三团第一营攻击高地与徐家营之间的日军阵地，起初进展顺利，摧毁了一个日军机枪火力点。此时，日军以机关枪、掷弹筒向一营猛射，该营三次冲锋都未成功，官兵伤亡严重。我急调作为预备队的机枪连前往支援，暂时压制住了日军的火力。第一营乘势发起第四次冲锋，接近敌阵地时，左侧徐家营的日军又发起反冲锋。此时该营所处的地形极为不利，受到高地和徐家营日军的两面夹击，只得稍向后退与敌对峙，于傍晚奉命撤回原阵地。左路的第一团第二营经过激战，一度攻占了徐家营以北的高地。傍晚大批日军在炮火掩护下向我发起反攻，又因中路及右路之我军部队进攻受阻，该营也只得退回了原阵地。同日，第六十五师一部对木寨、王家营的日军阵地发起猛攻，一度攻占了木寨西北的高地。二十七日，我第四十七师部队再次击退了进攻马头寨的日军。

经过连日的激战，日军伤亡严重，无法从正面突破我军阵地。在得到增援后，日军改变了方向，企图迂回攻击我军的左翼，然后向重阳店、西坪镇突进。四月三十日起，我军在西峡口、丁河店以北的大横岭、金鸡岭、米心寨、三尖山、马头寨等地，与日军展开了反复激烈的争夺战。五月上旬，胡宗南派第九十军之第二十八师（师长王应尊）前来增援，令该师及李纪云第六十五师统归谢辅三军长指挥。此后，我团奉命配属李纪云师作战。

当时，我团阵地与日军仅隔一条小山沟，彼此都能看清对方的情况。一天深夜，我团右后方响起了激烈的枪声。我想，当面的日军很可能抽调兵力前去助战，我团可乘此良机进行一次偷袭。我立即找王化臣营长商议，决定由孟传刚连长率精壮士兵十五名，去端掉一座日军碉堡。孟连长一行接近碉堡时，听到里面的日军正在大声说笑，庆幸当晚平安无事，就端着刺刀冲了上去。日军急忙抱头逃跑，我军缴获轻机枪一挺、步枪两支。次日，我将战利品送到暂编第四师师部，马师长非常高兴，说："抗战以来，我师还是第一次从敌人手中缴获到完整的武器，这是我师的一次胜利，今后要继续发扬。"李纪云师长得知此事后问我为什么不将战利品交给他。我说："我团虽配属贵师作战，但序列未变，仍属暂编第四师建制，所以凡有俘获，理当上交暂编第四师。"

五月下旬，王仲廉总司令命第二十七军兵分四路，向西峡口方向发起反攻。第六十五师奉命以主力沿孔沟自北向南，攻击西峡口西北的柳树营，同时以一部经雷子寺沟攻击老鹳河东岸、西峡口以北的石龙堰一带。李纪云师长派我团担任主攻。二十七日（农历四月十六日）晚，皓月当空，我团悄然无声地进入了预备攻击位置。我命王化臣率第一营打冲锋，第二营随后跟进策应，第三营随团部行动作预备队。二十时三十分，一连串红色信号弹飞向天空，一营在大炮和重机枪掩护下开始冲锋，一小时后攻占了过箭岈高地，随即乘胜向南攻击前进。二十二时三十分，我团集中各种重武器向黑石堡猛烈射击，一时间日军阵地上烈焰腾空，枪炮声震耳欲聋。第一营迅速冲入敌阵，与日军展开激烈的白刃战，并多次打退小股日军的反攻。此时，第二营已推进至黑石堡以南、吕营以北地带，即配合一营攻克了黑石堡阵地。二十八日拂晓，我率团部到达过箭岈以北的三土槽。当日及次日，我团第一营、第二营坚守阵地，多次击退日军的反攻。

二十九日下午，王应尊师的一处阵地被日军攻陷，使我团阵地处于三面受敌的不利态势。我令处境最危险的第二营稍向后撤，留下部分兵力协助第二十八师第八十三团收复失去的阵地。当晚该团多次反攻，均未得手。三十日下午，日军增援部队到达，从东、南两面对我团位置突出的黑石堡、寨沟阵地发起猛攻，我守军伤亡过重，被迫转移阵地。三十一日，我团又奉命配属李奇亨第四十七师，守卫马头寨、黄英垛、过箭岈一线阵地。

六月一日后，日军因伤亡惨重、兵力不足、士气低落，再也无力向我军发动攻势。此后双方一直处于对峙状态，直到八月中旬日本无条件投降为止。在此期间，前线阵地常有小规模战斗发生。一天，我团号兵宋积柱（河南禹县人）发现对面阵地上一名日军哨兵正抱着枪坐在树下打瞌睡，就匍匐至该敌兵背后，猛然夺过三八步枪滚下山沟，平安返回我军阵地。

# 西峡口作战的回忆

丁悟道[※]

一九四一年六月我从黄埔军校毕业，被派到陆军第二十八师补充团第六连。那时部队在陕西朝邑县一带守黄河。一九四三年九月间，部队调到陕西郃阳训练。后来补充团被解散，编到各团，我调到第八十三团团部担任中尉警卫排排长。全师共三个团，即第八十二团、第八十三团、第八十四团。

一九四五年四月间，部队移驻陕西华阴县，我升任第八十三团第一营第一连上尉连长，在该地停了一个星期，我师开始使用暂编第一旅的假番号。四月下旬的一天晚上，得到命令：次日早全师在华阴南一个大场子集中，听胡宗南讲话。次日早我们到场时，已有不少的部队在等候中，大家纷纷议论，说要上前线了。我们等了半个多小时，忽然看到东北方向尘土飞扬，小卧车、小吉普来了十多辆，停在讲话台的南面。不一会儿部队集合，胡宗南开始讲话。他讲得很简单，主要内容是：这次集合有三个军的兵力，我们要去河南西峡口打日本侵略军，只准打胜仗，不许打败仗；小日本想从河南打到我们这里来，我们要把它消灭掉。不一会儿又听到指挥官口令，让部队向后转，到指定地点暂时休息，团长以上军官在讲话台前集合。

我们的师长王应尊集中连长以上军官讲话，他说："大家每天喊着要打仗，今天就要出发打日本了，我们要严守军纪，服从命令，要打个漂亮仗。我们的单军衣暂时不发，因为山地气候关系，再加上我们要利用地形地物，石头、树木等容易碰伤人，我们穿上旧衣服打仗很好，打胜了仗每人多发给一套衬衣。"我们团长敖明权在团里又讲了话。部队于当天下午出发，我连奉命为前哨尖兵连，向西峡口前进。我们一直走了十多天，才到西峡口附近。一天晚上得到营部命令，要我们于次日早上到营部集合。次日早，我们到了营部，营长传达了上级的指示，他说："今天是五月四日，我们已经到达了目的地，前面不远就到了阵地。这里的汉奸很多，他们化装作什么的都有，不断刺探我们的军情，大家得注意。前驻部队正面已经缩小，我们中午就要占领阵地，准备战斗。第一连为第一线，左翼与我们第二连联系，右翼靠近第三营，早九点半准时进入阵地，有以前驻防部队联系人告诉我们敌情、地形和一切情况。"我即按时率队前进，将到达阵地前，我连停止前进，我令第一、第三排为第一线，第二排为预备队。我同以前驻防部队联系交谈后，又巡视一次阵地，给各排传达了应注意的事项。忽然听到左前方有枪声，不一会儿枪声更为紧密，我即到营部了解情况，原来是我们第八十二团和日军接触了，两个小时之后，战斗停止了。以后才知道我们部队到时，就有汉奸向日军报告，说是中国兵没有了，调的地方军，这些地方军穿得很破烂，吃也吃不饱，还能打什么仗，所以日军也没有把我军放在心里。可是战斗一开始，两三个钟头就把日军一个大队的兵力给消灭了。

我连的防守面约有四百米宽，我们守了十多天也没发生什么情况。一天晚上，忽然接到紧急命令，以我连为尖兵连向前推进，营里并派来一位向导带路。当晚正遇着阴天，对面看不见人，不时还有雷声闪电。次日天亮时，忽然接到命令，要我连向左前方七里之处前进，严守汽车道山口重地，阻止日军坦克通过，到达后立即埋设地雷等；并给我们派来了工兵十名、向导一人。副营长给我连下达了急行军命令，我即率全连向目的地进发。我连到达目的地后，就开始埋地雷、筑掩体，一个小时即完成了任务，进入了阵地。我立即下达命令，严密监视日军坦克和左前方，发现敌坦克，要坚决消灭掉，发现其他情况立即报告。我连在这里守了一个多星期，也没发现任何情况。

一天天快亮的时候，忽然在左前方有了枪声，并且越来越密集，一会儿是重兵器和手榴弹声，一会儿又听到冲杀声。我真着急了，传令各排严守阵地，监视敌方，防止日军突然袭击。我从到达前方后，根本就不知道某月某日和方向，只知受命是明天、上午、下午或时间或向前、向后，每到一个防地，都是按大概停了几天来计算。天大亮后，我坐在汽车路边一块大石头上，望见第二连已冲到山头上和日军拼开了，一会儿被敌人冲下来了，一会儿第二连又冲上去了。这时营部传令兵过来告诉我，我们的部队在攻击山头，团部和营部令我连要特别注意山口，严防日军坦克和步兵通过，如有紧急事，可向营部汇报。约一个小时后，从坡上抬下几十个伤员，有几个担架直往公路后方走。我很着急，跑了几步，问抬的是谁。担架兵站住了，说是第二连连长。我跑到担架前问了几句，第二连连长摇了摇头，慢慢说："没事。"担架兵告诉我说，子弹从他心窝右下方射过去了。第二连连长是军校第十四期同学，他本来到其他营任营长，因为战斗情况紧急，他暂代第二连连长。这时左前方又开始战斗了，这是我们第三连在攻击。第三连连长姓马，陕西人，因为他平时脑袋往一边歪，所以人们都叫他马歪连长。马连长对战斗是有经验的，他是个老粗，胆大。第三连攻击不到两个小时，通过头一个山头又进攻第二个山头。又过了半个小时，担架兵从山上抬下来几十个人，我又着急了，传令严守阵地，注意前方。不一会儿，炮声、机枪声不绝，原来是掩护第三连撤退。我想，我们营的两个连都进行了攻击，下一次恐怕要轮到我连了。我着传令兵到各排传达排、班长集合，其他继续监视前方。排、班长来后，我向他们传达了如果要调我连攻击山头，我连应采取的攻击方法，然后叫大家回阵地，一面监视敌方，一面告诉士兵，要做好准备，休息好。他们刚走，又看见不少担架往后方抬，我着传令兵去了解，见有第三连连长、副连长、一个排长，还有不少的士兵。不一会儿又听见枪声响了。我想：我们的部队为什么一到第二个山头，攻第三个山头时就要退下来？是不是日军在那里侧射斜射有利呢？难道就都没有发现吗？忽然营部传令兵过来说，我们第二营第四连上去了。这个传令兵是从我部调去的。他说："事前还听说要咱连去攻击，可是第二营营长向团长报告：'我们第四连攻吧。'所以团长就让第四连上去了。"第四连连长叫刘亦敏，陕西人，黄埔十五期同学，副连长和我是同期同队的。第四连的兵士我也认识不少，他们大多是补充团第六连的老兵，因而好指挥。谁知到了第三个山头，日军加强了火力，第四连连长的腿被打断了，副连长指挥不到一个小时，腿也受了重伤。就是在这样的情况下，各排继续执行命令，就是不退，一直坚持了两个多小时。连长和副连长退下后，团长要第四连撤下，第五连做准备。第五连连长也是黄埔十五期同学，他是河北人，是个大个子。第五连还未展开，连长就牺牲了。接着我连就接到了攻击的命令，我立即告知副连长："你等接防部队到后，将任务交代清楚，带队伍过来，我前边先走了。"我到了第一线指挥部时，各级领导都在，敖团长对我说："你们现在攻击对面山上的敌人。"并将前几个连攻击的情况也说了说，接着团长又说："敌人原来的计划是在你连守的山口左右的山上占领阵地后，准备掩护坦克的进攻。敌虽先于我们占领了山头，但日军上山后正面不得上去，他们就向我们左侧移动。我们的正面正是日军占领的位置。因为我们到得迟一步，日军先占了阵地，如果我团其他部队和你们连同时到达目的地，那日军就难占山头。日军现在也不好受，他的左翼不敢往下撤，怕让咱们山口的部队给吃掉；从地图上看，日军右翼的后面是绝境。据了解目前日军仅有一个大队的兵力，经我们几次的攻击，也仅有少数力量。但日军没有支援部队可来，否则敌军早就到来了，所以你连这次必须要打个胜仗。现在条件对咱们是有利的，我们有的是部队，日军是受到了我们其他部队的袭击，抽不出支援部队来。现在两军在激战中，距离很近，他们有大炮也不敢射击，所以你连必须火速进攻。另外，必须注意日军斜射，从我团前几次的攻击来看，受伤、阵亡的都是被日军从右侧射击的，这一点你要特别注意。"我要求部队：按照中午集中时说定的办法进攻，我已经和重兵器联络好了，以记号射击。第一排攻击，第二排为预备队，第三排随我，掷弹兵和步枪兵动作要快。攻击开始后，重武器压得日军抬不起头，日军火力时有间断。这时我们的掷弹兵和步枪兵已进入到日军的最近处，我趴在山坡上，一手持着步枪，左手拿着号，号兵跟在我身后，很顺利地拿下了第一个山头。我命第一排攻击第二个山头，第二排随着上，必要时打冲锋。这时我特别留心日军的斜射，我正要往上爬，忽然一排子弹从我头前约有二寸之处跳弹过去，我吓了一跳，趴在那里约三分钟没敢动，目的是要日军认为击中了我。我往左一看，见轻机枪第三组的射手，我便命他取下脚架，压上子弹，拨到单发上交给我。我接过他的枪，抱在怀中往右突然滚了几个身，端起机枪，用烟幕射击法，打遍了我右前方的一棵树的全树顶，只见两个日军掉了下来，又掉下一挺机枪，还有子弹箱。我估计斜射的大约就是这两个日军，立即吹了冲锋号，队伍很顺利地拿下了第二个山头。看看还有个山头，和第二个山一样高，也看不清左翼，我便命第三排攻击，第二排随第三排冲锋，第一排随后。我听了听日军的火力，仅仅只有几挺机枪在射击。我想，经过几次的攻击，这两个山头上死的敌人不下二百，再加上我连这次的攻击，敌人还要死一部分，恐怕他们在第三个山头上没有什么力量了。第三排的战斗兵直往上冲，我看见山头下我们的掷弹兵和步枪兵都在等候着，就用记号令重武器发射一阵子，我接着就吹冲锋号，我们连三个排的兵都冲上去了。这时我看了看，我连也只剩下六十几人了。我跑到山头一看，上面死的日军有六七十个，四面看看什么也没有，难道日军死完了？我问第七班班长拼刺刀时山头上有多少日军，七班班长说："只有十几个了，都放倒了。"我要大家卧倒，四面监视，看看还有没有日军。第七班班长又说："敌人硬死不服，恐怕有的滚下山死了。"我忽然看见右前方还有个小山头，比这个低些，半腰还有一株树，我说："我去看看那小山头。"那山头看起来很清楚，上面什么也没有，我快走到距树有十步左右时，忽然看见树后水壶一晃，我想这是日军见我跑来了，他一定在喝水壶的酒，准备要和我拼一下。我急忙蹲下，两眼紧盯着树。我想也不过一个人，老子就拼你一下，后边人距我仅有六七十步远，说话就到了，怕什么？我的子弹早就上了膛，如果日军出来，一枪就打死了。可日军猛地跑了过来，向我刺了一刀，我也吓住了，没有开枪，顺着他往前的冲力，对着他的枪身连打带拉，将日军来个狗吃屎。我踢了这个日军一脚，这个日军又起来和我刺开了。这时后边的人喊道："你的枪刺得好，我们来了。"我向后退了半步，日军又冲了过来，我猛地向下一蹲，日军因用力过大，扑了个空，趴到我身上，我就搂住日军的腰，想逮个活的。忽然想起我的手枪在背后，就用头猛顶日军，日军乘机就起，我从地下抓住枪，正好刺在日军的心窝上。这时我们的部队上来三个人，你一刺，他一刺，立即把这个日军给解决了。正在这时，忽听见炮弹声，我们立即卧倒。炮弹炸了，我正往炸过的炮弹坑里跑，第二个炮弹又炸了，把我一下子掀倒在弹坑里，尘土埋住了我的腿，我觉得又累又渴。这时爬过来几个人喊我，我正要起手按住臀部，手上有了血，原来是屁股被弹皮削去了一片肉。我连离指挥部有十五六里，后方要我连立即撤回，我坐担架下了山，日军还在用炮不断射击。我连伤亡共三十一人，部队平安撤到后方，奉命休息。我每天上一次药，十余天我的伤就全部好了，走路也没多大妨碍。

# 重阳店痛歼日军战车记

张访朋※

一九四四年中原会战后，第三十一集团军总部驻陕西省商南县清油河镇，所辖赖汝雄第七十八军和吴绍周第八十五军分驻豫陕边境地区，当时我担任第七十八军新编第四十四师第一三〇团第一营副营长。不久，军训部在重庆举办新兵器训练班，第三十一集团军总司令王仲廉派遣总部中校参谋徐之润参加，学习美制战车防御枪和火箭筒的使用技术。同年十一月，集团军战车防御枪大队成立，徐之润任大队长，我奉调担任副大队长兼第一中队队长。

战防枪是专用于毁伤装甲目标的枪械，口径二十七毫米，外形似轻机枪，但长度（约二点一米）和重量（约十五公斤）均较之为大。发射长约十八厘米的穿甲爆破弹，有效射程约六百米，射击精度高。弹头初速高，可穿透六厘米厚的装甲，钻入车内后以爆炸和被击毁的装甲碎片杀伤乘员、毁坏机件。弹匣装弹五枚，可半自动射击。这种武器虽然发射时后坐力较大，声音特别响，穿甲厚度也有限，但用来对付装甲厚度只有四厘米左右的日军轻型战车已是绰绰有余，在当时中国军队的武器装备中是相当先进的。经过三个月紧张的第一期训练，大队举行结业战斗演习，我奉命担任指挥。王仲廉总司令亲临检阅，甚感满意，并训话勉励，颁发了犒赏金。

一九四五年春节刚过不久，就传来了日军即将来犯的消息。奉集团军总部之命，大队取消原定的第二期训练，提前结束；所辖第一、第二两个中队分别编为第七十八军战车防御枪队（我任队长）和第八十五军

---

※　作者当时系第七十八军战车防御枪队队长。

战车防御枪队。三月中旬，我率队回到河南省淅川县西坪镇（今属西峡县）第七十八军军部，赖汝雄军长命我队配属新编第四十三师，立即开赴该师师部驻地内乡县重阳店镇（今属西峡县）报到。我们到达的当天，师长黄国书观看了全队的战斗演习，称赞官兵们沉着镇定，应变迅速，动作熟练，并以"誓死杀敌，争取胜利"的口号相勖勉。

三月下旬，日军发动了旨在占领湖北省老河口我空军机场的豫西鄂北会战。为了阻挡我第八战区部队通过南阳盆地增援鄂北，日军第十二军司令官内山英太郎在以第一一五师团和骑兵第四旅团攻击老河口、吉武支队攻击南阳城的同时，派其王牌军战车第三师团（师团长山路秀男）以及第一一〇师团（师团长木村经广）向内乡县西峡口（今西峡县城）、淅川一线突进。该路日军连陷镇平、内乡，三十一日攻占西峡口，然后继续向重阳店、西坪镇方向进犯。

内乡县地处伏牛山南麓，县境北部重峦叠嶂，沟壑纵横，河道交错，地形十分复杂，只有一条曲折起伏的公路连接着西峡口、重阳店、西坪镇和陕西商南县，是打阻击战的理想战场。为了充分利用这一有利地形，王仲廉总司令决定采用后退包围的袋形战术，利用隘路正面阻击，依托两侧山地进行侧击、夹击，待日军全部进入口袋后再断其退路，实行尾击。重阳店至八庙一带为袋形阵地的底部，由新编第四十三师（配属战车防御枪队）防守，担任正面阻击；第八十五军暂编第五十五师（师长李守正）和第二十三师（师长黄子华）分别在公路北侧和南侧的山地设伏，担任侧击、夹击；以在卢氏县庙子（今属栾川县）一带整补的第一一〇师（师长廖运周）进攻位于西峡口、重阳店之间的丁河店，担任截击。

遵照集团军总部的部署，我第八十五军部队在空军的配合下，采取节节抵抗、诱敌深入的战法，自三月三十日起，先后在西峡口西北的杨岗、吕家营和西南的马头山、霸王寨等地重创日军，击毁其战车四辆。四月二日，又在新编第四十三师第一二八团的配合下，于丁河店以东的奎文关、山荆峥一带与敌激战竟日，三日凌晨向重阳店转进，引诱日军进入我军设下的口袋阵进行决战。与此同时，新编第四十三师（配属战车防御枪队和野战重炮）由奎文关转移到重阳店以西马鞍桥附近。马鞍桥北面有一条自西向东的沙石河，河北岸的山冈由第一二八团防守；南面的芦山寨高地由第一二七团防守。我队的阵地位于两团之间名叫蜂洞的隘道口。部队到达后，即加紧构筑工事。我队阵地的射击孔正对东面的公路及其两侧，并预测好射距，定好标志。由于这段公路是沿着阵地前方四百米处右侧的山麓转弯过来的，过早射击就会使后面的日军战车掉头跑掉，所以我规定必须待敌车距阵地二百米左右时才能开火。

四月三日，日军六千余人，附汽车数百辆、战车五六十辆进占王家营、重阳店附近。四日拂晓，敌先头部队千余人向我新编第四十三师阵地发起进攻。激战至晚八时，日军损失甚大，毫无进展，于是又调集骑兵一部，以战车十余辆开道，沿公路西进，企图突破我主阵地。五日零时后，我在掩蔽部里隐约听到隆隆的马达声，这时步兵团打来电话，说日军战车正向我阵地驶来。我当即命令全队立即进入阵地，做好战斗准备。当夜天空一团漆黑，随着马达的轰鸣声越来越响，只见日军战车队的第一辆车开着两盏耀眼的车灯为前导，绕过山角迎面而来。每前进数十米，便停车熄灯，以机枪扫射一阵，搜索片刻未见动静，又继续冲来，如是者数次。当时第七十八军前进指挥所设在马鞍桥以西五华里的八庙，长官们在分水岭上看到似近实远的敌战车灯光，以为战车已冲入我阵地，便打电话问："敌人战车已经冲过来了，战车防御枪为什么还不发射？"我说："还远着呢，等它走近点再打。"直到日军战车进至阵地前二百米时，我才下令射击。霎时间，震耳欲聋的战车防御枪射击声响彻夜空。日军战车立即灭灯，以平射炮和机枪还击，密集的炮弹和枪弹呼啸着从我们头顶上方掠过。全队官兵继续沉着射击。数分钟后，日军战车的枪炮全部成了哑巴，我判断已将其全部击毁，就下令停止射击。我立即打电话通知步兵团团长，建议他派步兵出击，点燃公路北侧的破草棚，乘着火光消灭残余的日军战车兵。该团长说："敌人还在进攻，坚守阵地要紧，无力出击。"我又向军部报告，请求派牵引车将被击毁的敌战车拉过来，但得到的答复是："夜晚出击不便，务各坚守阵地为要。"一小时后，公路上隐约传来了日军修理战车的撞击声，我们即以轻机枪扫射。不久，日军骑兵赶来掩护，我们只得眼睁睁地看着他们以牵引车将战车残骸拖走。我们一直坚守到天明，才遵令撤离阵地。

我队首战告捷，一举摧毁敌战车九辆①，自己无一伤亡。官兵们一个个手舞足蹈，兴奋地谈论着战斗情景，共享胜利的喜悦。我更是激情满怀，深感此战乃是我参加抗战以来之第一大快事，当即吟诗一首："夜色如磬雾气升，前车引导独开灯。我凭利器歼倭寇，卸甲丢盔敌胆惊。"

----

① 据《三十四年第三十一集团军豫西会战战斗详报》《陆军第七十八军豫西战役战斗详报》等，四月四日，日军战车九辆向重阳店突进，中国军队以战防枪击毁一辆，以野炮击毁一辆。

　　五日清晨，我军清扫战场。我来到阵地前方，只见公路两侧粗大的树干上弹孔累累，其高度距地面约二米。可见日军战车还击时完全没有料到我们与之相距仅二百米，所以发射仰角较大。在敌战车被击毁处的公路路面至南侧山麓之间，车辙累累，血迹斑斑，散落着许多被撕烂的日记本、照片、书信和印刷品，以及印有"武运长久"字样的旗子和护身符等。我拾起了十几件较完整的，其中有全家为出征者饯行的照片。

　　当天下午，我军发起全线反攻，新编第四十三师（配属战车防御枪队）为中路，暂编第五十五师为左路，第二十三师为右路，分别向重阳店、王家营一线追击前进。沿途的村庄及路边，日军遗尸四百多具，被打死的骡马随处可见。死者中许多是面带稚气的青年。以往日军在战场上从不遗弃尸体，此次却无暇顾及了，其逃跑时的狼狈相可见一斑。激战至七日中午时分，我军收复重阳店，乘胜向半川、丁河店追击前进。日军攻占西坪镇的企图化为泡影。

# 官道口战役

宋克敬[※]

## 敌　　情

抗战后期一九四四年中原会战后，豫南各县逐次为敌所攻陷。豫西陕州之敌为日军第一军之一部，陕州以南各山地以及灵宝东南地区山地均为敌所控制，洛宁、长水一带，亦均为敌控制，番号不详。

## 任务及部署

奉第九十六军转四集团军命令：集团军以保卫豫西大据点卢氏之决心，命第三十八军在上戈、董寺、故县地区构筑工事，防止由洛宁进犯之敌，并相机进出长水一带。第九十六军以一个师置卢氏县城附近构筑工事，并担任城防；以一个师置杜关、官道口地区构筑工事，防止由陕州方面进犯之敌。

第九十六军命令，决定以第一七七师置卢氏县城附近构筑强固工事，并担任城防；以新编第十四师置卢氏以北杜关、官道口一带地区，选择阵地构筑工事，并置重点工事于铁岭东西之线，右与第一七七师联系之。

---

※　作者当时系第九十六军新编第十四师参谋长。

## 工事构筑及变迁

新编第十四师于一九四四年冬已将铁岭之线防御工事次第完成,一九四五年春又召集全师中上级干部,详细侦察官道口及其以前火山关、大塔山、马家山、老虎头一带地区。三天后开作战会议,一致认为:官道口以前火山关、大塔山、马家山有利于逐次抵抗,以消耗敌人的攻击力量;附近沟道特多,进入时最易迷失方向,其后将汉坡连接铁岭前面地形较为广阔,如利用做成秘密工事,是很好的歼灭敌人地区。并将此意见报第九十六军经李军长同意。

师即决定,命令第四十一、第四十二两个团由官道口东侧山头起,构成至观音山面向东北之秘密阵地,各悬崖尽量利用,沟道内并布有相当之铁丝网。

## 作战部署

一九四五年三月,洛宁之敌向我第三十八军进犯,经我第三十八军抵抗多日,已被阻止于故县以东地区。据本师情报,陕州之敌第一军之一部准备进攻,究竟是否向我卢氏进犯,或进犯灵宝、阌乡,尚未侦知等情。本师当时判断:敌人正进攻我第三十八军,大致是为夺取卢氏,但为第三十八军所阻止,所以陕州之敌由官道口进攻卢氏,以支援其东面部队作战之可能较大。故按作战计划,以第四十一团在官道口以北火山关、马家山、大塔山、老虎头占领前进阵地,预期作四日至五日之抵抗,消耗敌人力量,并诱敌于官道口附近,包围而歼灭之;以第四十二团任官道口正面阵地之固守;第四十团任官道口东侧阵地之固守,预期如敌胶着于阵地前,由右翼出击包围歼灭。第四十一团在前进阵地作逐次之抵抗,以消耗日军,后撤至第四十二团左翼,占领至观音山之斜面阵地待命,由左翼出击包围敌人。师直属部队(约一团)为预备队,必要时完全加入正面作战。

## 因敌情扩大为全军作战及经过

一九四五年五月十三日,陕州之敌(据本师虏获文件为一个旅团)约六千余,及陕州以南山地各据点之敌,向我前进,十五日与我火山关及附近各山头部队接触。我抵抗一天，至晚放弃火山关。十六日我第四十一团在大塔山、马家山抵抗一天，入暮又奉命放弃。十七日拂晓，敌向老虎头山进攻，势甚凶猛，第四十一团不能支持。师当时以电话报告军部，并令第四十一团即向预定地区撤退，但该团已损伤颇重，张春光营长负伤。

军此时命令，认为官道口之战至关重要，决以全力参加作战，军长已率指挥人员向杜关前进中，第一七七师（欠一团）本日可到达杜关。十八日敌对官道口各阵地作数次试探性之进攻，均被我击退。本日接军部命令，军决滞留敌于官道口阵地前而歼灭之，新编第十四师务必依预定计划坚守官道口正面阵地，待命出击；第一七七师左接新编第十四师，在官道口以东山地占领阵地，依情况俟敌进攻新编第十四师胶着于我阵地前，由右翼进出火山关，包围敌人而歼灭之。十八日夜敌以全力进攻，战况空前激烈，约十二时敌将我阵地突破四处，师直属部队全数投入反击，又将敌击退。夜半后，第一七七师正面亦与敌接触，拂晓前激烈异常，整个军均在激烈战斗中。战至天明，敌已不支，向后撤退。军即以电话命第一七七师迅速进出火山关，截断敌之退路，由右翼包围敌人，新编第十四师由正面出击，进攻老虎头山、马家山。新编第十四师为顾虑全局，令第四十团攻击老虎头山，第四十一团、第四十二团待命出击。老虎头山南北长十余里，南端为老虎尾，中部较广阔，为老虎腰，最北高山头为老虎头。第四十团（原系第十七路军教导团）战斗力极强，团长殷义盛又奋勇异常，先攻占老虎尾，攻至老虎腰较广阔地区，敌兵颇众，顽强抵抗，该团长不顾一切，以全团在老虎腰反复冲锋肉搏，进行拉锯战半日，战况之惨烈属本师作战以来之第一次。当时严明在观音山以望远镜观战，曾数次向我们以电话致敬，说：你们的部队真勇敢，我向你们全军致敬。这次我师得到友军称赞，是因第四十团殷团长指挥有方，以及全体官兵奋勇杀敌所取得。老虎头山敌的兵力颇众，第四十团的攻击顿挫下来。师以第四十二团又攻上去，命第四十团准备再次攻击。第四十二团冲锋顿挫下来，第四十团又冲了上去。适此时我空军助战，大量向敌投燃烧弹，第四十团占领了老虎头山全部。令第四十二团攻马家山，亦随之占领。同时第一七七师前进部队攻占火山关重要地点，我第四十一团亦由左翼到达老虎头以西附近。敌人纷纷败退，经由火山关以西山地北窜。新编第十四师奉命追击，晚追至两岔河。二十日继续追击，至陕州以南敌据点工事附近，与敌接触后，又奉命撤至官道口及其附近地区。

计此战役，新编第十四师毙伤敌约一千五百余，在敌阵地前及山头遗尸约一百八十余具，尸体都砍去左手。毙伤及炸死马百余匹。新编第十四师伤亡营长以下一千三百余，白刃战受敌刺刀伤连长十二人。第一七七师毙伤敌千余。第一七七师伤亡营长以下千余，白刃战受敌刺刀伤连长十四人。

此次作战，所以全军勇敢，军长坚决，彻底击破敌人的主要原因，是民众运动工作做得特别好。当时卢氏县长杨子熙对民众运动工作特别积极，战况紧要时，杨县长带学生及民众到达杜关给军队送面粉及干粮、弹药等。学生主动抬伤兵，当时学生的口号是："绝不能放弃官道口，将敌人消灭于官道口，退后一步的不是中国的好男儿。"这样鼓舞了全军，李军长甚受感动。

战后第一战区颁发给新编第十四师殷义盛团长武功奖状一张，记大功两次。

严明当时是奉命带一个军协助本军作战，一个师到达观音山以西地区，一个师由朱阳关前进中，但未命令直接参加作战。唯严明本人在观音山用望远镜观战，以电话向本军致敬。

参加战役团以上指挥人员：

第九十六军军长李兴中　副参谋长张清波

第一七七师师长李振西

第五三〇团团长王汝昭

第五三一团团长张镜白

新编第十四师师长陈子坚　参谋长宋克敬

第四十团团长殷义盛

第四十一团团长雷振起

第四十二团团长王训成

在此次战役中雷振起虏获日军重要文件一份，对我战区及部队指挥官分析与估计敌情很起作用。此文件由陈子坚师长转报第一战区。兹就尚能记忆者，附写于下。

一战区长官　胡宗南　短小精悍，好并吞杂牌军队，指挥无能。

四集团　孙蔚如　中文造诣颇深，抗战意志坚决，系杨虎城部。

三十八军　赵寿山（闻已他调）？指挥优越，部队坚强，组织训练好，系杨虎城部，接近八路，部队多红色。张耀明（闻新来）？指挥拙劣，性情暴戾，蒋系学生。

九十六军　李兴中，中文造诣深，指挥沉着，人称儒将。

十七师　耿志介（闻已他调未详）。

新三十五师　孔从周，指挥灵活，勤苦训练，部队团结，善取居民关系。

一七七师　李振西，指挥灵敏，精悍，好叫嚣。

新十四师　陈子坚，精于参谋业务。

## 补给问题

第四集团军第三十八、第九十六两军，一九四四年中原会战后到达豫西卢氏，由本地筹集给养，颇为困难，至一九四五年春已到无法再筹地步。胡宗南转拨河南全省已失陷之百余县的一九四四年尾欠粮饷全数于灵宝、阌乡两县。集团军派总部杨诚斋交涉多日，全军即将断炊，军粮仍无着落。适胡宗南到灵宝视察防务，杨诚斋借机见胡宗南所部某少将处长，力陈第四集团军缺粮之情况。如此下去如日军发动夏季攻势将无法应付，并且必将影响关中之安全。这样交涉成功，由西安拨发给面粉充作军粮。杨向灵宝、阌乡两县接洽，动员民众，于十天内由阌底镇运到卢氏杜关面粉两万七千袋，暂时解决了军粮问题，对豫西第三十八、第九十六两军的作战有了很大帮助。

## 弹药补给

第四集团军在卢氏堆集各种弹药甚多，两军战况紧急时，卢氏民众在杨子熙发动组织下，踊跃送上前线阵地，使第一线作战部队从无缺乏弹药事情发生。

# 老河口攻守战

陈仕俊　傅英道[※]

　　老河口位于襄河左岸，是由湖北进入陕西的要冲，民国年间光化县政府由老城迁移至此。一九三八年徐州会战后，第五战区司令长官李宗仁率部由徐州辗转到此，后来又在城外修建了飞机场，在此驻扎的中美空军经常空袭日军后方和交通线，给日军造成极大威胁。日军为了拔掉这根钉子，从一九四四年底就开始策划和准备发动老河口作战。

　　一九四五年二月，李宗仁调任军事委员会委员长汉中行营主任，刘峙继任第五战区司令长官。战前，第五战区各部队的位置是：第二十二集团军（总司令孙震）总部驻樊城，所辖曾甦元第四十一军第一二四师担任唐县镇守备，第一二二师在樊城附近整训；第四十五军（军长陈鼎勋）王澄熙第一二七师及曾宪成、曹勋、李朗星三个挺进纵队担任随县枣阳、大洪山方面守备，长官部卫戍部队汪匣锋第一二五师在老河口整训；米文和第六十九军在襄阳附近整训；李宗昉第四十七军在豫南邓县附近整训。第二集团军（总司令刘汝明）总部驻南阳，所辖曹福林第五十五军及刘汝珍第六十八军分驻鄂北天河口及豫西南桐柏、泌阳、唐河、南阳等地。三月下旬至四月，第六战区的冯治安第三十三集团军和高树勋冀察战区部队新编第八军亦归第五战区指挥。当时，陈仕俊任第一二五师副师长，傅英道任第四十五军作战科科长。

　　一九四五年三月二十一日前后，日军主力第十二军各部及担任策应作战的第三十四军第三十九师团从北、南两面向豫西南鄂北地区发起攻

---

　　[※]　作者陈仕俊当时系第四十五军第一二五师副师长，傅英道当时系第四十五军军部作战科科长。

击。这时，刘峙率长官部和直属部队撤离老河口，前往均县草店。因长官部驻老河口时间很久，眷属众多，并有大量军用物资，所以运输困难，交通阻塞，一时混乱不堪。刘峙临撤之前，于二十三日命第一二五师据守老河口三日，阻击日军，以掩护长官部后撤，并调动主力部队在襄河南岸布防；同时又令第四十一军率第一二四师开吕堰，第四十五军率第一二七师开双沟，分别向构林关、太山庙和黑龙集方向侧击敌军。

当时，第一二五师因第三七四团回四川接新兵未归，只剩下两个团，具体部署是：师长汪匣锋率直属部队附战防炮营及第三七五团（团长黄崇凯）固守老河口城，副师长陈仕俊率第三七三团在城北外围高地占领阵地，担任阻击，并派一个营在光化老城附近作为前哨阵地。

老河口城内、外事先未筑工事，城墙又是土筑的，缺口甚多。因此接到守城命令后，各部队就在防区内日夜赶筑工事，居民也动员起来，帮助军队堵塞城墙缺口，构筑巷道工事。城西、城南就是襄河，背水为阵，无路可退，大家只有下定决心与城共存亡，以完成坚守三天的任务。

三月二十六日，日军骑兵第四旅团经邓县（今邓州市）、新野之间南进，当夜抵老河口以东十五公里的竹林桥。二十七日拂晓，日军大举进攻光化城和老河口城外阵地，我官兵奋力阻击，激战终日。另一部日军则由东北角迂回进攻老河口城。师长汪匣锋因城内兵力薄弱，命陈仕俊率第三七三团撤回城内，加强兵力固守抵抗。陈于当日深夜放弃外围据点绕进老河口城后，师长汪匣锋即将第三七五团和战防炮营交由陈仕俊统一指挥，并调整部署：以第三七五团担任东北门和城南的防务；第三七三团担任化成门及西南角防务；战防炮营位置在化成门及北城地带，以防日军的战车进攻。因化成门地区地形复杂，树林荫蔽，城外街道房屋接近城门，是守城部队的薄弱点，所以将预备队和几个机枪连均控制在化成门附近，师指挥所也置于化成门以右城墙角掩蔽部里，以便观察情况，掌握部队。

三月二十八日，第一二五师与日军激战终日。当夜，派到城外联络的人在城东南部与赶来增援的第一二七师取得联系，约定次日内外夹击日军。二十九日，第一二五师连续击退日军的进攻，但第一二七师在城外的攻击受挫，被迫后撤。

三月三十日拂晓，日军集中炮火将城墙摧毁了几个缺口，分几路向城垣猛攻，与我军在城垣边短兵相接。激战至十一时左右，终于将敌击退，已经冲入城内与我发生巷战的二十多名敌军，被我全部歼灭。就在这天，又奉孙震转来刘峙命令，要第一二五师由固守三日改为固守七日，以便调动部队在襄河南岸布防。因防守时间延长，只有一面加强工事，一面堵塞城墙缺口。这时，陈仕俊所在的师指挥所已被敌军炮火毁坏，通讯兵与卫士伤亡四人。在几次短兵相接的战斗中，敌我双方伤亡均大，我守城士兵大多数头部负伤。经多方侦察，才发现敌军机枪位置在城外高屋顶上和大树上，当即选派射击组，把房顶和大树上的敌军消灭了，才减少了守城士兵的伤亡。当天，第一二七师攻击老河口外围之敌，又遭挫折，伤亡严重。

三月三十一日，日军又猛攻化成门，五十多人冲入城内，经过两小时的巷战，完全被我消灭。日军后续部队与我第三七三团反复肉搏多次，经过激烈争夺，始将日军击退。随即将增援部队撤回整顿，守城队伍亦各归还建制，调整守区。同时，一方面堵塞城墙缺口，与敌对战；一方面日夜不断地将伤员运送襄河南岸。是日晚又奉刘峙命令，将第一二五师固守老河口的时间改为两个星期。在守城战斗的六天之中，刘峙下达三次更改命令，其指挥无能造成紊乱可想而知。

四月一日，日军炮火更加猛烈，摧毁城墙多处，敌战车掩护步兵分几路向老河口城进攻，都被击退。情况稍缓，我军即赶修工事，堵塞城墙缺口，以待再战。

四月二日拂晓前，日军集中大炮四十多门，向化成门附近轰击，弹着如雨，把化成门以左的城墙打垮了几个大缺口。天明时，日军主力部队在战车掩护下向我部猛攻。守备该地区的第三七三团第二营两个步兵连，伤亡官兵过半，日军乘机冲入城内约有八百多人，情况十分紧急。我军以预备队和三个重机枪连，集中向被突破的缺口射击，与日军展开猛烈的争夺战。激战约一小时，把日军的后续主力打退，将日军阻于城外，恢复了守城阵地。城内外的日军已被截为两段，我以重机枪封锁城墙缺口，又使用师与团的输送部队，帮助加紧堵塞城墙缺口和修补工事。

此时，其他几路助攻的日军则向我城北和东门进攻，因城外平原开阔，日军成散兵群接近我城边，相距约五十米，日军卧倒在麦地里。天明后，我军飞机前来助战，对敌轰炸扫击，日军死伤很多，遗尸仍成散兵群形式。至于冲入城内之数百名日军，占据了三条街道，正与我预先指派的巷战部队激战中。第三七五团一部兵力亦于此时参加巷战，侧击敌背，又将增援城墙上的预备队调来围攻夹击日军。巷战中，反复肉搏，双方伤亡枕藉。战到午后一时许，我军夺回两条街道，将日军压退在一条街道上。该敌占据两个砖墙高院作为据点，抢筑机枪掩体，有固守待援模样。我们考虑，如不立即把城内日军消灭，明晨城外日军再来大规模进攻，我军必将内外受敌，不但此城难保，本师亦有全军覆没的危险。因此，把师部警卫连剩下的两排和团部守卫排、通讯兵、输送兵、卫士等，都集中编成战斗部队，由陈仕俊率领，对城内日军再度发动全面围歼。激战至午后三时，还剩两个砖房据点攻不下来，我军就发射燃烧弹，使高房起火。这时，日军乃被迫从据点突围出来，向我冲锋反扑。我部以构成的机关枪火网和手榴弹集中猛击，将一部日军消灭在街巷里，另有三百多日军烧死在砖房据点里，包括无线电队、新闻记者、照相队在内全被歼灭，其余有百余日军逃出城外。

当城内围歼日军时，城外日军曾分头向我部进攻，均被我守城部队击退。战斗到午后五时，枪声停止，巷战告一结束。当天，我部伤亡约五百多人，轻伤的营、连长均未下火线，坚持指挥战斗。此时部队建制已显混乱，深感兵力不够使用，除马上调整守城部署、加强工事外，并急电请求第二十二集团军总司令孙震派队增援。当日傍晚，孙震派第一二三师第三六八团团长黄伯亮率兵两个营渡过襄河，进入老河口增援（在此之前，第四十一军独立团第三营奉孙震之命来援），守城部队即将化成门以右沿城守任务划一段交该团接替，并重新调整部署和控制预备队，整顿与补充一切，准备再度迎击来犯之敌。三日至五日，日军步兵在炮火掩护下连续攻城，均被击退。六日晨，日军分三路再向我部进攻，其主攻方向改向我化成门到东门之间（即新接防的第三六八团防地）猛攻。战斗激烈，双方都有很大伤亡。战至午后四时，进攻之敌，仍未得逞。团长屡请增援，师部即电请总部派兵。孙震乃派第一二七师副师长何翔迥率第三八〇团（团长陈筱文）的两个营于午后渡河前来增援，担任化成门右侧防务，并接替第三六八团的一部分防务，加强了守备力量。黄伯亮团守备区因而缩小，阵地亦较趋稳固。这天午后据谍报称，日军大量援兵到达，配有大炮十门、战车十几辆。我们预料日军明晨必将大规模进攻。因而，除努力加强工事外，并补充武器弹药，以备迎击。

七日晨，日军以大炮将城墙摧毁数处，大批步兵在战车掩护下，分路分批由缺口涌入城内，战况较前更加激烈。我军与敌短兵相接，血战竟日，毙敌数百，并击毁战车一辆。我军伤亡也很大。

四月八日拂晓前，日军集中所有大炮猛轰我化成门和东门之城垣阵地。天明时，城墙被毁几段，日军大批战车掩护步兵攻击前进。我战防炮采取短距离瞄准袭击，打毁敌车五六辆，暂时遏止了日军进攻。于是日军乃集中炮火压制我战防炮阵地，摧毁了我战防炮四门，官兵伤亡也很大。继之，日军战车再度向我猛冲，分头由城墙缺口攻入城内。我第三六八团和第三八〇团守区被突破，日军步兵主力随同战车冲入，占据公园有利地形，逐渐扩大成线。日军进攻化成门时，我部预先埋设的地雷炸毁了敌战车二辆；同时我机动部队和四个机枪连集中向占据公园之敌猛烈反攻，力图恢复失守阵地。经过三小时的激烈争夺，未能挽回危局。加以日军后续大部已攻入城内，作战面积更为扩大。上午十一时，我军遂转入街道巷战，利用既设工事，节节阻击日军。激战至午后二时，城内的街道敌我各据一半。

师长汪匣锋鉴于当时形势，决定向城东沿河岸撤退，立即派第三七五团调主力部队出城，占领东南角高地，向日军逆袭，以掩护我各部撤退。又派第三七三团一部占据第二线阵地，以掩护第三七五团转进。我军利用沿河岸的波状沙滩上的芦苇荫蔽，由下游河边（距城二十里）渡口，向襄河右岸渡河（原来准备有大批木船靠集右岸），于午后五时开始西渡。日军因此役伤亡甚众，正在街道清查搜索，未及追击。黄昏时，城内枪声未停，第一二五师参谋长吴湛英和零星班、排士兵约五十多人被日军截断，尚未撤出。到深夜，还有间断的枪声。我撤退各部直至夜间九时才完全渡过襄河，脱离了背水作战的危险。此后，即形成在襄河两岸敌我对峙状态。

第一二五师固守老河口，阻击日军，激战十三昼夜，打死打伤日军两千名左右。我师和增援部队共伤亡一千六百多人，营长伤亡三分之二，连、排长伤亡半数。

# 第一二七师增援老河口作战

王澄熙[※]

在抗日战争中，第五战区司令长官部移驻老河口以后，这个地方已成为鄂北豫西南军事政治中心，它经常有一个师的兵力担负着卫戍任务。一九四三年李才桂的暂编第一师从老河口调去大洪山，老河口一时呈现出空虚，战区司令长官李宗仁从大洪山地区调第一二七师到老河口填防。师部同第三八一团驻光化县附近的徐家台和飞机场附近，第三七九团驻莲花堰，第三八〇团驻张家集，集中整训了一年的时间。

一九四四年秋至一九四五年春，第一二五师同第一二七师对调，第一二五师接替了老河口的卫戍任务，第一二七师开去大洪山担任防御任务。

一九四五年的春夏之间，日军从南北两个方向进攻老河口。豫南日军分为两路，主力直攻老河口，南路日军由荆门、宜城、南漳向襄阳、樊城进犯，企图两面夹攻老河口。

这两路进犯老河口之敌，其总兵力合起来约三个师团，当时第五战区司令长官刘峙把司令长官部移到草店去了。第五战区当时计有三个集团军、七个军、十四个师的兵力。其中刘汝明集团的两个军驻在南阳县附近；冯治安集团军的两个军驻在南漳、宜城；孙震集团军的三个军中，第四十七军驻新野、邓县，第四十一军驻襄阳、樊城，第四十五军军长陈书农去重庆中训团受训，这个军的第一二五师守老河口，第一二七师守大洪山。

日军攻占南阳、邓县后，刘汝明集团军和第四十七军全部撤过丹江

---

※ 作者当时系第四十五军第一二七师师长。

以西。敌攻占襄阳后，冯治安集团军撤退到南漳以西地区，孙震率第四十一军退过汉水到谷城附近地区。

当日军猛攻老河口的时候，孙震急调第一二七师前往解围，曰："第一二五师和第一二七师两个师是姊妹师，容易同心协力。"

当第一二七师把大洪山的任务交给暂编第一师后，日军已经把通老河口的通道襄阳、樊城占去了，迫使第一二七师绕道双沟赶到老河口作战。第一二七师进入准备战斗位置的张家集时，日军已连续猛攻老河口五天五夜了。当天夜间又是日军发起猛攻老河口的时候，第一二七师以第三七九团直攻马头山和飞机场之敌，以第三八〇团抄袭光化县城和徐家台，师部率领总预备队第三八一团由张家集推进黄山陂，第一二七师两个团通过一夜的激战，终于阻止了敌人的攻势。

翌日，第一二五师汪匣锋师长派人绕道杨林铺前来张家集联系，决定第一二五师坚守城池，第一二七师站稳脚跟作外围战之后，我派往仙人渡向襄、樊方向警戒的工兵连已被由襄、樊向老河口进犯的敌人威胁，撤退过了汉水。眼看第一二七师已成腹背受敌之势，被迫转移到光化城以西，以高山作依托，孰知，当第一二七师到了光化城西的山地立脚还未稳的时候，又发现从丹江而来向我侧背攻击之敌。在这种腹背受敌的情况下，被迫渡过汉水，一面占山扼守，一面派副师长率第三八〇团进入老河口城内，增援第一二五师的作战。我们这样布置之后，尽管日军发动过多次猛攻，老河口终于坚守了十三天。

# 老河口战役亲历记

何翔迥※

一九四五年三月，第五战区司令长官刘峙（前任司令长官李宗仁已于当年一月调任汉中行营主任），率领第二、第二十二两个集团军在豫西南及鄂北（包括大洪山）与敌对峙。

第五战区司令长官部驻在老河口，其总预备队的第一二五师（属第二十二集团军第四十五军，师长为汪匣锋）集结在老河口附近的光化县徐家滩、莲花堰一带整训。第二集团军（总司令刘汝明）总部驻在南阳，所部据守在南召、南阳、邓县一带地区，与在舞阳、鲁山方面之敌对峙。第二十二集团军（总司令孙震）总部驻在樊城，所属的第四十一军（军长孙震兼）和暂归指挥的第六十九军（军长米文和）集结在襄（阳）樊（城）地区整训。第二十二集团军所属的第四十五军（欠第一二五师）率所属部队和暂归指挥的暂编第一师（师长李才桂）和地方部队的第三挺进纵队（纵队司令曾宪成）、第六挺进纵队（纵队司令曹勖）、第九挺进纵队（纵队司令李朗星）据守在大洪山东南的张家集、洛阳店、环潭一带，与在应城、随县方面之敌对峙。第三十三集团军（三月二十三日调归第五战区指挥）驻防宜城、南漳地区，与荆门、当阳、宜昌之日军对峙。

一九四五年二月，由第一战区归回第二十二集团军建制的第四十七军这时驻在邓县、李官桥间地区整训。

二月份第四十五军军长陈鼎勋（号书农）奉调由大洪山赴重庆陆大甲级将官班受训，其军长职务由第一二七师师长王澄熙代理，第一二七

---

※ 作者当时系第四十五军第一二七师副师长。

师师长职务由我（时任第一二七师副师长）代理。

一九四五年三月，日军集中十万兵力，企图夺取我豫西南（丹江、汉水以东）一带地区，并以我第五战区所在地老河口及其附近飞机场为其主攻目标，由敌第十二军司令官内山英太郎指挥（四月七日转任第十五方面军司令官兼中部军区司令官，其职由鹰森孝接任，时因攻击老河口而未交接）第一一〇师团、第一一五师团、骑兵第四旅团、战车第三师团，附以飞机百架，于三月二十一日，兵分两路向豫西、鄂北我第五战区全面扑来。其左翼由荆门向宜城、南漳方面发起进攻，以第二十二集团军总部所在地襄阳、樊城为目标，攻击前进；其中路和右路由舞阳、鲁山方面发起攻势，企图夺取新野、南阳、邓县后，夹击我第五战区司令长官部所在地老河口。

三月二十六日，敌人以其主力避开南阳，向老河口扑来。

三月二十八日，第五战区长官部撤过汉水西岸，移驻草店，当即命令第一二五师固守老河口三天，以掩护长官部人员和物资的转移。

三月二十七日，第四十五军奉命率领在大洪山东南麓张家集、洛阳店、柳林店一带与敌对峙的第一二七师，将大洪山的防务移交于暂编第一师（包括该师所指挥的第三挺进纵队曾宪成部、第六挺进纵队曹勣部、第九挺进纵队李朗星部）后，驰援老河口的第一二五师。三月二十九日，我代理第一二七师师长率领第三七九团（团长张观群）、第三八〇团（团长陈筱文）、第三八一团第一营（营长卜玉廷，第三八一团回四川领兵去了，只有这个营在前方），随第四十五军从大洪山出发，取道平林店、茅茨畈、张家集、樊城，向老河口驰援第一二五师。

第一二七师原奉命前进驰援路线是从大洪山出发，后准备经平林店、茅茨畈、张家集、樊城向老河口前进。由于那时我老河口飞机场飞机随时出动，对敌方及其交通要道进行轰炸，敌机来袭不多，加之要争取时间驰赴老河口增援，故我军都是白天急行军。当第一二七师到达茅茨畈时，获得情报和军部转来的通报说：襄阳、樊城已陷于敌手，军部命令第一二七师改变路线继续前进，驰援第一二五师。第一二七师当即决定改由茅茨畈经双沟、龙王集向老河口前进。于是从茅茨畈起即分两个梯队前进。第一二七师师部和师直属队及第三七九团、第三八〇团为第一梯队，在先头作战备行军；军部直属各部队及第三八一团的第一营为第二梯队。两队紧密靠近前进。

两梯队兼程前进，四月一日晨，第四十五军军部到达龙王集，第一二七师师部及第三七九团、第三八〇团到达离晋公庙（一个小庙，在通龙王集的交叉路线边）四五里的地方。这时老河口方面传来了稀疏的枪声。另据谍报人员及百姓报告说：昨夜老河口城墙周围火光通明，枪声稀疏。塔子山有敌人据守，晋公庙岗上无敌人。此时军部命令第一二七师速向老河口之敌攻击。第一二七师奉命后，我立即召集张观群、陈筱文两团长到设在塔子山、晋公庙之间的师指挥所研究地形敌情。根据老河口的枪声，我们一致认为敌人仍然在围攻老河口，如果我师能攻击晋公庙、塔子山之敌，出敌不意，打击敌人侧背，敌人腹背受击，老河口第一二五师之围即可解除。我当即口头命令第三七九团团长张观群率领该团迅速在塔子山东南岗上展开，向塔子山之敌攻击；第三八〇团团长陈筱文率领该团（缺第二营）迅速在晋公庙、塔子山的岗上展开，向晋公庙、老河口方面之敌攻击；第三八〇团第二营（营长曾世庸）为师预备队。师部指挥所位于塔子山通晋公庙去龙王集的交叉路口附近。第三七九团、第三八〇团都在上午九时由岗上同时发起进攻，并令师通信连向各团架设电话线。

在晋公庙方面的第三八〇团左翼的第一营，原以为晋公庙附近无敌情，殊不知在搜索前进中，晋公庙附近的敌人迅速向该营的搜索队射击，当即打死我搜索队员一人，伤二人。该营钟营长见此情况，当即命令第一、第二两连队立即展开，集中火力猛烈向该敌射击，在第三八〇团右翼的第三营亦于同时从右向该地左翼攻击。敌不支，向晋公庙敌据点后面退去。据团长陈筱文报称，晋公庙方面之敌为数不多，不过百余人，可能是敌前哨阵地。陈团长命令迫击炮连炮击晋公庙敌据点，敌虽顽强抵抗，但战至午后一时，该敌且战且退。我第三八〇团第一线部队占领了晋公庙岗上通向老河口方面的棱线时，发现有数百敌人，从老河口方面向我第三八〇团方向扑来。团长陈筱文当即命令第一线部队即在岗上的棱线附近，利用我居高临下有利地形，构筑工事，占领阵地，停止前进，以逸待劳，将敌消灭在我阵地前。数百之敌散开在麦田里攻击前进，我军在岗上居高临下，猛烈向麦田之敌射击，只见中弹之敌约有三四十人倒在麦田里。敌遭此有力的打击，被迫停止前进。战斗到午后五时，第三八〇团前线部队加强工事，准备次日拂晓攻击。这次战斗，第三八〇团阵亡排长一人，伤亡士兵二十余人。

在第三八〇团向晋公庙攻击的同时，第三七九团出敌不意，以第一、第二两营攻击塔子山之敌。第二营（营长岳华杰）集中机枪和迫击炮的火力，猛烈向塔子山之敌攻击，予敌人以重创。该营士气虽然旺盛，但由于敌人据守在工事内，并以炽盛火力向我第三七九团前线部队还击，使第三七九团第一线部队攻击到距敌人三百米左右时，前进困难。这时已是午后五时，只得就地停止攻击，构筑工事，准备拂晓再战，该团伤亡二十余人。

将入暮时，军部得知第一二七师在塔子山、晋公庙作战胜利情况的同时，又得到情报说：敌人已经占领仙人渡及谷城，并有向我军部所在地龙王集及第一二七师背面来犯之势。军部即命令第一二七师趁黑夜向龙王集集结后，分三路纵队，用夜间行军，从敌人后方突围出去，必须在两天之内通过邓（县）老（河口）公路，向李官桥、三官殿方向前进。第一二七师奉命后，即令第三七九团、第三八○团趁夜间迅速脱离敌人。为了不争路，以交叉路行进，第三七九团在前，第三八○团在后，各部队都向龙王集集结。第一二七师各部队均在四月一日夜间全部到达龙王集，遵照军部规定分三路纵队，从敌后突围，通过邓老公路向李官桥、三官殿转进。第一二七师当即命令第三七九团为左翼纵队，第三八一团卜玉廷营随军部为中路纵队，师部、师直属各部队及第三八○团为右翼纵队。白天各部队在农村宿营，傍晚开始行进，各纵队必须先派出便衣谍报人员探知当地及前进道路上有无敌情，并须探明前进道路，以便夜间不致走错路。当第三七九团在莲花堰附近敌据点侧面通过时，被敌军发现。缩在据点内的敌人，向该团先头的第二营射击。营长岳华杰当即命令第五连予以还击，掩护该团主力通过。约战斗一小时，在该团全部通过后，敌人仍然缩在据点内，营长岳华杰负伤，伤士兵三人。当右翼纵队于拂晓前在孟家楼附近要通过邓老公路时，适敌人有十二辆兽力车部队，每个车上都有几个日本兵，正向邓县开去。团长陈筱文在部队的先头行进，见此情景，一面立即命令行进中的先头部队卧下做战斗准备，以防敌人发现我军后向我攻击；一面向我报告说，这时如果我军向其攻击，可能夺获车辆，但必定要战斗到天明；战斗结果，可能影响我各部通过邓老公路，为了整个部队能迅速通过邓老公路，不影响全军的行动，如敌车队不犯我，我亦不打他，才不会受敌人车队的牵制。我当即同意了陈团长的意见。待敌车队通过后，我右翼纵队还没有到，拂晓时就全部在孟家楼南方约三四华里处迅速通过了邓老公路。三路纵队于四月三日拂晓前到达三官殿（汉水西岸）对岸附近的高地上，旋即征集船只，分三个渡口渡河。

渡河后第二天，即四月四日，老河口的激战又起。为了支援第一二五师和牵制老河口之敌，第一二七师命令第三八一团第一营营长卜玉廷率领该营并附第三七九团机枪一连，轻装由老河口上游的三官殿渡过汉水，沿汉水东岸河边高地，相机袭击徐家滩（光化县城东边）、老河口飞机场之敌，打击围攻老河口之敌侧背。该营渡河后，以第三连在河边高地上占领阵地，以备必要时掩护该营的进退，由卜玉廷营长率领主力，出敌不意，指向邓老公路边的徐家滩和飞机场之敌。该营在徐家滩附近战斗至午后二时，夺得徐家滩附近的村庄。战斗到四时，该营有一连要穿过邓老公路向飞机场袭击，情况骤变，敌人由老河口、光化方面开来约二三百人的增援部队。卜玉廷认为牵制敌人的目的已经达到了，当即果断命令该营停止前进，以第二连断后速向第三连方面转进。敌人见该营停止向飞机场方面前进，并向占有阵地的高地转移，亦停止前进，该营利用黑夜渡过汉水到西岸。

在老河口的第一二五师，由于连日来与敌战斗，伤亡很大，加之敌人攻击甚猛，因而要求军部和总部派部队进入老河口城内增援。

四月六日，第四十五军军部遵照总部命令，指派我率第三八〇团（团长陈筱文）由三官殿附近出发，于当晚到达老河口城西岸，利用黑夜渡过汉水抵东岸，进入老河口城内，受第一二五师师长汪匣锋指挥。当日将入暮时，我率领第一二七师指挥所人员及第三八〇团到达老河口西岸河堤，渡船都是木船，每只船只能载一排人左右，由陈筱文团长指挥部队渡河。我先行过河到第一二五师师部（是个地下室），见到汪匣锋及其参谋长吴奇英。我同汪、吴是陆大特三期同学，他们见我来很高兴，说："第一二七师来得正是时候！"接着，汪匣锋指着老河口东北门一带敌我态势图说，敌人向我攻击的重点是化城门（即北门）附近，目前化城门第三七三团（副师长陈仕俊兼团长）方面紧急万分，必须增加部队；你们是主力军，第三八〇团就插在化城门的第三七三团与其右翼第四十一军的第三六四团（团长黄伯亮）之间，加入战斗。汪并说："从化城门右边起到东门止，为第三八〇团的作战区域，现在来不及写命令，请就这样部署吧。"这时陈筱文来报告说，该团已派一连到化城门去了。我同陈走出第一二五师师部后，一面走一面谈情况和部署，并迅速赶到化城门右边，看见第三八〇团第一营部队已有一部由第一二五师引路人带到城墙上面去了，其余部队正在城墙内向菜地里集结，有的部队还在从河边开来。我们两人研究决定：第一、第二营登上城墙担任守城的第一线任务，第一营在左，第二营在右，特别要注意交叉火力；第三营为机动部队。并立即命令通信排对各营架设电话线，师指挥所和团部设在第一、第二两营间的城墙脚下的临时掩体内。

四月七日晨，敌人集中数十门大炮，向老河口东北门这一带城墙轰击，炮弹如雨，连续不断地落在化城门及东门一带。坦克分数路掩护其步兵向城垣前进，其中一股向第三八〇团第二营左翼的城墙缺口蜂拥而来。当敌步兵接近城垣，我守城官兵齐心协力，与第一二五师指挥的战防炮部队对准敌坦克猛烈射击，我前线部队亦用手榴弹和机枪拼力还击，约有一百多敌人被打死在麦田里。与此同时，攻击第三七三团方面缺口之敌，由于第一二五师副师长兼团长陈玲（陈仕俊）督率所部与敌在缺口处搏斗，敌人伤亡惨重。第三八〇团缺口当面之敌不顾一切，仍然向缺口处冲来，我及陈筱文团长指挥机动部队的第三营增援上去，向缺口之敌反击，加之两边机枪交叉火网，机枪声、手榴弹爆炸声，震耳欲聋，打得敌人抱头鼠窜退去。到上午十一时，枪声渐渐稀少了，第三八〇团第三营立即用箩篓及麻袋装土将缺口填起来，城墙上各连也加强工事，以防敌人再攻。

四月八日拂晓，敌人又发起进攻，敌炮弹如雨，向化城门和东门一带城墙打来。大约轰击了一个小时，城墙被炸坍了好几个缺口，灰尘硝烟弥漫天空，在缺口附近的官兵身上都扑上了灰尘硝烟，我与陈筱文、曾世庸也不例外。河对岸第四十一军的炮兵营被敌炮火压制得不发一弹，第三八〇团方面的城墙被打垮了两个大缺口，城外麦田里的战车分两路向第三八〇团开来，掩护其步兵前进。我守城部队以机枪及手榴弹与城下之敌激战。战车不顾一切向缺口开来，第三八〇团第二营杨排长带头以集束手榴弹向敌战车投去，击毁敌一辆战车，但其步兵仍继续冲击。我第三七三团、第三六四团、第三八〇团都在各自的正面与敌冲杀。当敌人向我第三八〇团第二营缺口处攻击时，第三营也增加到第一线与敌冲杀，最后上起刺刀与敌搏斗。我和陈筱文督饬特务排也加入战斗。敌后续部队亦增加上来，特别是缺口处战斗惨烈。我曾下令，如果排长伤亡，由连长指定军士代理；连长伤亡，由营长指定排长代理。连、排长伤亡后，由于有人代理，故部队仍能继续坚持战斗。第三八〇团由排长代理连长的五人，军士代理排长的达十三人。第三八〇团两翼的第三七三团、第三六四团亦在鏖战中，但都没将缺口之敌赶走。在左翼的曾世庸营长报称，化城门的敌人已经进入城内。在此极为险恶的情况下，我立即以电话向汪匪锋报告，汪说逐步向南转移过河。我当即命令陈筱文团长，要他即派机动部队第三营以两个连在师指挥所附近占领两三处比较坚固的民房，并利用街巷工事，在城内与敌巷战，并准备为掩护守城部队在城内阻击敌人，逐步向城南转移渡河；并还令陈筱文准备在河对面么店子附近收容部队。渡船是第一二五师师部派人掌握分配，当我与营长曾世庸退到第一二五师师部时，该师部空无一人。出门遇到第一二五师师部的一位副官，他说汪师长已奉命率领师部人员过河去了。

老河口西面是汉水，渡船不多，部队且战且退，到下午五时各团部队才退到河边。虽然第一二五师师部有人掌握分配船只，但因船只不多，有些部队在河边等船，有些部队则沿汉水东岸河边向南方谷城方面走去。我和第三八〇团第二营营长曾世庸由城内与部队一道亦向谷城方面走去。此时敌炮不断进行延伸射击，炮弹在部队行进的河堤上爆炸，我的卫士杨斌廷在行进时被敌弹打中，当即死去。这时被敌炮弹打死打伤的有十几人，都被身强力壮的官兵们往下游运走了。我们又向前走了半里路左右，由上游划来载着第三八〇团官兵的一只船，船上的官兵才把我和曾世庸等叫上船去。这只船快到对岸时，又被敌人炮弹弹片打穿，船上的人也被打伤二人，打死一人。在船漏水将翻时，各人取船上木板，趴在木板上游向西岸。我游上西岸后，望见对岸还有不少人向谷城方向走，其中有老百姓，也有部队。第一二五师管渡船的人尽量把东岸的人渡过西岸来。

我过河后，在老河口对岸么店子附近找到了第一二五师师长汪匣锋和第三八〇团团长陈筱文，当即要求汪匣锋命令管船只的人在老河口南边再增加些渡口，多渡些人过河来；同时命令陈筱文团长在这个么店子附近设立了第三八〇团收容站，收容了第三八〇团过河来的官兵。当晚收容站就收容了第三八〇团三百多人，第二天在这个么店子及其下游附近又收容了五百多人，该团奉命在戴家湾附近整训。当汪匣锋、陈仕俊和我在么店子附近收容部队时，第四十五军军长陈鼎勋获准提前由重庆陆大甲级将官班赶回部队。陈这时也到达这个么店子，彼此见面，汪匣锋、陈仕俊和我分别向陈鼎勋军长报告了第一二五师和第一二七师作战经过。汪匣锋说，长官部开始只命令第一二五师在老河口守三天，以掩护长官部物资和人员的撤退；守了三天之后，又下令继续再守一星期；又守了一个星期后，长官部又下令还要再守一个星期。陈鼎勋军长说，第一二五师、第一二七师在保卫老河口战役中，都是努了力的。部队牺牲太大，当即向上面要求补充。这次战役根本应该是整个第五战区来与敌人作战，南阳、邓县很快失陷，襄阳、樊城又早已失守，老河口成了一个孤城。总部派第四十一军直接支援第一二五师部队，只有黄伯亮团的两个营了，太少了。从大洪山远调第一二七师来增援，是远水难救近火，这是漏斗战术，不应该守这个孤城。不过我军将士能服从命令，这样团结奋战，使日军得到了应有的下场。这次战役第一二五师伤亡不计外，只是第一二七师就伤亡了五百余人。

老河口战役后，第二十二集团军奉令固守汉水右岸。第四十五军奉命担任襄阳以上三官殿河防，第一二七师担任襄阳至谷城间一段河防任务。直到日军无条件投降为止，都保持这个状态。

# 转战襄河两岸

## 吴士彰※

　　一九四五年春，日军在华中发动了豫西鄂北会战，矛头直指老河口第五
战区长官部。当时孙震的第二十二集团军（辖第四十一、第四十五两个
军① ）担负着鄂北前线的守备任务。负责老河口城防的是第四十五军的第一
二五师及第四十一军的第三六八团（团长黄伯亮）第一、第二两营②，这些
部队，统归第一二五师师长汪匣锋指挥。我当时是第三六八团第三营营长，
在湖北樊城东北的双沟集附近，随第四十一军军部行动③，任务是率第三
营部队加强军部的警卫，同时在军部参谋处代理作战科科长的业务（科长到陆
大受训，我原来曾在军部代理过科长之职）。白天我大部分时间在军部办公，
部队由副营长张铁夫负责操练，晚上我回营部住宿，处理营里事务。

　　第四十一军当时集结于湖北随枣以西、樊城东北、太山庙集（新野
县西南豫鄂边境）一带。战斗序列除建制的第一二二师④、第一二四师

---

　　※　作者当时系第四十一军第一二三师第三六八团第三营营长。

　　①　据《第二十二集团军豫鄂边区会战战斗详报》，该集团军在一九四五年三月
二十八日前还辖米文和第六十九军。

　　②　据《第二十二集团军豫鄂边区会战战斗详报》，三月三十一日，在襄河西岸
冷家集集结的第三六八团奉命驰赴老河口增援，归第一二五师指挥，此时已是日军开
始攻击老河口的第五天。

　　③　据《第二十二集团军豫鄂边区会战战斗详报》，第四十一军于三月二十三日
奉命开赴吕堰，二十六日到达。

　　④　据《第二十二集团军豫鄂边区会战战斗详报》，第一二二师于三月二十四日
奉命守卫茨河，后暂归孙震直接指挥，三十日奉命交防，四月四日又奉命担任光化、
谷城附近襄河右岸河防。

及第三六八团外，临时拨归指挥的还有暂编第三师①。第一二三师除第三六八团在前方，师部及第三六七、第三六九团后调，在四川绵阳师管区负责兵员补给。第一二四师担任新野太山庙集一带防御②，向北警戒。当时的敌情是：老河口方面进攻之敌，已兵临城下，守城将士正浴血奋战，南面沿汉水北犯之敌，已攻陷襄、樊。大约是三月下旬，第四十一军代军长陈宗进（军长曾某③升任后即到陆军大学学习）召集第一二二师师长张宣武、暂编第三师李师长到军部开会，研究部队今后的作战方案。第一二四师在太山庙集，师长刘公台没有参加。军部副参谋长张子完（代理参谋长业务）、二科辜科长和我参加了这次会议。在介绍了敌我态势后，陈代军长征询大家意见，李师长极力主张部队向北，由河南新野与邓县之间穿插到内乡，过丹江到郧县一带。张子完和我都力主部队向西，在老河口与樊城之间的太平店渡过汉水，向谷城、石花街方面靠拢，以增强长官部与第二十二集团军总部（长官部在草店，总部在石花街）一线的战斗力。其时，与上级电讯中断，敌情又很紧张，两个方案各有利弊，一时僵持不下，陈代军长也下不了决心。主张向北的说：敌人正集中力量攻击老河口，其后方空当甚大，我们可以利用夜行军，通过敌后交通线；交通线以外的广阔地区，敌人没有群众基础，我们只要把消息封锁得好，不会被敌人发觉，纵然发觉，也会很快冲过去。其不利在于，途程太远，白天运动恐被敌机侦知，一旦与敌交火，难免会受到敌人机械化部队与骑兵的冲击，达不到支援高级指挥部及战区后方交通线的目的。主张从太平店转移的说：由双沟集到太平店只需一天多的时间，老河口方面敌人正在攻坚，无暇他顾；占领襄、樊之敌，立足未稳，不可能对我大部队运动采取行动。从战略意义上说，谷城、石花街、草店均已成为战场后方重要基地，能增加一个军的兵力，将大大巩固后方安全。其困难是，由于与总部电讯不通，无法取得联系，部队仓促到太平店，渡河的船只一时难以征集，并且大部队渡河，容易受到敌机空袭。整个上午都在激烈辩论，也研究着各个方案遇到不利情况时的应变措施。

午饭后，由于与总部方面始终没有联系上，渡船问题不能解决，再加上暂编第三师李师长的催促，陈代军长采纳了向北转移的方案。决定

① 应为暂编第一师，师长李才桂。

② 据《第二十二集团军豫鄂边区会战战斗详报》，三月二十七日起，第一二四师在豫鄂边境邓县、襄阳一带侧击日军，三十日奉命西渡襄河。另外，太山庙属湖北省。

③ 第四十一军军长是曾甦元。

部队一律轻装，东西该焚的焚，能寄存的寄存老百姓家，不便寄存的可埋藏起来。行军部署是：暂编第三师为左翼纵队，提前在下午三点出发，第一二二师及军部与军直属部队为中路纵队；到达太山庙集后，第一二四师为右翼纵队。尽量利用夜间行动，各部队之间用无线电联络。我办完军部公事后，便回到营部，做好长途行军的准备。下午六时，部队向太山庙集出发，第一二二师派一个团担任前卫，我营和军部及直属部队在中间，第一二二师师部和另两个团殿后。

经过一夜行军，拂晓前部队到达太山庙集第一二四师防地。安置部队休息后，我到第一二四师师部（陈代军长已在师部）听取情况，等候新任务。根据第一二四师最新情报，敌人坦克部队正沿河南方城、新野一线运动，南阳方面敌大部队正在南下增援老河口前线。第一二四师刘师长反对向北转移的行动。经过研究，陈代军长重新决定部队全部后撤，上大洪山准备长期在敌后打游击（第四十一军在大洪山一带已驻守四年）。暂编第三师没有联络上，仍按原计划行动。（以后他们到达了郧县，途中曾与敌遭遇，略有损失。）军部率第一二二、第一二四师于当天下午全部撤离太山庙集，经一夜行军回到双沟。稍事休息，部队继续向东南方大洪山北麓前进。又走了一天，到达预定目的地，是个大村庄，地名记不清了。

部队休息一天，电台与总部取得了联系。总部命令第四十一军迅速由太平店渡河，渡河后以一部占领茨河附近阵地，主力到谷城集结①。并言总部已把船只征集就绪，在茨河附近集中待命。于是，陈代军长召集各师长到军部，部署部队行动，决定我营担任前卫，取捷径经双沟到太平店渡河，渡河后即占领茨河以东二公里一线山地，构筑工事，掩护全军渡河。部队渡河次序是：前卫部队、第一二四师、军部及直属部队、第一二二师②。我军离太平店路程有一百多里，第二天拂晓部队便出发了，走了二三十里，便下起雨来，雨越下越大，道路泥泞不堪，行军很困难。但敌机无法活动，却增加了我们的安全感。

当晚到达宿营地后，我到军部报告情况，陈代军长对我说："第三七

---

① 据《第二十二集团军豫鄂边区会战战斗详报》，三月三十日，刘峙令该集团军速由襄东抽调两师，以主力控置于谷城、石花街，巩固襄河西岸。孙震即令第一二二师（该师原任茨河防务）交防后到指定地点集结，第一二四师西渡。另外，太平店的对岸是庙滩，茨河位于庙滩东南约十五公里。

② 在《第二十二集团军豫鄂边区会战战斗详报》中，未见到第一二二师随第四十一军军部于四月上旬西渡襄河的记载。

〇团已经抄小路走在你们的前头了，现在把你们的任务改变一下，前卫由第三七〇团担任，你营改为后卫，走在第一二二师收容队后面。到太平店后，对老河口、樊城两方面都要加强警戒，掩护部队渡河。你营可由副营长张铁夫负责，你先到渡口维持秩序，等第一二二师收容队渡河后，你们再撤出阵地渡河。船只在茨河附近，军部先到茨河。"由前卫改后卫，我心里很不是滋味，我要求我们在饭后继续前进。陈代军长见我接受任务不顺利，又解释说："据总部通报，襄阳之敌有一个加强联队正沿汉水西犯，为保证全军安全渡河，才将你们的任务改一改。维持渡口秩序也很重要，你要全权负责。"

第二天上午十一时左右，我营到达太平店。当即接替了先期到达的第一二四师警戒部队，张铁夫副营长负责布防，我到渡口组织部队渡河。船共四十多条，大小不一，大的可载三十多人，小的可载二十人。经过两天两夜的摆渡，部队全部安全渡过汉水。我是凌晨两点最后一船渡河的，到河中心时已听到枪炮声，那是前卫部队第三七〇团同敌人发生战斗①。天明后，战斗异常激烈。激战一天，敌人凭借优势火力掩护冲锋，第三七〇团先头部队伤亡很大。但敌人每占领一个山头，都要付出相当大的代价。本来这股敌人已陷于"死地"，完全可以将其全歼。可惜就在前线战斗正酣之时，老河口沦陷了。谷城至草店一线空虚，上级命令第四十一军除以一部对付正面之敌外，其主力全部调至谷城附近布防。我营也随军部转移到谷城。稍许，即开赴老河口前线担任河防，与敌人隔河对峙②，直到日本宣布投降。

---

① 据《第二十二集团军豫鄂边区会战战斗详报》，第一二四师于四月六日夜全部渡河，七日在白虎山、云雾山布防，八日开始战斗，至十二日击退进犯南河之敌，克复庙滩。

② 据《第二十二集团军豫鄂边区会战战斗详报》，四月十三日，第四十一军又奉命指挥第一二二师、第一二四师主力全部东渡襄河，参加反攻老河口作战，至五月五日结束。

# 七里岗阻击战

韩立才※

一九四五年三月，第三十三集团军总司令冯治安和第五十九军军长刘振三都到后方开会，总部及军部的日常工作由副总司令张克侠、参谋长陈继淹和副军长孟绍濂与参谋长刘月轩分别负责。正当主要负责人离开防地的时候，日军第三十九师团在鄂西发动了南漳战役。由于我们事先未侦知敌人要发动战役，准备不充分，导致南漳失守。七里岗之战是第三十八师栾升堂营在紧急时刻又没有师部命令的情况下，主动请战打的。这一仗打得机智灵活，英勇顽强，把敌人第三十九师团的前卫部队打得落花流水，使第五十九军军部得以安全转移。当时我在第五十九军担任特务营营长，对七里岗的战斗情况比较熟悉，特记述如下。

## 敌我态势及第五十九军的战斗经过

敌人第三十九师团是日军抽调一些在华北作战时间较长的部队，集中到湖北荆门附近组建而成的。师团采取三三制编制，师团下面设旅团、联队、大队三级，敌人的指挥官都有作战经验，战斗力比较强。我军第三十三集团军辖有第五十九军、第七十七军两个军，和敌人第三十九师团对峙的是第五十九军，该军共辖有三个步兵师和一个炮兵团。第三十八师是抗战前宋哲元第二十九军的第三十八师（最早师长是张自忠）沿袭下来的，第一八〇师是抗战以后组建的，这两个师的营以上干部是第二十九军的老人，有作战经验；暂编第五十三师也是抗战以后组建的，

---

※ 作者当时系第五十九军特务营营长。

新兵多，人员未补齐，装备也差，战斗力不如以上两个师。

第五十九军在南漳县和日军对峙已久，对所属三个师的配备是，暂编第五十三师在右，第一八〇师居中，第三十八师在左。三个师是并排配备的，各有自己的第一线和相应的纵深，军部掌握着它的直属部队，计有炮兵团、辎重团、特务营、工兵营、通讯营和骑兵搜索营，没有在师里抽调部队作为军部的总预备队。

战斗开始，敌人以强大兵力向我战斗力较弱的暂编第五十三师发起进攻。战斗很激烈，第一团团长陈振凯率领全团顽强抵抗，予敌以有力的阻击。敌人又增强兵力，集中炮火向第一团阵地发动了更强大的攻势，陈团长身先士卒，不幸阵亡。第二团第七连由韩斌奎连长率部与来犯之敌展开白刃战，经过往返冲杀，全连在李家垱附近全部壮烈牺牲。其他各连也有较大的伤亡。在这种情况下，暂编第五十三师且战且退。该师撤出李家垱以后，军部命令第一八〇师占领安家集以南至乌龙观一带阵地。第三十八师与第一八〇师以安家集至武镇的公路为战斗分界线，第三十八师在公路以左，第一八〇师在公路以右。第一八〇师师长董升堂是西北军的老人。当暂编第五十三师且战且退时，他可能是担心损失了实力不好向军长刘振三交代，因而也带着全师一直向后走。由于第一八〇师不成自退，打乱了全军的部署，第五十九军的战斗形势更加不利。

第一八〇师和暂编第五十三师都已经后撤了，第三十八师的位置显得特别突出，于是军部命令第三十八师一面抵抗一面后撤。该师接到命令后，指定第一一二团和第一一三团先行撤退，第一一四团殿后，全师由安家集向武镇方面逐步撤退。第一一四团团长郭建勋，山西人，他所领导的这个团是全军有名的战斗团。该团第三营营长栾升堂，山东临清人，第二集团军军官学校毕业生，一九三〇年第二十九军在晋南组建时，他担任中尉排长。自喜峰口抗日起到进入抗战第八年，他始终带着队伍战斗在第一线。在枪林弹雨、硝烟弥漫中，用自己和许许多多战友们的鲜血和生命，灌注凝聚了坚强的抗敌意志，增长了他的指挥才能。按照当时的编制，步兵营长一般都是少校级，由于栾升堂在武汉会战中立了大功，晋级为中校，享上校待遇。但因为第五十九军不是中央嫡系部队，历次整编都没扩大编制，老资格的干部有的是，栾升堂是属于"青"字辈和"小"字辈的，团长轮不着他当，不管他创建多大战绩，立下多大功劳，当时他只能当个营长而已。

## 七里岗的阻击战

在七里岗阻击战的头一天，第三十八师第一一二团（团长赵金鹏）奉军部命令，调到山外阻击朱家咀敌军北窜武镇。赵团调出山外的次日，第三十八师奉军部命令到武镇迎击由朱家咀北犯的敌军，第一一三团（团长杨干三）及第三十八师师部开赴武镇；第一一四团在师部后面跟进，派一个连兵力，警戒由李家垴通往安家集山路。中间有敌人小部队窜扰，即由第二营（营长王志初）的第四连（连长朱阶平）担任阻击任务，而后到武镇集结待命。当天下午暂编第五十三师所属部队，已由安家集以西的方家岗向李家土城撤退。当时栾升堂营派往暂编第五十三师师部及到各团的联络人员陆续回营报告说，暂编第五十三师第一团伤亡惨重，陈团长阵亡，该师第二、第三两个团也都伤亡很大，全师正向后撤退。敌人的主力在李家垴附近，听说山外的日军不多，可能是佯攻部队。栾升堂听了联络员们的汇报，判断敌人的主力一定在山内，军部把第三十八师调到山外迎击敌人，可能是情报不确实。现在山内我军的力量减弱了，必须占领七里岗这个有利地形，等到敌人临近了，要狠狠地打它一家伙。

七里岗的左右都是山，只有一条公路经过此地通往南漳，敌人要夺取南漳，这里是必经之路。栾升堂看准了地形，审度了全军的战斗形势，他认为，暂编第五十三师伤亡这么大，第一八〇师撤退这么迅速，这都是出乎预料的。军部的摊子太大，安全撤退需要时间，必须在七里岗阻击一下敌人，迟滞其进展，争取时间，让军部安全撤退，重新调整部署，以便寻找有利时机打击敌人。栾升堂决心已下，一面派第七连排长王应选（河北石家庄人）率领该排，附重机枪一排（排长张连升，辽宁辽阳人），由王应选统一指挥，在七里岗占领阵地，对通往李家垴的公路要特别注意警戒；一方面向郭建勋团长汇报了他的作战意图和刚才所作的安排。郭团长表示同意并给予支持，郭说："战斗的进展出乎我们的预料，现在刘军长不在家，孟副军长指挥全军有一定的困难，在紧急时刻，我们要主动担担子，替孟副军长分忧。军部摊子大，撤退需要时间，你营在这里实行阻击，迟滞了敌人，争取了时间，我非常同意你这样做，你对团里有什么要求，现在提出来，我设法替你解决。"栾升堂说："多给我一些子弹和手榴弹，把团里的医生留下一名，多给我一些急救药包，保持营、团之间的电话畅通，其他就不需要什么了。"这时，师部的副官长冯振坤赶到了，他对栾升堂说，师部里还有许多手榴弹，你们赶快去取，我们就省得往后方抢运了。

栾升堂派出王应选、张连升两个排在七里岗占领阵地后，又在安家集设置了武装便衣，掩护群众向西面山地里撤退。黄昏时分，栾升堂接到便衣侦探的汇报说，日军第三十九师团师团长率领五六百武装便衣，带着短枪和自动火器走在敌人大部队的前面，沿着公路向七里岗走来。栾升堂认为情况紧急，立即派安家集武装便衣组长于新忠跑步去七里岗，向王应选报告情况。后来于新忠对栾升堂说，他在前面跑，敌人的便衣在后面追，于走的是近路，敌人没有追上。王应选得到消息，严阵以待，等到日军接近阵地前一百公尺左右时，王应选下令开火，把走在前面的敌人都报销了。栾升堂听到枪声，正准备带着指挥班到岗上去，暂编第五十三师第三团（团长李魁芝）的军需官赶来，向栾升堂说："第三团撤退时，我因为有事未及时撤走，后来沿着山间小路跑回来的。我看到公路上排满了日军的队伍，走在最前面的是少数步兵，接着就是骑兵、步兵的主力和炮兵（有几十门大炮），最后面是驮马和辎重车辆。我方才在七里岗见到了王排长，他告诉我栾营长在安家集，所以我跑来告诉你，敌人的兵力太多，请营长相机撤退吧。"栾升堂听到这个消息，立即命令第七连连长赵正书（河南方城人，作战特别勇敢）率领全连轻装上刺刀冲上七里岗。栾告诉他说："不论有多大牺牲，也要占住七里岗，在这里迟滞敌人，好让军部安全撤退，你们连立即跑步上岗。"接着栾升堂命令第八连连长刘同文（河北人）附重机枪一排，步枪上刺刀跑步冲上七里岗，迅速占领阵地，掩护第七连右翼的安全。命令第八连的马攀会排长与第七连的左翼密切联系，协力作战。刘同文出发前，栾升堂又指示他说，连里要控制一个排的预备队，以便对付敌人从左侧绕攻。栾又命令第九连排长杨天相（河南舞阳人）在第七连右后方山头占领阵地，掩护第七连右翼的安全，用机枪火力封锁方家岗通往李家土城的道路，其余部队为营的预备队。栾下达任务完毕，即率领指挥班及一排步兵登上七里岗。第七连到达七里岗时，和几十名敌人的先头部队遭遇了，当即展开了冲杀，由于我们的人多，很快消灭了这部分敌人，只有几名逃跑了。栾登上七里岗以后，第七连送来了八名俘虏，经过审讯，证实这几名俘虏都是第五十九军过去被日军俘虏的士兵，在敌人军队里半年多了，这一次是跟随日军第三十九师团师团部来的，乘着我们消灭了这一股敌人的机会，他们又跑回来了。栾升堂对他们说："你们过去都是第五十九军的士兵，当了俘虏不应该由你们负责，这一次遇到机会又跑回来，这就是很好的表现。我们欢迎你们回到老部队来，希望你们说一说敌人最近的情况。"俘虏们回答说："敌人夺取了李家垱，第三十九师团长接到汉奸们的情报，说是由李家垱到武镇中间，公路上没有中国的军队。日军师团长信以为真，才率领几百名便衣走在队伍的最前面，没有料到一到此地就遭到我军的袭击。日军的师团长还说：'根据机枪声判断，中国的军队至少有两团人。'师团长现在正在半山腰里。攻，攻不上来；退，也退不下去。他正在调动后面的步兵，企图攻占这个山头。"栾升堂立即派传令兵把上述情况向团长汇报，并要求把团里的迫击炮连迅速调到七里岗来。郭团长答应了栾升堂的请求。不久，迫击炮连前来报到。栾升堂命令该连迅速占领阵地，应集中主要炮火射击敌后续的步兵；以两门迫击炮向安家集以北公路上的敌人轰击，以阻止敌人向七里岗增援。在我军用迫击炮向敌人轰击的同时，敌人前面的便衣队又攻上来了，我军发扬轻、重机枪的火力，又把便衣队消灭了一批。此时敌我最近的地方，相距不过二百公尺，制高点由我第七连控制着，由于相距太近，敌人的大炮只能向后延伸射击，一时第七连阵地前面成了相持状态。敌人在第七连阵地前碰了钉子，就集中兵力向第八连进攻，企图突破八连阵地，夺取七里岗。八连排长马攀会率领全排在我炽盛火力掩护下，向敌人逆袭，双方展开了激烈的肉搏战，终于将这一股敌人打下了七里岗。经过一天的激烈战斗，共打死打伤敌人五百余名，我排长吴凤阁、马攀会受伤，士兵伤亡九十多人。

在这里，我叙述一下关于军队中的情报问题。我在第五十九军军部及第一八〇师师部都当过参谋，知道一些关于情报的情况。第五十九军的谍报队员，多是一些提升不上去的老兵，经过参谋处考试后录用的。敌人的谍报人员，一部分是汉奸，一部分是俘虏兵。敌我的谍报队员，既各为其主，有时候又彼此勾结，以便互相交换情报好各自交差。双方得到的情报，真真假假，虚虚实实，不能不信，不可全信。即使为敌人服务的谍报队员，死心塌地为敌人效力的是极少数，在关键时刻供给敌人一个假情报，就会使敌人吃个大亏。这次很可能是我方的谍报员有意识地供给敌方的假情报。应该承认，日军的军官，特别是敌人师团长这一级是有较深的军事素养的，他怎么能轻信一个假情报呢？这是因为暂编第五十三师确实伤亡惨重，第一八〇师由师长率领迅速后撤，第三十八师接着也后撤，敌人认为第五十九军已经溃败后夺路奔逃了，在这种情况下，对"从安家集到武镇没有一个中国兵"的消息就不怀疑了。第一天敌人伤亡这么多，第一是他们得到的情报不确实，第二是地形对我军有利。

第二天从凌晨开始，敌人几次向第七连阵地猛攻，均未得逞。因敌我相距很近，敌人的炮火不能轰击，双方都使用枪互相射击。我军的轻、重机枪集中起来，形成了严密的交叉火网，敌人几次进攻，几次惨败，战况一时处于沉寂状态。判断敌人似在调整部署，重新组织后再进攻，乘此时机，栾升堂向团长建议，迅速派部队在七里岗后面建立第二、第三线阵地，构筑工事，迎接敌人的反扑。

栾升堂提出在七里岗后面构筑第二、第三线阵地的建议，立即为郭团长接受并派部队施行。当天中午，栾升堂命令第九连撤到第二线，一方面加强工事，熟悉地形，一方面掩护迫击炮连和重机枪连逐步后撤。下午四时许，发现一千多敌人沿着公路以东五华里处的山麓向北移动，似有包抄栾营左侧的企图。栾向团长汇报后，郭团长命令第二营在七里岗左侧的后方占领阵地，以防止敌人北窜。日军发现了第二营正在占领阵地，即以榴弹炮向第二营阵地轰击，掩护敌步兵前进。第二营的第四、第五两个连，没有经过激烈的战斗便迅速后撤，栾营的左翼出现了空隙。栾升堂见此情景，立即命令第八连撤退到第二线阵地；命令第九连占领公路以左的三个山头，对东实行防御；命令第七连沿右侧山地向第二线右后方撤退，占领第三线阵地。此时重机枪连和迫击炮连都已经进入新阵地，都在寻找有利时机杀伤敌人。由于第二营迅速后撤，敌人在后面紧追不舍，等到敌人进至栾营阵地有效射程以内时，轻重机枪、迫击炮一齐开火，对这股敌人施行大面积的侧射，把敌人完全歼灭在一个大坪里。从队形上看，这股敌人是一个大队，约五百余人，除去被打死打伤的以外，逃走的不过几十人。

军部安全撤退以后，命令第三十八师逐步撤退。敌人接受了七里岗之战的重大教训，明明知道栾营后撤，却不敢大胆尾追。第三十八师其他各部都在靠近栾营的后方，该师是有秩序梯次后撤的，除去后卫有小接触外，从武镇到南漳县城中间没有发生大的战斗。

当夜十时，栾升堂听到武镇传来枪声，该营通武镇的电话中断。不久，栾营派出的联络员回来报告说，师部已撤离武镇，栾派了一班人沿公路右侧小路寻找师部，第三天早一点接到师部命令，立即向倒座庙渡河点撤退，栾营到达倒座庙时，就和师部会合到一起。

七里岗距李家土城仅十华里，经过一天两夜的激烈战斗，顶住了敌人的进攻，赢得了军部安全转移的时间，共打死打伤敌人一千多人，缴获三八式步枪三十多支，栾营伤亡官兵一百五十多人。栾营战斗力之强在全军中是数得着的，他们的长处主要有两条：第一是作战纪律好；第二是射击技术高。每一次作战，栾营的干部都是身先士卒，在最危险最重要的地方指挥战斗，没有命令谁也不能后退。

战后，总司令冯治安和第五十九军军长刘振三、第七十七军军长何基沣都开会回来了。第一八〇师师长董升堂不战自退，给予撤职处分，遗缺由一八〇师副师长崔振伦升充，栾升堂营在七里岗阻击敌人有功，全军通令嘉奖；暂编第五十三师第二团第七连连长韩斌奎，率领全连在李家垱与敌人展开了激烈的白刃战，予敌重创后全连壮烈牺牲，韩的妻子李璞贞自缢殉夫，军长刘振三在南漳县主持召开了韩斌奎夫妇追悼大会，号召全军向韩斌奎连学习；在南漳战役中阵亡的暂编第五十三师第一团上校团长陈振凯及各部阵亡的官兵，由各单位详细填表转报军委会铨叙厅从优议恤。

# 炮兵在老河口的一战

李志远[※]

一九四五年三月，日军沿襄沙公路北犯，揭开了老河口攻守战的序幕。当时我们炮兵第十六团第三营（我是第七连连长）驻扎在樊城西四十里的牛首镇附近。

三月二十五日晚二十三时，接奉第五战区长官部命令，限我营于两小时内出发，二十六日拂晓前到达老河口。因老河口汉江上搭的浮桥，只等我们炮兵一过就要拆掉，以免被敌利用。而我们驻地距老河口约一百三十华里，我们营的炮是"七七"野战炮（炮口径为七十七毫米而得名，是沈阳造），是用骡马拉的。因此，在这三四个小时内要走一百三十华里的路程，确是很困难的。但战况紧迫，军令如山，我们就采取急行军，兼程急进，终于在二十六日上午八时左右赶到了老河口，过了浮桥，当天退到了均县草店。此时第五战区长官部也退到了草店。

当晚第五战区长官部命令我营派出一个连返回老河口参加战斗，营长指派我连执行。于是，三月二十七日天明，我率全连出发，下午二时到达石花街。这时，第五战区司令长官刘峙也乘吉普车到了石花街。他要我连在天黑前赶到老河口（六十华里），我感到马拉速度无法赶到，请求刘峙派汽车输送。经他命令汽车第八营派出一连汽车，将我连的炮、人马等一齐运到离老河口八公里的冷家集附近的唐家坎，占领了阵地，并立即将电话线架通到老河口城内守军第一二五师师部。

三十一日凌晨，日军向老河口化城门猛攻，并冲开了一个缺口，约有五百多日军已冲进城内，情况甚为紧急。守城的第一二五师师长汪匣

---

※ 作者当时系炮兵第十六团第三营第七连连长。

锋用电话请求炮兵支援。我当即命令将炮口对准化城门，进行拦阻射击。我军炮火之猛烈，实出敌人意料，很快敌人后继部队被隔断了。冲进城内的五百多名日军，也遭我军炮兵和步兵的轻重机枪、手榴弹的猛攻夹击，被全部歼灭，敌人冲开的缺口也重新堵住。我随即过河巡视战场，见敌人五百多尸骸，狼藉满地，血肉模糊，其中还有一名少佐。

战斗沉寂了一段时间，约到中午，我发现老河口城南边有一个村落里冒烟，我判断有敌人在那里做饭，并估计村里群众早已逃走。于是我决定抓住战机，指挥火炮向村中冒烟处发射了几炮。我从望远镜里看到，随着炮弹的爆炸，有许多人的臂、腿飞起一丈多高。过了一会儿，有些老百姓游过河来到我们阵地对我们说："你们的炮打得真准！敌人有一个班十二人正在围圈蹲着吃饭，一炮弹正落在菜盆里，炸死八个，伤四个，其余的敌人很快离开了村庄。"

从四月一日起，我几乎每天都过河观测，几次目睹日军攻到东门城墙边时，我守军官兵英勇搏斗，更有跳下城去活捉敌人的。

就在敌众我寡不利的形势下，我连配合第一二五师守城三天三夜。随后营长又率第八、第九两连来到前线，共有十二门"七七"野战炮支援守城部队。四月八日这天，我在东城墙内瞭望孔发现几辆日军坦克，便要指挥炮火射击。这时我连的通讯班长进到观测所，向我报告说敌人进了城。我问："步兵呢?"他说："步兵已撤走了。"我从观测所出来，有十几个日本兵离我只十几米远，拿着太阳旗，正向我冲来。我抢起二十响手枪，一梭子子弹射击过去，打倒了七八个，其余的全趴下了。我乘机跳下几道高坎，摆脱了敌人。我过到河西岸我炮兵阵地时天已黄昏，我们营长李征常带着第八、第九连撤退，命令我第七连坚守阵地。但是终以我长官部增援不力，老河口于四月八日沦于敌手。以后我们这个炮兵营始终坚守在老河口对岸的唐家坎阵地，与敌人隔河炮战，直至八月十五日日本宣布无条件投降。

# 第 七 章

## 豫省诸役

# 豫北敌后抗战记

李文定<sup>※</sup>

一九三八年二月上旬，国民政府行政院军政部部长何应钦下令，陆军第一六六师和第四十五师合编为第九十一军，军部用乙种军军部编制，驻洛阳；原第一六六师师长郜子举升任军长，遗缺由汤恩伯部第四师副师长马励武升充。第一六六师辖刘希程第四九六旅和陈衡第四九八旅，及一个补充团。第四九六旅当时编制尚不健全，全旅只有官兵三千人左右；所辖第九九一团和第九九二团，每团有三个步兵营和一个迫击炮连，每营有三个步兵连和一个机枪连；一般士兵每人装备步枪一支、子弹一百发、手榴弹四枚、大刀一把。我当时任第九九一团团附，团长是刘法舜。

四月一日，第一战区司令长官程潜电令郜子举军长率第一六六师北渡黄河，并指挥北岸的罗奇第九十五师，攻占济源、博爱等地，在平汉铁路以西、王屋山以东、太行山以南、黄河以北地区开展游击战。三日，郜军长在洛阳对全师官兵训话，勉励大家要有歼灭敌人的决心，要爱护民众秋毫无犯，要严守纪律服从命令，在作战的同时要加强军事训练。官兵们听后深受鼓舞，决心要严惩侵略者，收复失地。随后，我师即由孟津白鹤至孟县白坡（今属洛阳市吉利区）之间渡过黄河，开赴豫北敌后。

一

济源是豫北通往晋南的必经之路，位置十分重要。在一九三八年二月日军土肥原贤二第十四师团发动的豫北作战中，济源于二十二日沦入

※ 作者当时系第九十一军第一六六师第四九六旅第九九一团团附，后升任团长。

敌手。四月上旬，盘踞该城的日军约三千人，配有十多门大炮和数辆坦克，驻地指挥官名叫可西。四月七日，马励武师长令第四九六旅和第四九八旅各附别动队及民军一部，于九日夜分别攻袭济源和孟县。根据刘旅长的部署，我团第一营攻南门，第二营攻城西南角，第三营为预备队；第九九二团第一营攻城东南角，另两个营为预备队。

部队到达济源城下时，已是十日凌晨二时左右。由于行军时惊动了老百姓家养的狗，沿途各村犬吠声响成一片，城内日军发现了我军的行动。在此不利情况下，我旅只得变偷袭为强攻。我和刘团长分别从第一营和第二营中各挑选精壮士兵一百名组成奋勇队。他们在机枪火力的掩护下，冒着日军密集的炮火迅速推进到城下，爬上云梯首先登城，然后一面消灭城墙上的敌人扩大战果，一面掩护后续部队登城。一小时后，我军除奋勇队外，攻入城内的兵力已有五个连。为加快部队入城的速度，我工兵准备用炸药包爆破南城门，但遭到城上日军的猛烈射击，未能成功，排长张福祥、班长史全来阵亡，士兵刘西楼等三人受伤。

天亮时，日军加强了城墙上的兵力，我后续部队一批批倒在城墙下，云梯也被炸断。日军骑兵二百余从西关冲出，向我团阵地猛攻。我和刘团长到前线指挥，尚未站稳，带去的两名警卫员即中弹牺牲。经过仔细观察，我们发现日军的指挥系统并未紊乱，机枪火力的发挥与步兵和骑兵的进攻配合得很好。我和刘团长急调预备队第三营迎敌。部队行进间，忽然由空中飞来密集的枪弹射向我军，原来是日军机枪利用抛物线原理对我进行间接射击（即纵深散布射，当时我军未受过这种训练），致使我预备队未到前线就已伤亡了三分之一。幸亏旅长派第九九二团预备队一连及时来援，才将该敌击退。

冲入城内的部队与日军展开了激烈的巷战，枪声、喊杀声、手榴弹爆炸声响成一片，城外也能听得见。我军伤亡严重，部分官兵被迫退出城外；剩下的四百多名官兵与敌反复周旋，顽强拼杀三昼夜，最后被包围在鸿福寺院内，全部壮烈殉国。

十日上午，日军以猛烈炮火轰击我军阵地，部队伤亡严重。刘旅长命令部队转移阵地，我团及配属的别动队后撤至东、西留村一线，第九九二团退守河合、御驾庄附近；第九九五团的一个连仍坚守马蓬，掩护我军的左侧翼。中午，日军停止了炮击。十三时，日军步、骑兵共六百余，分别从东、南、西三门出城，向我军发起猛烈攻击，城内的炮兵再次对我阵地猛轰。我军各步兵营坚守阵地，与敌展开拉锯战，炮兵也投入战斗，猛击日军。我团第一、第二营伤亡严重，被迫收缩阵地，我和刘法舜调第三营接替第二营，以巩固左翼阵地。此时，日军集中兵力攻击我第一营和第二营的接合部，攻占了东留村。一营营长邹福隆当即组织部队反攻，战斗中邹身受重伤，仍坚持指挥，终于将阵地夺回。我团右翼的第九九二团阵地也遭到日军的三面围攻，伤亡严重，刘希程令曹玉珩团长率部后撤，日军也暂时停止了攻击。

十八时许，我团接到旅部的通知，由沁阳来援之敌已接近济源，令我团向当面之敌猛烈反攻后转移至东、西留养一带。十八时十分，我团展开全线反攻，将日军逼退至御驾庄附近，同时各营还派出少量兵力沿我团预定的后撤路线构筑工事，担任掩护。反攻中，邹福隆营长第三次负伤，光荣牺牲。他是河南鲁山县人，平日作战勇敢，带兵有方，至今我仍清楚地记得他的相貌和在战场上勇猛冲杀的英姿。

十八时三十分，我团各营按照预定的路线开始撤退。我看到一名腹部中弹的士兵躺在担架上，肠子已流了出来。他举手向我敬礼，断断续续地说："团附，我对不起国家了，不能再为国家出力了。我口袋中积存的几十元薪饷，请给我妈寄回去吧！"我安慰他说："你安心到后方养伤吧，我一定办到。"由于伤员多，担架不够用，一名喉部被机枪打穿血流不止的士兵，拄着枪一步一晃地走了过来。他看到我身旁的团旗，艰难地举起右手敬礼，随即倒在地上牺牲了。这一天，我团阵亡的军官还有连长王令闻，排长李峻峰、马效贤；连长陈秀章、石鹏、陈维藩、李宗文、王志远等受伤；士兵的伤亡更大，但打死打伤的日军也在五百名以上。同时，攻袭孟县的陈衡第四九八旅也未能得手。

初战失利，部队需要休整，新兵需要训练，我军暂时停止攻坚作战，在济源、沁阳、孟县、温县、博爱一带到处截击日军运送弹药、给养的车队和出城抢粮的日军。困守济源的日军被迫于四月二十日拂晓弃城东逃，师长令我旅一部跟踪追剿，一部沿途截击。日军损失严重，逃入沁阳城内。二十三日，孟县也被我军收复。

当日上午九时，我奉命带领几名官兵首先进入济源城内，处理善后事宜。在城南鸿福寺大院内，我看到日军竖立的两块大木碑，正面都写着"中国军队无名英雄之墓"几个字。木碑的背面，一个略谓：中国军队第九九一团第二营中士班长朱金山，在白刃战中砍死日军大队长一员和其他官兵十三名，多处负伤而牺牲；另一个写的是第九九二团士兵张鸿岐，在白刃战中砍死日军官兵七人，最后牺牲。木碑上还写着他们均被封为"军神"并享受"慰灵祭"，他们的尸体和武器全埋在木碑下面。木碑的落款是："昭和十三年井山部队森田队建"。

我将所见情况上报军部，郜军长令军部秘书杨仪山以朱金山所在营营长刘正操的名义写了一篇碑文，并将石碑立在木碑的附近。碑文如下：

  查朱金山烈士，商水县朱集人。其天性豪迈，膂力过人，去秋参加沪战、以奋勇杀敌闻。今春来归，人方嫌其唇缺，不予补兵，我乃查其胆壮任为班长。果也，济源之役，首先登城，手刃倭寇十三人，中弹殉国。敌人钦其勇，为之殓葬，且标其墓曰：故中国军队无名勇士之墓。呜呼！君之忠勇，洵足以夺敌人之魂，而为中华民族增光于无穷也。因特勒石，昭垂来兹。

     陆军一六六师四九六旅九九一团二营
       营长  刘正操   立石
    九十一军军部秘书长   杨仪山敬立
    中华民国二十七年五月十日

  我当时看了碑文颇感不快，一是因为其中只有班长朱金山，未提到士兵张鸿岐；二是日军立的墓碑上明明写的是"无名英雄"，而这里却改成了"无名勇士"；三是立碑人一般应是军长或师长，起码也应是旅长，而此碑却仅以营长的名义。我自知官卑职小，不便多言，只得怀着沉重的心情向两位英雄各行三鞠躬礼。

  我进城时还发现，日军将我军官兵杀害后，用大刀把尸体砍成数块填入饮水井中。我只得发动回城的老百姓，用几天的时间才打捞完毕。此后，我还组织人员将城内的街道测量了一遍，绘成地图，以便日军进攻时指挥巷战使用。

## 二

  收复济源和孟县后，军长郜子举指示我师：应控制黄河北岸白坡渡口及其以北的山区，使我军得以自由进出豫北。为达到此目的，我团奉命以第二营守卫济源城，主力开赴济源以东及沁阳、博爱一带开展游击战，使日军疲于奔命，不得安宁。

  四月二十六日下午，旅长刘希程来到第九九二团团部驻地七里屯，召集我旅团级军官和豫北别动队第三大队队长刘彦峰、第七大队队长张德功开会，部署伏击日军的战斗事宜，命各部当天十九时开始行动。我团的任务是在马坡、七里屯、韩村一线担任警戒，策应主力作战。

二十七日晨五时，除张德功部外，各部均到达指定位置。六时许，数百名日军自沁阳城沿沁（阳）博（爱）公路北进，行至张店附近时，奉命在此埋伏的别动军刘彦峰部首先开火。日军急于北撤，未对刘部进行攻击。当日军先头部队到达狮口时，遭到我第九九二团一部的猛烈射击，队伍顿时大乱，后面的二百多名日军急忙掉头逃跑。由于张德功部未能遵命断敌退路，使该敌得以逃回沁阳。剩下的三百多名日军刚走到二十里铺，又遭到设伏于南大梨园的我第九九二团另一部迎头痛击，急忙占领二十里铺与我军对战。中午前，从博爱赶来的日军援兵数百名会同二十里铺的日军，在炮火掩护下向南大梨园发起猛烈进攻。我军在敌众我寡的不利形势下沉着应战，坚守阵地，连续打退日军的冲锋。激战至下午，我军援兵及博爱民军乔松梓部到达战场，日军不支，急忙撤退。

日军屡遭重创，恼羞成怒，试图报复，于五月六日上午以步、骑、炮兵千余人，从沁阳西、北、南门杀出，猛攻城西我第四九八旅第九九五团。日军突破该团较薄弱的一处阵地后，迅速包围了团部驻地十八里铺。团长阎普润指挥团部官兵顽强抵抗，终因寡不敌众，壮烈殉国。阎普润是河南唐河县人，黄埔四期毕业，大革命时期由恽代英、萧楚女介绍加入中国共产党。第一六六师内原有三名中共地下党员，阎是党小组长。抗战前在太康时，张经武去了中央苏区，只剩下阎和我两人。部队移驻光山后，我们和上级失去了联系。他牺牲前一周曾告诉我，已经和上级接上了头，过十几天就可以恢复组织生活。阎普润同志的牺牲，使我失去了一位好战友、好领导，同时也失去了一次恢复党组织关系的机会。

五月中旬，沁阳城内的日军扬言要进攻济源、孟县，但我师部判断日军此举纯属声东击西，其目的是要经博爱东撤。十八日晚，刘希程旅长奉师长之命，进行了作战部署：第九九二团的一个营在南大梨园、前李村一线截击北进的日军并阻击来自博爱的援敌，一个营进至魏村、七里桥一带阻击西犯之敌，另一个营为预备队；第九九一团第三营在马韩、关王庙占领阵地，配合第九九二团截击北进之敌；第九九一团第一营及师直属工兵营作为预备队，守卫逯村、任寨及东、西逯寨一线。

五月十九日晨，日军于北撤途中遭到我第九九二团的顽强阻击，激战数小时后，日军无进展。这时，另一股日军从王曲北渡沁河，占领了义庄，威胁我军侧翼，会同正面之敌向西进犯。我军主力尚在义庄以东地区，来不及进行堵截，师长命令我团坚守逯村、任寨及东、西逯寨阵地，掩护主力向九里口、云阳口、仙人口一带撤退。日军迅速西进，午后已攻击到旅部附近。十五时前，日军占领了宋寨、司庄，遂在炮火掩护下以步、骑兵对我团阵地发起猛攻，另一股日军在沁河南岸企图渡河对我夹击。刘法舜和我指挥部队顽强阻击，激战一个半小时，日军未能越雷池一步。这时，第四九八旅第九九五团奉刘师长之命前来增援，使我军的阵地更加巩固。天黑后，第四九八旅旅长陈衡打来电话，令我团掩护该旅旅部和第九九五团撤退。日军似乎察觉到我军的行动，集中炮火猛轰我阵地，步兵也轮番冲锋。我团此时以仅有的两个营兵力担任全师的后卫，抵挡装备精良且数倍于己之敌，伤亡十分严重，仍坚守阵地，连续打退日军的进攻。二十二时后，一股日军攻占了逯村阵地，我军当即反攻夺回。此后，日军停止了进攻，与我军对峙。二十三时后，我军各部队都已安全撤退，我团才对当面之敌发起全线反攻后撤出阵地。次日，刘希程又指挥部队进行了一整天的追击作战，终于迫使该敌放弃西犯济源的企图，逃往东南，但孟县于当晚又陷敌手。为防日军乘机进犯济源，刘希程令我团第三营进驻城东苗店，第九九二团一部驻守中王村，担任警戒。

此时，徐州会战已近尾声，日军于五月十九日攻占徐州后，正在加紧调兵遣将，从冀南、豫北、鲁西南和苏北、皖北等方面会犯豫东地区，企图攻占汴、郑，然后沿平汉铁路直捣武汉，因而在豫北地区暂取守势，但小规模的战斗仍未间断。在此期间，我团奉命驻济源桐花沟、泗涧等地。刘法舜和我利用战斗间隙，召集各营、连长开会，总结渡河以来各次战斗的经验教训，加紧军事训练，提高部队的整体素质和战斗力。我们还对全团的机枪手进行了集中轮训，使他们都掌握了纵深散布射等机枪射击的方法。

我部各级长官非常重视军纪问题，经常严饬所部不得扰民，因而部队与老百姓的关系十分融洽。部队作战时需轻装上阵，老百姓就替我们保管笨重物品和剩余弹药；部队所需的粮食、蔬菜、肉类等食品，老百姓都主动以平价供应；部队如有紧急任务临时开拔，也都要尽快派人回村结账；无论战斗多么激烈，总有附近村民冒着生命危险到阵地上给部队送水，有时我们还把伤员临时寄养在百姓家中。行军途中，我们经常看到农家妇女提着篮子站在路旁，说："老总，你们抗日，我们只有蒸几个馍馍给你们吃，尽尽我们的心。"

## 三

六月下旬，刘进第四十五师奉命脱离第九十一军，归属胡宗南第十七军团；第一六六师师长马励武被免职，由刘希程升任师长，王之宇任第四九六旅旅长。这时，五六万日军已在晋南中条山区与我第二战区卫立煌部激战了十余日，沁阳城内麇集了大批日军，准备前往增援。

六月二十五日，数千步、骑、炮联合之敌兵分数路，自沁阳西进。中午，沿沁济公路进攻的日军到达西湖村，以重炮向苗店猛烈轰击，掩护步、骑兵进攻。在此守卫的我团第三营官兵顽强阻击，营长张凤山受伤仍坚持指挥作战，日军毫无进展。下午，沿沁河南岸西进的另一股日军三千余从东、南两面猛攻济源城。日军首先集中炮火对准东门轰击了半个多小时，将东门楼炸塌，然后又用掷弹筒向城内发射了一阵，步兵乘机攻进东关，与守卫此处的我团第二营第四连展开激战。日落前，日军施放烟幕弹，从东门缺口处攻入城内。第四连伤亡严重，队伍溃散，营长刘正操指挥第五连、第六连与敌巷战。冲进城内的日军越来越多，我军被逐渐压迫到城西南角。傍晚，刘法舜令第三营撤出苗店，向济源城南桐花沟、大卫凹一带转进，策应第二营守卫济源城。但未及第三营赶到，城内已是一片混乱。天黑后，刘正操弃城逃走，第五连和第六连仅剩下不足百名官兵，在两位连长率领下又坚持了近一个小时，于二十二时前从西门和南门撤出。次日，日军大部队继续西进，留下部分兵力与我军激战于城南。我援兵到达后，于二十六日夜再克济源，我团第一营奉命担任守卫。

二十七日，日军主力已通过封门口向邵源进犯，封门口附近仍有其辎重和少数护卫部队。刘希程师长令我旅立即出发，追击该敌。当夜，我旅即以急行军速度西进，于二十八日上午到达封门口以东地区。据侦察兵报告，日军后卫尚在马踏坪、柿树坪一带。王之宇命第九九二团团长曹玉珩立即派两个营前去攻击。日军不敢恋战，于二十九日下午西撤。我军当即占领了封门口，继续向西追赶。

由于道路崎岖不平，日军行进速度很慢，三十日上午才到达苏村、马圈南一带，以步兵占领大店以东的高地担任警戒，工兵加紧修路。王之宇决定乘此有利时机打击该敌，当即下令留第九九二团的一个营守卫封门口，另两个营由公路两侧向西搜索前进；我团的两个营沿公路向西进击。我军到达目的地后，立即抢占有利地形，构筑工事。午后，我军以迫击炮猛轰日军的辎重车辆，两个团同时向日军阵地发起进攻。经过四个小时的激战，日军向西溃退，我军乘胜追击，毙伤日军百余名。

七月初，日军的辎重车辆及后卫部队已进入西阳河地区，其主力部队正与我友军刘茂恩、赵寿山、贺粹之、李默庵等部鏖战。奉上峰之命，我团在东阳、院科、东阳店、西门一带设伏，准备阻击日军；第九九二团配合赵寿山第十七师作战。为解邵源之围，大批日军后续部队到达沁阳。上级令我部务必确保济源城及附近各据点，最起码也不能使日军越过封门口，同时要将封门口通往王屋镇的所有道路全部破坏。我师奉命后立即调整部署，在济源以东的重要据点苗店和东、西轵城配置兵力。当时我正在团部原驻地济源泗涧村留守，师参谋长打来电话，命我指挥崔吉庆营固守济源城，还特别强调说这是上级的命令，是死任务。

我接完电话就立即通知崔吉庆来见我，对他说：这次任务非同寻常，直接关系到我大军能否全歼被困于邵源、西阳河之敌，你营务必不惜一切代价死守济源城，非奉命决不能撤离。我还向他指出了应当注意的具体事项：上次日军攻城时已将东门炸塌，这里应作为防守的重点，要构筑坚固的工事；南门及两侧的城墙也是日军进攻的主要目标，应将机枪连的主力放在此处，一部分放在东门；要控制一定的预备队应急。崔吉庆走后，我还是不放心，又派通讯兵架设了一条迂回线路，以便与崔随时保持电话联系。崔吉庆回城后，即按照我的指示安排兵力，抢修工事。

七月七日，三四千日军出沁阳城，沿沁济公路和沁河北岸西进，在东、西留村，东、西马蓬及屯军头、夫人头，开山庄、河合、御驾庄之线占领阵地。日军以少数骑兵牵制我周围据点的部队，主力于当天中午开始攻击济源城。日军首先炮击城东北部，将城墙轰塌后又以掷弹筒和机枪向缺口内猛射，掩护步兵冲锋。第三连的官兵依托工事阻击，毙伤日军六十七名，将敌击退。

八日晨，日军以猛烈炮火将南城门及其以西的一段城墙摧毁，接着以机枪火力掩护步兵向缺口处猛攻。第一营机枪连以密集火力拦击，第一连官兵待日军靠近后投掷出大批手榴弹，日军急忙掉头往回跑。半小时后，日军再次冲锋爬城，又被打退。这时，崔吉庆打电话向我报告说，南城墙外有一百多具日军尸体和被丢弃的枪支弹药。我告诫他切不可轻敌，决不能被一时的小胜冲昏头脑。中午前，日军的炮火把城东南角和西南角各轰开了两三丈长的缺口，第一连的一个班全部被砸死在坑道内，大批日军乘势掩杀过来。我军以机枪、步枪火力猛烈射击，但这次日军也拼上命了，前面的被击毙，后面的还是一个劲地向前冲。十一时三十分，日军的前锋已越过堑壕，从缺口处攻入城内。崔吉庆急调预备队增援，以手榴弹将攻进城的八十多名日军炸毙，才迫使后面的日军向南关撤退。

八日下午，日军的大炮对准城墙上的各缺口猛轰，使缺口扩大，我军伤亡不断增加，不少机枪被炸坏，守卫南门西侧缺口的一个班被炸起的土块和砖石埋住。炮击甫停，日军分兵数路向各缺口冲来。我军官兵待其接近时，以手榴弹和砖头、石块劈头盖顶砸向敌群。南城墙外又增加了一百多具肢体残缺不全或脑浆崩裂的日军尸体，后面的日军吓得抱头逃命。

日军久攻不克，遂改用两翼牵制、中间突破的战法。傍晚，日军同时炮击城东北角、西门以南城墙和南城墙各缺口，但重点仍在后者。日军炮火摧毁了东北门，步兵即发起冲锋，被第三连击退后便退回东关。轰击城西门以南的日军炮兵，仅将城墙上部炸塌，即停止射击。但城南的日军炮兵不仅继续轰击城墙缺口，还向城内进行遮断射击和歼灭射击，同时城东北的日军炮兵也开始向城内轰击。日军的炮击持续了四个小时，上万发炮弹雨点般地落在城内，使整个济源城成为一片火海，我军伤亡严重。崔吉庆打电话向我报告时，我听到的只是震耳欲聋的炮声，各种枪声和手榴弹爆炸声已完全被掩盖，尽管崔大声喊叫，我也难以听清他说些什么。但我心中十分清楚，战斗已达到了白热化的程度。这次日军投入攻城的步兵比前几次多得多，尽管我军官兵拼死抵抗，但因缺口多、伤亡大，兵力已不够分配，致使部分日军从城南和东北角的缺口攻入。经崔吉庆率领预备队往返冲杀，反复白刃相接，才打退了日军。这时，我军的弹药将尽，崔吉庆派部分士兵从北门冲出，去向设在大社的专员公署求借弹药。当夜，我向师部报告了城内的战况，请求火速增援。

九日上午，我援兵被日军阻截，无法前进，派出去运弹药的士兵也未回来。在一阵猛烈炮击后，日军攻进城内，与我军展开巷战。这时，我要通电话，命令崔吉庆要不惜一切代价守住济源。崔吉庆声音嘶哑，语带哭声说：团附啊！我实在是支持不住了，实在是支持不住了。部队伤亡太大，士兵十之八九已无弹药，现在只能靠拼刺刀、扔砖头巷战了。再说全营官兵已经两天两夜没有合眼、水米未进，就是全部阵亡也支撑不了多久了……崔还未说完，我听到一声巨响，电话就中断了。后来我听说，当时有一颗炮弹在离崔不远的地方爆炸，他被强大的气浪掀倒，昏了过去，苏醒后耳朵也聋了。十时，崔吉庆命第三营从北门突围出城。行至城北大社附近时，崔离开部队去向不明，一连连长王有朝自动负责收容和整理部队，到泗涧集中。

在日军猛攻济源期间，西阳一带的战斗仍在紧张进行中。七日，刘茂恩命我军各部于八日零时后全线总攻，王之宇奉令后即部署两个团的进攻路线。战斗开始后，两个团进展顺利，天亮前分别到达指定位置。八日上午，我军发起第二次总攻，我旅于中午前后占领了新阵地，以迫击炮猛轰当面日军，下午又多次击退日军的反攻。九日晨，我军第三次总攻，敌我双方均在各自的炮火掩护下攻击对方阵地，鏖战一昼夜，均无进展。这时，由于济源失守，日军援兵已逼近，我军处于不利态势，刘茂恩只得令各部撤退。

七月十六日夜，日军攻占了第二战区副司令长官兼前敌总指挥卫立煌总部驻地垣曲，其主力即陆续东撤。二十四日，日军后卫千余人进入济源城，掩护辎重部队撤往沁阳。这时，王之宇率我旅主力刚回到济源城南魏沟、泗涧、东留村一带，未及休整，就接到刘希程的命令：收复济源城并袭击、截击东撤之敌。当晚，王旅长打来电话，命我率领两个营进山到赵李庄、间山庄、间斜、南夫人头、屯头一带，与第九十四师一部协力攻击济源城，限二十五日拂晓前部署完毕。我放下电话，立即与友军汤旅长协商部署事宜，各部均按时到达指定位置。

二十五日上午，日军三百余人出济源城东撤，我指挥部队在沁河南岸的赵李庄隔河阻击，毙伤日军三十余人，迫使该敌退回城内。二十六日上午，王之宇又命我率第一营进出济源城东南地区，袭击日军并相机占领济源城，同时令我团主力及第九九二团在济源以东沿济沁公路设伏，准备截击东撤之敌。那些天连降大雨，道路泥泞，影响日军的行进速度，对我军打伏击十分有利。但城内的日军也不甘被动挨打，二十五日夜，三百多名日军从西门出城，攻占了由友军守卫的东、西马蓬和东、西留村。二十六日夜，我率一营隐蔽接近东、西留村，冲进村内向日军投掷了一阵手榴弹后迅速撤离。日军顿时乱作一团，黑暗中互相对打起来，激烈的枪声一直持续到二十七日天亮后才停止。不久，日军在炮火掩护下开始东撤。我命第二连跟踪追击，主力向城关攻击。经过一夜自相残杀，惊魂未定的日军根本无心恋战，在我第二连的追击和侧击下伤亡严重，丢下数具尸体和许多马匹弹药仓皇逃跑。我率领第一连、第三连和机枪连攻击济源城，于当天下午将其收复。弃城东逃的日军一路上屡遭我第九九二团的截击，损失惨重，二十八日退入沁阳城。

战后，军部派人将崔吉庆抓获，准备枪毙他。我闻讯后直接去见军长郜子举，陈述自己的意见："此次攻城的是多兵种联合的日军主力，无论是武器还是兵力，均远胜于我军。上级仅派一个营守城，本身就欠妥。要想守住济源，至少也要一个团。再说崔吉庆是在城被攻破、伤亡严重、弹药用尽、后援不至的情况下才弃城突围的，所以责任不能只算在崔一人身上，请求军座对崔从轻惩处。"后来上级仅将崔吉庆撤职，未送交军法审判。

<h2 style="text-align:center">四</h2>

八月初，沁阳城内的日军陆续东撤，我旅奉命推进到沁博公路沿线截击。两旬中，我军共毙伤日军三百多人，仅八月十四日在博爱下水磨村附近的一仗就毙伤敌七八十人，受到第一战区司令长官程潜的嘉奖。我旅还发动当地民众，破坏了公路沿线的大部分桥梁，割掉了许多电线，使日军道路不通、电话不响。从日军翻译口中传出，沁阳日军头目曾哀叹"打不散的一六六，一六六不好打"。我师的作战与正在大规模破袭道清铁路西段的八路军陈赓、徐海东、黄克诚等部相呼应，沉重地打击了豫北地区的日军。

然而日军毕竟是狡猾的，他们乘我师东进沁阳、博爱作战之机突然西犯，于八月下旬袭占了济源城，然后向南进犯我师的根据地北邙山地区，企图夺取白坡、坡头渡口，切断我军的交通线。二十五日凌晨，我旅由沁阳万善出发，向沁河南岸推进。下午，第九九二团在济源以东的西湖村、梨林村与日军接上了火；我团到达裴村，得知日军已占领济源城，主力进至南夫人头、郭路、孙村、瑞村、樊庄一线，王之宇遂令我团原地待命。二十六日下午，我旅继续前进，当夜到达天浆、东南冢一带，听说日军已进至东、西轵城和夫人头，准备向北邙山进攻，刘师长正指挥我团和第九九二团各一个营在岭头、泗涧、大卫凹一线阻敌。当时情况万分火急，王之宇来不及请示，即令我团和第九九二团连夜抢占岭头至大卫凹一带。当我军到达时，日军已抢先一步占领了该地，我团奉命二十七日拂晓前夺回泗涧至岭头一线阵地。

二十七日凌晨一时，我团自东南冢出发，行至李庄、焦寨附近，两次与小股日军遭遇。部队且战且进，于当日晨到达泗涧、岭头一带。我团先头第三营还未站稳脚跟，即受到李庄、河口、郭庄日军的三面围攻。日军先以少数部队佯攻，诱使我军的轻重机枪和迫击炮发挥火力还击，然后集中炮火对这些暴露的火力点猛轰，摧毁了其中的三分之一。接着，日军主力在炮火掩护下向第三营猛攻。由于该营重武器损失较多，火力减弱，日军很快接近阵地。营长孔昭彬临危不惧，指挥部队向敌群猛投手榴弹，然后展开白刃拼杀，将敌击退，攻占了岭头、焦寨之间的高地。为此，孔昭彬营长献出了年轻的生命。

当天上午，日军以主力猛攻我正面阵地的同时，另以两股共千余人夹攻我军右翼。第二营营长陈志刚和营附秦镜均受伤，仍坚持率部奋勇抵抗，迫使日军退回原阵地。下午，第一营营长李太炎率部归还建制，立即向西进之敌发起反攻，夺取了赵庄以北的山地。战斗中，担任营长才一个多月的李太炎壮烈殉国。这时，刘希程率师直属部队到达东张凹，接着第九九二团和第九九五团也相继赶到，使我军之右翼得以稳固。当晚，刘希程命令各团于二十八日拂晓对当面之敌发起全线反攻。

二十八日晨，在我军即将开始反攻之际，日军突然集中炮火向我阵地猛轰，步兵和骑兵发起强大攻势。面对战局的突然变化，刘希程命令各旅、团指挥官要处变不惊，沉着应战，要死守阵地，待日军攻势顿挫时乘机反攻。上午，我军连续打退日军的冲锋，许多阵地前多次展开白刃战。激战至中午，敌我伤亡均重，我团的一些阵地被突破。下午，我军发起反攻，日军不支急忙后撤，我军恢复了原阵地。这一天我军毙伤日军七八百名，从日军未及运走的尸体中，我发现有大尉一名、准尉和伍长各两名以及曹长一名。

日军进攻我旅阵地连遭惨败，二十九日又转而进攻第四九八旅守卫的关山、无梁庙、东洋村一线。刘希程闻讯后即亲率第九九二团的两个连赶赴战场督战。怎奈当时该旅连以上军官多数不在前线，指挥系统瘫痪，大多数连队处于各自为战状态。刘希程往返奔波于各前沿阵地，亲自指挥，但也难免顾此失彼。激战至中午，该旅伤亡严重，阵地被突破，我军被迫转移阵地，退守大卫凹、庙凹、店留、坡头以西地区。刘希程非常恼火，决定将第四九八旅部队拨给王之宇指挥，并撤换作战不力的军官。

九月上旬，我团在济源城南西张凹村召开了一次战斗检讨会，总结渡河以来作战的经验教训。会上，我着重就八月二十七日一天中我团三名营长两死一伤的问题谈了自己的意见，我说：为对付日军的火力侦察和佯攻，初战时各连应指定少数火器经常变换阵地射击，不到十分有把握的射击距离不准开枪；待日军开始真面目攻击时，要以营、连为单位重新构成交叉火力网。今后，轻机枪要用变换脚杆三发至五发点射，除非敌人已到眼前，不准一梭子连续射击；重机枪和轻机枪都要凭借两三个阵地，严禁盲目地连续射击，否则就会暴露火力点招致敌炮轰击，而

302

且射击效果也不好。各种火器都要做到"三不打",即敌人不到几十公尺近距离不打,瞄不准不打,打不死不打。

## 五

一九三八年七月以来,我团团长刘法舜坚决要求辞职,并极力推荐我继任第九九一团团长。我深知刘的心情,就向郜军长建议:刘法舜年纪大,身体肥胖,在战场上行动确有困难,应设法推荐他到宝丰县任保安团长。将来日军若进攻豫西,他的作战经验多,在地方上也能发挥作用。郜子举采纳了我的意见。九月中旬,第一六六师再次进行人事调整:曹玉珩升任第四九八旅旅长,我任第九九一团团长,董达夫任第九九二团团长,黄淑任第九九六团团长。

我在第九九一团任职多年,对团内的情况十分熟,营、连、排长绝大多数都是我早年的学生,指挥起来固然容易。但我任团长后的第一件事就是严饬全团官兵务必严守军纪,绝不可有扰民之事发生。由于当时的战局十分严峻,我必须将主要精力集中在军事上,争取多打胜仗,积小胜为大胜。

九月二十日上午,我团一部在沁阳柏香设伏,击毁日军汽车两辆。同日夜,我令第三营营长张达率该营袭击苗店日军。第八连由村西北角越过鹿砦、铁丝网攻入村内。第七连在西门附近被日军发现,一名士兵用手榴弹炸死日军哨兵,即与第八连夹攻西门之敌。巷战中,该营毙敌三名,炸毁日军掩蔽部内的一挺机枪。后因日军援兵到达,第三营撤出战斗。次日晨,我团第一连又在西湖村附近伏击日军车队,炸毁其三辆。

九月下旬,军部获悉济源日军已增至数千,正在向西进犯,主力已越过封门口进入西阳河一带,一部仍滞留在封门口附近。郜军长令第四九六旅向封门口前进,协同友军夹击经封门口西犯之敌。为了麻痹日军,我采取了声东击西的战术,率领全团先去孟县冶墙村,扬言要攻打孟县之敌。在那里住了两天后,第三天晚上我率全团悄悄离开,急速西进,经中王、轵城、卫河、虎岭,于二十七日拂晓到达封门口附近。

封门口周围重峦叠嶂,地势险要,在两山之中只有一条通道,是封锁敌人通往山西的天然屏障,对我团非常有利。我率领全团到达封门口以后,遂令第三营派出一个加强连埋伏封门口,派出两个营设防大道北侧山地。

天空不停地下起雨来,路上泥泞难行。等了两天,日军果然在第三天上午十时许由东向西前来。日军唯恐中埋伏，先用大炮向封门口附近乱轰一阵，以试探虚实。我埋伏于封门口的部队并没有被敌人盲目乱放的炮火打乱战斗计划，一个个虎视眈眈地等候敌人前来。日军见封门口静悄悄的没有丝毫动静，便壮着胆子奔封门口开来。当日军前卫部队距我阵地二三十公尺时，连长一声令下，埋伏在封门口两侧的战士用步枪、机枪、迫击炮向敌人猛烈射击，毙敌三四十人，敌前卫部队顿时大乱。待日军后续部队和坦克冲来时，全连官兵又是一阵痛击，把敌人阻止在山坡下。日军发现封门口有防备，即调兵遣将，整顿人马，组织火力，全线出击。我军战士又扔出数十颗手榴弹，顽强地阻击敌人。阻击任务完成后，我团沿着预定路线，向清虚村方向转移。

雨越下越大，日军在空旷的山岭中无藏身之处，只好硬着头皮冒雨前进。我设防在大道北侧的战士，待日军前卫部队过后，又集中了轻重机枪、手榴弹、迫击炮拦腰向日军猛烈射击，把前后三百多公尺的日军打得狼狈不堪，抱头逃窜。日军发现我们的埋伏以后，又组织步、炮火力猛烈向我团阵地还击。日军虽人多势众，火力强我数倍，但终因我居高临下，敌人无能为力，双方足足战斗两个多小时。突然山洪暴发，将大路上的日军截成三段，我团官兵乘势又向日军进行猛烈射击，使敌人损失惨重。

天晴雨止，山洪稍微减退，日军并未善罢甘休，又组织部队分两路向我夹击。我见截击任务已经完成，乃通知第一、第二营向北面高山转移，团部和其他部队退入山后的村庄。日军又打了一阵枪炮，日军指挥官用望远镜向四周观察一会，见山上一点动静都没有，才放心地让士兵打扫战场，清理辎重、武器和伤亡人员，然后离开封门口，往西缓慢而去。

日军西去后，我从山上下来，到刚才袭击敌人的路上看了看，只见三百米长的大道上和路旁草地上，虽经雨淋水冲，仍是血迹斑斑，腥味扑鼻。估计这次战斗日军伤亡三百多人，而我官兵无一伤亡。这是我团半年来抗击日军打得最好的一仗。

# 濮县战役

周云章※

一九三八年四月，日军占领了河北大名，又南犯清丰、南乐，继而侵占濮县，在李桥、董口、鼓楼一带渡口过黄河，直扑曹县，企图切断陇海路钳击徐州，以配合徐州会战；并留一个联队占据濮县，以保护黄河渡口和作为其后方基地。范筑先将军率领鲁西抗日武装约六千余人围困敌人将近两个月，进行大小战斗数十次，击毙击伤数百敌人，缴获机枪、步枪、钢盔、军旗、电线杆、罐头等大宗军用物资。在我们对敌人严重打击下，濮县终被收复。兹将几个主要战斗记述如下。

## 收复范县

范司令接到敌人占领濮县情报后，于三月十六日（阴历二月十五日）召集第二、第五、第六、第十九、第二十二和第二十三各支队司令以及直属有关人员在聊城开会，布置战斗任务。会上范司令介绍和分析了敌情，大意是：敌人占领濮县，主要任务是掩护板垣师团进攻徐州。日军兵力约一个联队，不到一千人，联队长是大乌，还有伪军千余，装备有平射炮和小山炮等轻武器。我们为配合徐州会战对濮县敌人进行围困。要对士兵作很好的动员，说明道理，行军时要维持群众纪律。凡是徒手没有武装的和土枪土炮都留在后方，兵要精干。二月二十日到范县西三十里一带集中待命，到那里再交代具体任务。他谈完后便展开军事地图，确定了各支队的行军路线和驻军地点。并确定由崔乐三组织濮县、范县、

---

※ 作者当时系鲁西抗日游击总司令部参议。

朝城等县临时兵站，负责作战供应；袁仲贤参加作战指挥；姚第鸿负责组织群众。大家进行了讨论，会后，各返原防做准备。

三月十九日，范司令、袁仲贤和我率领传令队、手枪队和二十余名骑兵先到了阳谷，第二支队李团也随我们一同出发。侦察员报告，濮县日军百余和伪军一部，已占领了范县。随即打电话通知寿张县大队即刻出发迎击范县之敌，并命令李团于当夜两点出发赶赴范县，我们也率领直属部队随后赶来。次日下午四五点钟即到了范县东北十五里之李台村（今阳谷县李台乡政府所在地）。据报敌人出城东犯，即命令部队以战斗队形堵击敌人。在城东五里子路堤和敌人接触，双方相持有两小时之久。范司令派一个连兵力从右侧进攻，县大队从左侧进攻，又派二十名骑兵绕敌后方，李团和直属部队正面突击。范司令亲自指挥。敌人看到四面被围，而且天色将晚，即向西狼狈溃退。我们跟踪追击，敌人在范县没敢停留即向濮县逃走，范县遂被收复。

当天晚上，范司令率部队进驻范县城内。范县县长周子明率县府人员随部队也进了城，并召集警备队、公安局等机关恢复秩序，安民守城。这次战斗敌伤亡十余，俘虏伪军七人，我伤亡七人。

## 围攻濮县

三月二十六日拂晓出发，行至白衣阁区公所，约十点，段区长准备好了早饭，稍事休息，下午三时即到达了濮县东北十八里之大李庄。

参加围困濮县的部队有第二、第五、第六、第十九、第二十一、第二十二、第二十三和第二十六支队，还有直属部队游击营、卫队营、手枪连等，共约六千余人。部队都按时到达了指定地点。当天晚上范司令就召集了栾省三、布永言、刘跃庭、袁寿山、于其水、韩春和、石鸿典、林金堂、路子衡等二十余人召开第二次军事会议。范司令把围困濮县的重要意义重新作了详细的阐述，并分别交代了具体任务：第六、第十九、第二十六三个支队进攻北门，是主攻方面；第二十三支队佯攻南门，以吸引敌人；由刘宅南部派两个连到黄河渡口李桥一带警戒，以防河南之敌增援；另派林金堂的游击营两个连及县武装在濮县西北二十五里之某镇布防，以堵击大名增援之敌；第二支队、手枪连、游击营、卫队营等部担任总预备队。总后方设在大李庄，前方临时指挥所在濮县东北十五里之王家堤口，总兵站设在城东杨集。并叫濮县政府组织城附近民团站岗放哨，配合主力作战。在会上又规定了进攻时间，统一联络信号，划分了各支队进攻地带。各回原防做准备。

三月二十八日夜十二点，南门袁寿山部首先打响。他们用猛烈的火力袭击南门，以吸引敌人的注意力。东线各支队也开始进攻，并占领了东关。北线韩春和、栾省三部也占领了距城一里许之丁庄、葛楼一带。这时敌人把炮火都集中在北门，控制着北关。韩春和、栾省三、布永言都亲自在前线指挥，几次冲击都被敌人火力所阻，一直打了三个多小时。天快亮了，我们都撤出战斗。东线和北线都撤到距城五六里一带，进攻南门和担任其他任务的部队也各返原防。这次战斗北门打得最激烈，我伤亡二十余人。

战斗结束后，当晚七时，在大李庄召集各支队司令开会，汇报战斗情况，总结战斗经验。

## 北门歼敌

围困敌人约一周之后，四月二日（阴历三月二日）拂晓，在三辆坦克的掩护下，约有三百日军和伪军一部出北门向我袭击。行至葛楼以南，坦克即陷入了防坦克壕内，不能转动。我和韩春和、栾省三、布永言等看到敌人坦克已被打坏，遂率领部队从左右两翼冲上来。这时，范司令派袁仲贤率李团两参谋到了前方阵地，看到敌增援部队已出城，唯恐受损失，即命令布永言部向马路以西撤，韩春和向马路以东撤，栾省三向城东北撤。倘敌增援部队再对我进攻时，布、韩两支队从两翼反击敌人，栾部插到敌人的后方，以堵其后路，另派总预备队一个营的兵力堵击正面。待布置好后，敌增援部队已修好坦克，拉了死尸，收容溃散的日军撤退回城。我们追击了一下，又各撤回原防。这次战斗击毙击伤敌六七十人，缴获饭包、水壶、皮鞋、钢盔以及枪支弹药甚多。我们伤亡三十余人，内有两名排长。这次胜利，政治影响很大，全县很快传开，四乡群众前来慰劳者络绎不绝。

第二天范司令在大李庄召集各支队领导开会，总结这次战斗，会上特别表扬了韩春和等机动灵活的战法、英勇果敢的精神；并指出，这次敌人遭到失败，但他们不会甘心的，一定会寻机报复，要求各支队把工事修好，把地雷埋好，把防坦克壕挖好，把武器弹药修理保管好，严防敌人的突然袭击。

四月五日，范司令、袁仲贤和我到前线视察阵地，检查了工事构筑情况，首先仔细观察了围困北门的几个支队的每一个工事和战壕。范司令很亲切地对士兵们说："这次你们打得很好，不仅消灭了六七十个敌人，还得了很多战利品，敌人的坦克也被打坏了。这就有力地证明了敌人并不可怕，坦克和好武器也不可怕，问题在于我们是否敢打。只要我们敢打敌人，最后胜利就一定是我们的。"接着又对干部们讲："要把工事修好，准备迎击敌人的突然袭击，千万不可麻痹大意！"当检查到六支队时，他看到工事修筑不合要求，便亲自指挥修好一个样子，召集了其他支队的干部参观，当时对布永言、韩春和、栾省三严格地指示说："你们今后必须按照这个样来修筑工事！"

开完观摩会后，天已正午，范司令就蹲在士兵中间，拿起一个饭碗和他们一同吃饭，我们也参加到士兵队伍吃饭。范司令一边吃，一边笑指着碗里的饭和菜说："你们吃的可不错啊，老百姓哪能吃到这些。如果日本侵略者打不出去，做了亡国奴，想吃这样的伙食是不可能的。"饭后又到了城东防地，也仔细检视了每一个工事和战壕，直到天黑才回到大李庄。士兵们看到范司令亲自到了前线，得到首长的鼓励，无不精神振奋，斗志昂扬。

## 麦田伏击

我们的围困工事修好之后，敌人很长时间没敢向我们出击。因为城内缺粮，马缺饲料，敌人每天到城外附近放马吃麦苗。围城战士看见敌人肆无忌惮地出城放马，纷纷向上级反映，要求"先干他一下再说"。请示范司令，范说："不要慌！先麻痹敌人一下。咱们要放长线钓大鱼，待机而行。"并通知东门部队今后不许打枪，以麻痹敌人。我们每天注意观察敌人的情况变化。果然，敌人开始在城附近放马，附近麦苗吃完了，逐渐向外扩展。时间一久，成为习惯。待扩展到城外三四里之远，城上火力已接应不上，这时范司令计划打一个伏击战，消灭放马的敌人。四月二十六日，从各支队和直属部队选拔了百余精干士兵，又从地方上物色善于打枪的好猎手，组成了一个二百余人的突击队。每人配备子弹一百发，手榴弹六个，枪上都配有刺刀，准备进行白刃战，并配了四挺机枪。战士们都进行了伪装，头戴草箍，身披草蓑衣。一切准备就绪之后，范司令召集讲话。他风趣地说："这次该钓大鱼了，鱼已上了钩，只看你们的本领了。"接着提出了打伏击战的几点要求：第一要隐蔽好，不要提前暴露目标；第二要进行突然袭击，出其不意，攻其不备，使敌人措手不及；第三要沉着勇敢，千万不可慌；第四要猛打猛冲，使敌人遭到伏击后，在暂时的混乱中无还手之力。接着，袁仲贤也讲了话，因为袁是南方人，很多人听不懂，范司令等便不断作解释或重述。

下午，袁仲贤带领几个干部到城东敌人经常放马的地方进行阵地侦察。四五月的季节麦子已埋过人，伏在麦田里十几米远也难以发现，正是打伏击的好时机。袁仲贤等离开了王家堤口，直奔距城四五里之某村，对那一带地形进行了详细观察并作了标志，对可能发生的几种情况和如何打法作了估计和计划。他们回来之后又作了具体研究，晚八时向范司令作了详细汇报。范司令很审慎地检查了他们的计划，并嘱咐袁仲贤说："打埋伏一定要胆大心细，千万不要麻痹大意。"决定部队夜间一点出发，三点前埋伏好。

夜十二点半，战士们都吃完了饭。临出发前，范司令又讲了话，一再强调"千万要沉着"。夜一点，队伍离开了王家堤口，绕过村庄，直奔伏击阵地，于拂晓前埋伏在城东北四里许一块麦田里，挖好工事，架起机枪，做好了一切战斗准备，单等敌人到来。

队伍隐蔽得很好，在麦田里趴了几个钟头，没有暴露目标。有的战士等得不耐烦了，小声和袁仲贤说："这次鱼钓不成了吧？"袁仲贤鼓励他们说："不要慌！打埋伏仗就是要有耐心，敌人总会上钩的。"一直到九点多钟，果然有二百多匹马活蹦乱跳地从东门出来了，后边有七八十名日军赶着，散在麦田里渐渐向东北伸展。因为城附近麦子大部分被吃光，马群很快进入了我们的埋伏地带。战士们看到敌人步步接近，恨不得一口把他们吞下去。只有一二百米了，已听到马蹄声，还没有打的命令。待接近到百米左右，只听袁仲贤一声"打"，机枪、步枪、手榴弹齐发。马听到枪声和手榴弹爆炸声，立即惊不成群，四处乱窜；七八十个日军遭到突然袭击，在马冲枪击之下，也乱成一团。我们二百多名勇士端起步枪冲上前去，打得敌人嗷嗷乱叫，抱头逃回城去。当场击毙击伤日军三十余人，击毙马三十匹；缴获马三十余匹，枪支、弹药、钢盔等战利品甚多。城内敌人出来增援时，我们已打扫完战场，携带战利品凯旋了。

第二天，范司令召集附近村庄群众开了个庆祝大会，把缴获的战利品和活马都作了展览，一部分死马分给了群众。范司令在会上讲道："我们的军队也是老百姓，只要加强训练，就能抗日就能打日本，敌人并不可怕。"

敌人初占濮县的时候十分疯狂，每天三五成群出来烧杀抢掠，扰乱得城附近的群众日夜不安。我们就把城附近的青壮年都组织起来，站岗放哨，捉拿汉奸，几乎每天和日伪都有战斗。有一次，城附近民团捉了两个日军，带着两支大盖枪到司令部请赏。范司令当即把枪给了他们，并鼓励说："你们打日本兵打得很好，出来一个消灭一个，出来两个消灭一双。只要我们老百姓都组织起来，就有抗日力量，有了力量就能卫国保家，我们中国是人山人海，敌人迟早会淹死在这里！"

## 城南伏击

鲁西北抗日武装配合地方民团，围困敌人快一个月了，敌人气焰逐渐被打下去。过去每次扰敌，敌人火力十分猛烈，只要向城上打几枪，敌人的机关枪、小炮就疯狂地向我们打一阵，后来火力也逐渐减弱了。敌人为巩固濮县据点，又从济宁调汽车数十辆、日军二百余增援。范司令得到情报后，召集我和袁仲贤，计议打一个伏击战。

援敌已从济宁出发，很快即到黄河渡口，因此没有更多的准备时间。范司令叫我马上打电话通知距司令部较近的五、六支队，各排选六十名有战斗经验的战士，由一个连级干部率领速到王家堤口司令部集合；从第二支队也挑选了一部分。共二百多名，组成一个突击队。当天下午都集中在王家堤口，经过简单动员，由袁仲贤率领，于当晚出发。五月二日（阴历四月初三），部队埋伏在濮县东南十余里的沙窝里。

这里地形起伏，灌木丛生。靠北是一片开阔地，从黄河渡口到濮县城的汽车路贯穿中间。部队埋伏在公路两边，准备夹击敌人，一直到次日十一点，仍没有一点动静。正准备撤走，忽听东南方有马达声，用望远镜看到几十辆汽车由东南向西北蠕行。战士们摩拳擦掌，专听号令一响出击。汽车越来越近了，在大队汽车前方数百公尺远，有两三辆侦察车。这时第六支队有个战士"呼"地打了一枪，敌人发现有情况，马上下了汽车，二百多日军端着枪，喊着杀声，凶猛地冲上来。我军利用有利地形和敌人相持两小时多。敌人集中火力向六支队猛冲，他们支持不住，即向北撤退。北边是一片开阔地，在敌人的火力追击下，我伤亡三十余名。其他部队也撤出了战斗。敌人汽车开进了濮县城。这次伏击战没有收到预期的效果，但也给敌人很大打击。

## 七里堂战斗

敌人进抵濮县后，范司令率直属部队二百余人，于五月九日（阴历四月初十），进驻城东北七里堂以布置军事。敌人很快得到了情报。次日拂晓，日军五十余配合三百余伪军，向我七里堂临时指挥部突然偷袭。

当时的情况是这样的：

　　七里堂村有一个残破的土围子，周围有些树木。栾省三司令部驻东南某村，第六支队驻正西某村，三个村成掎角之势。范司令到了那里之后，即叫特务连派出岗哨，在围子四周挖了简单的工事，向西南方派出了游击哨。大约在夜里两点多钟，哨兵听到城东关有狗咬声，他们就提高了警惕，注意着前方的动静，游击哨已做了战斗准备。果然于黎明前发现前方有人影移动，急问"口令"，没有回答。哨兵发现有敌人偷袭，就开枪射击。这时敌人随枪声冲上来，我们的哨兵边打边退。范司令听到村外枪声很激烈，马上起来，带着传令队、特务连跑出村外，占领了阵地。这时，日军已经离我们只有三四百公尺，喊着杀声猛向前冲。范司令亲自指挥部队，利用土围子向敌人猛烈扫射，阻止敌人前进；同时叫我打电话，马上通知布永言、韩春和、栾省三三个支队火速来援。命令布永言率队直插敌人背后以击其尾，韩春和攻其右侧，栾省三除派一部兵力攻敌左侧外，栾本人率主力火速来七里堂增援正面。栾省三得知范司令被袭击的情况，立即手拿匣子枪，率其主力飞奔七里堂增援。这时，敌人又组织了第二次进攻，火力更加猛烈。敌众我寡，我们阻止不住敌人的前进，并已伤亡几十人，范司令的警卫员也有数人受伤。敌人冲到距我阵地几十米时，战士们便用手榴弹向敌人投掷，眼看就要进入白刃战。警卫员十分着急地劝说范司令急速离开阵地，但他仍很沉着地在阵地指挥。正在千钧一发之际，栾省三光着膀子，领着几十个弟兄，像猛虎一样从背后冲上来，把敌人顶住。栾省三为保护总司令的安全，一边劝说，一边把他拖下阵地。敌人仍不顾生死地向前冲击。这时，忽听到右侧方有枪声，韩春和从右侧增援上来。敌人看形势不利，急想后撤，但后面又响起枪声，布永言已抄其后路，敌人只有从西北方向绕道逃窜回城。这次战斗敌伤亡四五十人，我伤亡七八十人。

　　战斗结束后，范司令回到王家堤口，召集各支队司令开会，总结这次战斗经验教训。在会上特别表扬了栾省三英勇果敢，奋不顾身，使这次战斗化险为夷；并对各支队提出要求，今后一定要严加警惕，防止敌人再发动突然袭击，对各支队的防地又作了重新部署。

## 石墓头伏击

五月二十九日，徐州失陷①。日军在濮县设据点以保护黄河渡口作用就不大了，估计敌人可能要放弃濮县。据侦察报告，濮县城内汽车大都开走，还留有三十多辆，六月上旬将全部撤走。范司令召集袁仲贤和我计议，决定在濮县西南十五里之石墓头一带打一个伏击战。决定之后，就从第二十一支队、第六支队和直属卫队营抽调有作战经验的战士二百余人，组成一个突击队，于六月五日（阴历五月初八）集中在王家堤口前方指挥部。范司令作了动员，说明这次伏击战的意义，并提出一些要求。部队正准备出发时，濮县西南温庄、文庙两村的村长到了指挥部，诉说日本兵烧杀抢掠，民不聊生，请求派兵帮助抗敌。范司令就请他当向导，率领队伍开往濮县西南寻找战机。

六月六日部队做了一天的行军准备，夜间出发了。范司令、袁仲贤、姚第鸿率领传令队黎明才走，沿着大堤赶上了部队。七日上午十一点，部队在濮县城北五里之高家寺吃午饭，下午绕过濮县城，经十里铺、姚庄、王堌堆庄，到了温庄、文庙，分别住下，范司令住在文庙。晚上，范司令请了几个当地群众，询问了一下敌情和这一带的地形，并和袁仲贤等研究了作战计划。

石墓头村是敌人汽车往返必经之路，因此决定就在此村打伏击。第二天下午，范司令召集了该队干部到石墓头侦察地形，走到姚庄，侦察员报告说：敌人一百多辆汽车自濮县开来，已听到了马达声。范司令急率这些干部赶到石墓头南三里的小刘庄。刚进村，一个老百姓跑来向范司令报告说，敌人汽车有一百几十辆从西向东开来，车多是空的，每车都有日本兵。范司令得此情报，知道情况起了变化，便在小刘庄停留了几小时。等敌人汽车过去，又听到东南五六里黄河大堤上有激烈的枪声。侦察员报告说，濮县城内约三四十名日本兵，穿着中国衣服，伪装或游击队偷袭温庄，在黄民埝和第六支队游击哨遭遇，已被击退。

天快黑了，敌人的汽车又从东向西开过。派人在村上用望远镜观察，共六十辆；停了一会儿，第二批又来了，有六十七辆，车上装着军用物资，用布蒙着。根据上午情报东去一百六十三辆还有三十六辆未开回来，我们就计划在石墓头打这三十六辆汽车。

---

① 据《中国事变陆军作战史》，日军于五月十九日占领徐州。

　　天黑了，范司令又率领这些干部到石墓头侦察地形。村子正中间有一座庙，庙前就是一条东西汽车路；村四周有一道已坍塌不齐的土寨子墙，寨外都是树木和苇塘，便于隐蔽；到处都是小路，出入很方便，打伏击具备很好的条件。大家随范司令围村转了一遍，边走边研究，哪里埋地雷，哪里设伏兵，哪里安机枪，哪里挖枪眼等等，都作了布置。范司令并叫标记下了地形和军事要点。大约有两个多小时，从东寨门东行二里许，在崔庄稍事休息，即回到宿营地小刘庄。已有半夜了，范司令召集这些干部开了个会，一再嘱咐说："打伏击战一定要勇敢沉着，有勇有谋。和日本兵作战要胆大心细，行动迅速。千万不要大意！"并作了具体布置，要工兵队把地雷埋设在村东西两头，在临大街的房顶上、庙门内和通大街的院子中都挖好枪眼，修好工事、鹿砦、陷阱。如敌人从东来先拉村西地雷，后拉村东地雷，把敌人夹在中间，埋伏在房顶上、院子中的部队听到地雷声即开始射击，把敌人消灭在村子里；如发生不利情况要交替掩护，互相接应撤出村外。会后，袁仲贤随着队伍出发到石墓头布置阵地。直到鸡叫时，范司令才稍休息片刻。

　　天未明，范司令就起来到石墓头检查，从村东到村西一个个工事都进行了细致观察，最后他满意地说："布置得还可以！"然后就到石墓头西南一里许之小李庄等候战果。

　　九点多钟，听到村西南有汽车声，大家都做好战斗准备。不到一刻，村西已发现汽车一百多辆，第一辆已中地雷，其他车上的敌人下来车即向村中攻击。村内伏兵也开始向敌人射击，因众寡不敌，最后撤出村北。范司令听到石墓头枪声打响，正想出村看看，这时敌人已转移主攻方向，从李庄西北攻了上来，村西的警戒一边打一边后撤。情况十分紧急，范司令命令往村东南高地转移。刚出村，敌人已占领了村西头，用火力猛烈追击。范司令和直属队一边跑，一边隐蔽，终于突围出了敌人的火力网。跑了约一里许，到了一个高地，才开始还击。打了半个小时，敌人也没再追击，范司令就在距石墓头六七里的一个村庄住下。敌人汽车开进了濮县城。

　　第二天，据侦察员报告，敌人全部撤走了。范司令马上派工兵队进城搜索了一天，以防敌人埋设地雷，同时对城外也进行了搜索清除。范司令随机关进了城，住在西街县政府内，以总司令的名义出"安民布告"，大意是：日军盘踞月余，人民生灵涂炭；今敌军已被打跑，以后可以安居乐业；现在虽然胜利了，但仍要提高警惕，加强防守，以防敌人卷土重来；等等。对受害者都予以安置，房子被破坏的由政府帮助修建，

范司令亲自到受害者家里慰问。还由政府组织了一个小型庆祝会，参加
的有地方士绅、各区区长、民团团长以及当地机关、群众共四五百人。
范司令讲了话，大意和布告相同。会后，群众送了许多慰问品，范司令
都予以谢绝，概未接收，并向群众说："国难当头，群众的负担很大。收
复濮县是我们尽守土之责，接受这些东西是爱民呢，还是增加人民的负
担?"范司令在濮县住了几天，即经冠县、馆陶，去河北威县会见徐向前
司令。各支队除留冀振国十三支队驻防濮县外，于其水调禹城，韩春和
回铜城，石鸿典调阳谷，袁寿山回范县。他们在返防途中受到群众热烈
迎送。

# 西阳河之战

车国光<sup>※</sup>

一九三八年六月上旬，第三十八军第十七师奉命由晋东南高平开赴晋南平陆茅津渡附近，归还建制。进抵阳城横河镇时，奉第二战区副司令长官卫立煌急电："限即到。赵师长：〇密。一、敌酋铃木率领一个师团及骑炮特种兵共约两万余人，并附有装甲车五十余辆，在豫北新乡一带集结，有西犯模样，企图打通济垣公路，以策应晋南三角地带之作战。二、你师即以主力推进王屋、封门口附近，协同我王屋附近之八十一师坚守阵地，阻止敌人西犯，并将敌之动态随时电告。卫立煌。巳鱼丑。参三。"

师奉到这个电令以后，即作如下部署：一、令李维民第九十七团务于虞日（七日）黄昏前集结封门口以南与第八十一师取得联系，构筑工事，准备迎头痛击西犯之敌；二、令陈际春第九十八团（欠一营）配属张恒英独立营、殷锐敏工兵营、赵益元炮兵营（欠一连），务于虞口黄昏前集结封门口以北地区，与李维民团取得联系，构筑工事，严阵以待；三、令张复振第一〇一团集结邵原以东西窑门、东洋店地区，随时策应李、陈两团作战；四、令刘威诚团集结邵原附近，构筑工事，作为师总预备队；五、师部进驻邵原。

## 前哨战

敌于八日晨突破第八十一师阵地，长驱直入，十时炮击封门口李团阵地，并有飞机三架轰炸扫射。敌几次猛扑，均被我击退。中午十二时

---

※ 作者当时系第三十八军第十七师机要员。

敌又猛攻。陈际春团反复肉搏，双方伤亡惨重，但敌未越雷池一步。师决心将敌阻击于封门口以东，令第一〇一团增援。

敌于十日凌晨再举向我猛扑，全线展开激烈战斗。师长赵寿山、贺粹之亲临前线督战，阵地失而复得者数次。官兵奋勇杀敌，伤亡连长以下二百余人，遂将师预备队投入战斗。血战数小时，毙伤敌达三百余人，战斗暂停。

午夜，奉战区急电："限即到。赵师长：〇密。一、敌情如贵官所知；二、战区决心将西犯之敌聚歼于西阳河附近，已令围攻侯马之第十四军李默庵部（十师、八十三师、八十五师）限元日（十三日）到达蒲掌、双庙、南羊圈、李家古垛、芮村之线。你师必须不惜任何牺牲，将敌阻击于邵原、崔家庄、蔡家庄附近，达到歼灭西犯之敌之目的。"

敌于十一日拂晓又向我阵地发起猛攻，先以飞机轰炸，继以山、野炮轰击。激战约两小时，因官兵伤亡过半，赵、贺二师长令节节后撤，退守邵原，再歼西犯之敌。

敌于十二日，除以飞机在我邵原上空侦察外，其步兵未发动攻势。

敌于十三日拂晓，开始向我全线猛扑，经半小时白刃战，因众寡悬殊，第八十一师后撤，敌先头部队冲入邵原展开激烈巷战。此时卫立煌命令："限十分钟到。贺师长、赵师长：〇密。第十四军现已到达皋落，预计寒日（十四日）始能到达蒲掌附近，你师必须在邵原艰苦奋战，阻止敌人西进。待第十四军到达，各师进入蒲掌、双庙、南羊圈、油房、芮村阵地后，让敌西进，你两师在敌人后方截断交通，随时袭击西犯之敌，策应李默庵军作战。卫立煌。已元戌。参三。"

苦战两日，第十七师、第八十一师伤亡过半，若再死守邵原阵地，有全军覆灭之虞。副师长陈硕儒深谙韬略，他对部署作出如下决定：邵原以北有个北寨村，可以瞰制邵原，此地不失而敌不敢西进。令第九十七团李团长进驻邵原以北崔家庄、蔡家庄，在北寨村集中两个加强营，配属师炮兵营山炮连、警卫连一个加强排，每人手持二十响，带十颗手榴弹，待敌接近北寨村外壕时展开近战，能全歼敌人于外壕。

果不出陈副师长所料，于寒日（十四日）拂晓，敌纠集步、骑、炮五百余人，向我北寨阵地猛攻，激战两小时，敌未得逞。敌复由邵原抽调增援之敌五百余人再举向我阵地猛扑。师又令第九十八团陈团长率领该团主力向邵原附近增援。待敌人逼近我外壕时，机枪、步枪、手榴弹同时向敌猛射猛掷，敌伤亡约二百，我亦伤亡连长闻尚友以下官兵一百五十余人，但北寨阵地屹然未动。敌人未能按预期西进，我完成了战区作战计划，师长赵寿山擢升第三十八军军长，副师长陈硕儒调升第一七七师师长。

敌于十五日拂晓开始向西进犯，十二时左右与我李默庵部在河东、纸方头、王古垛、下马全线展开激烈炮战。从此，会战序幕正式拉开。

## 第一次攻势

六月十六日，敌在飞机掩护下向西阳、蒲掌进犯，被我第十四军第八十三师迎头痛击，狼狈回窜。后敌人纠集重兵再度猛攻，仍未得逞。敌酋为了达到西犯之目的，曾枪决一个联队长（团级）以示众（据俘虏供词）。敌到西阳河以后，邵原被我军克复，截断敌后路。在南北不过二十里、东西约八里的西阳河，敌死守待援。

六月十六日，战区急电："限三十分钟到。李军长，赵、贺师长：○密。窜犯西阳河之敌，前不能进，后不能退，已陷入我军包围。各军、师长应亲督所属于筱日拂晓同时向当面之敌展开猛攻，一举而歼灭之。卫立煌。已铣西。参三。"

为了执行这一命令，每师派一个加强团于十七日拂晓同时向敌猛扑，其详细战斗部署如下：一、第十师向南西沟、东坡之敌攻击相机占领之；二、第八十五师向李家古垛、石家庄之敌攻击，相机占领之，再向下马推进；三、第八十三师向双庙、南羊圈攻击，相机占领，并向张家凹、下马推进；四、第十七师向纸方头、王古垛攻击，相机占领，扩大战果，向旬古垛推进；五、第八十一师向提沟、前提沟盘踞之敌攻击，相机占领，再向下马推进；各师如达到预期计划目的，必须扩大战果，会师下马、窑头附近。各师均按时出击了，因敌火力猛烈，负隅顽抗，均未达到预定目的，为了避免白天损失过大，于十二时左右均自动撤回。

因白天敌人火力过强，攻坚伤亡过大，得不偿失，战区指示："白天炮击，夜晚偷袭。"连续十日，敌补给中断，依靠空投，仍负隅顽抗。

## 第二次攻势

经过连续十个昼夜攻击，敌依靠空投维持生活，士气消沉。卫立煌又命令发动第二次攻势，其电文如下："即到。各军、师长：○密。盘踞西阳河之敌，经我军连日袭击，已处于危境。各军、师务于宥日午夜全线展开向敌猛扑，全歼西阳河之敌。并令第九军四十七师星夜推进蒲掌附近归李军长统一指挥；并令驻垣曲城我独立第五旅及战区炮兵团星夜推进东郭家山附近，均归李军长统一指挥。余在垣曲莘庄村。卫立煌。已有辰。参三。"

奉到命令以后，各师派一加强团，共计七个团兵力，另配属炮兵一个团，于二十六日午夜同时向当面之敌展开猛攻。经激战后，第十师克复东坡，第八十五师收复李家古垛，第八十三师攻克南羊圈，第十七师攻克茶坊，第八十一师攻克提沟，各部均有所获。正在扩大战果之际，敌机五架低空盘旋轰炸扫射，使我官兵不能抬头，各部均退回原地。此役共计毙敌五百余人，俘二百余人，获步、机枪二百余支。我军伤亡二百余人。

## 第三次攻势

六月二十八日又奉卫立煌指示："限即到。各军、师长：〇密。晋南之敌有向东进犯模样，企图策应西阳河之作战，有会师垣曲县城之打算。战区决定，再抽调第五十四师及战区山炮团星夜推进尖疙瘩、陈家庄、南蒲一线围歼西阳河之敌。各师务于艳日（二十九日）部署完毕，午夜十二时均向当面之敌开始猛攻。卫立煌。已感午。参三。"

各师奉到电令后，均派一加强团配属炮兵一个连先行轰击，待摧毁敌工事后实行猛攻。此时除南羊圈、双庙及茶坊一带有激烈枪战外，其他地区并无枪声。攻击茶坊之第十七师第九十八团第一营营长呼品一及官兵二百余人壮烈牺牲。各部队不协调，指挥不统一，致攻势未能奏效。

七月三日，敌五千余人由横岭关东犯，六日进抵皋落，沿皋垣公路向垣曲县城进犯。战区命令围攻西阳河之部队全部转移于垣曲西南山中柴火圪塔、孟家峪、马道岭一带。第十七师及第八十一师转移于阳城横河镇、黄北角、二里腰。而西阳河之敌即与横岭关之敌会师。

经过月余包围，西阳河之敌未能全歼，此成憾事。

# 忆豫北抗日战斗

王永川※

一九三九年四月初，我奉派担任第一战区政治部驻独立游击第八支队政治联络员室助理（后升任该支队政治部代理主任、主任）。第八支队司令董良俭、副司令王国然（董死后王继任司令），先后配属朱怀冰第九十七军和裴昌会第九军，在豫北辉县、武陟、修武等地多次给日军以打击。现将我所了解的一些战斗情况回忆于下。

## 石门口战斗

一九三九年四月七日拂晓，忽听驻地东南方向响起了枪声，顷刻间机关枪、步枪、手榴弹、大炮声响彻黎明的天空。司令部立刻通知各单位准备战斗。这时我驻在辉县石门口南面的上八里、下八里的部队，已和来犯之敌展开激烈的战斗。

在此之前，我参谋处得到情报：华北日军当局，发动所谓"春季治安强化运动"，令驻新乡之敌酋，联合豫北辉县、获嘉、修武等地敌伪军三千余人，配备山炮数十门、飞机三架，准备向太行山沿山一带进行搜山"扫荡"。由于往日我第八支队曾多次袭剿他们的据点，破坏铁路交通，抢截日军军车等，日军及伪军对第八支队恨之入骨，所以这次搜山，主要消灭对象就是第八支队。我支队司令部对此已有准备。

双方在上八里一带激战约半小时，天色大亮。这时，敌机三架飞临

---

※ 作者当时系第一战区政治部驻独立游击第八支队政治联络员室助理，后任第八支队政治部代理主任、主任。

低空助战，先是低空盘旋扫射，继而轮番轰炸。日军从东、西、南三面向我军进行攻击，我军奋勇抵抗，终因寡众悬殊，伤亡过重，不得不且战且退，向石门口转移。日军付出很大代价，侵占了上八里。

敌人占了上八里后，调集大炮，集中火力，向石门口猛烈轰击，敌机也一个劲向地面我军扫射轰炸，这时我们这些徒手兵随军后撤。敌人大炮总是一次三发，先听"咚"地一响，几秒钟后"嗖"的一声呼啸，炮弹从头上飞过，落在前后左右，硝烟弥漫，血肉横飞。几十门大炮一齐连续轰击，一时空中炮弹如梭，地面枪子似雨。身处此境，"害怕"二字已不存在，只有前进，转入有利阵地，才能回击敌军。奋战至午，我石门口之掩护撤退部队完成任务后，遂向石门东沟转移。这时司令董良俭带领司令部各直属单位和眷属先撤入东沟，副司令王国然、参谋长刘彤轩、前任政治部主任刘俊、第一团团长王光绥等留在母猪岭各要隘，进行新的部署，准备待机伏击来犯之敌。所有轻重机枪、迫击炮都集中到母猪岭，附近山头及坡凹皆有部队埋伏。

## 母猪岭大捷

当天午时，日军挟其飞机大炮之威势占据石门口，接着将所有大炮架在石门口山头，一个劲地向东西山沟轰击，轰击了一个多钟头才停了下来。

我们在母猪岭山头，站在高处向石门口瞭望，观察敌人动静。只见有几个日酋，骑着东洋大马，挎着明晃晃的指挥刀，手拿望远镜，在向东西沟瞭望。大概日酋认为中国兵已四下星散逃入深山，于是在马上把战刀一抢，不知喊了声什么，只见一队骑兵，沿东沟山腰之小路，扬鞭打马向北冲来，后边大队人马跟踪而进。

我方埋伏在母猪岭的伏兵，在副司令王国然的指挥下，把冲在前边的敌骑让过，待后续敌兵进到母猪岭对岸时，王一声令下，我方十几挺机枪及迫击炮、步枪等瞬即向对岸山腰小路上之敌猛烈射击。敌人顿时马仰人翻，有的洋马又蹦又踢，想折转逃走，身未转过，连人带马摔跌沟底。没死的前拥后退，你推他扛，敌人好像下饺子般滚落山沟，山坡上、树枝上挂满了跌落下来的敌尸、马鞍、衣服等物。我们取得了大胜，据估计敌人被打死摔死的约四百余人，我军在战斗中亦伤亡百余。敌迅速收拾残兵退回石门口，将山口封锁。

## 黄河大堤袭敌

一九四〇年夏，敌伪军数千人，配备坦克车、装甲车、大炮等重武器及数架飞机，大举向武陟县小高、大司马、驾部一带进犯。我军闻讯后，立即配合武陟地方团队，利用交通壕和青纱帐，四出截袭来犯之敌。同时武陟县政府动员民众，将各处道路挖断。敌人到处抓夫修路，进展甚缓。我军坚持在平原地区战斗了一天，因敌众我寡，乘夜撤入黄河大堤以南之大滩中。武陟沿黄河大堤各村老百姓，男女老幼都躲入河滩。日军增援部队将黄河大堤各口用坦克车封锁起来，把大炮、机枪支在大堤上，一个劲轰击、扫射。

黄河大滩中没吃没喝，一连两天，凭着烧毛豆、煮玉米充饥。由于连降大雨，黄河暴涨，河滩顿成泽国。一夜之间，水落河滚，主流南移，大片河滩留下汪汪黄水，很多黄河鲤鱼被搁留水洼中。因时值盛暑，洼中水浅，下蒸上晒，水温骤增，一到下午，鱼都晒死，腥臭难闻，谁也没法吃它们。据老百姓说，他们常来拾鱼沤粪上地。

第二天夜间，我们研究突围袭敌计划。当地老百姓常在滩里种地，堤边路熟，分头领着队伍，三三两两，悄悄摸出大堤，迅速分散在沿堤敌阵的后面埋伏起来；河堤里面我军，为了吸引敌人注意力，不断向大堤之敌发射冷枪。于是敌人一面向河滩打炮，一面用刺眼的探照灯向河滩来回照射。时至后半夜，司令王国然、第三团团长张崑峰等各带精兵摸进大堤，向敌人射击。先前绕出堤外埋伏的我第一团团长王光绥等，一听堤内枪响，立刻从后面向敌阵开火。敌人前后被袭，慌作一团，只见一个日酋大叫一声，把指挥刀一抢，所有戴着钢盔的日本兵，一齐装上刺刀，和我们要打交手战。这时探照灯光对我不利，只听连响三梭机枪，敌人的探照灯顿时熄灭。我军乘机冲上大堤，杀得日本兵争相逃窜，把大炮丢在堤上，狼狈向北败逃。是役，炸毁敌人大炮两门，缴获大炮一门、机枪三挺、步枪数十支，毙伤敌伪军三十余，我军官兵伤病五十余。击退敌人后，我司令部仍回武陟小高村。

## 当阳峪打敌碉堡

一九四一年初春，八支队驻修武县柿园。距柿园西边十五里有个山口，叫当阳峪，俗称峪口，这是出入太行山的要道。口外南面不远处，就是豫北的重镇焦作，著名的焦作煤矿就在这里，日军在此驻有重兵。由于中国军队经常从当阳峪出没，打击焦作之敌，闹得他们昼夜不安，于是他们在当阳峪口的山头上，修筑了三座碉堡，负责守此山口，以防中国兵袭击焦作。

时至三更，司令王国然、副司令王光绥、团长张崑峰等，将预先挑选的精兵，集中到柿园村西山凹里，每人发油饼两张，另有米汤、青菜，让官兵饱餐，准备战斗。食毕，司令宣布：今天的目的是打当阳峪口敌人的三座炮楼，各营、连官兵必须严守纪律，听从指挥，按原定计划到达指定地点，分别将三个炮楼四下包围，时间一到，三处同时动手。

三位指挥官把时间决定，互相对了怀表，于是各队由向导领路，从山后攀登石崖，机密迅速地按照计划行动，约十二点前后分别将敌三座碉堡包围起来。并将通向焦作的电话线割断，在山口要道处，埋伏重兵，以便阻袭焦作出援的敌军。时间一到，一声令下，三座炮楼附近之我军同时发起猛烈攻击，顿时机枪、步枪、手榴弹、炸药包等等像狂风暴雨般轰鸣起来。

据参战的政工队长张士俊等报告战况说：日本兵认为中国兵根本不敢打他们的碉堡，夜间只在楼顶上设一个岗哨，因天热，底层敞开着门，都在睡觉。原来他们都脱得光光的，每人一条像布袋一样的被套，中间有条拉链，他们钻到里边，然后把拉链拉住，所有衣服鞋袜、钢盔皮带等都搁在身旁，枪支架在一起。他们认为楼顶上有哨兵，楼下门敞着也没有关系。室内电灯通明，外面看得清清楚楚。当我们发起攻击时，一颗手榴弹甩进屋里爆炸时，没等日本兵钻出被套，机枪已堵住门，一阵猛烈射击，里面哀号惨叫。没死的日本兵光着屁股，不顾死活冲出门口，爬着滚着，争相滚下山去。十分钟后，我军迅速将室内枪支弹药及日本人的呢子军衣、大皮鞋、皮带等席卷一空，迅速撤出战场，向山后撤退。

二十分钟后，焦作之敌闻声而动，大炮开始向山头一个劲地轰击，探照灯在天空来回照射。跟着，日军部队开向当阳峪口，我伏兵迎头痛击，双方展开激战。我军且战且退，撤入山后。在这场战斗中，因敌众我寡，我军有二十一名官兵受伤，其中营长一名、班长三名，均经营救，安全撤回。

经参谋处初步统计：这场战斗，打下敌军三座碉堡，毙敌小林联队长以下七十余人，缴获日本造三八式步枪八十余支、机枪三挺、手枪三支、黄呢子军装三十五套、上写"武运长久"字样的小林联队军旗一面、军用地图多幅、上有少佐军衔的小林联队长呢子斗篷大衣一领及指挥刀一把。

# 在豫北与日军的几次战斗

杨云青※

## 夜袭焦作

一九四○年春，第三集团军第十二军第八十一师第二四二团驻防河南商水县周家口（即现在周口市，当时分为东寨、西寨、南寨三部分）。当时我是该团第一营第二连中尉排长，负责守卫南寨门。那时的南寨门是大车、板车从安徽界首到沦陷区的唯一通道，也是不法之徒走私贩毒的必经之路。由于我严禁走私，因而冒犯了权势者们的利益，以莫须有的罪名受到撤职处分。我凭借自己年轻，就地考取了中央军校第十七期，到西安第七分校入学，但复试落第。我到了洛阳，以沦陷区青年的身份住在洛阳的三民主义青年团招待所里。这时适逢名噪一时、八七起义①杀死日军长川少将的黄宇宙从西安王曲附近的翠华山游击干部训练班（当时该班是第三十四集团军总司令胡宗南主办的）毕业，带领一批学员到晋东南成立太行山游击支队。我便到他支队部参谋处当参谋，驻山西壶关县方善村。越年，原来计划策反伪军的数目，由于天长日久，人地变迁，达不到预期目的，该支队撤销，并入第二十七军实习团，黄宇宙回了西安。我又到第二战区游击司令部（司令李葆荃，安徽人）第二支队（支队长姜秉公，陕西人），先担任书记，后改任支队附。司令部驻河南

---

※　作者当时系第一战区第四挺进支队队附。

①　八七起义是指一九三八年八月七日，伪军第一军副军长兼参谋长徐靖远、第二师师长吴朝翰、第三师师长黄宇宙率部起义，在安阳西曲沟击毙日军少将长川及伪军长李福和等。

修武县岸上村，支队部驻左眼村。该村地处太行山南端东侧山脚下，距道清铁路线上的焦作仅有二十多华里。那时的焦作，既是日军供应线上的后勤据点，又是进犯我方太行山区的战略据点，但由于我方游击队伍的牵制，日军的活动范围是狭小的。

一九四二年春，为策应修武县县政府刘倬亭部下山游击，我支队决定袭击焦作，牵制日军，并毁其仓库，夺其辎重。根据掌握的情况，由支队长姜秉公率领第一大队包围日军住宿处所，在其出动时予以狙击，不使其力量集中；第二大队一部担任清除看守仓库的日伪军，一部携带火种和运载工具。夜幕降临，按照夜间演习规则和要求，由向导带路，从驻地左眼村出发。部队到达焦作附近后，便分头行动。我带着几位挑选出来的士兵，来到日军仓库堆栈的后面，越墙而入，将捣碎浸油的柏落松壳等点燃，丢进库房内，瞬间火起。这时，我们的部队已冲入院内，除逃散的日军外，其余全被歼灭。我们迅速收拾驮子离开现场，并向支队长处报告。他们也即撤出包围日军住宿处所的队伍，离开焦作，返回左眼村。事后得知，日伪军伤者不计外，死亡二十余人，仓储物资均化为灰烬。

## 左眼村出击

一九四二年春，强占我豫北焦作矿区的日军，经我部夜袭后，力图对我部进行报复。他们纠集了一些日伪军，妄想摧毁我根据地，击溃我游击队伍。他们先是用小加农炮向我驻地射击，继而以小规模兵力向我驻地前方一个起瞭望作用的土丘佯攻，企图诱我部下山，投进他们的优势火力网内，但未得逞。有一天，京戏班在靠近山下的第三连驻地唱戏。在多人怂恿下，我和第二大队大队附董其昌（河北藁城人）合演一场《珠帘寨》。正在演唱之间，前方高地的哨兵突然跑来报告，发现日军在向高地左前方距支队部驻地左眼村约三华里的小官庄运动。我们马上熄灯煞戏。董其昌下装后，立即带领他们第二队出发，一面前进，一面依据平素掌握的敌情，作了战术布置。我说："这是日军伺机攻我不备，我们要绕到他背后，给他个出其不意。晚上对我们有利，我们要气壮势猛，压倒他们，不能被他们压倒而影响士气。"我向他交代清楚后，即去找支队长作全面安排。等我再到二大队时，我的志同道合的好朋友、协力抗战的董其昌，在和日军的浴血混战中身中三弹而壮烈牺牲。这时我们的支队长已带领后援部队到达小官庄，被分割开的日军在我强大火力打击下，散乱溃逃。天明清扫战场，日军尸体有百余具，枪支弹药亦为数甚多。战斗结束的第三天，驻岸上村的司令部移驻左眼村，为董其昌等阵亡官兵开追悼会。司令李葆荃、支队长姜秉公先后讲了话。祭奠完毕，把英烈遗骸掩埋在左眼村后山上。

## 夜袭日军华北联络部

一九四二年我在第一战区第四挺进支队任支队附。这个支队原系第二战区游击司令部第二支队，是卫立煌在第二战区副长官任内成立的。卫立煌接任第一战区司令长官后，将第二战区游击司令部改为晋冀豫边区游击司令部，第二支队改为第一战区第四挺进支队，驻防河南修武县境内，司令部仍在岸上村，支队部仍在左眼村。当时，获嘉、新乡境内的一支当地组织的游击队，愿意参加我们支队，合作抗日。司令部将其编为我支队的第三大队，大队长高希文。高为人豪放有礼，朴实有智，居室挂着"良禽择木而栖，良臣择主而事"的对联。

一九四二年冬初，大队长高希文率部队下山游击。根据他早先安插在新乡车站给日军华北联络部搞勤杂的人员报告，这个联络部内，因日军的频繁调动，力量薄弱，防备空虚，又新卸下一车皮的物资。高和联络部的这位内线约定了时间、信号，即率部赶到新乡车站附近隐蔽起来。夜静后，高部直驱车站，将该联络部紧密包围，在我内部人员配合下，很快制服了院内日军的抵抗，截断了该站与外部的联系，封锁了各个通道，迫使守站的日军头目大佐片山敬一郎和上尉川波百惠举手投降，战斗很快结束。高部从日军准备驮运物资的牲口中抽出两头，载运着这两名俘虏，迅速离开新乡站，当天午后安抵司令部驻地，将两名日军俘虏送缴司令部看管。支队长姜秉公提议，按照隶属系统，应将两名日军俘虏上缴洛阳第一战区司令长官部，如果途经敌占区，押送不便，就应将其解往太行山区第二十七军军部处理。可司令李葆荃竟然把这两位军阶较高的日军俘虏当成奇货可居，长期看押，企图从中坐收渔人之利。

高希文夜袭新乡车站日军华北联络部，俘获其大佐片山敬一郎、上尉川波百惠后，使日军非常震惊。可当时我军防守豫北、晋东南的力量较为雄厚，计有三个军四个支队，使日军无力进犯山区，因而日军施展出了一套软化利诱的策略，由新乡商会出面，前来赎买俘虏，究竟如何成交，当时我也未明内幕。不久部队内就传开"新乡来人开口就说要出二十万绿松树（旧钞票版面图）赎买这两个人。""日本人上山后就不吃饭病死了。给司令送的小老婆已到岸上（司令部驻地）来了，司令已定好了日子准备结婚。"从以上所传，便知端的。在李葆荃婚期前，我们让支队长太太刘冠芳（晋城人）出面，送了一对绣有"穆睦雍容"四个字的枕头。后来支队长姜秉公知道李与新乡日军、林县孙殿英（当时任新编第五军军长）都有了联系，为准备对策免遭毒手，便派我上山联系，寻求新的抗战出路。我先后到了陵川县第二十七军实习团团长李元森（湖南澧陵人）处和长治县警察局局长田畯（山西沁县人）处，说明情况，由李团长向第二十七军军长刘进（范汉杰离职，刘进晋升）转陈。田局长邀我同到第二十七军参谋处，趋访军统局晋东南负责人文强。这时原负责人乔家材调离，后接替人文强尚未到，由代理负责人张清源接受我们上山改编为晋东南游击支队。我返回驻地时，部队移防辉县，本支队驻石门口内七里坪。一九四三年初，我支队在击退日军对石门口的一次进犯后，就布置第一大队控制司令部特务连，由我负责收取司令部电台，其余攀登王莽岭小路，由支队长率领上山。支队当晚行动，经通宵战斗，司令部的全部电台在台长郑如勋（南京人）协同下，跟随我们支队驮载上山。尾击我们的第三挺进支队被第二十七军第四十六师守山部队堵回。我们驻在陵川县东门外，此事文强、张清源均未露面，李元森因病回洛阳，第二十七军军长刘进将我们支队编为该军搜索营，原支队长姜秉公调为军部高参，我调为特别党部总务科长，从此我们离开了这个支队。

# 太行山战斗掠影

高文宪[※]

一九四三年四五月间，日军和我第二十四集团军在豫北太行山区大会战。我被军令部部长徐永昌派到该集团军任作战联络参谋。在此同时，洛阳第一战区司令长官蒋鼎文派我兼任长官部豫北军事特派员。

巍峨的豫北太行山东部，地处冀、晋、豫三省交界，是华北抗日的战略要地。庞炳勋总司令坚守该地区六年余。以下所述是我亲历的该区最后一次同敌会战情况。

这里南至黄河北岸新乡，北至安阳以北的漳河南岸，是第二十四集团军战地。林县以西约二十里是第十八集团军阵地。

第二十四集团军直辖三个军。其中胡宗南的刘进第二十七军驻晋东南晋城、陵川一带；新编第五军孙殿英部驻林县最前线距平汉路汲县塔岗火车站七八十华里的临淇镇，其后方基地在距林县城三十余里的合涧镇；第四十军前进师驻距安阳县城约八十五华里安林交界地区阵地。豫北安阳、新乡两专区游击纵队和其他游击队等均列入各军战斗序列。总计兵力约十万人。

日军在新乡和焦作各驻一个师团，修武县驻一个旅团，孙殿英部的对面汲县、淇县驻一个师团，安阳和汤阴县驻一个师团，安阳飞机场驻一个独立旅团，其余各地有敌伪军约七千余人。总计敌方兵力约十二万余人。

四月下旬，日军全面向太行山区进犯。进犯前三天，由安阳起飞的

　※　作者当时系军事委员会军令部驻第二十四集团军作战联络参谋、第一战区司令长官部豫北军事特派员。

敌机三十余架对我军附近地带投弹轰炸，民房被毁者不计其数。老百姓扶老携幼躲飞机，日机立即低空扫射，伤亡甚众。数日后，新乡日军向陵川进犯，焦作日军直攻我第二十七军军部驻地晋城，其独立旅团则在修武和焦作作为预备队。头几天，刘进带领一个加强团配合新乡专区游击队边打边撤。后来日军进入我第二十七军主阵地。当天夜晚，刘进军长下令称：日军已转移部队，企图南渡进攻洛阳，我军奉命撤退，保卫洛阳。实际是借此悄悄渡河逃跑。留下的游击队，伤亡惨重，游击队员被生擒的也不少。五天之内第二十七军全部撤退，日军乘机将其阵地变为扫荡战场。

在此同时，汲县和淇县的日军向西进攻临淇镇的孙殿英军。守卫临淇镇的杨克猷师长率领的部队与敌刚一接触就往后撤退了。敌军尽以阔步行军势从容直入孙殿英新编第五军军部，孙军已无踪影。孙军主力不战自溃，日军声称：孙军长真是我的好朋友，为我军节约不少枪支弹药，他已进入"东亚和平共荣圈了"！

当南路和中路中国军队一个军长带队渡河撤退，一个军长投敌之时，安阳西进之敌正围攻安阳、林县交界之第四十军前沿阵地，久攻不下。敌军声称，遇上顽强的抵抗者了。遂将固守安阳机场的独立旅团陆续调来增援。第四十军英勇抗敌，死守阵地，刺刀肉搏。三次激战，损伤过重，遂向林县城转移。此时守林县城的我军部队亦遭到晋东平顺县日军之攻击。马法五军长向李振清师长说：你要死守阵地，掩护我军突围。当夜，我随第四十军军部在敌人枪林弹雨中绕道突出。庞炳勋总司令未能突出，遂被俘投敌。第二天深夜，第一○六师李振清师长被敌人四面包围，连续冲锋三次，未能突出。敌人在山上喊："李铁头！赶快投降吧！你们一个也跑不了了。"李师长毅然回答："我们誓死与阵地共存亡，你们请过来吧！"敌人继续向我军进攻。早晨四点，西北方向敌军外围响起连续不断的枪声，且越迫越近。这到底是怎么一回事？马军长又回来接应了吗？不！这不可能，绝不可能！他早已没有子弹了。大家正在寻思，西北山头传来亲切的喊叫："李铁头！冲呀，我们八路军来打鬼子了！"话音一落，日军掉头往西北方向集中兵力，对付八路军。李振清率部乘势冲出，南渡黄河。

太行山东区被日军占领，不到一月，八路军将日军赶走一光，收复了全部失地。

# 邙山 "洞炮" 制日军

冯尧和<sup>※</sup>

一九四一年秋，日军华北方面军司令官冈村宁次大将为策应第二次长沙会战，并将其前进据点推进到黄河南岸，发动了郑州战役。从十月二日至十一月三日，我孙蔚如第四集团军和孙桐萱第三集团军与日军原田熊吉第三十五师团等部激战月余，将日军驱逐回黄河北岸，但邙山头和中牟县城两处桥头堡阵地仍为日军所占领。

邙山头日军桥头堡阵地位于河南广武县（今已撤销）东北部，是一条西起霸王城（今属荥阳市）、东至平汉铁路黄河大桥南端（今属郑州市邙山区）的狭长山地。日军在此驻扎了两个步兵大队和一个炮兵大队，并随时可以得到北岸步、炮兵和空军的增援。为夺回该阵地，我赵寿山第三十八军等部从十一月上旬到十二月中旬，曾发起三十余次攻击，并多次攻占其中部分据点，终因日军不断得到增援，凭险据守，我军伤亡严重而未能成功。日军利用山势构筑了坚固的防御工事。我军则与当地民众一起在敌阵地下方挖壕沟、设鹿砦、筑机枪掩体，修起了多层次的监围工事。

日军居高临下，经常炮击枪射我军阵地和周围的村庄，造成我军民的人身伤亡和财产损失。当时我军参加监围的炮兵，都是在平原地带的村庄后放列，一旦射击就会暴露目标，招致日军炮火的还击而受到损失。

一九四三年十月二十一日，第三十一集团军第八十五军<sup>①</sup>（军长吴绍周，辖第二十三师、第一一〇师、预备第十一师）奉命接替郑州、广武一带的新、旧黄河河防。军炮兵营临时配属第一一〇师（师长廖运周），参加对邙山头日军阵地的监围。当时我任炮兵营副营长，全营共有法国造七十五毫米野炮十二门，射程为一万一千米。由于我营起初也是在平原村庄后放列，所以未敢射击。

接防甫半月，集团军总部以我营在叶县稽查抢劫手枪案和征购马料时有欺压民众的行为，下令将营长胡笙押送总部法办，胡于半途逃走。此时，军部官员中争当炮兵营长者甚多，但廖运周师长坚持保荐我代理，终获批准。我接任后，将营部移驻霸王城东南十一公里的广武纪公庙村（今属郑州市邙山区），营观测所设在纪信（即为救汉高祖刘邦脱险而被项羽烧死者）的大坟冢上。目睹日军炮兵肆虐猖獗，全营官兵个个义愤填膺，决心用我们的大炮狠狠教训侵略者，为中华民族争气，为死难同胞复仇。

经过几天的侦察，邙山山沟里的窑洞使我深受启发。根据同等距离内射角小落角大这一弹道原理，我考虑在霸王城以西一条深约五至八米的南北走向大沟内构筑阵地。以东侧断崖作掩蔽，在西侧断崖下开挖类似窑洞的大洞，两侧紧贴洞壁排列木桩，顶部密铺横梁，再用土将梁与洞顶之间的空隙填实，以防坍塌。每个洞放置一门炮，炮身两侧排立木桩，防止敌炮弹片飞入洞内。炮与炮之间有小隧道相通，并开挖人员出入的通路。炮兵阵地副连长指挥所破例设在东侧断崖下的掩体中，连长指挥所（观测所）设在侧方崖顶掩体内。除口令指挥外，每门炮都安装一部电话。炮手们在洞内虽不能通视目标，但可采用间接瞄准的方法进行射击。由于野炮具有弹道低伸、射角小的特点，以低射界射击即可射出，而敌炮弹落角较大，不易打入我洞内，往往是在洞顶上方爆炸，这样就可收到既能炮击日军阵地，又能有效保护自己的效果。我给这种临时性的炮阵地取名为"洞炮阵地"。但因其距离日军阵地太近，日军步兵一旦冲下来，就会对我方的火炮和人员构成极大的威胁。

我把自己的设想和顾虑向廖运周师长作了详细的汇报，他听后表示极力赞成，当即命令我营加紧构筑洞炮阵地，并说："你放心，我增派步兵保护你们。"由于我营有木工、铁工和马车，附近群众大力支援，砍伐树木做梁柱，仅用了十天时间就筑成了洞炮阵地。我命第二连连长樊信刚（江苏砀山人，黄埔军校第十六期炮科）率该连的四门野炮进驻阵地，并对日军的炮兵阵地及轻、重机枪火力点进行详细认真的侦察，通过计算求出射击诸元①并在瞄准装置上装定。一切准备完毕后，我请廖师长视察阵地。他满意地说："很好！第一次打击要狠，炮弹要准备多些。"

数日后，日军再次炮击友军阵地及平原村庄，我第二连官兵以迅雷不及掩耳之势猛轰敌阵地。当时我从炮队镜中看到，我军的炮弹准确命中目标，剧烈的爆炸把日军阵地上的土木建材、被毁枪炮和人员肢体抛向空中。在突如其来的打击面前，日军顿时蒙头转向，不知所措，全无还击之力，只得听凭我炮兵打个痛快。这是自监围邙山头以来我炮兵第一次严惩日本侵略者，友军和村民们看后都拍手叫好。但日军决不会就此善罢甘休，他们很快从黄河北岸运来了新的大炮，并增派了炮兵。

又过了几天，我们刚吃过午饭，突然从西北方向传来了震耳欲聋的炮声。我急忙登上设在纪信坟冢上的营观察所，只见霸王城上日军的十几门火炮正向我第二连洞炮阵地猛轰，整个阵地已被浓烟烈火所吞没。从理论上讲，洞炮阵地是安全的，但实际情况却不得而知。第二连的电话摇不通，第一连和第三连又因未构筑洞炮阵地而不能开炮，我心中十分焦急。直到十六时许，日军才停止炮击，我立即率营部人员乘马赶赴现场察看。来到第二连阵地上，只见周围的地面已被弹片覆盖，电话线被炸断，洞门和上方的断崖均已崩塌，但四门野炮因被向后移动而完好无损，全连官兵也都安然无恙，只是一个个满身泥土，多数人的耳朵被震聋了。悬在心头的石块总算落了地，我命令第二连当夜撤回驻地休整。第二天，我营士兵拾了两千多斤弹片，步兵的人多，拾了六七千斤，皆用马车拉往郑州出售，购回菜肴改善伙食。

实战的检验证实了我营设计的洞炮阵地是成功的，但老阵地已不能用了。我命第一连连长史文治（山东人，黄埔军校第十三期炮科）率队在霸王城东南大胡村附近山沟内，以同样的方法构筑洞炮阵地。由于有了前次的经验，这次不到十天就完成了。在我们施工期间，日军误认为我炮兵已被消灭，又猖狂起来，不时炮击我友军和村庄，造成我方人员伤亡。第一连准备完毕后，我请示了廖师长，对日军进行第二次炮火突袭，摧毁了敌炮兵阵地和机枪火力点。日军伤亡惨重，没有还击。次日上午，从黄河以北飞来了三架日机，在邙山上空盘旋。山上的敌炮向我第一连阵地打了几发炮弹，指示目标。日机随即轮番轰炸，投下了许多五百磅的重磅炸弹。其中一枚正好在一个炮洞的上方爆炸，把洞内人员全部震倒在地，但洞顶未坍塌，人员也无伤亡。

---

① 射击诸元是指火炮射击时使用的各种数据，如距离（表尺）、高低、方向等。

　　为了让日军知道，他们的猛烈炮击和飞机轰炸均无损我炮兵阵地，我决定对其实行第三次示威炮击。我嘱咐第一连全体官兵带足防毒面具并做好防毒准备，及时采取防毒措施，以防日军使用毒气弹。第二天一早，我军的四门野炮又发出了怒吼。这下子日军像是认输了，不但当时没有还击，而且直到次年四月十八日之间的几个月中再也不敢向我军阵地和村庄炮击了，从而使附近的我军官兵得以活动自由，农民也能正常生产和生活。

　　为使炮营全面发挥作用，我命第三连连长刘凤山（河南人，黄埔军校第十四期炮科）派第六排两门炮，配置于汉王城西侧三公里处的断崖下，以利侧击日军；同时令第二连在纪公庙附近某村庄后的平地上挖了一条四五米深的大沟，在沟内试筑洞炮阵地，经实测也属可行。

　　有一次，我为了测试黄河的宽度和我炮的射程，决定以第一连的一门野炮向黄河北岸火车站试射三发炮弹。我们精确地测出了这门炮与目标之间的距离，并在汉王城上设立了营和一连的临时观测所。我炮射击时，我通过炮队镜清楚地看到三发炮弹准确地命中了目标。我认为已达到目的，只将射击诸元记录保存，就没再去多想它。谁知几天后，郑州城竟轰动起来，说我们营是神炮，打死了日军的大官。起初我并不相信，后通过情报人员核实和过往商贾所谈的见闻，证实当时确有日军某大官带着两名警卫站在车站的高处，用望远镜观察黄河铁桥和南岸邙山头地形，被我军发射的炮弹炸死。一时间，我军炮兵的威名大振，周围各县的民众纷纷传颂我营的战绩。国民政府军事委员会军政部亦派人到我营视察，总结洞炮阵地的构造和作战方式，并予表彰。

　　一九四三年是河南连续遭受旱灾和蝗灾的第三年，老百姓只得以野菜、树皮、树叶充饥，许多人被迫背井离乡，逃荒要饭，所到之处哀鸿遍野、饿殍载道。为了减轻民众的苦难，报答他们支持我军作战的恩情，我发动全营官兵节约出粮食和马料五万多斤，在驻地附近各区赈灾。此举虽只是杯水车薪，但民众却非常感激。同年十二月，郑州各界推举的代表敲锣打鼓步行数十里来到纪公庙村，给我营送来了一批白猪、白羊、饼食、枣果和两块分别写着"威镇邙山""泽沾黎庶"的红缎黑字大匾额，使官兵们受到很大的鼓舞。

# 设宴杀敌

郭绍绪[※]

一九四四年春，日本帝国主义侵占了豫西大部地区。日军第一一○师团第三十九联队第三大队驻扎在伊川、伊阳（今汝阳）、临汝（今汝州市）一带，烧杀掳掠，强奸妇女，无恶不作。还到处抓丁拉夫，修碉堡，筑工事，使豫西人民处在水深火热之中。

我当时在中国远征军第二军军长王凌云部下副官处任处长。王凌云于一九三五年十月在南京高教班受训结业后，奉令率部开往江西南城。抗战开始后赴上海、浙江、江苏、湖南、广西、云南、缅甸等地作战。王凌云在外地作战时，其母亲、妻子、儿子仍留住在老家——伊阳县虹店。王凌云在重庆中央训练团受训期间，接到他母亲发去的电报，要他派人接她们去四川。时隔不久，王凌云派我和军需科长赵子和、副官蒋保林等人，由四川返回河南接王凌云的家眷。我们回到河南伊阳，当地已被日军侵占。日本兵到处烧杀抢劫，十分凶残，老百姓的生命财产遭受严重威胁。为了狠狠打击日本侵略者，趁我们暂时未返四川之前，我暗中活动寻找力量，待机杀敌。我先和伊阳县蔡店乡冷铺村马三俊和杜康扒（今杜康村）袁好文等有民族气节的志士商议铲除日军，为民除害。我们经过反复商议，决定利用日军"以华治华"的思想，成立"人民自卫团"，表面归顺日军，暗中进行活动，伺机消灭日本侵略者。

计谋商定后，我派马三俊、袁好文在伊阳蔡店一带暗地串联蔡店张沟村谢修成、蔡店曲营村逯中甲等人，组织扩充队伍。我也返回老家伊川县黄兑村周围串联了一大批骨干。经过我们暗地串联和精心而又周密

---

※ 作者当时系第二军副官处处长。

的组织策划，队伍很快发展到六百多人，大家推选我任团长，马三俊、杜明斋任副团长，袁好文任军需处处长。由我出头露面和日军建立联系。我先后多次找日军第一一〇师团第一三九联队第三大队头目联系，申述为了支持他们建立政权，便于开展地方工作，请求成立人民自卫团。这一请求很快得到了日军头目的赞同，于一九四四年五月间在伊川县寨子街（今伊川县白元街）北河东的一个民宅小院里正式成立了人民自卫团。为了智歼敌人，我曾几次到伊川县和主张抗日的伊川县县长蔡芷生联系，策划设宴歼敌。当时蔡芷生和我的思想认识非常一致。

我们第一次借人民自卫团成立祝贺之机，邀请日本军官参加，结果日军主要军官头目未到场，没有动手。第二次又借筑碉堡庆宴，日军只派了一个中队长和曹长赴宴，我们又未动手。

一九四四年八月二十五日下午，我们又借农家传统节日在自卫团团部所在地设宴，邀请日军头目参加。大约两点半钟，日军第十一中队队长榊亲志中尉、机枪中队长甲斐治郎中尉、大队副官村濑信三少尉，以及军医和久嘉夫少尉、主计（后勤）宇高兴三郎少尉、情报金泽宪一曹长、翻译金泽等七名日军头目到场，在一棵合抱粗的泡桐树下预先摆好的大圆桌周围坐下来。我派两个卫兵端茶让烟，递毛巾，招待日本军官。我和副团长马三俊、杜明斋等人殷勤奉承，引得日军头目一阵阵发笑，十分高兴。不一会儿，日军翻译官走到每个房屋门口，向屋内窥探，又到厕所以及各个角落巡视了一遍，看到一切正常，才安然入座。此时我又派人去请日军第一三九联队第三大队大队长大内义弘大尉赴宴。大内义弘请来后，我们这次要请的"客人"也就全部到齐了。

酒宴即将开始，我把八个日本军官和寨子街区长杨松山一一往屋内请。这时我发现日军翻译官和日军大队长大内义弘叽里咕噜了一会儿，翻译官向我说道："郭团长，司令说室外凉快，不要移地。"这时我心里想，在室外动手，敌人会四处逃窜，很难一网打尽。我向翻译说："中国风俗请贵客设宴，必须在室内才能分宾主，否则有失礼节，还是入乡随俗吧！"日军大队长大内义弘看我满脸忠厚的笑容，便起身向屋里走，别的日本军官也都跟了进去。

我这次设宴歼敌的计划，事前我只和副团长马三俊、杜明斋商量过，没向其他任何人透露。这天下午，当日本军官请到后，我才暗里进行部署。因为我当时一次又一次离席，引起了日军大队长大内义弘的怀疑，他追问我为什么不停外出，我立即装出感冒的样子，连连咳嗽了几声说："今天我冻着了，宴席间咳嗽、吐痰，很不礼貌。"我这样一说，日军头目才消除了怀疑，又开始吃起来了。

就在这期间，我出来布置了外围警戒，组织短枪队二十多人到出击位置，布置自卫团骨干镇守寨门，守住寨墙，防止寨内敌人行动。因为所用自卫团官兵都是有民族气节的爱国青年，一听说要消灭日本兵，都很快行动起来，占领了阵地。

菜上数道，酒饮数杯，日军头目已放松警惕，除大队长大内义弘大尉带有一支八音手枪外，其他几个日军头目都把东洋刀靠在屋内墙上。我看全歼日军头目时机已成熟，就站起来说："下一道菜是司令官最爱吃的爆炒王八，我要去厨房亲自为司令官炮制。"

我出来后，立即安排动手。首先派人借敬酒之名，进屋监视八把日本战刀，听到枪声，把刀一捆揽起，防止敌人拿武器还手。接着让端菜人在条盘下搁枪，倒酒人袖中藏枪，递毛巾人怀里揣枪，先后进去。我紧紧跟在端菜人身后来到桌前，乘机从口袋里抽出手枪，向日军大队长大内义弘打去。端菜的把爆炒王八捧在日本军官头上，倒酒的把酒壶捧在日本军官脸上，都同时掏出手枪，向日本军官开了火。几秒钟时间，五个日本军官倒在血泊中。日本翻译官和另外两个坐在靠门口的日本军官一看不妙，掀翻桌子夺门而出，我带人追出屋门，墙上、房上早有准备的短枪队也一齐开火，把翻译官打死在门过道里。有两个日本军官拼命跑上街，而自卫团已把寨门落锁，守寨的自卫团官兵把他们击毙在寨墙下。

这时，寨门外碉堡里的日本兵听到枪声，跑出碉堡询问情况。我已带领自卫团迂回过来，又对准日本兵开了火。乒乒乓乓一阵枪响，四个日本兵栽倒在碉堡跟前，其他的日本兵一看不妙，都掉头钻进碉堡里不敢出来。街里的日本兵听到枪声，也纷纷窜上大街，但寨门紧锁，他们只有在街上哇哇叫。等日本兵彻底清醒过来，组织炮火向我们射击时，我已带领自卫团官兵和我全家人沿着寨子街东坡向东南奔去，出了敌人的射击圈。

当天晚上，我带领自卫团全体官兵，到伊阳县蔡店乡虹庄村王凌云家补充了弹药，更换了一些武器，并携带王凌云的家眷，连夜潜入伏牛山前麓，准备再歼日军。

次日拂晓，日军为了捉拿我，调集了三个中队的兵力，向我部围剿。双方激战了一天，因为日军不善于山区作战，我们又击毙日军三十多人，击伤几十人。这时，日军更为气急败坏，他们不仅放火烧了我家的房屋，同时还把我们村里各家各户的财产洗劫一空。伊阳县虹庄村王凌云家的房屋也被日本兵纵火烧成灰烬。日军还在王凌云家的房基上立了一块牌子，上写"这就是抗日将军的下场"。日军还扬言，谁交出王凌云的母亲赏两万元。

# 血战礼曲寨

杨金镜※

一九四四年七月间，日本侵略军已控制了宜阳县洛河以北洛卢公路沿线主要据点。在黄窑、白草坡、香炉山、韩城、水沟庙等地驻有占领军，并强迫大批民夫为其修工事。在洛河以南，宜阳县城建立了伪组织，并在县城以西二十多里远的中石村建了一个伪区部。日军企图向西扩展占领区，就决定沿洛河南岸向西进犯。

这时，礼曲以西驻有第一战区第九挺进纵队司令徐吉生所部。徐部中队长车中道带一个自卫中队一百来人，驻守礼曲村西南山顶的干寨（平时无人居住）上。这个寨是过去防刀客筑的土寨，寨高二丈，只有一个东门，里边很多窑洞。车中道的自卫中队就住在窑内，平时由寨下村里派人送饭吃。另外，在礼曲以西莲庄村南的莲花顶驻有史宗义一个自卫中队一百余人，在洞河寨驻有冯克功、罗云杰部二百余人。

日军出发前，先派人到礼曲以西一带进行了侦察。然后于一天的下午，天野部队一百余人和伪军曹子英大队一百多人从宜阳县城出发，开往中石村，与这里的伪军季廷杰、张海亭、张聚兴部二百多人会合，共集中约四百多人。等到后半夜，敌军乘夜深人静时出发向西进犯。这时，车中道部在礼曲村东边设了一个哨兵班，共九人，班长郝某，他们的任务是向东警戒。黎明，他们看见东边大路上一支打着太阳旗的队伍向西开来，知道是日本兵要来攻打，急忙开枪报警，然后向北边洛河滩逃跑。时间不长，日军包围了礼曲干寨。在礼曲东南山头另一个干寨（东寨）架了一挺重机枪，隔沟对准车中道部驻的干寨东南边。在礼曲村西南角

---

※　作者当时系第一战区第九挺进纵队副官主任。

架一挺重机枪，对准干寨北边，封锁车中道部退路。在干寨西南部也有伪军把守。

八时许，日伪军在天野指挥下，在东山头机枪猛烈射击的掩护下，从干寨东南部靠梯子强攻。车中道知道，礼曲是前沿阵地，能不能守住，对后方至关重要。前几天徐吉生曾严令他："守不住阵地不要回来见我！"这时，面对数倍于我又装备精良的敌人，车中道在居高临下、有寨墙掩护的条件下，带领战士坚决顶住。他把主要力量集中到寨子东南角，敌人从梯子上上来一个就打倒一个。双方激战约三个小时，日伪军终未能登上寨墙，就暂停攻击。车中道部官兵因早上未能吃饭，紧张战斗了一上午，又饥又渴，手榴弹、枪弹基本耗尽，难以继续战斗。车中道和弟兄们都很着急。枪声停息后，有几个人从干寨北边跳下寨墙，可能想突围去搬救兵。但他们刚跳下寨墙，日军架在礼曲村西南角的重机枪就开了枪，把他们打倒，尸体滚到半山坡。将近十二点，日伪军又发起新的更加猛烈的进攻。因寨内无力抵抗，敌军很快登上寨墙，冲入寨内。他们见人就杀，任意施虐。车中道腿受重伤，不能行动，被敌人用刺刀刺死。车中道中队一百余人除哨兵班九人外，其余全部阵亡。

这次战斗，日伪军被打死十八人，打伤十几人。敌人把礼曲村南山沟古庙里的门摘掉，将日军尸体抬回宜阳城火化。以后日本人说："想不到在礼曲会遇到这样厉害的抵抗。"

日伪军攻下礼曲寨后，又向西分兵攻打莲花顶和涧河寨，遭到抵抗，未能得手。于是他们就撤回孙留、中石村和宜阳县城。从此，日军再没向西扩展。

# 宛南抗日游击队歼敌纪实

李鸿合<sup>※</sup>

一九四五年春，日军占领南阳后，沿城东盆窑、程官营、三十里屯一线设置据点。据点内日军不时出动，对周围民众恣意践踏蹂躏，民众恨之入骨。因而当许子和等树起抗日大旗，民众纷纷响应，不到半个月就召集了一百多名抗日志士，名之曰"宛南抗日游击队"。许子和任大队长，大队部驻扎在城南夏营村。

农历三月三日上午九时，据瞭望哨报告，有三十几个日本兵，护送两辆牛车朝三十里屯方向奔去。大约两小时之后，玉皇庙街的几位老百姓也跑来报告说："有三十一名携带有机枪、步枪及两牛车辎重弹药的日本兵现正在玉皇庙街捉鸡、杀猪、要鸡蛋，像是准备做饭吃，希望游击队揍他们一家伙。"

游击队的几个骨干马上开会商量，认为这是消灭敌人的好机会，但又感到自己力量不够，怕没有取胜的把握。于是一面集合游击健儿，做好准备；一面派许仲武、许星桥、李英甫前往竹园庄村与驻军第五十五军某连联系。该连连长表示同意与之配合。

许子和把队伍分编成三个队：自己带一支尖刀排攻打正面；陈全福带一支从街西绕过去，袭敌后背；李鸿合、许文举领一支从街南向街北进攻。

正在吃饭的日本兵，听到密集的枪声，迅速抢占了玉皇庙街北头上庙阵地，利用庙宇和庙前的一道壕沟，居高临下向我游击健儿开火。这时前来支援的第五十五军那个连也在以掷弹筒、迫击炮向敌射击。在硝

---

※ 作者当时系宛南抗日游击队大队长。

烟的掩护下，许子和率领尖刀排攻到敌人的前沿阵地，其他两支队伍则从两面迂回过来，对敌初步形成了包围圈。约有吸两袋烟的工夫，敌人就被打死打伤四五个。为了更快地结束战斗，许子和对部队作了调整，一部分佯攻，一部分打掩护，他再次率尖刀排进行第二次强攻。激战中，许子和左手腕中弹，鲜血顺手流淌，他撕下衣襟，用牙咬着包紧伤口后，又往前冲去，直逼前沿阵地。这时敌人架在侧面一个厕所内的一挺机枪对准他射击，他从胸膛到腿部连中三弹，血流遍地。他忍着剧痛，对身边的王肃祥说："我不行了，这一仗非打好不行，叫日本人知道我们中国人的厉害！"说完就闭上眼睛牺牲了。游击队员阎文庆当过兵，战斗中他凭借着道士坟的有利地势，乘敌人转移退却之机，一连击毙四个日本兵。敌人疯狂地向他射击，一枪打穿了他的阴囊，一个睾丸随即流出来，他一手扯下帽子塞住伤口继续打击敌人，但很快晕了过去。人们把他抬到邻近他舅父家照料，他的几个舅父看到他伤势很重，都难过起来。阎文庆醒过来后说："你们不要伤心，就是我死了还赚他四个，是咱们沾了光！"

许子和率领游击队在玉皇庙抗日的消息，很快传遍周围村镇，一些地方武装闻讯，纷纷赶来参战。许子和阵亡后，大家一致表示要为死难的抗日勇士报仇，积极投入战斗。到下午五点，整个战斗胜利结束。三十一名日本兵全部被击毙（内有指挥官川口左志），缴获机枪四挺，"三八式""五四式"步枪二十三支，指挥刀一把，弹药辎重两牛车。

玉皇庙战斗的胜利，在社会上引起了很大的反响。当时之陕西西安报上说："豫宛玉皇庙之役获大捷，游击队长许子和率众浴血奋战，歼敌寇三十余人。"四川重庆报上载："民族英雄许子和英勇奋战，歼敌三十余人，壮烈殉国。"

在玉皇庙战斗结束之后，我们这支自动组织起来的游击队，就拥护我为队长，陈全福为副队长。

农历三月二十三日上午十时，我和陈全福带领四十名游击队员，行到草场村边时，突然发现二十多名日军骑兵迎面驰来。我两人忙令队员装成做农活的老百姓，见机行事。这时，四个日本兵先到，对着我们的游击队员们打手势，嘴里还叽里呱啦地不知说些什么。我和陈全福看出日本兵的意思是叫给他们遛马，我便递了个眼色，令几名队员上前牵马。与此同时，其余队员已拔出手枪一齐开火，这四个日本兵猝不及防，被打死三个，另一个抱头逃跑。待后边日本兵赶来时，我们已带着缴获的两匹马、四支步枪安全撤离草场村。

又于农历四月二日，我与金华村抗日武装首领王清汉，带领一百多人，来到了竹园庄，伺机打击敌人。这时负责瞭望的队员报告说有十多名日本兵从村东北角过来了。我俩听了报告，随即拔出手枪，指挥队伍埋伏在村头。当日本兵离村约一百公尺时，只听一声枪响，我们一齐开火。霎时，枪声大作，打得日本兵晕头转向，丢下一具死尸和两支步枪仓皇逃跑。

一九四五年八月抗日战争胜利，游击队员才各自回家务农。为纪念抗日阵亡烈士，得到南阳县政府的赞助，于当年十月在许子和阵亡处立了"南阳许烈士子和抗日殉国纪念碑"，以旌其功。

# 奇袭驻汴日军亲历记

李勋甫[※]

一九四〇年四月，第三集团军成功地袭击了驻扎在开封的日军。这一胜利消息传出后，立即轰动全国。我时任该部第十二军第二十二师第六十五团团长，参加了这次战斗。

第三集团军原为冯玉祥西北军的一部，后又由第三路军改编而成，辖五个师和一个手枪旅。一九三八年一月二十四日，原集团军总司令韩复榘在武昌被枪毙后，该部被编为两个军：即第十二军（军长孙桐萱，辖第二十师、第二十二师和第八十一师）和第五十五军（军长曹福林，辖第二十九师、第七十四师），手枪旅改编为独立第二十八旅（旅长吴化文）。同年六月七日，孙桐萱任第三集团军总司令兼第十二军军长（当时第三集团军仅辖第十二军），七月奉命开赴江西参加武汉会战。

## 掌握敌情，知己知彼

一九三八年十月下旬，第三集团军奉命防守新黄河郑州花园口至商水周家口（今周口市）段。当时，集团军总部驻郑州陇海花园；第二十师和第八十一师沿新黄河右岸分段设防；第二十二师师部驻郑州以西的须水，各团分驻石佛、铁炉一带。我军为加强河防，除派侦探深入敌占区搜集情报外，还定期轮流派出一个团的兵力到河东的尉氏、杞县、太康等地进行游击战，这样既打击了敌人，又使部队在实战中得到锻炼。

一九三九年初，第二十二师师部移驻鄢陵县境内，我团驻防于郑州

---

※ 作者当时系第十二军第二十二师第六十五团团长。

以东的圃田集，此乃来往于汴郑之间的必经之处。

总部为了更加准确及时地掌握敌情，又派了四名坐探以经商为掩护打进开封城内。他们办有"良民证"，可以自由出入开封。这四人都是总部特务营侦察连的战士，也是我任该营营长时的老部下，所以对他们都很熟悉。我至今仍清楚地记得其中三个人的名字：朱昌言、张树德、李国运。他们四人轮流，每天都有一人到郑州向总部报告敌情，即每天各有一人分别由开封和郑州出发相向而行，当夜皆宿于中牟，翌日分别到达郑州和开封。他们于往返途中必经我团驻地稍事休息和就餐，我因是他们的老上级，所以他们都将所知的敌情向我讲述，从而使我得以先于总部而获悉最新的情报。

其中有一件事至今回想起来仍令人忍俊不禁。某日，我方五人（其中班长一名、士兵两名、黄委会工作人员和船夫各一名）乘船到对岸侦察登记民船以防日军征用时，被日军发现，当即遭到日军的猛烈射击和包抄。这五人急忙登船向东南方顺流而下，驶出二十多华里后摆脱追击的日军，安全登上西岸。讵料一星期后，一名坐探从开封带回的日军出版物上竟将此事吹嘘成"皇军与华军五百余人激战数小时"，还凭空捏造出了所谓毙伤、俘虏华军人数和缴获各种战利品数量的"赫赫战果"。

从对各种情报的分析得知：经过二年多来我国军民在各战场上的英勇抗战，日军遭到了惨重的伤亡；再加上战场扩大，战线延伸所致的兵力分散，已成外强中干捉襟见肘之状，士气普遍消沉，厌战情绪和恐惧感与日俱增。与我军隔河相持之敌系日军第三十五师团，师团长是指挥河南、冀南和鲁西南日伪军的原田熊吉中将，其司令部设在开封河南大学，四周装有电网，戒备森严。防守开封的日军包括步、骑、炮、战车等兵种，约千余人，分驻在城内、南关、车站等处。经过侦察，我军对开封城内各处的日军兵力、火力配备、岗哨设置等已了若指掌。

总部根据所掌握的敌情，经过周密的研究，决定派出一个混合师奇袭开封之日军。

## 运筹帷幄，稳操胜券

一九四○年四月中旬，第三集团军司令部在郑州陇海花园召开了奇袭开封的战前预备会，参战部队营以上军官参加。会议由孙桐萱总司令主持。会上介绍了敌情，大家表示了克敌制胜的决心，周遵时师长宣布了混合师组成的决定。

混合师的主力为第二十师，辖步兵三个团（第五十八团、第五十九团、第六十团），炮兵、工兵各一个营，骑兵、通讯兵各一个连；配属部队为第二十二师的第六十五团和炮兵、工兵各一个营，骑兵、通讯兵各一个连，以及总部直属的战防炮营。总兵力约一万两千余人。周遵时为作战指挥部指挥官，副指挥官孙政训（第二十师副师长），参谋长刘琛（第二十师参谋长）。

会后宣布袭击时间为四月下旬某日凌晨四时，要求各参战部队切实认真、万无一失地做好战前准备。

数日后，又召开了战前部署会。会上，指挥部宣布了两件事：一、行动计划。因为我军在新黄河以西，出动的又是万人以上的大部队，渡河后距开封还有六十多华里，若仅提前一天渡河，时间太紧张。经研究决定，提前两天出发，渡河后即潜伏在距开封四十多华里的村庄内，于袭击的前一天夜间各部队秘密进入集结地带，就地隐蔽待命。整个行动必须严密封锁消息，以防被日军发觉。二、各部队的作战目标是：第五十八团袭击南门和南关；第五十九团袭击火车站；第六十团袭击城东面及东北角；第六十五团袭击城西面和西北角，并阻击来自新乡、商丘两个方向的援敌，于战斗结束后掩护全军撤退；第二十师的工兵营和骑兵连负责破坏陇海铁路开封至兰封段及沿线公路的桥梁，并每隔数里炸毁一段铁路；第二十二师的工兵营和骑兵连负责破坏汴新铁路及沿线公路的桥梁；在破坏桥梁和铁路后酌留一小部分骑兵阻挠日军修复。指挥部的位置在城西南五华里的一个村庄内，两个炮兵营同驻该地归其直接指挥，总部直属战防炮营分别配属各团。

## 神兵天降，奇袭汴梁

按照指挥部的统一部署，部队于袭击前两天夜晚分别由中牟的小潘庄和尉氏的芦馆两个渡口，渡过新黄河后，即前往预定的地点宿营。有些士兵由于临战前心情激动而难以入睡，我就劝他们要好好休息，养精蓄锐，以旺盛的精力投入战斗。同时我们还对宿营地周围进行了严密的封锁。

次日晚，部队在夜幕下秘密进入集结地带。那天晚上天非常黑，无月光，为我军的行动提供了极好的隐蔽条件。一支万余人的部队兵临城下，守城日军竟毫无察觉。

当天凌晨四时，一颗红色信号弹划破漆黑的夜空，从城西南五华里的指挥部驻地升起。霎时间，开封城四周枪炮齐发，犹如千万条愤怒的火龙直捣敌巢，爆发出一阵阵天崩地裂般的轰鸣。经过几分钟的急袭射击后，炮火延伸，紧接着响起嘹亮的冲锋号声，战士们冒着枪林弹雨冲向敌阵，枪炮声、喊杀声响成一片，震撼古城。

战斗开始时，由于日军毫无戒备，仓皇应战，陷入一片混乱，其岗兵十有八九被我军击毙击伤。刚从梦中惊醒的日军不知所措，短时间难以进行有效的抵抗，只是向空中乱放照明弹和信号弹，把全城照得如同白昼一般。我军乘此有利时机迅速攻占了车站、南关和周围城墙，抢筑工事、掩体，控制房屋和制高点，准备迎击日军的反扑。

从整个战场上敌我双方力量对比来看，我军兵力虽十倍于敌，但武器装备却远远落后于日军，既无战车装甲车，更无制空权可言，而且又是孤军深入敌占区作战，全无后勤保障和增援部队，其困难和危险是可想而知的。但官兵们满怀抗日救国的热情，抱定誓死杀敌的决心，以自己的血肉之躯同装备精良的日军展开了一场殊死的搏斗。

我团第一营首战南关西部，将敌岗兵大部击毙。第二连在南关与敌展开了肉搏战，面对凶残的日军，官兵们毫不畏惧，奋力拼杀，给敌人以重创，第二连伤亡过半。战斗中，连长王新民身先士卒，连续刺倒几名日军后也倒在了血泊之中。他是河南舞阳人，原是一名作战勇敢、带兵有方的排长，没想到升任连长仅仅三天就牺牲在了抗日战场上。

第二营的阵地在城西门以北，由第四连和第五连防守。第六连于拂晓前攻占了龙亭，这是我军在城内的唯一据点。日军可能因兵力不足，无力强攻，只是以猛烈的炮火连续不断地进行轰击。龙亭四周整日里硝烟弥漫，弹片横飞，三名排长中一名阵亡，一名受伤，全连士兵伤亡达百分之四十，但阵地却依然固若金汤。第六连就像一颗钉子，楔入日军腹地，吸引其兵力和炮火，以减轻我军各阵地的压力，直至天黑日军停止炮击后，该连才奉命撤离。

城西北角至北门以西一线，是我军的关键阵地，担负着攻城阻援的双重任务，其能否坚守得住，关系到全军的安危和战局的成败。为此，我将这里交给了战斗力较强的第三营守卫，并将指挥部配属给我团的两门战防炮设置于此。在当天的战斗中，我绝大部分时间也都是在这里坐镇指挥。

为了对付日军的空中优势，我们每个连都组织了一个包括轻机枪和步枪的对空射击小组。天刚亮时，九架敌机在开封上空盘旋。因我军利用房屋同日军巷战，双方已形成犬牙交错之势，敌机不敢贸然行事，只好向我军后方狂轰滥炸和扫射。上午十点多钟，又有六架敌机飞临我团阵地上空，其中一架在俯冲扫射时，被我第三营击中起火，坠落在城东北十多华里处。此后敌机虽仍轮番不停地对我发动空袭，但再也不敢低空扫射了，只是在高空投弹，因而准确率不高。

战前我方已预料到，开封城内的日军战车虽不多，但其杀伤力却是很大的，而且还可得到来自商丘、新乡的增援，势必对我军构成严重的威胁。因此，我军除配备战防炮外，还在阵地前挖掘了壕沟以阻止敌战车。上午，一队日军在五六辆战车的掩护下，向我团第三营阵地发起攻击。当其先头一辆刚刚爬上北城墙时，即被我战防炮击毁。其余几辆立即掉头遁去，停在我战防炮射程之外的地方向我阵地炮击和扫射，使我军受到了较大的伤亡。

此后日军步兵发动了数次进攻，均被我军击退，战斗时紧时缓，一直持续到午后。经过近十个小时的战斗，我军官兵已是十分的饥渴和疲劳。饿了尚且可以啃几口干粮，渴了却找不到水喝，喉咙里如同烟熏火燎一般，但无一人叫苦和后退。轻伤员们经过简单的包扎后就又投入战斗，甚至一些重伤员只要能够看得见和操作武器，也不肯离开火线。我和两位副团长整日在阵地上不停地奔波，哪里吃紧就到哪里指挥，根本顾不上吃饭和休息。

由于我军预先对开封至兰封、新乡的铁路、公路桥梁进行了破坏，因而大大迟滞了日军增援部队的行进速度。直到下午三点前后，来自商丘、新乡的援敌骑兵才先后到达，此后陆续到达的是战车、装甲车、步兵和炮兵。日军集结部署后，于下午五时左右在飞机和炮兵的强大火力掩护下，对我团阵地发起了猛烈的进攻。我团阵地前后炮火连天，许多地段的工事被炸塌，但官兵们早已将生死置之度外，待日军进入我有效射程内，各种武器一齐开火，接连打退了日军的多次冲锋。战斗中，机枪射手们表现出了娴熟的射击技术和顽强灵活的战斗作风。他们打一个点射，换一个位置，这样既充分发挥了机枪的威力，又使日军无法确定我方的火力点。

突然，一大股日军骑兵向第三营阵地包抄袭来，战斗进入了一天来最危险的时刻。此时我头脑中只有一个念头，就是战死在此也要将敌骑击退，决不能让我团阵地成为日军的突破口。我当即命令第三营营长派出一个连向敌骑两翼迂回攻击；在正面阵地上集中十余挺机枪构成扇面形火力网，配以步枪组成的排子枪，将日军骑兵打得人仰马翻，落荒而逃，我军也付出了重大的伤亡代价。

傍晚时分，敌机离去，地面部队也停止了进攻，战斗逐渐平息。由于我军采用了出其不意、攻其不备、围城阻援、集中打击孤立之敌的战略战术，取得了奇袭开封的胜利，达到了预期的作战目的。是役，我军毙伤敌军近八百名，击落敌机一架，击毁、击伤战车六辆，汽车、装甲车十余辆。我团还缴获三八式步枪十余支，作战地图二十余张。

## 浴血殿后，凯旋还师

当天傍晚六时，指挥部下达了撤退命令。按照原定计划，炮兵和伤员向西进入中牟境内，经小潘庄渡河，大部队向西南朱仙镇一带撤退，掩护任务由我团担任。至晚八时，大部队已完全撤出，我即命令留下两个连继续监视日军，其余尾随大部队撤往朱仙镇。当晚十时，大部队到达朱仙镇附近，为了尽快远离日军，稍事休息后继续向东南撤退，于次日拂晓前赶到扶沟境内的江村宿营。

我团到达江村后，立即抢修工事，准备迎击日军的追兵。天刚亮，敌机十二架飞临江村上空盘旋侦察，因我军作了隐蔽，敌机未发现目标。上午十时，日军先头部队骑兵追至江村，当即与我军交火。不一会儿日军战车赶到，在飞机配合下向我阵地发起攻击。经过激战，我军撤出阵地，节节抵抗，于当日傍晚暂时摆脱了日军的追击，进入了常营。常营是个村寨，位于太康西部，新黄河自北向南由村西流过。一年前第四十军庞炳勋部曾在这里构筑有工事，我们连夜在其基础上进行了加固。

第三天上午十时，大批日军步兵、骑兵、战车、装甲车猬集常营的东面和北面，同时向我阵地发起了凶猛的进攻。我对官兵们说："兵法云：置之死地而后存。现在我们前面是敌人，后面是河，已经是背水一战，没有退路了。只有与敌人决一死战，坚持到晚上，才是唯一的生路。"这一天的战斗极其凶险，战况空前惨烈。穿梭般的敌机大逞淫威狂轰滥炸，炽盛的地面炮火铺天盖地倾泻而来，打得人趴在战壕里难以抬头，整个常营笼罩在滚滚浓烟和熊熊烈火之中。

此时，"誓与常营共存亡"已成为全团官兵的唯一意志，大家人自为战，骁勇非凡。一位机枪射手倒下了，旁边的战士立即接过枪继续向敌人扫射。前沿阵地上敌我双方多次展开白刃战，有些阵地一天内得而复失，失而复得，几易其手。双方伤亡都很惨重，但日军始终未能越过我雷池半步。到下午四时后，战斗已进入了白热化的程度，一贯不敢在夜间活动的日军此时倾其全部兵力，企图在天黑前攻下常营。我军伤亡不断增加，许多阵地前险象丛生。坚守主力阵地的第三营机枪连已伤亡过半，连长阵亡，三名排长全部负伤，由一名事务长接替指挥，战斗力大为减弱。此时大批日军向该连阵地猛烈进攻，情势万分危急，全团的警卫、勤杂人员都已投入战斗，我已无任何预备队可派去增援。在此千钧一发的时刻，我果断下令将第二营的三十多挺机枪全部集中起来，临时组成一个机枪连，迂回至日军左翼，对其发动猛烈侧击。日军伤亡顿时倍增，难以支持。日军为掩护部队撤退，使用了毒气。当时我正在掩蔽部里接电话，被毒气窒息，泪流不止。毒气散去后，我的两眼红肿疼痛，回到郑州在公教医院（其旧址今为郑州市第二人民医院）住了一个多月才治愈。我团经过一整天的浴血奋战，终于圆满完成了阻击任务，走出"死地"而后生，于当晚撤退到西华境内的东夏亭宿营。

第四天，又有九架敌机飞来，因未发现目标，盲目扫射一阵后就返回了。我们在东夏亭休息了一天，晚上由此向西渡过了新黄河。至此，奇袭开封之战全部结束，我回首凝望着滚滚南去的黄河水，深深地舒了一口气。

驻开封日军遭此痛击后，如同惊弓之鸟，惶惶不可终日。除实行全城戒严、增加岗哨和城内到火车站的巡逻外，每夜还派兵乘车出城进行武装游行，以虚张声势，为自己壮胆。

大约在五月上旬，第三集团军总部在郑州陇海花园召开了奇袭开封胜利的庆功会，参战部队和驻郑各部团以上军官一千多人参加了大会。孙桐萱总司令首先讲话，对参战部队全体官兵慰勉有加。我和第二十师第五十九团团长李同西报告了战斗经过。会上还颁发了国民政府军政部奖授给参战部队立功官兵的五万银圆奖金（四个团和直属部队各一万元，其中每位士兵五元，班和排以上军官按级授赏）和阵亡官兵的抚恤金（其中包括部队筹集的资金），并派人送给家属。团以上军官每人还荣获华胄奖章一枚、奖状一张。

# 归德上空遭遇战

韦鼎峙※

经过上次（一九三八年）三月十八日的出击，给敌人还了一点颜色，也给地面友军一个鼓励，所以各方面对这次战果的评估，价码很高。敌对我前线空袭频率，不但降低，而且也不像从前那样如入无人之境，真所谓对付敌人，要以牙还牙。为减轻五战区空袭压力，及多鼓励友军奋战，上级认为有再度派我机队出击必要，预料敌人上次遭到重创，当不甘休，必定变本加厉，所以我们再度出击的兵力，不能太弱，故尽量凑得全数十四架"伊－15"式机。在三月二十四日中午过后，吴大队长召集全队下达命令，定明（二十五日）晨拂晓，攻击枣庄小学校敌司令部，及滕县一带地面目标，然后升空巡逻警戒，掩护友军作战。此次队形编成：第一分队，由我负责前导，我的左右僚机，分别为莫林分队长，及韦鼎峙飞行员（作者）。左机群五架，由七队长吕天龙率领，僚机是周善、李胥勋、周纯、李康之等。右机群五架由八队长陆光球率领，僚机是黄莺、黄名翔、曾达池、江秀辉等，殿后一架为八队副队长何信。进入战场，若无敌机，即轮番对地攻击，然后升空掩护，中途加油站是驻马店，目的地归德前进机场，黄昏前降落完毕，满加油弹，明日拂晓出击。下达命令后，即刻出发，天黑前，全体安全降落前线归德机场。

三月二十五日晨，天色未明，即燃烛进餐，然后掌灯笼进机场，此时辛劳的机械人员，早已为我们的战机整备妥当。每人再作必要的检查后，即登机开车，朦胧中知道第一架机起飞后，接二连三依序起飞。机愈升高，东方益愈明亮，一面整队，一面迈上征程。朝霞绮丽，惜无闲

---

※　作者当时系中国空军第三大队第八中队飞行员。

情欣赏。大编队群，冲破寂寞的晨空，浩浩荡荡向台儿庄前线敌阵逼近。这时坐在机舱里的飞行员，每个人的心情，也不免逐渐紧张，那就是要提高警觉，注意"索敌"与"警戒"。当大队长发现了地面目标，上空也没有敌机。遂下令对地攻击，先下降攻击者，迅即上升掩护，相互支援。待对地攻击完毕后，就按规定之战斗队形巡逻掩护，任务达成后，即整队回航。当机队跨越陇海路南航时，不久我们前导分队，已明显地看见归德机场，长机渐渐减速，缓缓下降，两个后续机群，此时应该前进至我们的上空，何以抬头不见？遂转头极目后顾，居然给我发现在很远后方上空，已构成了两个战斗圈，敌我各机，展开剧烈空战，有的机着火，也见有人跳伞。判断大座及莫林分队长尚不知情，我们只得争取时间，鸣枪报警，是时突有两架敌机临空，正向我前导分队攻击。

我鸣枪后，即开满油门，同时迅速拉高机头，向右边来个急上升转弯而离队，当我机刚转到二百七十度的方位时，忽然发现右前下方，有一友机被敌追蹑攻击，状极危殆！遂不顾一切，迅即压下机头，对准那醉心追蹑之敌，抢先开枪，把四挺机枪同时发射，让子弹迅速喷出，只见各色子弹，全撒落在敌机座舱周围，幸得敌机起火，表示已被击中，否则我机非撞上不可。因为我已决心，不消灭此敌，则不足以救友机，若友机不得救，则必将陷于劣势矣。为救友，为自救，必如是。因击落一机，信心倍增，勇气十足，决心再干他一架！正因加紧追击那敌时，不意身旁竟出现两三架敌机，相形之下，友机却不见了。形势逆转，我变得孤单了，陷于重围，想要脱离战场，恐非易事。以身许国，今得如愿，了无遗恨。但我得再找个机会，碰撞一架，让侵略者为之丧胆！既下决心，乃发挥无比之操纵潜力，尽量表现机的战斗性能。无奈时运不济，敌人似已判明我之企图，不敢近攻，改从各方逐次攻击，轮番扫射，我心不乱，首避其锋，再与之比油量，我还是占上风，只要敌不敢久恋，我就胜他了。正以此信心苦斗，无奈突遭狡猾之敌，来一次同时上下夹攻，穷于应付，不幸座机中弹起火。敌见火光烛天，即停止射击。火势从机头向后猛扑，整个座舱充满了火焰，我头无法回顾，因戴皮手套的笨手，一时摸不着安全带的扣绊，打不开安全带，离不开飞机，是时也，真正体验到热锅上蚂蚁的滋味。我想唯一办法，是将机头拉高，让机尾先行下滑，使火苗向机头方向飘去，这样机头很快失速又掉下去，火焰又扑向脸部，十分辣痛！遂以手遮蔽，没想到却在颚下，碰着了安全带扣绊，顺手将之打开，立刻将机滚转，使舱口向下，利用自身重量，掉出座舱。此时全身感到清凉舒适，可是心中突然升起一阵莫名的痛楚，

349

那就是永远看不见我心爱的座机了！它是我辛辛苦苦，从冰天雪地的西北接飞回来，我视同第二生命，这四五个月来，我们形影不离，于今牺牲了它，实在令人难过！

当我掉出机舱火窟，置身于清凉悠悠的碧空里时，心情为之安定，自信是得救了！初掉出机舱，头向下，因为携带的保险伞是坐式，所以臀部较重，顺势便在空中翻了几个筋斗，待身子摆正时，便是坐的姿势，往下继续坠落，本想立即张伞，奈以右飞行衣的裤管，仍被火燃烧未熄，即予扑灭。又想起开始交战时，高度约在两千公尺，因"格斗"损失，至少也仍有一千公尺，若以战斗跳伞，有三百公尺就够了；况且早期开伞，留空时间长，易遭敌攻击，危险大。记得参加南宁空战的蒋盛祜同学第一个阵亡，就是因为张伞太早，为敌所害。凭目测，也觉得还高。正想着间，忽感到鼻腔呼吸困难，可能是落速太快，再不开伞，只怕伞衣受不了被风鼓破，于是脑子突然下令"开伞！"右手一股劲，将开伞梢拉脱，只觉得雪白伞衣，从臀下像一条白布带，直往背上飞射，并迅速张伞，好大的一朵白云般，罩在我的头顶上，因伞有很大的浮力，突然感到把身体往上一提，系身的伞带，猛然缚紧，血液受阻，眼睛霎时发黑，只见满天星斗，可是内心明白，沉着不乱。然后举起两手，握紧伞绳，将身子往上拉拉，使伞绳放松，血液流动，恢复正常，两眼立即明亮。这时候心里自然感到一种莫名的喜悦，虎口余生，凯旋归来，教人何等兴奋！正得意间，猛然霹雳一阵机枪，从头顶上空横扫下来，机声也越来越凶猛。唉！我这已失去战斗能力的战士，难道你们都不放过吗?！太没人性了，日军狰狞的嘴脸，残杀无辜成性，必为世人所不齿。敌人施我如此毒辣手段，我不灰心失望，相反是要把蒋同学跳伞遇害的检讨心得，施展出来。不管两架敌机怎样轮番攻击扫射，我手握紧伞绳，以自身的重量，作不规则的摇摆，只看那各种发光的弹道，像雨丝般地掠身而过，叨蒙祖宗阴德，上苍保佑，就没有一粒子弹击中我。当时天气晴明，上升气流很强，托着我的大伞，迟迟不降。终于将我最基本一点体力，都消磨无余。一身疲乏，英雄末路，只有放弃生存希望了！心想，这就是报国最好的时辰了，但愿我死则国生，死而无恨！两手握不住伞绳，自然滑落下垂，两足停止摆动。这一刹那，合上双眼，为敌靶的。幸好遇到这两个虽是难缠敌人，却是"不列等"的射手，各人作最后一次射击后，都停止攻击，于是我临急智生，将计就计，把头极力低垂，佯为死状。这两个笨蛋，以为我骗他们，飞近我身旁环绕，观察动静。我偷偷瞥眼窥视，看见一人嘴脸上，储着一小撮髭须。如果我能掏出手枪来，准可把他两个解决掉，可是要沉住气，耐着心，以免犯小不忍则乱大谋，功亏一篑。此时只看到足下麦田，一片浮涌上来，我做着陆准备。着地后，身倒不起。这才感到右大腿非常疼痛，鲜血也已浸出三用飞行衣之外，我只好踡伏在麦田里，雪白的伞衣，铺盖在绿油油身旁的麦田上，虽然我不能动，实际也不敢动，因为天空上还有敌机声音呢。我固然不可动，连四周围观的群众，我也不愿他们围拢过来，倘若聚集太多的人，会惹敌机下来扫射，那么结果就不堪设想了。所以我必须迅速设法制止他们前进。怎奈无计可施，只好掏出怀中手枪，向天鸣射，期能吓阻，此法有效。直等天空无机声时，我这才惊魂初定，犹疑是否已脱离战场？不管怎样，我得松一口气再说啊！

本想用力爬起，怎奈伤口撕裂般地疼痛，动弹不得，只好乞求老百姓进来救护，我高举双手招之，四下皆无动静，大叫亦属枉然。良久，我突然领悟，因我手中尚有把手枪，他们不无介意。于是我将枪弹夹卸下，然后高举远掷，再示以两指而招之，果有两壮汉前来，一执扁担一提锄，深怀疑虑。我未待其走近，即大声告之以身份，并出示"军人手牒"。渠等信任后，遂高呼曰："他是我们中国飞行员呀！快进来救他呀！"是时也，四周人群，如破巢之蜂，如缺堤之洪，一涌而集拢过来，不由得我分说，将我抬举起来，一口气把我送到靠近的一个庄稼户去。其实还有许多人在外围虽使不上劲，嘴里却不断地叮咛着：大家用力呀！小心呀！切忌碰着伤口啊！……他们这样的热心关爱国家战士，真使人感动得落泪，谁说老百姓不关心国家大事呢?!

抬进庄稼户后，把我放躺在一张乘凉的竹床上，将伞衣裹卷枕头，在雪白的伞衣上，赫然发现许多密密麻麻的弹着点，庆幸没有一粒子弹击中我，不然也看不到这种险象了。我对庄稼主人，已忘其姓氏，唯记得此地，乃马牧集地方，到归德尚有六十多华里，我要求他们赶快护送到归德医院去。临起程时，还发生个小插曲，也是我毕生难忘的事。那时因为我太口渴，要求喝点茶水。本来那年轻人都答应了的，没想到在人群中，挤出个老婆婆来，阻止了。有人转话给我，说是不能喝茶水，只可喝"童便"。"童便"这两个字在我听来，并不陌生，记得儿时，常听父母说起刀枪伤的人，喝"童便"可以止血。可是心里还是感到为难，坚持不过他们，只好屈就，但是我要求找个健康的奶娃娃，院子里人山人海，什么人都有，结果找到几个抱着吃奶的小娃娃来，我选了其中一个又白又胖的男婴。喝了一碗"童便"，服下半瓶随身带的云南白药。不知是药的神力，还是心理作用，伤口没有初时那么疼痛，但是心里还是十分焦急，只管催促护送人员早些上路①。

———————————

① 据陆光球回忆，陆本人是在三月二十五日空战中受伤，而韦鼎峙则是在四月初的空战中受伤。

# 泛东背水之战

冉敬中[※]

第四十军在泛东的背水之战，是第四十军军史上最光荣的一次战斗，是自抗日战争以来从未有过的一次大胜利。

一九三八年冬至一九三九年一月上旬，我军奉上级命令，渡泛区扰乱敌人。副军长马法五，率领第一一五旅（旅长李振清，辖第二二九团与第二三〇团两个团）由漯河出发，奔逍遥镇，次日到达黑龙潭（属郾城县，离韭菜园不远）。从逍遥镇出发时，天开始降雨，后来转雪。在黑龙潭连下两天大雪，第三天刮起八九级东北大风，次日据报黄河结冰了。部队派当地人查看，说是能过河。西华县政府亦报称：有人沿冰过河了。

我当时担任军、旅、团之间的通信联络任务，第二二九团通讯连长病了，我还代理过连长。

我们讲的黄河，是主流的分支。我们即刻出发，奔老西华方向前进，第二三〇团天明时已全部沿冰渡过河去，占领了某寨。寨外仍有支流，上边命令他们再往支流外推进一村。我随军、旅部一同过河。直线距离不过二三里的路程，绕"水眼"，需绕道沿冰多走十余里路。行军途中，不断传来枪炮声，不时报来与日军发生接触的战报。军、旅部过河之后驻在甲寨（寨名失记），西面是黄河主流干线，寨东边尚有一支流，水深五六尺，有木桥和船通往各村。

第二二九团奉命往西北乙寨（名失记）推进，战斗至下午五时，日军约一个联队的增援部队赶到，携有二三十门炮。我军奉命撤至甲寨，第二三〇团前进之第一营，也撤到甲寨。此时我率领两个班，将乙寨的

---

※ 作者当时系第四十军第三十九师第一一五旅第二二九团通讯连代理连长。

通信网撤回。

这时，我们与日本兵相隔不过三里之遥。敌人到达甲寨东北、乙寨正东，且队伍绵延不绝，一寸多厚的冰层，被踏得吱吱乱响。这时日本兵在寨外燃柴烤火，冰火相映，二三里之遥，竟然如在眼前，但敌在亮处，我在暗处，并未发现我们在甲寨。我们将当地的二牛抬车堵住寨口，门上悬一手榴弹，如日本兵来时，一推寨门，手榴弹一炸响，则可延缓敌之行动速度，我们能安全撤退。

次日，敌机十余架向我们驻守的甲寨狂轰滥炸。寨内的五六十户人家，房屋倒塌无一完整，我们在寨墙上挖洞避弹。敌人的炮火先向木桥发射榴霰弹，而后又向寨内射击。电线不时被炸断，我们便冒着弹雨接线以保证指挥畅通。在战斗中，我通讯兵、士兵受伤者十余人。

第三天天晴了，气候转暖，黄河全部开冻，数十米长的冰块在河内漂流冲撞。敌人攻打寨子，战斗十分激烈，情况非常紧急。此时李振清命士兵将二牛抬大车两旁绑上檩条作筏，让副军长马法五及军部、旅部非战斗人员一律乘筏撤退过河。因为这种筏子在黄河中漂浮遇上冰块十分危险，所以伤号一律不撤，均发手榴弹，做了殊死战斗之准备。

幸亏老天有眼，第四天是阴雨天气，敌坦克又不能开来，敌人的炮兵也不能转换阵地。入夜，李振清派第二二九团第三营涉冰水绕到敌后偷袭敌人。敌人见后方出现我军，连忙撤退。我军乘机扩张战果，打得敌人弃尸遍野，弃炮两门。敌联队长在撤退途中，走入树林内剖腹自杀，剖腹用的战刀由李振清上交。同时，我们还获战马两匹、枪八十余支、机枪和自动步枪十二挺（支）。

经过这次战事，我军开会研究了敌情，估计敌人可能集结兵力报复，便进行战略转移，部队沿着泛东的主河东岸、支流以西，向北方转移。一夜急行军八十里，进入太康境内。在黄河主支流以东，有两条支流，有两个寨子分别坐落在主支流与邻近的支流之间。我记不清寨名，姑且将主支流与支流之间这个寨子称为丙寨，两条支流之间的寨子称为丁寨。我团与旅部驻于丙寨，后方西去归路约十五华里为主流。这一地段，没有水沟，正东两条支流水均不深，过第一个支流就到了丁寨。这两个寨子均有百姓百户以上，丁寨以东的那条支流水深三四尺或五六尺不定，通往外村有小桥，寨墙坚厚，易于防御。

部队到达后，紧急构筑工事。准备工作完成后，时间已到腊月二十四，军部由漯河送来了慰劳品。李振清叫各单位就近购买猪、鸭、鸡、肉等物，均在腊月二十五至二十六过年。我们伙同旅部、团部共同打捞到黄河鲤鱼二百余斤，使这个年过得更加丰盛。

腊月二十八，由第二二九团副团长李国干率领了一支爆破队，去归德府袭击敌人。这支爆破队由精选出的二百人组成。他们三十晚上到达归德府，先将日军通往各地的电线破坏后，再依次向敌人电厂、机车实施爆破，而后迅速撤退回寨。不料敌人也有准备，大年初一，日军集结了四五千人、坦克三十辆、大炮二十门，晚上用炮对我丁寨轰击。我军利用晚上时间，抓紧修复寨墙，第二天依然如故。初三敌人用飞机、大炮向寨门以东选定的一个点上集中目标轰炸、炮击，寨墙终于被打开了一个缺口。敌人用绑好的浮桥梯令民夫猛向河沟输送。我军连忙喊话："乡亲们赶快闪开！"敌人紧紧跟进，我军便用猛烈的炮火拦击，将敌军阻止于河沟外。

连续两天，敌人把坦克排列于壕外，炮兵及自动武器分别排列于坦克之后，向我猛冲，占领了寨墙。我军寸步不让，李振清与团长司元恺到寨墙内督战，营、连长均亲自加入战斗行列，经白刃格斗一小时，把入侵之日本兵全部消灭。并立即构筑工事，修补寨墙，有两户百姓还志愿将房屋拆除修补寨子。

初五阴云密布，初六早晨天降小雨，敌人眼睁睁看着难以攻下此寨，只得将其坦克车后撤，炮兵随之亦退却，停止了进攻。而我第二三〇团则趁阴雨开始出击敌人右翼。

此时敌人已伤亡千余人，坦克在泥泞中难以运转，我军便乘势全面出击。两辆敌坦克陷于泥泞之中，我军用集束手榴弹将其炸毁。敌人的骑兵参加攻寨是徒步上来的，死伤了数十人。马匹拴在树林内，因仓促撤退未及全部牵走，我获八匹洋马，将许多死马分给百姓食用。我们还截获敌弹药十余车、轻机枪二十余挺、步枪二百多支。背包除分给老百姓外，我们每个人都得了一两件。我要了个军毯。在两次战斗中，损坏百姓的房屋，都作价赔偿；受伤的百姓，都给予治疗。百姓在战斗中献计带路，出了不小的力。

# 从漳河对峙到豫北作战大事记

## 一九三七年

**十月十六日**

△ 蒋介石电令汤恩伯第二十军团固守安阳工事线。

**十七日**

△ 日军沿平汉铁路两侧南侵，中国军队陆续撤至漳河南岸。

**十八日**

△ 第二十集团军总司令兼河南省政府主席商震十六日夜被日军围困于磁县马头镇，经汤恩伯部接应，本日抵安阳。

**十九日**

△ 日军第十四师团在飞机、大炮掩护下，从观台、东西保障、临漳至安阳渡口等处强渡漳河，与汤恩伯部激战。

**二十日**

△ 日军攻占漳河南岸东、西保障，掩护后续部队渡河。

**二十一日**

△ 关麟征第五十二军在漳河南岸与敌激战三昼夜，伤亡团长曾谦以下官兵三千六百余人。

△ 日军攻占临漳县。

**二十二日**

△ 日军退回漳河北岸，中、日军队沿漳河两岸形成对峙。

△ 程潜令汤恩伯部守卫安阳阵地，令商震部守卫淇县、汲县阵地。

**二十五日**

△ 蒋介石令第一集团军主力协同友军击破平汉线南下之敌，进出于石家庄方面，使晋东我军作战容易。

△ 程潜接替蒋介石任第一战区司令长官。

**三十一日**

△ 汤恩伯第二十军团奉命驰援晋东娘子关，安阳东西防线由商震第二十集团军接替。

**十一月一日**

△ 日军炮击安阳车站，第三十二军推进至安阳，与敌对峙。

**三日**

△ 第三十二军一部攻击安阳河南岸之敌，损失甚大。

**四日**

△ 日军攻占安阳车站及县城，守城之第一四二师第六旅退至宝莲寺以东。商震令该旅旅长崔翼整饬残部待命反攻，令黄光华第一三九师在宝莲寺以北阵地严阵以待。

**十一日**

△ 日军攻占大名。

**十二日**

△ 本日及十三日，关麟征军袭击邯郸、磁县日军机场，炸毁飞机十余架、大炮十余门及大批汽油。

**二十三日**

△ 中国空军击落轰炸商水县周家口镇的敌机两架。

**二十八日**

△ 日机轰炸周家口机场，中国空军驱逐机司令兼第四大队队长高志航强行登机准备迎敌，未及起飞中弹殉国。

**十二月十三日**

△ 日军攻占武安。

**十五日**

△ 日军攻占南乐、清丰。

**二十日**

△ 南乐、清丰日军撤回大名。

## 一九三八年

**一月十日**

△ 日本华北方面军命令第一军：应对平汉铁路方面黄河左岸地区及山西省南部推进平定作战。

**三十日**

△ 本日及三十一日，日机两次空袭洛阳，被中国空军击落三架。

**二月二日**

△ 国民政府任命程潜为河南省政府主席，原任商震免职。

**七日**

△ 日军第十四师团等部队分两路自安阳、大名南犯，发起河南省黄河以北的平定作战（即豫北作战）。由大名出发的馆余惣支队本日陷南乐。

**八日**

△ 日军陷清丰。

**九日**

△ 万福麟第五十三军接防汤阴以北宝莲寺阵地。

△ 日军陷濮阳。

△ 日机轰炸南阳。

**十日**

△ 冯治安第七十七军收复清丰，次日该城又被日军占领。

**十一日**

△ 万福麟部与日军第十四师团主力激战两昼夜，本晚退守洪河右岸阵地，宝莲寺及汤阴城陷落。

**十二日**

△ 日军攻占淇县、长垣，中国军队撤出滑县及道口镇，不久封丘亦沦入敌手。

**十四日**

△ 日机轰炸郑州，平民死伤百余人。

**十五日**

△ 中国空军轰炸日军安阳机场及淇县境内坦克部队。

△ 日军攻占涉县。

**十六日**

△ 中国军队收复清丰、封丘、濮阳。

△ 日军攻占辉县、汲县。

**十七日**

△ 蒋介石令蒋在珍新编第八师炸毁郑州黄河铁路大桥，以阻止日军进攻。

△ 日军攻占新乡、浚县。

**十八日**

△ 蒋介石电令第一战区部队必须确保平汉铁路以西要地及晋东南门户，以掩护第二战区右侧背，并相机侧击平汉铁路之敌。

△ 日军沿道清铁路西犯，陷获嘉。

十九日

△ 日军陷修武、焦作。

△ 黄河铁桥已被中国军队彻底破坏。

二十日

△ 日军攻占博爱。

二十一日

△ 日军攻占沁阳，中国军队撤至济源附近。

二十二日

△ 日军攻占济源城，中国军队宋哲元第一集团军向豫晋边境王屋山转进，万福麟第五十三军向山西境内晋城、阳城转进。

二十三日

△ 日军攻占孟县。

二十五日

△ 刘汝明第六十八军收复长垣。

二十六日

△ 日军攻占济源封门口，分两路进入山西，追击中国第一战区部队。豫北作战结束。

二十七日

△ 刘汝明部收复滑县及道口镇。

二十八日

△ 刘汝明部收复浚县。

附录二

# 豫东作战大事记

## 一九三八年

**四月二十三日**

△ 日本华北方面军下达徐州作战的命令：命第二军尽快开始攻势，命第一军以有力一部渡过黄河，迅速切断兰封、商丘间的陇海铁路并向商丘挺进。

**三十日**

△ 日机轰炸商丘车站，民众伤亡百余名。

**下旬**

△ 本旬至五月上旬，国民政府军事委员会命俞济时第七十四军、黄杰第八军、李汉魂第六十四军到砀山、商丘集结，命第七十一军等部到兰封集结。

**五月九日**

△ 日军第十三师团攻占蒙城。

**十日**

△ 第一、第五战区变更作战地境，所有原属第五战区之鲁西、豫东部队均改归第一战区指挥。

**上旬**

△ 日军攻占濮县、范县。

**十一日**

△ 蒋介石电程潜等作如下部署：第一战区应集中精锐兵团击灭侵入鲁西之敌，调第三战区前敌总司令薛岳任第一战区第一兵团总司令，指挥第八军、第六十四军、第七十四军，以消灭鲁西日军主力，其原在鲁西各部均交孙桐萱、商震指挥，担任迟滞敌人及固守沛县、鱼台、金乡、巨野、菏泽各据点，掩护攻势兵团之集中与展开。

△ 荣誉第一师师长宋希濂奉调第七十一军军长。

△ 第七十四军到达砀山，第八军到达商丘。

△ 商震派第二十集团军参谋长傅立平率必要人员赴菏泽组织前进

指挥所。

△ 日军第十四师团酒井支队攻占郓城。

十二日

△ 日军第十四师团由濮县强渡黄河，攻占董口、旧城等渡口及鄄城；第十三师团攻占永城。

△ 蒋介石自汉口飞抵郑州督战。第二兵团总司令薛岳同机到达，当夜抵商丘指挥作战。

△ 日机轰炸开封，平民伤亡二百三十人。

十三日

△ 日机轰炸郑州，平民伤亡百余人。

十四日

△ 日军第十四师团攻陷菏泽，中国军队第二十三师师长李必蕃殉国。

△ 日军第十六师团攻陷金乡、鱼台；第十三师团岩仲挺进队炸毁砀山以东汪阁附近的铁桥，切断陇海铁路。

△ 第六十四军军长李汉魂抵商丘。

十五日

△ 蒋介石电令胡宗南第十七军团东开郑州集结。

△ 日军第十四师团骑兵第十八联队和第十六师团今田支队，分别在民权内黄集附近和砀山汪阁以东炸毁并切断陇海铁路。

△ 日机轰炸兰封、民权及内黄集等陇海铁路车站。

十六日

△ 蒋介石下令成立第二十七军，桂永清任军长，辖蒋伏生第三十六师和李良荣第四十六师。

△ 第七十一军军长宋希濂到达兰封。

△ 本日及十八日，日本华北方面军两次命令第一军，调第十四师团主力东进，协助第二军攻占商丘。第一军未予执行。

十七日

△ 日军第十四师团进入内黄集以东，准备进攻兰封。

十八日

△ 蒋介石令第七十一军、第二十七军由兰封向东扫荡仪封一带之敌；令薛岳率第一兵团主力由商丘向西夹击日军第十四师团，留置一部于砀山、商丘一带迟滞敌军主力西进；另令商震部向东侧击日军。

△ 宋希濂指挥第七十一军等部进攻仪封及内黄车站日军阵地，克

复内黄车站。

　　△ 日军第九师团攻占萧县。

**十九日**

　　△ 中国军队放弃徐州。

　　△ 薛岳派李汉魂为第一兵团第一路总指挥，令李汉魂率第六十四军主力及第七十四军向考城、民权一线前进；令宋希濂指挥第七十一军和第二十七军一部确保民权、兰封交通；令关麟征第五十二军一部置于宁陵柳河镇附近为总预备队。

　　△ 日军第十四师团攻占民权西北内黄集及内黄车站，第三师团攻占宿县，第十师团攻占沛县。

**二十日**

　　△ 薛岳转达蒋介石的命令：令第七十四军、第六十四军为东路军，沿陇海铁路两侧西进，围攻敌军左侧背，以民权为据点并确保该地；令第七十一军、第二十七军为西路军，以仪封、内黄及楚庄寨、马王寨为攻击目标，并切断敌军之联络；令王劲哉新编第三十五师攻击朱庄、纸坊集之敌；令第二十集团军总司令商震派一部确实占领大黄集、周集；令第七十四军和第五十二军各一部为东路军总预备队，位于民权以北，令第十七军团第一军之第七十八师为西路军总预备队，集中于阳堌集。

　　△ 程潜电令胡宗南第十七军团迅速集结于开封、通许、太康地区。

　　△ 第二十七军军长桂永清到达兰封。

　　△ 日军攻占孟县。

**二十一日**

　　△ 程潜进驻开封指挥豫东作战。

　　△ 第六十四军克复内黄集。

　　△ 中国军队收复刘堤圈车站，缴获汽车二十八辆。

　　△ 本日至六月十日，姚琮、何成璞、黄新吾、陈诚（系转呈他人之建议）等人先后建议掘开黄河大堤，以阻止日军进攻。

**二十二日**

　　△ 中国军队攻克杞县马集、何寨、马大府，开封板寨，民权人和集、黄集，兰封贺村集、马王寨、高集、仪封，以及东、西毛古寨等重要据点。

　　△ 龙慕韩第八十八师撤出兰封城。

　　△ 日军攻占罗王寨和罗王车站。

**二十三日**

　　△ 胡宗南率第十七军团司令部进驻兴隆集。

　　△　日军自罗王寨向北进犯，攻占曲兴集、三义寨、马庄、大王庄、小王庄及陈留口等据点。

　　△　公秉藩第三十四师便衣队夜袭封丘贯台集日军，毙敌数百。

**二十四日**

　　△　蒋介石派汤恩伯担任第一战区第二兵团总司令，指挥商丘一带的冯治安第七十七军、庞炳勋第四十军、黄杰第八军、李延年第二军、李仙洲第九十二军、刘汝明第六十八军及罗奇第九十五师、李英第二十四师等部。

　　△　日军第十四师团占领兰封，第十六师团攻占砀山。

　　△　陈公侠第一五五师因闻兰封已失，退出二十三日夜攻占的罗王车站。宋希濂指挥第七十一军反攻兰封，攻占兰封车站、赵庄、杨庄、韩庄。

　　△　兰封日军攻占许楼，中国军队第四十六师第一三八旅旅长马威龙殉国。

**二十五日**

　　△　中国军队连日围攻曲兴集、三义寨、罗王寨之敌，进展不大。

　　△　蒋介石限令各部于二十六日拂晓前将兰封、三义寨、兰封口、陈留口、曲兴集、罗王寨地区间之敌歼灭。

　　△　蒋介石自郑州返回汉口。

**二十六日**

　　△　胡宗南第十七军团在空军、战车掩护下攻占部分据点。

　　△　第一、第五战区遵照蒋介石命令，以商丘、亳县、阜阳、颍上为据点，构成第一道防线；以开封、扶沟、周家口、潢川为据点，构成第二道防线。

　　△　日军混成第三旅团攻占虞城，第十六师团攻占马牧集，当晚突破商丘第一线阵地。

**二十七日**

　　△　蒋介石令第一战区副司令长官刘峙速在洛阳附近布防。

　　△　宋希濂第七十一军克复兰封，王劲哉新编第三十五师克复薛楼、李庄，陈公侠第一五五师和冯圣法第五十八师一度克复罗王车站。

　　△　罗历戎第四十师之第二三五团在柳林集截击向商丘以南迂回的日军第十六师团主力，击毙大批日军和战马。

　　△　薛岳令第六十一师、第八十七师、第四十六师进攻三义寨，令新编第三十五师、第五十一师进攻兰封口。

　　△　程潜电令薛岳应以一部监视三义寨，以主力和总预备队进攻罗王寨；令胡宗南以主力进攻曲兴集。

**二十八日**

△ 中国军队收复罗王车站及罗王寨，陇海铁路被打通，商丘附近四十二列火车得以撤回郑州。

△ 薛岳电令王劲哉新编第三十五师接替兰封城防。

△ 日军第十六师团突破阎集，向商丘以西迂回。中国军队彭林生第一八七师于本日夜撤出商丘。

△ 日本华北方面军命令第二军向开封东南地区进攻。

**二十九日**

△ 日军攻占商丘和朱集车站后继续西犯，一部进占陇海铁路小坝车站，主力攻占宁陵。

△ 胡宗南第十七军团攻克青龙铺、吕寨。

△ 连日来，围攻三义寨的中国军队先后攻占丁圪垱、杨圪垱、蔡楼、河渠、雪庵、夹河滩、兰封口等据点。

△ 程潜调整部署：令宋希濂第七十一军开赴淮阳、太康、龙曲集之线，对亳县、柘城方面警戒；令李汉魂率第一五五师、第五十八师、第六十一师转进至邢口、杞县、阳堌；令第一八七师、第一〇二师占领睢县阵地迟滞日军。

**三十日**

△ 蒋介石委薛岳为第一战区前敌总司令，指挥汤恩伯、商震、孙桐萱、胡宗南、曹福林各部。

△ 程潜由开封返回郑州。

△ 薛岳令第二十集团军集结于兰封附近。

△ 日军混成第十三旅团攻占涡阳。

**三十一日**

△ 为避免与日军在豫东平原决战，蒋介石令第一战区主力转移至平汉铁路以西。

△ 程潜令商震率第三十二军（欠第一三九师）并统一指挥第三十九军、新编第三十五师担任租粮寨至郑州以北黄河铁桥间河防。

△ 日军第十六师团攻占睢县，第十师团攻占亳县。

**六月一日**

△ 蒋介石在武汉召开最高军事会议，决定豫东守军向豫西山地作战略转移，并决定掘开黄河大堤，指定第二十集团军总司令商震负责实施。

△ 日机轰炸兴隆集第十七军团司令部，少校参谋吴蚧及士兵、居

民数十人被炸死。

　　△　日军第十师团攻占鹿邑。

二日

　　△　第三十二军之宋肯堂第一四一师奉命接替开封城防。奉命掩护主力部队撤退的张测民第二十师顽强阻击由三义寨突围的日军。

　　△　日本华北方面军不顾大本营关于超越兰封、商丘、永城等地作战须经批准的决定，将第十四师团配属给第二军，并下达向兰封以西追击的命令。

三日

　　△　日军第十四师团再陷兰封，第十六师团攻占杞县，混成第十三旅团攻占通许，第十师团攻占柘城，混成第三旅团攻占陈留。

四日

　　△　万福麟第五十三军一部奉命在中牟赵口挖掘黄河堤，未成功。

　　△　日军第十四师团总攻开封，第十六师团进入尉氏。

五日

　　△　第一战区拟定《作战指导纲要》，拟乘日军沿平汉铁路南犯之机，在许昌、确山间将敌包围歼灭。

　　△　李汉魂升任第二十九军团军团长。

六日

　　△　薛岳严令第三十二军、第三十九军固守中牟南北之线，擅自撤退者决依法严办。

　　△　蒋介石任命薛岳为武汉卫戍区第一兵团总司令，自十日起解除第一战区前敌总司令职。

　　△　刘和鼎第三十九军一部在赵口挖掘的第二道决口亦告失败。新编第八师师长蒋在珍建议在杨桥至郑州间另掘一口，获批准。

　　△　日本华北方面军下令集结兵力，准备下期作战。

　　△　日军第十四师团攻占开封，第十师团攻占太康。

七日

　　△　花园口掘堤开工。

　　△　中牟南北之线战斗激烈，日军前锋进抵中牟东南、洧川东北至尉氏以南一线。

九日

　　△　花园口掘堤成功，上午九时前放水。

　　△　日军攻占中牟，前锋抵白沙、龙王庙，郑州告急。

**十日**

△　日军第十四师团骑兵联队一部在郑州以南破坏平汉铁路。

**十二日**

△　日军第十六师团挺进队炸毁新郑东南的平汉铁路桥。

△　中旬至下旬，黄河水经索须河、贾鲁河直奔东南，所过之处尽成泽国。中国军队痛歼被黄水围困之敌，收复中牟、尉氏。此后，中日两国军队沿黄泛区对峙达六年之久。

附录三

# 豫南会战大事记

## 一九四一年

### 一月九日

△ 日本第一军制定豫南作战大纲，决定乘汤恩伯等部进入信阳以北地区的良机，从一月下旬开始攻势，以逐次参加会战的方式诱汤部接近，争取围歼其主力，摧毁其抗战意志。

### 二十日

△ 驻鄂西当阳、荆门、安陆的日军对中国第二十九集团军和第三十三集团军发起佯攻。

### 二十四日

△ 日军自信阳东西一线，分三路向北进攻，豫南会战开始。左路丰岛第三师团由平汉路以西向小林店、古城、查山，中路平林第十七师团由长台关沿平汉路向明港，右路天谷第四十师团由洋河镇附近向淮河北岸的萧店，分别发起进攻。中国第五战区左集团孙连仲部顽强阻击来犯之敌。

### 二十五日

△ 蒋介石电示第三十一集团军总司令汤恩伯，应"避免与敌正面决战，而以少数兵力在正面节节抵抗，引其深入，以主力在敌各进路之两翼，作主动的侧击；另以有力一部埋伏敌后，待其前进以后，专事切断其交通"。

△ 蒋介石电示第一战区司令长官卫立煌切实备战。

△ 第五战区司令长官李宗仁调整部署：孙连仲集团以一部依托既设阵地阻敌，主力集结于泌阳；汤恩伯集团集结象河关附近及汝南以东，莫树杰第八十四军一部监视罗山，主力集结息县附近。以上各部限二十八日前集结完毕，待敌军先头至汝南、驻马店之线，各部应击其侧背，务期于淮河以北至遂平间歼灭之。黄维纲第五十九军限二十七日推进至枣阳以北，陈大庆第二十九军主力限二十九日到桐柏、新城一带集结。

**二十六日**

△ 西路日军经吴城攻占泌阳以南的大磨，中路日军连陷明港、李新店、确山，东路日军攻占萧店、陡沟、正阳。

△ 驻豫东、皖西地区的日军第三十五师团，以骑兵第四旅团为基干，本日起分多路向新黄河一线进犯，策应主力作战。

**二十七日**

△ 汤恩伯令所部应诱敌深入，歼敌于西平、遂平及保安寨附近。

△ 日军攻占堡子、马古田及泌阳城，前锋推进至二十里铺、王店、竹沟、确山以北至汝南以南野猪岗之线。

**二十八日**

△ 李宗仁令第五十九军归第二集团军总司令孙连仲指挥。

△ 日军攻占驻马店、遂平、汝南、涡阳，西路前锋攻击春水附近中国军队汤恩伯第三十一集团军的警戒阵地。

**二十九日**

△ 本日至三十日，第三十一集团军各部在象河关、尚店、小史店、西平、上蔡、太尉庙、杨楼、保安寨、接官厅、小石门等地与日军激战，双方伤亡均重。

△ 日军攻占西平、上蔡、蒙城。

**三十日**

△ 中国军队收复正阳。

△ 日军攻占舞阳及叶县保安寨。第十一军以作战目的已达到，命令第三师团准备向泌阳一带机动。

**三十一日**

△ 第三十一集团军调整部署，令第十三军第一一○师、新编第一师在保安寨、旧县镇西侧设伏，准备侧击日军。

△ 日军第三师团向保安寨集结，要求进攻南阳，获批准，第十七师团由西平向舞阳附近集结。

**二月一日**

△ 蒋介石电令陈大庆第二十九军速向信阳以南平汉铁路挺进，切断敌交通，相机袭占信阳。

△ 汤恩伯部克复旧县镇。

△ 日军第三师团从保安寨出发，向南阳进攻。

△ 日军攻占项城。

二日

△ 中国军队收复保安寨，在扳倒井、招抚岗、舞阳、遂平、项城、赵河、券桥等地与日军激战。

△ 日军第三师团攻占方城。

三日

△ 第三十一集团军收复舞阳、方城、西平，黄维纲第五十九军在南阳以北大石桥、蒲山、紫山等地与日军激战。

△ 日军第三师团攻占南阳以北大石桥，第三十五师团一部攻占太和。

四日

△ 中国军队对进犯南阳之敌进行猛烈追击、截击、阻击，赵河、博望、玉山镇及安皋、拒马岭等地战斗激烈。

△ 夜，日军第三师团攻占南阳。

五日

△ 张雪中第十三军继续追击逃敌，收复南阳以北大石桥、蒲山店及新店；李曾志第一四三师顽强阻击由舞阳回窜羊册、古城之敌，夺取华山日军炮兵阵地，击毙敌炮兵指挥官法岛少佐以下数十人。

△ 日军第三师团陷唐河。

六日

△ 第五十九军一部夜袭南阳，本日凌晨冲入城内，毙敌百余名，俘虏数名，拂晓前收复南阳城。

△ 中国军队追击、截击南撤之敌，收复遂平、汝南、周家口、沈丘、项城、上蔡。

七日

△ 中国军队收复太和、界首。

八日

△ 中国军队收复唐河。

九日

△ 中国军队收复泌阳、驻马店。

十日

△ 中国军队收复桐柏。

十二日

△ 中国军队收复确山，恢复战前态势，豫南会战结束。中国方面宣布是役毙伤日军九千余人，中国军队伤亡较敌为少；日方宣布中国军队伤亡一万六千人，日军损失轻微。

附录四

# 豫中（中原）会战大事记

## 一九四四年

**一月二十四日**

△ 日本天皇批准实施"一号作战"。大本营陆军部发布《一号作战纲要》。

**二十七日**

△ 日本大本营命令关东军于三月二十五日前修复郑州以北黄河铁桥。

**三月十日**

△ 日本中国派遣军拟订《一号作战计划》，其中"京汉作战"的方针为："于四月下旬，以华北方面军由黄河岸京汉沿线地区发动攻势，击溃敌军，尤其是第一战区的部队，将京汉铁路南部沿线要冲占领并确保之。"

**中旬**

△ 本旬至下旬，中国第一战区调整部署，准备迎击日军进攻。

**四月十日**

△ 日军第三十七师团制订由中牟附近强渡新黄河的作战计划。

**十七日**

△ 日机多次沿平汉、陇海铁路侦察、空袭。

**十八日**

△ 日军第三十七师团、独立混成第七旅团先后在中牟县境内强渡新黄河，突破中国军队暂编第十五军之暂编第二十七师阵地，豫中（中原）会战开始。

△ 暂编第十五军军长刘昌义率军部特务连、军官队及新编第二十九师第八十六团一部驰赴中牟迎敌。

△ 本日至二十日，日军第二十七师团在黄河北岸对孟津县城、铁谢一带佯攻。

**十九日**

△ 日军第十二军主力在空军支援下，由广武县霸王城桥头堡对中

国军队吴绍周第八十五军之预备第十一师阵地发起进攻，第一一〇师团攻陷汉王城。

**二十日**

△ 日军第三十七师团郑州挺进队和第六十二师团一部攻占郑州，第一一〇师团攻占广武，第六十二师团一部攻占荥泽镇。

△ 第一战区副司令长官汤恩伯电令调整部署：以第二十八集团军总司令李仙洲为南兵团指挥官，驻襄城；以第三十一集团军总司令王仲廉任北兵团指挥官，驻登封。决定将日军包围于许昌、襄城、禹县、密县间地区而歼灭之。

△ 泛东挺进军收复太康。

**二十一日**

△ 本日至五月底，何柱国第十五集团军之涡北、苏北挺进军各部连续破袭陇海铁路徐州至兰封段、津浦铁路宿县至蚌埠段，共破坏铁路三十余公里，十四次炸毁日军列车。

△ 日军第一一〇师团、独立步兵第九旅团、独立混成第七旅团分别攻占荥阳、汜水、新郑及尉氏。

**二十二日**

△ 洧川沦陷。

**二十三日**

△ 日军第三十七师团和第一一〇师团攻占密县。

**二十四日**

△ 日军第三十七师团攻占长葛县城及和尚桥。

**二十五日**

△ 奉汤恩伯之命，王仲廉、李仙洲两部开始反攻。至月底，收复密县境内部分据点，两度攻占尉氏。

△ 第五战区司令长官李宗仁电令第二集团军总司令刘汝明，以协同友军巩固宛洛及平汉线之目的，决于豫南地区击破敌之进犯。

**二十六日**

△ 孙蔚如第四集团军之第九十六军第一七七师在汜水虎牢关与日军独立步兵第九旅团激战七昼夜，本日奉命转移至主阵地。

△ 日军第十二军司令官内山英太郎在新郑战斗司令所下达攻打许昌和准备由郾城迂回的命令。

**二十七日**

△ 第八战区首批援豫部队韩锡侯第九军到达洛阳，归第一战区司

371

令长官蒋鼎文指挥。

△ 日军第十三军第六十五师团为策应第十二军作战，二十四日起对中国军队第十五集团军和第十九集团军发起进攻，本日攻占颍上，并进逼阜阳。

**二十八日**

△ 中美空军轰炸郑州黄河铁桥及荥阳、汜水日军阵地。

△ 各路日军向长葛以南地区推进，准备攻打许昌。

**三十日**

△ 第二十八集团军奉汤恩伯之命，令暂编第十五军军长刘昌义、第二十九军军长马励武、泛东挺进军总指挥陈又新率所部围歼许昌外围日军，限本日下午三时行动。汤恩伯旋又命令各部停止行动。

△ 日本华北方面军战斗司令所由黄河北岸推进至郑州。

△ 为阻止中国军队增援许昌，日军第六十二师团攻占襄城颍桥镇；第二十七师团攻占许昌以东五女店，截断许昌与鄢陵之间的交通。

**五月一日**

△ 日军第三十七师团在战车第三师团等部及空军配合下攻占许昌。中国守军新编第二十九师师长吕公良、副师长黄永淮及团长杨尚武、李培芹等英勇殉国。

△ 蒋介石命令汤恩伯，应集中全力在禹县附近与日军决战。

△ 日军第十二军司令官内山英太郎命令所部由许昌向西迂回，以各个击破中国第一战区主力部队。

△ 为打通平汉铁路南段，日军第二十七师团和第三十七师团一部由许昌南进，第十一军独立步兵第十一旅团（宫下兵团）由长台关、洋河镇北进。

△ 中国空军炸毁新郑日军弹药库及飞机一架。

△ 本日夜至二日，日军第三十七师团、第六十二师团、独立混成第七旅团、骑兵第四旅团、战车第三师团先后由许昌附近西进，第一一〇师团由密县进攻登封。

**二日**

△ 中国军队第九十一师、第二十师等部在禹县以南、襄城以北地区与日军第六十二师团、战车第三师团及骑兵第四旅团激战。

△ 韩锡侯第九军到达登封，接替第八十五军防务。

△ 何柱国部奉命进袭商丘、开封以策应主力作战，本日出发，六日渡过新黄河，复奉命停止行动。

△ 日军独立步兵第十一旅团陷明港。

**三日**

△ 中国空军轰炸密县、禹县等地。

△ 日军第六十二师团攻占禹县，战车第三师团攻占郏县，独立步兵第十一旅团进入确山境内。

**四日**

△ 蒋鼎文电令第十四军（欠第九十四师）、暂编第四军（欠第四十七师）及新编第六师，均归第十四集团军副总司令刘戡指挥，守卫龙门阵地。

△ 日军独立混成第七旅团攻占襄城；战车第三师团攻占临汝，前锋抵达伊川附近。

**五日**

△ 蒋介石电令汤恩伯：着王仲廉部、李仙洲部分别向龙门、临汝推进。

△ 日机空袭安徽颍上四十里铺中国军队骑兵第八师司令部，副师长卢广伟殉国。

△ 日军第六十三师团师团长野副昌德到达汜水，指挥该师团一部及独立步兵第九旅团、第十二野战补充队，这支集成部队被命名为菊兵团。

△ 本日至九日，各路日军同时对被围困在登封、郏县、禹县、临汝之间山地的中国第一战区部队发起攻击。许多部队被日军分割包围或截击，与上级失去联络。

△ 日军第二十七师团和第三十七师团一部攻占郾城、漯河。

**六日**

△ 第二十八集团军总司令李仙洲率部向洛阳外围推进途中，复奉汤恩伯命令担任鲁山之守备。

△ 第三十一集团军总司令部在临汝以东地区被日军包围，损失惨重。

△ 日军第一一〇师团攻占登封，独立混成第七旅团攻占宝丰。

**七日**

△ 蒋鼎文令第十五军军长武庭麟指挥第十五军及第十四军之第九十四师担任洛阳之守备，期限为十至十五天。

△ 武庭麟部署洛阳城防：以张世光第九十四师守城厢，刘献捷第六十四师守西工，李纪云第六十五师守邙岭。

　　△　孙蔚如第四集团军坚守金沟主阵地十余日，屡挫敌锋。本日金沟失守，奉蒋鼎文之命向洛阳西北转进。

　　△　第一战区司令长官部由洛阳撤至新安。

　　△　日军战车第三师团突破龙门阵地，攻占龙门高地、伊川；独立混成第七旅团攻占鲁山；第二十七师团连陷西平、遂平。

　　**八日**

　　△　蒋介石手令武庭麟：着该军长固守洛阳十至十五天，中正即督促外围大军增援洛阳。

　　△　日本中国派遣军总司令官畑俊六抵郑州督战。

　　△　日军第二十七师团陷驻马店。

　　**九日**

　　△　日军第一军为策应第十二军作战，以第六十九师团（天兵团）、独立混成第三旅团（洋兵团）由山西垣曲强渡黄河，攻占渑池白浪、南村等渡口。

　　△　第八战区援豫之林伟宏预备第八师到达新安，奉蒋鼎文之命急开渑池增援。

　　△　日军战车第三师团自龙门北犯，攻击中国军队的安乐、聂湾、焦屯等警戒阵地。洛阳保卫战开始。

　　△　日军第二十七师团到达确山，与独立步兵第十一旅团会师，第一次打通了平汉铁路。

　　△　日军菊兵团占领巩县。

　　**十日**

　　△　中国军队克复颍上。

　　△　第八战区副司令长官胡宗南召集军事会议，策定豫西作战方略。

　　△　第一战区司令长官部经宜阳转移于洛宁。

　　**十一日**

　　△　胡宗南令第一军军长张卓率王隆玑第一六七师和吴俊第八师开赴灵宝。

　　△　日军战车第三师团一部攻占嵩县，第三十七师团攻占伊阳，独立步兵第九旅团（杉兵团）攻占孟津，第十二野战补充队攻占偃师。

　　△　何柱国第十五集团军和陈大庆第十九集团军与日军第六十五师团激战十八天，本日攻占杨湖镇，阜颍战斗结束。

　　**十二日**

　　△　第一军军长张卓到达灵宝。

△　日军战车第三师团攻占洛阳外围七里河、下池、瞿家屯、兴隆寨等据点，中国军队第十五军放弃西工。

△　日军独立混成第三旅团攻入英豪镇，步兵第五十九旅团（地兵团）攻占渑池县城。

△　第五战区周毓英第五十一军袭击柳林车站附近日军，炸毁铁桥一座、铁路数段，切断信阳至汉口间的平汉铁路。

**十三日**

△　第五战区曹福林第五十五军克复遂平，切断郑州至信阳间的平汉铁路。

△　连日来，中国空军不断轰炸洛阳、伊川、临汝及龙门等地的日军部队。

△　日本华北方面军令第十二军主力沿洛河河谷追击撤退中的中国第一战区部队；令菊兵团以一部监视洛阳，主力进攻新安西南方。

△　日军第一军战斗司令所推进至渑池南村。

△　日军战车第三师团攻占洛阳外围周公庙据点，与中国军队第十五军在西关及邙岭展开激战。

△　日军步兵第五十九旅团和战车第三师团一部围攻新安，独立步兵第九旅团一部进占新安县城。

**十四日**

△　曹福林第五十五军克复驻马店。

△　日军第十二军主力沿洛河南、北两岸向西南进犯，第六十二师团攻占宜阳。

△　日本华北方面军令第一军一并指挥独立步兵第九旅团。

**十五日**

△　李振清第一〇六师坚守洛河北岸段村阵地，顽强阻击日军数昼夜，掩护第一战区主力转进，本晚奉命西撤。

△　洛阳白马寺僧人拒绝代日军向洛阳守军传送劝降书。

△　日军独立混成第三旅团攻占陕县张茅镇，骑兵第四旅团攻占宜阳以西洛河南岸沙坡头据点。

**十六日**

△　日军战车第三师团攻占宜阳韩城镇，独立混成第三旅团攻占陕县交口。

**十七日**

△　本日及十九日、二十六日，蒋介石三次电令第十五集团军和第

十九集团军，抽集一个军的兵力归陈大庆指挥，攻击郾城、漯河、舞阳、许昌一带，相机进出禹县、襄城、叶县以西山地，切断敌后补给线，策应主力军作战。

△ 第一战区司令长官部撤至卢氏。

△ 第三十六集团军总司令李家钰、第十四集团军副总司令刘戡、第十四军军长张际鹏、第四十七军军长李宗昉、新编第八军军长胡伯翰等在洛宁宅延村商定于十八日分别向卢氏、陕县转进。

△ 日军战车第三师团一部陷洛宁，骑兵第四旅团及第六十二师团一部攻占长水镇及附近隘口，第三十七师团一部攻占中山镇（今兴华），截断了通往卢氏的道路。

**十八日**

△ 第一军军长张卓命令第一六七师、第八师在周家山、虢略镇亘灵宝之线占领阵地。

△ 曹福林第五十五军克复西平。

△ 日军独立混成第三旅团攻占陕县，战车第三师团一部攻占洛宁西南故县镇，第二飞行团空袭驻马店、故县镇及卢氏范蠡镇。

**十九日**

△ 日本华北方面军命令第十二军，派战车第三师团主力和第一一〇师团一部开往洛阳，纳入野副兵团长指挥。

**二十日**

△ 蒋介石手令第十五军：着仍固守洛阳，勿轻信谣言，至迟一星期我必负责督饬陆空军增援洛阳。

△ 第八战区第三十四集团军总司令李延年到达灵宝，统一指挥第八战区张卓第一军、周士冕第二十七军和冀察战区马法五第四十军。

△ 第五战区刘尚志第三十九军克复确山。

△ 日本华北方面军命令第十二军一并指挥菊兵团，迅速攻占洛阳。

△ 日军第一军战斗司令所推进至陕县三里桥。

△ 日军第三十七师团一部攻占卢氏，下午撤出。

**二十一日**

△ 蒋介石电令：现在潼关（不含）以东部队及洛河以南之第一战区部队统归第一战区司令长官蒋鼎文指挥。

△ 第八战区之第九军及预备第八师收复卢氏。

△ 第三十六集团军总司令部在陕县秦家坡遭日军伏击，总司令李家钰殉国，参谋长张震中被俘。

△ 第五战区司令长官李宗仁电令刘汝明第二集团军驱逐鲁山附近之敌，后向临汝挺进，策应第一战区作战。

**二十二日**

△ 中国飞机空袭嵩县日军第三十七师团司令部及直属部队。

△ 武庭麟第十五军退守洛阳城厢。

△ 刘汝明第二集团军反攻鲁山、宝丰，激战至六月八日，先后攻克瀼河、滍阳、辛集、马头寨等据点。

**二十三日**

△ 日军第十二军司令官内山英太郎从菊兵团兵团长野副昌德手中接过进攻洛阳的指挥权，在孙旗屯和七里河分别设立战斗司令所和联络所，下达二十四日总攻洛阳城的命令。

**二十四日**

△ 日军向洛阳城内广播并空投劝降书。中国守军坚守阵地，置之不理。

△ 日军步兵第五十九旅团攻占灵宝东南岘山庙高地。

**二十五日**

△ 二十四日午后，日军对洛阳城发起总攻，傍晚前攻入城内。中国守军弹尽援绝，伤亡惨重，被迫于夜间突围。本日洛阳沦陷。

△ 蒋鼎文命令刘戡："（一）着暂四军归本部直辖在现地待命；（二）着四十七军归刘副总司令戡指挥。"

**二十六日**

△ 蒋介石电令第一、第五战区各部及第八战区在灵宝附近部队于二十八日起分别反攻陕县、洛宁、渑池、嵩县、鲁山、郾城等地。

△ 第八战区第五十七军军长刘安祺率第九十七师抵达灵宝，奉命接防第八师阵地，归第一军军长张卓指挥。

△ 九日至本日，李仙洲第二十八集团军与日军独立混成第七旅团在鲁山以西下汤、中汤、上汤、四棵树等地反复争夺、激战。

**二十七日**

△ 日本华北方面军司令官冈村宁次抵陕县三里桥第一军战斗司令所，批准该军发起灵宝作战的计划。

**二十八日**

△ 日本华北方面军下令解散菊兵团，令第六十三师团司令部及所属部队返回北平。

**二十九日**

△ 二十八日及本日，王仲廉第三十一集团军相继收复嵩县境内潭头、大章、旧县等地。

**三十日**

△ 泛东挺进军之康乐三独立挺进第一纵队夜袭漯河，捣毁伪维持会，俘伪主任科长以下八人。

△ 日军第三十七师团攻占汤恩伯部重要根据地嵩县车村。

△ 本日至六月五日，第三十一集团军第十三军第八十九师反攻嵩县，一度占领西关。

**三十一日**

△ 蒋介石电令刘戡兵团在反攻陕县期间归第三十四集团军总司令李延年指挥。

**下旬**

△ 第八战区援豫之第九军和预备第八师归还建制。

**六月一日**

△ 马法五指挥第八师、第一〇六师与刘戡兵团协同反攻陕县，激战至四日，进展不大。

**二日**

△ 第四集团军一部进占洛宁长水镇。

**四日**

△ 日军攻占鄢陵。

△ 冈村宁次视察洛阳第十二军战斗司令所。

**五日**

△ 日军第一军对灵宝境内中国军队发起全线进攻。灵宝作战开始。

△ 日军第三十七师团攻占叶县。

△ 马法五部和刘戡兵团在空军掩护下与敌激战，六日傍晚后撤至宏农河西岸。

**六日**

△ 日军第一军各部及战车第三师团攻占中国军队各警戒阵地，七日攻击各前进阵地。

△ 刘戡任第三十六集团军总司令。

**八日**

△ 日军开始猛攻虢略镇南北之线中国军队主阵地。

△ 日军步兵第五十九旅团一部突破第十六军戴慕真第一〇九师阵地，沿秦岭山脉进入夫妇峪，威胁中国军队侧背。

**九日**

△ 蒋介石电令胡宗南：虢、灵阵地决不撤退，应死守。

△ 泛东挺进军收复鄢陵。

△ 日本华北方面军司令官冈村宁次撤销郑州战斗司令所，十日返回北平。

△ 日军第十二军司令官内山英太郎在郑州西南小李庄设立战斗司令所。

△ 日军骑兵第四旅团攻陷舞阳。

**十日**

△ 日军战车第三师团一部突破中国军队傅维藩第九十七师牛庄阵地。激战中，率部增援的第八师副师长王剑岳殉国，日军代理大队长金森被打死。

△ 中国军队陈鞠旅预备第三师顽强阻击窜入夫妇峪之敌。

△ 蒋介石电令胡宗南：无论任何人不得向西撤退，应确保灵宝、虢略镇各要点，在阵地内与敌决战，以保持国军荣誉。

△ 由于中国军队阵地多处被突破，李延年令各部自当夜十二时开始向芦灵关亘盘豆镇之线转进，重新部署。

**十一日**

△ 日军占领灵宝城、虢略镇、函谷关，独立步兵第九旅团一部进入阌乡，随即撤出。

△ 日军步兵第五十九旅团旅团长木村千代太在虢略镇西北营田村触地雷被炸死。

△ 马法五第四十军、陈鞠旅预备第三师在阌乡以西、以南与日军激战，掩护主力部队撤退。

△ 中国飞机扫射进犯永泉埠一带的日军步兵第五十九旅团。

**十二日**

△ 日军独立混成第七旅团、骑兵第四旅团各一部进犯平汉铁路以东地区，攻占上蔡。

△ 日军第一军各部开始向陕县境内撤退。

**十三日**

△ 第四十军、预备第三师各一部向虢略镇、灵宝追击，司元恺第三十九师收复阌乡。

△ 第十五集团军骑兵第二军之骑兵第三师收复上蔡。

**十四日**

△　司元恺第三十九师收复函谷关。

△　日军攻占汝南。

**十五日**

△　第三十九师收复灵宝城、虢略镇。

**十六日**

△　第十五集团军之马步康骑兵第八师收复汝南。

△　日军再陷上蔡。

**十七日**

△　中国军队推进至灵宝冯佐村、陕县黄村一线与日军对峙。

**十八日**

△　日军攻占商水，再陷汝南。中国军队骑兵第八师再克汝南。

**十九日**

△　第十九集团军暂编第九军第一一一师克复商水。

△　日军攻占周家口。

**二十日**

△　日军第一军司令部由陕县三里桥启程，返回山西。

**中旬**

△　日军再次打通平汉铁路，中原会战结束。

**二十一日**

△　日军再陷商水。

△　胡宗南呈报灵宝战役奖惩意见，蒋介石批示判处第九十七师师长傅维藩、第一六七师第四九九团团长贺一迟和第一〇九师第三二五团团长刘明死刑，第一〇九师师长戴慕真革职交军法裁判。

△　国民政府明令：故陆军中将李家钰追晋为陆军上将。

380

附录五

# 豫西鄂北会战大事记

## 一九四五年

**一月二十二日**

△ 日本大本营批准实施覆灭老河口航空基地的作战。

**二十九日**

△ 日本中国派遣军下达关于老河口作战的命令。

**二月十五日**

△ 日本华北方面军下达实施老河口作战的命令。

**三月三日**

△ 日军第十二军下达实施老河口作战的命令。

**上旬**

△ 日军骑兵第四旅团在汝南集结，吉武支队在新乡编成并到达禹县。

**十九日**

△ 日军第十二军司令部在襄城西南刘沟设立战斗司令所。

**二十日**

△ 日军第三十四军第三十九师团自荆门附近向北发起进攻。

**中旬**

△ 日军第一一五师团、第一一〇师团、战车第三师团分别向舞阳、驻马店、临汝、登封、襄城等地集结。

**二十二日**

△ 日军第十二军各部发起攻势，豫西鄂北会战开始。

**二十三日**

△ 第一战区代司令长官胡宗南、第五战区司令长官刘峙分别电令所部调整部署。

△ 日军第一一〇师团攻占南召（今云阳镇）、李青店（今南召县城），第三十九师团陷自忠（今宜城），骑兵第四旅团在源潭镇附近渡过唐河。

△ 日军第十二军之豫西地区队（步兵第一一〇联队长指挥的部队）进攻洛宁长水镇。中国军队第四集团军在故县以东地区与该敌激战至四

月九日，将敌击退。

**二十四日**

△ 第二集团军第六十八军之黄樵松第一四三师在南阳以东大盆窑击退强渡白河的日军，南阳保卫战开始。

△ 日军攻占方城、南阳赊旗镇（今社旗县城）和唐河兴隆镇（今属社旗）。

△ 本日至二十五日，冯治安第三十三集团军在南漳以南武安堰及东北欧家庙一线与日军激战。

**二十五日**

△ 连日来，驻老河口的中美空军第三大队频繁空袭各路日军，本日在南阳三十里屯附近炸死日军骑兵第四旅团骑炮兵第四联队本部军官多人，联队长东高安受重伤。

△ 本日及二十六日，第五战区司令长官部命令各部对当面之敌发起反攻。

**二十六日**

△ 第五战区司令长官刘峙发给南阳守军第一四三师特别守城费一百万元。

△ 日军第十二军令正在准备攻击南阳的第一一〇师一团向内乡、淅川突进，令第一一五师团向老河口急进，令吉武支队迅速攻占南阳。

△ 日军第一一〇师团陷镇平，骑兵第四旅团经邓县、新野之间地区进入湖北竹林桥。

**二十七日**

△ 日军骑兵第四旅团攻占老河口机场及外围阵地，中国守军汪匣锋第一二五师退守城垣，老河口保卫战开始。

△ 日军第一五师团攻占邓县（今邓州市）县城及文曲集。

△ 本日至三十一日，第五战区部队在邓县及淅川南部与日军激战。

**二十八日**

△ 守卫南阳卧龙岗的第一四三师之赵新芳排与敌激战一昼夜，毙敌数百，全排壮烈牺牲。

△ 日军攻占内乡、南漳。

△ 日军骑兵第四旅团派遣特别挺进队企图偷袭第五战区司令长官部驻地草店，沿途屡遭中国军队围攻，被迫于四月一日返回。

**二十九日**

△ 中国军队收复南漳。

△ 日军第三十九师团攻占襄阳、樊城。

△ 本日至四月四日，中国军队第四十五军第一二七师连续攻击老河口外围之敌，策应第一二五师作战。

**三十日**

△ 汪匪锋第一二五师全歼突入老河口城的日军百余名。

**三十一日**

△ 日军攻占内乡西峡口（今西峡县城）。

**下旬**

△ 蒋介石传令嘉奖坚守南阳、老河口的黄樵松师长和汪匪锋师长。

**四月一日**

△ 第一四三师坚守南阳九昼夜，本晚突围，南阳失陷。

△ 日军战车第三师团陷淅川。

**三日**

△ 胡宗南令谢辅三第二十七军自陕西雒南（今洛南）开赴河南境内参战。

△ 第三十一集团军总司令王仲廉下令调整部署，以袋形战术诱敌深入，围歼于公路以南山地。

△ 日军第一一〇师团第一三九联队新任联队长模林太夫大佐到任。

**四日**

△ 日军再陷南漳。

△ 第七十八军之新编第四十三师在野战重炮和战车防御枪队配合下激战一昼夜，击退进攻重阳店以西马鞍桥的日军，击毁战车三辆。

**六日**

△ 日军骑兵第四旅团伤亡惨重，二日和第一一五师团交替战线，本日向淅川李官桥撤退。

△ 日军第三十九师团攻占襄阳以西茨河，继续北犯。

**七日**

△ 第三十一集团军收复重阳店，日军主力退守奎文关、木寨之线，一部占据丁河店以西半川阵地。

**八日**

△ 日军第一一五师团攻入老河口，中国守军第一二五师与敌激烈巷战，傍晚撤退至襄河西岸，老河口失陷。

**九日**

△ 第三十三集团军收复南漳。

**十日**

△　胡宗南电令第三十一集团军迅速击破西缺口、淅川之敌，进出内乡，策应第五战区作战。

**十二日**

△　孙震第二十二集团军和冯治安第三十三集团军在襄河、南河三角地带与日军第三十九师团激战七天，将敌击退，本日收复茨河、庙滩。

△　胡宗南向蒋介石呈报奖励收复嵩县、伊阳（今汝阳）的刘子奇暂编第六十六师和第十五军之姚云青第一九五团。

**十三日**

△　本日至二十八日，第二十二集团军反攻老河口，与日军反复争夺外围各据点，并于本日和二十四日两度突入城内与敌巷战。

**十四日**

△　第三十一集团军之新编第四十四师攻克半川阵地。

**十五日**

△　第三十三集团军收复襄阳、武安堰。

**十六日**

△　第三十一集团军收复丁河店。

△　第三十三集团军收复自忠。

**十七日**

△　第三十一集团军收复马头寨、木寨等据点，至六月下旬，与日军在西峡口至奎文关公路两侧鏖战，反复争夺霸王寨、鹰爪山、牛心垛、马头山、马头寨等据点。

△　日军鹰森孝中将接任第十二军司令官。

**十八日**

△　第三十三集团军收复樊城、璞河瑙。

**二十五日**

△　日军攻占新野。

**五月四日**

△　日军攻占唐河。

**十六日**

△　日军第一军为策应第十二军在西峡口、老河口作战，以第五独立警备队主力和独立步兵第十四旅团一部对灵宝、卢氏交界处的寺河街、官道口一带发起攻击。第四集团军顽强阻击，于二十五日将敌击退，二十九日恢复原态势。

三十一日

△ 豫西鄂北会战结束。据中国方面宣布，是役共毙伤日军一万五千七百六十人。此后，中日两军在西峡口以西及襄河两岸形成对峙，直至日本投降。

**图书在版编目 ( CIP ) 数据**

中原抗战/ 陈家珍，薛岳等著. —北京：中国文史
出版社,2013.1

（正面战场：原国民党将领抗日战争亲历记）
ISBN 978 - 7 - 5034 - 3695 - 6

Ⅰ．①中⋯ Ⅱ．①陈⋯ ②薛⋯ Ⅲ．①河南战役 - 史
料 Ⅳ．①K265.210.6

中国版本图书馆 CIP 数据核字（2012）第 286479 号

责任编辑：马合省　卢祥秋

出版发行：**中国文史出版社**

社　　址：北京市海淀区西八里庄 69 号院　邮编：100142
电　　话：010 - 81136606　81136602　81136603（发行部）
传　　真：010 - 81136655
印　　装：北京新华印刷有限公司
经　　销：全国新华书店
开　　本：720 × 1020　1/16
印　　张：25　　　　字数：400 千字
版　　次：2013 年 1 月第 1 版
印　　次：2020 年 9 月第 4 次印刷
定　　价：83.00 元